品牌营销是一种**资源**
这种资源不仅为企业和消费者所拥有
甚至也成为整个社会的一种价值象征……

品牌营销不是一个玄学式的命题
而是一个充满**实践**的过程……

U0964933

品牌营销

Brand Marketing

卫军英 任中峰 ◎ 著

首都经济贸易大学出版社
Capital University of Economics and Business Press
·北京·

图书在版编目(CIP)数据

品牌营销/卫军英,任中峰著. —北京:首都经济贸易大学出版社,2013.8
ISBN 978-7-5638-1421-3

Ⅰ.①品… Ⅱ.①卫… ②任… Ⅲ.①品牌营销 Ⅳ.①F713.50

中国版本图书馆 CIP 数据核字(2013)第 165160 号

品牌营销
卫军英 任中峰 著

出版发行 首都经济贸易大学出版社
地　　址 北京市朝阳区红庙(邮编 100026)
电　　话 (010)65976483 65065761 65071505(传真)
网　　址 http://www.sjmcb.com
E-mail publish@cueb.edu.cn
经　　销 全国新华书店
照　　排 首都经济贸易大学出版社激光照排服务部
印　　刷 北京京华虎彩印刷有限公司
开　　本 710 毫米×1000 毫米 1/16
字　　数 413 千字
印　　张 22
版　　次 2013 年 8 月第 1 版 2016 年 5 月第 3 次印刷
书　　号 ISBN 978-7-5638-1421-3/F·831
定　　价 35.00 元

前言 PREFACE

品牌是一个恒久弥新的话题，充满魅力而又众说纷纭。品牌观念的早期倡导者中最负盛名的是被誉为广告教皇的大卫·奥格威（David Ogilvy）。20 世纪中期，奥格威运用品牌形象策划了许多堪称经典的产品广告，然而他也坦率地承认"我也不明白它怎会如此成功。"那时候，他对品牌的认识还仅仅限于产品的个性形象。奥格威之后品牌理论在发展演化中越来越复杂，大概每过 20 年品牌思想就会出现一个范围的扩展和高度的提升。有趣的是，尽管品牌的范围和对品牌的认识不断地扩大和深化，但是我们对品牌之所以是品牌这个问题本身却一如奥格威当年那样，一直无法确切地说明它。这正如人类从本体学意义上永远在探索的那个不变的命题一样："我是谁，我来自哪里，我将向何方?"虽然如此，但这并不妨碍我们对品牌现象的进一步思考，尤其是涉及品牌营销的问题。

在品牌营销中我更倾向于把品牌看作是一种资源，这种资源不仅为企业和消费者所拥有，甚至也成为整个社会的一种价值象征。之所以如此，是因为品牌几乎浓缩或涵盖了企业发展的所有元素，并把这些元素集中性地通过符号作出展示。如果说，整个企业营销系统代表着一个有序的实现价值、获得利润的程序，那么品牌就是这个程序中帮助企业实现最佳效应的基本元素和核心价值。品牌贯穿于整个营销活动，它通过有机的整合与平衡把企业的核心竞争力转化为竞争优势，又像是一个信息模块一样，把这些基本元素都储存在一个"文件名"下，消费者可以简单地从中获取各种有价值的信息资源。依照价值链理论来理解，在市场营销这个系统的价值链中，品牌则可以说是最具有统合力的核心元素，因为只有品牌才具有其他任何元素都不具备的关联能力，并且通过这种关联恰当地显示出自己的歧异性和竞争优势所在。如果没有品牌的统合，一个产品面对着众多的竞争对手，将很难在企业和消费者之间创造自己的竞争优势。对于消费者而言，品牌利益就在于它所具有的识别性以及它所带来的其他价值感，诸如减少决策成本、降低风险、提供保障和心理暗示等。这种品牌的消费者认同，也使得它具有极大的伸张空间和明显的感性因素，从而使创建品牌本身也更加具有创造性成分。

正因为如此我们认为，品牌作为企业的一种战略性资源，它存在于企业的营销管理之中，必须通过有序的组织和充分的发掘，才能够成为有效的竞争力量。与品牌相关联的既有企业内部的各种资源要素，也有企业外部的各种资源要素，品牌营销就是对这些资源加以整合和平衡。品牌资源的充分发掘必然带来直接的营销回报。比如，一个具有价值的品牌，它在生产流程上同样应当具有获得优势的优先权，其内部认同延伸到管理上也必然是简捷高效，各种有效性优势最终必然反映在它的成本之上。也就是说，一个强势品牌所带来的价值，很大程度上来自于它所提供的商品成本低于一般竞争产品。品牌营销的另一个突出点在于建立歧异性。由于品牌对外所连接的是顾客和相关利益群体，而品牌本身就体现为某种独特性的竞争差异，所以相对于成本领先而言，歧异性更是品牌资源的基本价值所在。歧异性尤其具有神秘的感觉效应，它使得那些同质性的产品完全可能由于品牌的不同为消费者带来不同的利益回报，商品销售中的溢价或者说品牌的附加值就可以从中找到答案。比如，做工和使用价值完全一样的两块手表，因为劳力士更加具有社交方面的满足感，所以消费者愿意为此付出更多的价钱。

所有这些关于品牌的认识，在本质上都反映了品牌是建立在其与顾客以及相关利益者的关系之上的一种形态。因此，研究品牌以及品牌营销就无法摆脱一个基本的假设：品牌之所以成为品牌，并不是因为你有了一个牌子，而是因为你这个牌子受到了顾客以及相关利益者的认同。所以，严格意义上可以说，一切品牌的价值都是由顾客以及相关利益者所赋予它的价值，因此，品牌营销事实上就是一种顾客和相关利益者关系的建构。所不同的是，在过去，由于市场区隔和传播渠道的原因，这种品牌与消费者的关系处在一种简单的线性连接中，因此品牌自身在很大程度上拥有某种主导权；如今，在新媒体和市场多元化状态下，那种线性关系模式被多维互动形态所取代，品牌的价值更多地依赖于品牌关系的黏度。网络时代的品牌营销，似乎不再是你拥有什么样的营销优势和对传播渠道的把控，实现品牌价值的根本点，而是在于你是否在营销中构建了良好的品牌关系，也就是实现品牌与顾客以及相关利益者的某种感知叠合。

亚里士多德说“人是逻各斯的动物”。在品牌与顾客以及相关利益者的叠合区域，有一个模糊的感情空间，也许在这个空间里每一个作为关系对象的人都是感性的，而品牌恰恰是以物质形态的符号化寄托了这种感性诉求。认识到这一点我们就会理解，为什么品牌现象如此普遍而对品牌概念的解释却又很难获得确切的看法。

行文至此笔者想到了一个故事：两千多年前两位中国哲人站在濠水之滨，望着渺渺茫茫的濠水，引发了一段传为佳话的争议，这两位哲人是庄子和惠子。

庄子：鱼儿从容地在水中游动，鱼儿真的很快乐啊！

惠子：你不是鱼，你怎么知道鱼儿很快乐？

庄子：你不是我，你怎么能知道我不知道鱼儿快乐？

惠子：我不是你，所以不知道你；你不是鱼，当然你也不知道鱼。这是同一道理。

庄子：请回到根本上来。你在说我不是鱼不知鱼之快乐的时候，就已预知我知所以才会问我，我是站在濠水之上知道的。

这段扑朔迷离的对话，迷惑而富有闪光。我们从中可以看到庄子所代表的浑然物化的自然精神和惠子所代表的析名剖根的理智精神。当庄子无法从最初的理智上解答惠子的问题时，他又抽身回到了物我相一的浑化中“请循其本”，这个本就是“我知之濠之上”。品牌营销似乎也是这样，由于品牌现象的复杂性，以及它常常涉及人们心理感应的玄妙，所以对于有关品牌本体的探讨往往具有一些神秘色彩。但是当我们回归到品牌营销的本质时，却发现它似乎并不是一个玄学式的命题，而是一个充满实践的过程。因此，许多关于品牌的问题，只有回归市场，站在市场营销实践的“濠水之上”，才可能对它有更加深刻而切身的体会。

卫军英

2013年6月

杭州　梅雨季节

目录 CONTENTS

第一章　品牌概念理解

第一节　品牌概念及品牌内涵

品牌也许是现代企业管理和市场营销中理解歧义最多的一个术语。这是因为，对于许多管理者和营销人员，抑或是专业研究人员来说，在不同时期或不同语境下提及“品牌”这一术语，也许都表达了某种不同的意义和对这一术语的理解。20世纪80年代后期以来，随着市场营销更趋于复杂化，品牌研究也成为一种日趋复杂的理论现象。因此，我们对品牌以及品牌营销的探讨，也就从概念和内涵的剖析与界定开始。

一、有关品牌的概念

环顾我们的周围，品牌无时无处不在。一早起来，人们很可能用有着很高知名度的“高露洁”牙膏刷牙；女士们在出门前也许会为自己喷洒一点儿来自巴黎的“香奈尔”香水，然后穿上一件流行的“伊芙心悦（EVENY）”时尚外衣，满怀自信而又面带微笑地迈出家门；某位男士开着自己的“凯美瑞”车汇入了早高峰的车流中，看着街上五光十色的品牌广告，在路过著名的“天长小学”时禁不住向校园张望一眼，希望自己的孩子能够进入这所著名的学校，当车子穿过大街停在“花旗银行”办事处的门口时，他充满自豪地走进自己的办公室。

现代人生活在一个品牌的世界里，人们时刻接触着品牌，消费者追逐着品牌，企业则塑造品牌，关于品牌研究的著作也是一部接一部。然而，我们在对品牌司空见惯的同时，却生出一种熟视无睹的麻木和困惑：品牌究竟是什么？几乎每一个接触过品牌的人都会有自己的理解，而不同的专家学者也对此给予了不同的解释，其中不乏各种感性的说法，诸如：

——“品牌是质量和信誉的象征。”

——“品牌就是一种类似于成见的偏见，正如所有的偏见一样，对处于下风的一方总是不利的。”

——“品牌是一种无形的速记形式，主要功能是减少人们在选择商品时所需花费的时间和精力。”

——“品牌包含着一个提供功利性的产品，再加上一个足以让消费者掏钱购买的价值感。”

上述各种说法都触及了品牌的实质，但却并非是一种普遍性的概括定义。事实上很少有人能够确切地说出品牌概念，也很少有人仔细辨析品牌概念下的诸多区别。从词源学角度看，在汉语中并没有品牌这个概念，且“品”和“牌”两个字在20世纪80年代之前也没有构成一个完整的术语，显然，品牌(brand)是一个引进的概念。《韦伯斯特词典》中对“品牌”的定义是：“由热铁烙成的印记，如烙在动物身上表示所有权，或者印在包装容器表面以表明内容物的品质制造等；用任何其他方式制成的类似身份标志，如商标。因此，品质、等级或者成分等都可以成为认定优秀面粉品牌的标志。”①《辞海》中对“牌”的解释与“品牌”相关的部分是：“产品的名号。如解放牌汽车、中华牌香烟。”这些都与品牌最初的概念有所接近。现代营销学界对品牌具有权威解释的，是美国市场营销协会(American Marketing Association)，它的定义是：

> 品牌是一种名称、术语、标记、符号或设计，或是它们的组合运用，其目的是借以辨认某个销售者或者某群销售者的产品或服务，并使之与竞争对手的产品和服务区别开来。

显然，这个概念是对品牌的基本定义，它着眼于品牌的标志性特征。对此，营销学权威菲利普·科特勒(Philip Kotler)和品牌研究专家凯文·莱恩·凯勒(Kevin Lane Keller)的解释是：“一个品牌就是在某些方式下能将它和用于满足相同需求的其他产品或者服务区别开的一种产品或者服务的特性。这些差别可能是功能方面的、理性方面的，或者有形的——与品牌的产品性能有关。它们也可能更有象征性、感性或者是无形的——与品牌所代表的观念有关。”②在这个解释中，品牌用来表明某种产品或者服务，其主要作用是可以作为同类产品或者服务之间进行相互分辨的区隔方式，而品牌本身作为差别显示可以有多种表现方式，包括音、形、意等多个方面，可以是名称、专门术语，也可以是标记符号，或者是相应的设计。按照这种定义，我们可以作出如下几种解释：

(1)品牌是一个名称。它用来指称某个产品或者服务，也可以指称某个组织机构。如农夫山泉、中国银行，它们都代表了不同的产品或者服务机构。

(2)品牌是一种标志。它可以使自己区别于同类，这种区别不仅是名称，而且还有更多延伸。如宝马和奔驰都是豪华轿车，但品牌不同，也表明它们各自有其明显的特征。

---

① 转引自【美】唐·舒尔茨，海蒂·舒尔茨．唐·舒尔茨论品牌[M]．北京：人民邮电出版社，2005：2.

② 【美】菲利普·科特勒，凯文·莱恩·凯勒．营销管理(第12版)[M]．上海：上海人民出版社，2006：304.

(3)品牌是一种象征。它不仅指代产品服务的有形特征,而且也代表产品的某些无形特征。如香奈尔不仅是香水的品牌,还是一种高贵的象征。

(4)品牌具有符号性。它具有特别的乃至法定的显示方式,包括音、形、意等设计形态。如可口可乐的主要符号是斯宾赛体的"Coca - Cola",而娃哈哈的商标中有一个卡通的人物形象。

(5)品牌代表了竞争。它之所以被用于商业,其目的是要与竞争对手有所区别。如微软不仅使之有别于竞争对手,而且意味着它是行业领袖。

二、品牌的基本内涵

按照对品牌权威定义的解释,似乎有关品牌概念的理解是非常清晰的,但事实上,长期以来关于品牌的认识却模糊而又繁杂。之所以会这样,是因为品牌所涵盖的范围及其象征意义和竞争属性,决定了品牌本身不可能停留在一个静止的表述状态。随着营销和管理的深入,品牌也变得越来越复杂,而所有这些都来自于品牌内涵的丰富性,以及在品牌营销过程中它所展示的广袤的外延性。为了便于认识品牌和品牌现象,我们简单地从三个方面来把握品牌内涵:品牌依附物、品牌标志物和品牌象征物。

(一)品牌依附物

品牌依附物主要是指品牌本身所附着的物质功能,也可以称之为品牌的物质属性,即在品牌构成中,直接体现其满足需求和有用性价值的物质形态,主要指品牌作为有形存在、具体可感的那一部分。物质属性是一切品牌赖以存在的物理载体,如果没有这个物理载体,品牌将无法持续生存。这种具有物质性的需要,是任何一个品牌都不能缺失的,它只能由产品或者服务的功能价值来完成。比如,"联邦快递"作为一个品牌,本身必须具有相应的快递和物流服务能力,满足市场对快递物流的需要;又比如,我们认同"海尔"这个品牌,首先是因为它提供了具体的产品和服务,我们不仅以此明确辨认出"海尔"品牌的冰箱、"海尔"品牌的洗衣机、"海尔"品牌的空调等,而且可以使用它实现相应的目的和满足生活的需要。

我们从品牌所包含的物质属性上来认识它的内涵,首先涉及的基本要素是产品、服务等功能价值。在现代营销中,产品和服务是一个基本概念。所谓产品,是指企业或组织为满足社会需要而设计、生产,并向社会提供的物化劳动成果或者服务形态。这种物化劳动成果和服务形态已经远远超出了传统意义上的生产资料或者生活资料,它广泛地涵盖了一切可实现价值交换的物质或者观念形态,如手机、饮料、电影、保险、培训、咨询和主持人等,都可以归属于产品或者服务形态。在商业社会中,任何产品和服务都是以直接满足人类需求而存在的，具有一定的功用特征，不论物质产品还是精神产品都是如此。正如科特勒和凯勒所说："很多人认为产品只是实物，其实不然。产品(product)是能够提供给市场以满足需要和欲望的任何东西。产品在市场上包括实体商品、服务、体验、事件、人物、地点、财产、组织、信息和概念。"①

显然，任何一个品牌不论它以什么方式展示，但是究其依附的基础而言，都不能摆脱这种产品或者服务形态。这是因为，任何消费者的需求最终都可以归之于对功能价值的追求，因此，脱离了功能价值基础的品牌，只能是一种子虚乌有的空中楼阁。而功能价值原本就是产品或者服务本身。按照我们对产品的理解和界定，品牌的功能价值包含了三方面的内容：核心要素，即满足某种需求并解决具体问题的使用价值；表现形式，即有形产品，如质量、内容、特点、样式、品牌和包装等；产品附加值，诸如相关附属的服务和利益等。

(二)品牌标志物

产品和服务是品牌的物质基础，但这并不意味着产品或者服务本身就是品牌。因为，产品和服务所代表的只是一种功能形态，这种功能形态在大多数情况下是某一类型产品或者服务所共有的。比如，我们说银行是一个提供金融产品的服务机构，但是银行代表了一个广泛的服务行业，还不是一个确切的产品或者服务品牌。因此，一个具体的产品或者服务品牌，还应当进一步确指某项产品或者服务，这就涉及产品或者服务的名称、商标和标志。这些用来将特定产品或者服务从同类中区别出来的事物，就是我们所说的品牌标志物。

很多人在观察品牌时，常常把品牌与名称或者商标相提并论，之所以如此，是因为在日常生活中，我们往往用名称或者商标简单地指代某一具体品牌，而实际上名称和商标虽然是品牌代指，但并不完全就是品牌本身，而只是品牌的标志和符号形态。它的首要功能是区分具体的产品或者服务形态，其次则是暗示产品或者服务的深层次内涵。比如，名称是与品牌密切相关的一个概念，在认识品牌名称时必须明确，名称本身可以分为产品名称和品牌名称。产品名称是人类的共有资源，一般不作为品牌名称或者注册商标使用，比如，汽车、微处理器、电视、学校等，但品牌名称具有专用性，属于品牌独自拥有。顾名思义，品牌名称就是指品牌的文字符号形式，它涵盖了产品和公司的一些文化属性内容，是产品和企业多种特质的识别工具，也是方便记忆的工具。通常，名称具有文字、语音、图形等符号性特征，如商标就是企业组织运用文字、语音、色彩、字形和图案等元素来表征自己品牌的法律界定。商标一经国家商标认证机构注

---

① 【美】菲利普·科特勒，凯文·莱恩·凯勒. 营销管理(第12版)[M]. 上海：上海人民出版社，2006：414.

册确认，其拥有人就具有各项使用权利，并且具有排他性。它受法律保护，在知识产权范围内，未经许可他人不得使用。

（三）品牌象征物

从对品牌要素的论述中我们进一步发现，虽然品牌的功能基础是产品或者服务，它的标志体现为名称和商标等符号形态，但是品牌本身却并不仅仅停留于此。单纯的产品在大多数情况下通常是无法作出区分的。比如，同样是大学，都拥有教师、课程、学生等，它所提供的服务也同样是教育。如果从共同特征上看几乎没有任何差别，但有了标志便使其有所区别，比如，提起哈佛大学、北京大学、同济大学等知名学府，人们所想到的不是教师和设备，而是不同的高等学校所代表的不同教育特色，显然，在这里，“哈佛”、“北大”、“同济”等就是一个标志性符号，给人们提供了差异性识别的可能。但有趣的是，人们在选择产品或者服务的时候，却并不是在选择差异性标志本身，而是选择这个标志符号所代表的更深层次的产品或者服务功能。由此可见，人们的选择通常并不是产品，也不是标志，而是品牌。

从差异性选择上来看，我们会发现很多不同，其中最重要的就是人们在购买时的选择性需求是品牌而不是产品。当然，也不能将品牌单纯地理解为产品或者服务的名称或商标，因为单纯的名称或者商标，如果没有包含或代表更多的集合价值，充其量只能起到一种肤浅的区分作用，而不能代表一种象征和暗示。比如，当我们提到手机产品时有很多可供选择的品牌，诺基亚、摩托罗拉、海信、三星、飞利浦等，不同的标志虽然很清楚地区别出了不同的品牌，但是这些表示并不能构成我们选择的原动力，我们在购买时影响购买决定的因素，还是隐藏在这些产品和服务标志之内的深层次品牌要素，这就是品牌的象征部分。

品牌象征部分是一种复杂的多元现象。这是因为，一个品牌不仅仅代表了产品本身，而且还代表了由产品所关联的一切顾客感知，而公司或者组织所提供给消费者的也不仅仅是产品或服务，还有更多的集合因素。这些整体的产品集合所传达出的顾客感知，也就是品牌的内容。正如我们看到或者想到奔驰汽车、香奈尔香水的时候，我们所产生的联想要远远大于对这类产品的认识。所以，整合营销传播专家汤姆·邓肯（Tom Duncan）认为，“品牌即指所有可以区分本公司和竞争对手的产品的信息和经验的综合并为人所感知的内容。”[①]在这里，品牌包含了一定的真实可感的成分，它是产品物质特性的体现，而且，因为

① 【美】汤姆·邓肯．整合营销传播：利用广告和促销建树品牌［M］．北京：中国财政经济出版社，2004：13．

具体品牌的原因,使得这种产品功用成分有了可以辨认的具体线索,如相应的品牌标志、颜色、包装等,这些都属于品牌的可识别性所在。但是对于顾客来讲,这些远远不是品牌的全部,甚至也不是重要内容所在。因为,可识别性成分只是一种简单的区隔方式,而严格说来,品牌并不是一个物质实体,而是存在于顾客头脑中的完整鲜明的集合对象,它的存在依赖于品牌传达给顾客的一系列与品牌相关的信息、经验和联系。所以,从某种意义上讲,与其说品牌是一种真实的具象之物,还不如说品牌是一种经验性的心理感觉。正是由于感觉因素的存在,即便是相同使用功能的产品,完全可以具有不同的感觉功能,因而也就导致了它们之间的价值不同,有时候这种价值甚至远远大于它们可以被理性认识到的差别。比如,对于时尚女性来说,一件名牌时装的价格可能是一件同样时尚但却并不出名时装的数十倍,但是对于购买者而言,似乎感觉前者多付出的费用是理所应当的。

一个简单的道理是,任何具有品牌的产品,它所提供给消费者的不仅仅是单纯的功能价值,而且还有一种感觉价值。也就是说,顾客在选择一个品牌时,不仅仅考虑其所带来的实惠,更重要的还选择其所带来的情感体验,而品牌的完整价值则是这两种价值的统一;同时,在更大意义上感觉价值超过了功能价值。正如有关学者所说的,所有的商业物品都具有象征性特点,既象征着个人的属性及目标,也象征着社会的模式及竞争。因此,人们对商品的选择实际上就是对品牌的选择,换句话说,消费者的商品需求是品牌而不是产品。

案例1-1

耐克的品牌核心

成立于1972年的这家体育用品公司,1978年才正式打出它的品牌“耐克”。然而,它很快便超过了在此之前一直居于前列的领导品牌,如阿迪达斯、彪马、锐步等,成为世界体育用品的第一品牌。耐克被誉为“近20年世界新创建的最成功的消费品公司”,在各种各样的世界品牌排行榜中,它也一直位居前列。美国高达70%的青少年梦想着拥有一双耐克鞋;1993年1月,当一家规模不大的耐克经销商在我国上海开设专卖店时,许多消费者天未亮就开始排队,希望自己是国内第一个拥有这种美国明星产品的顾客。2005财年,耐克的销售额高达137亿美元,同一年它在中国的销售额超过4亿美元。耐克以自己辉煌的业绩不断刷新着自己的品牌神话,成为市场上赢得消费者的真正的胜利女神(Nike,原意即为“古希腊的胜利女神”)。

耐克的市场突破口首先选择了青少年。这一市场上的消费者有一些共同的特征:热爱运动,崇敬英雄人物,追星意识强烈,希望得到重视,思维活跃,想象力丰富并充满梦想。针对青少年消费者的这一特征,耐克相继与一些大名鼎鼎、受人喜爱的体育明星签约,如乔丹、巴克利、阿加西、坎通纳等,他们成为耐克广告片中光彩照人的“主角”。20 世纪 70 年代后期,美国社会正处于“唯我独尊”的年代,与上一代人相比,新生代受教育程度较高,生活更加富裕,也更加追求以自我为中心的价值观念。在美国,每个体育明星都被视为一个成功实现自我的奇迹。耐克敏锐地发现了新生代的思潮趋向,大量选用体育明星作为品牌代言人,尤其是迈克尔·乔丹与耐克结缘长达 10 多年,从一个籍籍无名的球员成长为一代篮球巨星,从而实现了一次完美而富有激情的品牌魅力创造。在耐克的广告中,体育明星们并不是穿着耐克鞋跑来跑去,而更多的是真实地再现他们拼搏的精彩瞬间。耐克这种独特的自我价值关怀深刻地感染了新生代,于是,从球场到城市街道,到处出现了穿着耐克鞋的健身族。进入 20 世纪 90 年代后,美国社会自我崇拜的热情渐渐退去,人们变得更加关注现实的自我,耐克再一次敏锐地发现了这种变化。这一时期,虽然大部分广告代言的主角仍旧是体育明星,但是已经没有了那种超人般的气质,而是像普通人那样在感受着压力、困惑甚至失败。于是“Just do it”成为一种信念,成为人们在压力和困惑中自我激励的信条。

体育用品一向被看做以男性为主的消费市场,在乔丹、伍兹以至于刘翔这样伟大的男运动员的光辉下,耐克品牌称雄世界运动产品市场多年。然而有趣的是,人们似乎忘记了耐克的名字来自于一位女性——希腊神话中的胜利女神。在耐克的绝大部分历史中,女性的特点和需求被忽略了,对女性运动品市场连营销策略也照搬男士的,甚至于耐克所用的女鞋模型只是简单地比男性小一号。2005 年在耐克的 137 亿美元的销售额中,女装和女鞋的销售额只占 20%。这似乎对耐克无足轻重,但是却被竞争对手——锐步和阿迪达斯乘虚而入抢得先机。在受到挑战后,耐克调整了自己的策略,针对女性市场展现自己的魅力,与女性群体的营销沟通在多个层面上展开:打开耐克女性网站(nikewomen. com),在粉红界面上浮现出的是温馨怡人的文字:“关掉计算机,去上一个小时的舞蹈课,回来包你效率变快,而且面带微笑。爱你的,身体”(Love, You Body)。这是耐克女性健身计划(Nike Goddess)的中国内地版,该计划的核心部分是舞蹈大师 Jamie King 和耐克联手打造的 NRSW 课程。这套动感时尚的健身舞瞄准 22 ~ 28 岁的城市女性,教她们跳舞,使她们振奋精神、甩掉脂肪,同时售出舞鞋和服装等舞蹈装备。耐克针对女性市场的广告,也以女人与女人的“对话”作为主要沟通手段,采用对比强烈的黑白画面,背景中凸显的是一个个交织在一起的“不”字,广告富有人情,意味深长、语气柔和,充满令人感动的关怀与希望：

在你的一生中，有人总认为你不能干这不能干那。

在你的一生中，有人总说你不够优秀，不够强健，不够天赋。

他们还说你身高不行，体重不行，体质不行，不会有所作为。

他们总说你不行。

你一生中，他们会成千上万次迅速、坚定地说你不行。

除非你自己证明你行。

广告登载在妇女喜爱的生活时尚杂志上，广告设计不像是一个体育用品商的销售诉求，更像一则女性的内心告白，广告体现出耐克广告的真实特征：沟通而非刺激。这则广告获得巨大成功，广告刊发后公司电话不断，许多女性顾客打电话来倾诉说："耐克广告改变了我的一生……"，"我从今以后只买耐克，因为你们理解我。"为适应女性的需求，耐克开设了女性用品专卖店概念的耐克女神店（Nike Goddess），店内装潢采用暖色系的木质地板、蓝色瓷砖，摆放的不是呆板的展架，而更像是家具，为了更好地接触女性，耐克甚至把少量货架搬到紧邻女性内衣的地方，这些都令女性感到舒适，有一种家庭般的感觉。这些精心的设计效果很快反映到销售业绩上，耐克女性市场的销售增长率明显快于男性市场。耐克在女性市场营销的成功，再一次证明了其品牌核心价值的传播效果。

人们一般认为，耐克品牌成功主要得益于三个因素：不断创新的产品设计、强大的销售网络和引导运动时尚潮流的广告。实际上这些因素是许多公司所共有的营销特征，对于耐克而言其成功也许更多地来自于出色的营销沟通：耐克作为一个品牌，从诞生开始就对普通人的健身运动充满了一种独特的利益关怀和人文关怀，它向社会传达了一种独特的文化精神。很多人感觉耐克是运用大规模的广告投入实现自己的营销沟通目标的，这实际上是一种错觉。就在耐克高速成长的1994年，它的广告费投入为2.8亿美元，仅约为宝洁公司当年广告费的1/9。耐克公司的创始人菲利普·耐特认为，耐克"企业成功的秘诀都包含在三个问题里面：怎样才能从顾客那里赢得比竞争对手更多的关注和爱戴？怎样才能永远做到这一点？怎样才能最有效率地做到这一点？"毫无疑问，耐克富有创意、极具魅力的营销传播，有力地体现了一种核心价值的整合，这使它与其他竞争对手相比，表现得更加具有品牌穿透力。其品牌营销主要体现在下述三方面：

1. 完整一致的营销传播形态

不论采取什么传播形式，耐克所表现的品牌形象都完整一致，其不变的主题"Just do it"，自信、进取、富有个性的现代精神，通过公关宣传、广告展示和事件营销等各种营销传播手段得到了完整一致的诠释。20世纪90年代，紧随新技术的步伐，耐克公司还专门设计、推广了一种电脑游戏，让参与者在游戏中与乔丹一起打篮球，巧妙地体现了消费者的品牌参与意识。在宣传渠道的选择上，耐克很少动用大众传媒大肆宣传，更看好相对低调却更有针对性的事件，比如，针对女性群体每年的千人"热舞派对"活动，每年都变换不同的主题："做运动，做自己"、"女人坚持更多"、"我动我魅"等，尽显事件营销的传播魅力。互联网是年轻女性的天地，网络可以深入女性的自我心理意识中。耐克的地区网站有女性频道，还设置了独立的 nikewomen. com 网站，比如，在 istories 频道，人们会发现自己并不孤单，不管在台北、上海或京都，都有着一群充满活力的女性，她们或在舞蹈教室中尽情挥汗，或在瑜伽课中冥想，还可看到她们的生活片段和故事。在这些平凡的身影中，人们会发现很多著名的面孔，但她们不是在领奖台和运动场上，而是和你一样过着普通的生活。

2. 超越单纯广告的品牌诉求

致力于沟通而不是销售诉求，这也许是耐克广告最大的亮点。许多人认为，耐克广告沟通就是"明星攻势"加上与众不同的广告画面、情节，事实上，耐克广告中发挥根本性作用的不是沟通形式而是内容，是广告中与消费者心与心的对话。耐克的早期广告也曾侧重于宣传产品的技术优势，当时品牌定位在正式竞技体育选手市场上，虽然也向普通大众宣传，但这个时期的耐克广告还不能算是真正意义上的沟通。20世纪80年代，耐克产品开始从体育场进入百姓家，特别是十几岁的青少年。耐克尽力扩大其广告的吸引力，为了在适应流行意识和宣传体育成就上获得平衡与一致，耐克公司重新思考其广告策略，在针对体育爱好者消费群体时，其沟通内容着意于向视听大众传递这样的信息：耐克和你一样是体育世界的"行家"，我们知道体育界所发生的一切。这种传播追求超越了简单的广告诉求，突出传达了品牌精神和品牌价值，因此它不但赢得了市场和消费者，而且更重要的是耐克公司因此逐渐掌握了沟通艺术，形成了自己独特的广告思想和策略。对此，耐克公司总裁耐特回答说："是的，是'消费者上帝'。我们拥有与'上帝'对话的神奇工具。"

3. 张扬自我的精神价值追求

整合营销传播的核心在于提升品牌价值，而品牌在一定意义上是企业精神价值的体现，品牌追求折射出其与顾客之间的对话和交流。在产品同质化程度越来越高的竞争环境里，品牌的个性化价值不仅可以创造出鲜明的差异化优势，而且可以从顾客那里赢得更多的关注和爱戴。一个品牌的个性化价值，首先来源于企业对顾客利益的独特发现和理解，凭借这种独特的发现和理解，企业会对顾客价值产生独特的主张，并进而使顾客获得独特的利益满足。同时，这种顾客价值主张不仅要关怀顾客的具体利益，还要给予他们更深层的情感关怀。耐克在进入青少年市场时，正是掌握了10多岁少年厌恶说教、独立意识增强的特点，充分发挥和迎合他们的想象力与自我意识，从“乔丹”意识到“热爱运动的我”，从“穿着耐克鞋的乔丹”联想到“穿着耐克鞋的我”……在一系列的消费者自我想象和对比中，实现了品牌与顾客的对话和沟通，从而使耐克品牌形象在潜移默化中深植在顾客的心里。不论是耐克的顾客还是耐克的模仿者，甚至是耐克的竞争对手们，似乎都已领悟到耐克营销的不仅是产品，更是一种“耐克精神”，它比鞋子更复杂、更有意义。显然，在这个层面上，耐克所体现的恰恰是整合营销传播的精粹，从形式整合走向核心价值整合。

案例来源：卫军英：《整合营销传播典例》，浙江大学出版社，2008年版。

第二节　品牌观念的历史演进

品牌是一个古老的现象，品牌观念也经过了长期的演变和发展，并且随着市场的变化，依然在不断丰富、不断延伸。了解品牌观念的历史演进，对于完整地认识品牌现象、正确地解读品牌理论、有效地把握品牌运行规律具有现实指导意义。

一、品牌现象的历史渊源

我们已经很难确切地追寻品牌开始的踪迹了。有人认为，品牌在西方的出现是在18世纪末19世纪初，是欧洲工业革命之后资本主义发展的产物①。其实，品牌作为一种商业现象的古老历史，远远早于我们对品牌产生理性认识的历史。如果追溯品牌作为一种标志的存在形式，几乎可以追溯到最早的商品交换的时代，古代的商号招牌以及辞源学中有关烙印的说明，本身都是对品牌历史溯源的注解。

如果说，古老的品牌来自于烙印和招牌的话，那么现代品牌则无疑开始于商标。18世纪后期以来，随着工业化的发展，产品竞争日渐加剧，很多生产经营者有意识地运用品牌进行宣传，从而促成了有关品牌经营的各种商标法规的建立。比如，1857年法国颁布了一项《关于以使用原则和不审查原则为内容的制造标记和商标的法律》，此后，英国、德国、美国、日本等国家先后制定了“商标法”，这标志着品牌运作有了相应的法律保障，而品牌作为一种规范的商业现象

① 冯丽云主编．品牌营销[M]．北京：经济管理出版社，2006：1.

也在逐步形成。

品牌现象和品牌运作，以及人们对品牌的认识是伴随着商业经济的发展而发展的。进入 20 世纪之后，科技革命大大推动了生产力的提升，企业的规模和市场范围得到空前的扩大和拓展。比如，美国在 19 世纪 90 年代之后，经过几十年的持续发展，已经成为世界一流的工业强国，工商企业发生了戏剧性的变化。从 1898 年到 1902 年，前后 5 年时间，一次大规模的合并大潮把全美国 2 653个独立商业机构兼并为 269 个公司。这些被称为“托拉斯”的大公司，控制着诸如铁路、煤炭、钢铁、冶金、石油、食糖和烟草等行业。他们控制生产、集中管理，预测市场销售和社会购买力，甚至在全国性市场范围内运用特定品牌推销产品。世界上很多具有历史价值的百年品牌就诞生在这一时期。比如，1898 年伊士曼将新发明的小巧简便的照相机定名为“柯达”；1908 年亨利·福特推出了“福特 T 型汽车”；1916 年美国人威廉·波音（Willian E. Boing）创办了“太平洋航空公司”（次年改名为“波音公司”），等等，这些都堪称是现代品牌的经典。

古老的品牌现象随着商业经济的发展不断丰富。在 20 世纪初期现代广告开始形成之际，品牌现象就已经成为现代广告的一种策划方式。比如，著名的新奇仕品牌——早在 1893 年，美国南加州的橘农们开始协作生产橘子，1907 年，一直为之服务的罗德·托马斯广告公司，在为其设计的广告中创造性地发明了一个新词“Sunkissed”（太阳亲吻过的），后来就演变成“新奇仕”（Sunkist）商标。可以说，新奇仕在广告和营销历史上开品牌策划之先河。新奇仕品牌策划是早期品牌运作的一个典范，从中可以看出早期品牌意识的全部要素和基本特点，即通过品牌名称、文字识别、图案识别和包装识别等元素，或者是通过这些元素的组合，使自己的产品与其他生产商的产品相互区别。我们把这一时期的品牌意识称之为品牌标志阶段。正是这种品牌标志的观念，奠定了品牌作为一种识别形式的基础。直到今天它依然是品牌一个完整的、重要的构成部分，是提供品牌差异化的一个不可或缺的因素。当然，单纯的品牌标识虽然具有区别意义，但充其量只是一种外在因素，“如果忽略了品牌内在的支撑系统，品牌标志的独立存在，虽然也可以提供一种识别，却极容易被模仿，在产品同质化和被模仿程度提高时，其存在的意义就大打折扣”①。正因为这样，在新奇仕品牌之后又过了大约半个多世纪，经过 20 世纪 50 年代产品繁荣时代导致同质化模仿竞争之后，大卫·奥格威（David Ogilvy）在他的著作中明确地提出了品牌形象的概念，于是，品牌观念开始由品牌标志走向品牌形象。自此以后，学者们对于

① 张金海.20 世纪广告传播理论研究[M].武汉：武汉大学出版社，2002：115.

品牌理论和品牌运作的研究，便开始如万涓成水汇流成河。

二、品牌思想的初步形成

大卫·奥格威是品牌形象的最初倡导者。早在20世纪60年代，当群星灿烂的广告领域中不同的广告大师们纷纷挥舞自己的旗帜标榜着各种广告观念时，奥格威率先提出了品牌形象这个概念。他和他的广告公司具有特别的形象，充满了一种知性和华美的灵气，基于他所服务的那些产品的特点，其广告的目标就是侧重于建立品牌形象。当时在广告营销中流行的观点是罗斯·瑞夫斯(Resor Reeves)的USP理论，即"独特的销售说辞"——这也是一种基于产品特点实现差异化诉求的方法。而奥格威认为，从长远观点来看，哪怕是牺牲一些很有吸引力的短期方案，也要尽量维护产品的形象。他的看法是：

> 每一个广告都应看做是对品牌形象的贡献。如果你采取了这种态度，当今的很多问题就能得到解决。……品牌越相似，理性思考在品牌的选择中就越薄弱。威士忌、香烟或啤酒的不同品牌间并没有明显的不同，它们几乎一样。糕饼混合料、洗洁剂、人造黄油也一样。广告越能为品牌树立一个鲜明的个性，该品牌就越能获得更大的市场份额和更多的超额利润。[①]

奥格威运用这种方法做了很多成功的广告，诸如哈赛威衬衫、劳斯莱斯汽车以及他最引以为自豪的，为波多黎各共和国所做的观光广告。他认为，随着产品和竞争的发展，仅仅从产品本身寻求独特因素并不足以为品牌建立个性形象，而品牌面临的最大威胁是大量同质化产品充斥市场，已经很难从产品本身寻找到什么差异性了，因此必须建立一种属于产品自身的个性形象。在奥格威看来，产品就像人，也有自己的个性，如严谨、开朗、贵族气质等。奥格威认为，这种独特性并不一定出自产品的物理属性，完全可以由人们追加给它，在某种意义上它可以超越产品具象而存在。奥格威自己所做的广告就是这样的，他在为哈赛威衬衫所做的广告中，别出心裁地塑造了一个戴眼罩的"独眼龙"形象(见图1-1)，由于这个形象令人印象深刻而使该衬衫声名大振。奥格威描述了这个广告开发的过程：[②]

> 我设计了18种不同的方式，以便给广告注入故事诉求的神奇魔力。第18种方法便是对眼罩的使用。起初，我们想采取一种更明显的构思，但是在去工作室的路上，我走进一家杂货店，花1.50美元买了一付眼罩。我也不明白它怎会如此地成功。在默默无闻的116年后，

---

① 【美】大卫·奥格威.一个广告人的自白[M].北京：中国友谊出版公司，1997：89～90.

② 【美】大卫·奥格威.一个广告人的自白[M].北京：中国友谊出版公司，1997：93.

哈赛威又成为人们视线的焦点。很少有国家品牌在时间如此短、耗资如此少的情况下开发出来。

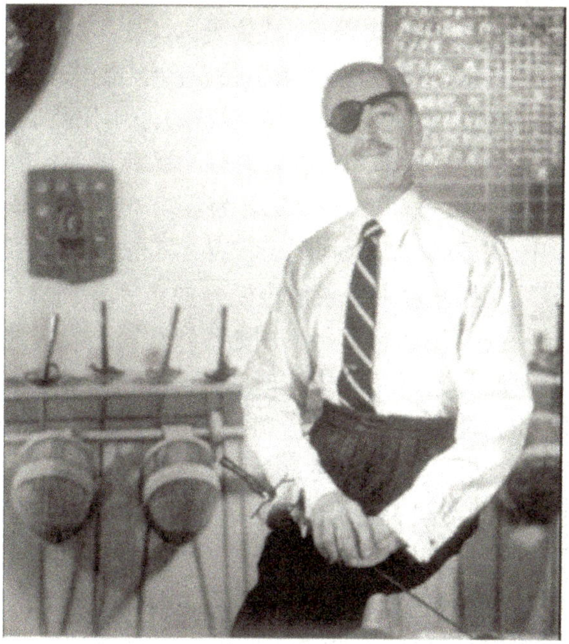

图1-1　奥格威为哈赛威衬衫所做的广告

显然,如果就产品属性来看,戴眼罩的独眼龙和哈赛威衬衫之间并没有联系,而奥格威也不是经过深思熟虑的市场分析之后才选择这个形象的。这中间有一种偶然性因素,只是这种偶然选择的形象,具有相当的视觉冲击和巨大的想象空间,当广告把他和哈赛威相结合时,一种奇妙的关联性便随之发生,于是这个衬衫便具有了其他同类产品所不具有的特别之处。这种特别之处并不来自产品的物质属性,而是来自于消费者的心理认同,这就是品牌形象的魔力所在。事实上,那个时期很多优秀的广告人,虽然没有提出品牌形象的概念,但是他们的推广手法却是很有品牌形象色彩的。

比如,李奥·贝纳(Leo Burnett)为万宝路香烟所做的著名广告。在20世纪前期,传统的过滤嘴香烟一般都是女性用品,万宝路(Marlboro)名称的由来就是一句针对女性的广告诉求的缩写:“仅仅是由于罗曼蒂克男人总是记住女人的爱”(Man always remember love because of romantic only)。早在20年代,为了迎合女性消费群体,万宝路曾经推出了白色包装,并制作了一种红色的“亮丽过滤嘴”,以掩饰女性口红的痕迹,当时的广告口号是:“像五月的天气一样温和”。

但是都没有真正成功。针对这一传统,李奥·贝纳认为有必要重塑形象。他着力把万宝路发展成为一种男性香烟,重新设计包装、大胆改变颜色,最有意义的是为万宝路设计出一个具有文化偶像意义的人物——男子汉气质十足的万宝路牛仔形象。这个骑着马的著名形象,是从美国历史中挖掘出来的神话般的人物,粗犷而充满阳刚气息,他极大地刺激了公众的潜意识,树立了男性世界的一种典范,进而使之成为品牌广告史上一个不朽的经典作品。时至今日,人们想到万宝路香烟,最先想到的是那个具有独特魅力的西部牛仔的品牌形象。

提出品牌形象的最大贡献并不仅仅是为寻求产品差异化提供了一种新的方法,而且彻底地改变了以往那种拘泥于产品本身的思维模式。正是在这种广告营销意识的指导下,那些过去看来很难区分的产品,诸如衬衫、香皂、香烟,由于包装和广告已经变成可以明确区别并按照个人意愿购买的商品。它进而告诉人们,原来我们对产品进行品牌推广时,并不需要僵硬地依照产品本身特性和细节展开诉求,而完全可以更加灵活地赋予产品某种人性化的成分,从而使产品像人一样具有自己的个性,即便是外形、功能、价格甚至品质一样的产品,也完全可以由于个性的不同而显示出自己的差异。值得注意的是,奥格威并没有完整地界定品牌形象,只是认为它既是产品的代表又非产品本身,与产品相联系又有区别,在他的论述中,品牌与形象是作为两个概念提出来然后才合成一体的。虽然他对品牌形象的一些基本特征描述还处在一种充满职业天赋的智者感受中,相对于后世复杂的品牌理论,只能说还是一个雏形,但这正好揭示了品牌理论复杂广袤的特征,而奥格威以及他所代表的创作倾向和全新视角,已经为品牌理论的进一步丰富开创了广阔的发展空间。正因为如此,直到今天,在市场营销和营销传播理论实践中,品牌仍旧是一个历久弥新、最令人关注的话题,其意义甚至正在超越单纯的营销而上升成为恢弘的企业战略。

三、品牌理论走向多元化

20 世纪 80 年代被称为品牌时代。随着全球化时代的到来,品牌和品牌观念得到了又一次大规模的发展,著名的《经济学杂志》(Economist)甚至认为 1988 年是品牌年。有趣的是,这次品牌大潮在强化品牌意识的同时也改变了很多对品牌的传统认识,品牌观念以品牌基本理论和品牌运作理论为线索,在现实的运作中日趋丰富和多元化。企业界运用品牌不断扩大自己的竞争版图,营销传播领域尤其是在品牌宣传领域,诸如精信广告、奥美广告等,也都大张旗鼓地自我标榜为品牌导师。如果说,在奥格威以前品牌理论还着重于品牌标志和品牌形象的话,那么在这之后,品牌理论的发展则进一步体现为由基本理论向运作理论的延伸,并逐步使二者在实践中达到相互统一。

进一步发展了品牌理论的，是担任先知品牌战略咨询公司副主席同时兼任加州大学伯克利分校哈斯商学院教授的大卫·艾克（David A. Aake）。大卫·艾克出版了3本畅销全球的品牌著作：《品牌价值管理》（Managing Brand Equity）、《建立强势品牌》（Buiding Strong Brand）和《品牌领导》（Brand Leadership），这就是著名的“品牌创建和管理三部曲”。艾克在对品牌个性进行系统研究中首先提出了品牌个性尺度理论、品牌个性要素理论以及品牌关系理论。在对品牌关系的论述中他认为，品牌形象不仅仅是产品或者服务形象本身，还包括了产品或者服务的提供者和使用者的形象；在此基础上艾克建立了一个“品牌—顾客”的关系模型；此后在20世纪90年代又进一步过渡到品牌资产（品牌价值）以及品牌认同之上，提出了品牌价值和品牌资产以及品牌认同的理论，并在此基础上对品牌运作进行了系统论述。大卫·艾克的观点在市场竞争的现实中不断地得到印证，今天，在全球化的市场格局中，企业竞争的表现形式似乎就是品牌的竞争。

伴随着经济全球化的推进，跨国经营和企业兼并成为一种潮流。在全球化营销中品牌成为最为有效的手段，许多国际性公司凭借着品牌优势，有效地开发市场并创造出相应的市场领先地位，诸如宝洁、可口可乐、大众汽车等，从而使企业竞争上升到品牌竞争阶段；在企业重组和并购过程中，品牌资产也成为其中最受关注的价值。虽然，在通行的企业资产负债表中，品牌资产并没有明确地体现出来，但是品牌本身的溢价却在重组和并购中得到了充分的体现。比如，软件业巨头微软在2008年2月1日突然宣布，以446亿美元收购互联网著名品牌雅虎的全部流通股，其开价相当于每股31美元，较前一天（1月31日）的雅虎股票收盘价19.18美元溢价达62%，虽然此后又再次加价使收购遭遇“流产”，但是从中依然可以看到品牌本身的溢价能力。20世纪后期以来，很多著名的评估机构都开始为品牌进行价值评估，各种品牌排行榜也纷纷出现。在品牌价值评估的前期，传统产品可口可乐的品牌价值一直居于首位，最高估值曾一度高达830多亿美元。然而，近年来这一排行不断受到挑战，许多新兴行业后来居上，诸如谷歌、微软、苹果等都已逼近或超过可口可乐。品牌价值的凸显使得品牌理论不断丰富和深化，与此同时也促进了品牌思想在细化中走向多元化。

在大卫·艾克之后，随着整合营销传播理论的兴起，作为继舒尔茨之后的又一个理论提升者，美国科罗拉多大学的汤姆·邓肯博士在对整合营销传播的研究中，进一步发展了有关品牌关系的理论，并把提升品牌资产作为整合营销传播的终极价值，因此，整合营销传播在很多时候也被称之为整合品牌传播。应当说，整合营销传播是通过品牌信息传播，强化品牌与顾客及相关利益者关系,并最终提升品牌价值的一种途径,它所关注的重点是品牌接触传播和品牌关系方式。邓肯认为,传播和沟通是改善品牌关系、最终提升品牌价值的关键所在,为此他提出了一个相应的品牌资产方程式,参见图1－2。

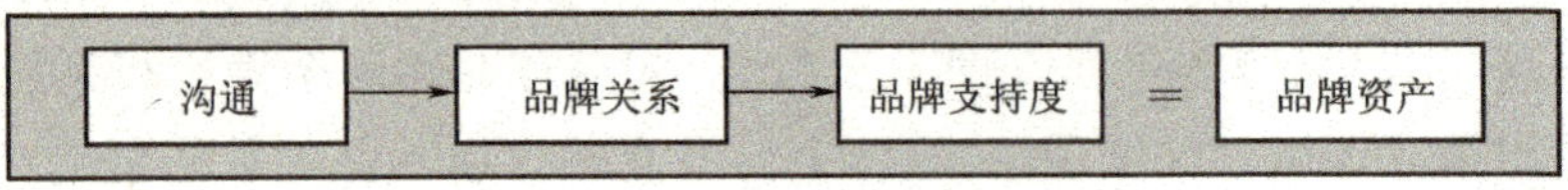

图1－2　品牌资产方程式

在这个方程式中,沟通和传播是建立品牌资产的前提,是品牌关系的驾驭者。他认为,品牌并不是如很多公司所看重的那样,只是通常意义上的包装名称和商标。这些公司忽略了一个真相,即真正的品牌其实是存在于关系利益人的内心和观念之中的。换言之,即公司拥有品牌名称和商标所有权,但品牌价值的真正决定者却是关系利益人。而关系利益人心目中的品牌,由其本身整合诸多品牌信息而成,因此,凡是没有主动进行品牌信息整合的公司,无异于是将这个过程的决定权让给了它的关系利益人①。邓肯的品牌观点强调,在品牌价值中具有决定性的因素是品牌关系,因此,只有提升品牌关系才能进而提升品牌资产。由此可见,整合营销传播或者是整合品牌传播,在本质上不单纯是品牌理论思想,更是一条品牌运作的途径。

案例1－2

联想的品牌整合

联想品牌的大幅度提升,很大程度上得益于它对IBM个人电脑的并购及其形象战略的成功运用。2005年5月,联想完成了对IBM个人电脑业务的收购,从而跻身于世界电脑第三大生产商的地位。尽管这样,联想仍然面临着品牌整合的挑战。联想并购IBM的个人电脑事业部,面对的是弱势品牌整合强势品牌的一道难题,虽然已经有了一个品牌整合的良好开端,联想品牌的上升幅度也很明显,但仅仅使用Think品牌并不能完全打消用户的疑虑。为此,联想采取了"背书品牌"策略,借以突出Lenovo和Think产品之间的联系,从而快速淡化Think产品和IBM的联系。

幸运的是,联想一直以来其实也是在实施"背书品牌"策略,"联想"品牌既是产品的,也是公司的,后一个一直在为前一个起着"背书"的作用。随着各种

① 【美】汤姆·邓肯,桑德拉·莫里亚蒂.品牌至尊[M].北京:华夏出版社,2000:11.

副品牌的出现,联想公司品牌的"背书"作用更为明显。联想创始人柳传志认为,品牌 = Logo + 信誉,信誉 = 承诺 + 表现。所谓信誉 = 承诺 + 表现,就是不断地向消费者作出承诺,同时也表现得与所作出的承诺一样,这样建立起来的信誉才构成真正的品牌。标识更多的是一个外在的东西,过去客户识别的是 IBM 和 Think,现在他们要识别的是 IBM、Think 和 Lenovo 之间的关系,未来他们会识别 Think 和 Lenovo 之间的关系。在这个过程中,有效的品牌整合成为联想品牌价值提升的主要途径。从它的发展过程尤其是并购 IBM 之后的整合传播策略来看,联想主要通过以下四个步骤达到其品牌提升的目的。

1. 建立广泛的消费认同,传达清晰的品牌价值

联想品牌建设初期,电脑市场鱼龙混杂,因此,通过引导消费建立自己的品牌制高点,是联想品牌建设的主要途径。它首先采取价廉物美的策略,为品牌注入了"价廉物美,品质可靠"的价值标签,适时地为众多彷徨的电脑迷提供了选择电脑产品的指导,帮助消费者摆脱对于高新技术的过分迷信。为了进一步提高联想品牌的市场认可度,联想又采取"适用、够用、好用"的品牌宣传策略,成功地引导了电脑消费的新理念,再一次为联想的产品贴上了"适用、够用、好用"的品牌标签。在这次典型的品牌建设活动中,联想采用了多种传播手段:口号宣传、客户接触(如举办现场咨询、营业员与顾客交流等),不仅成功避免了与跨国企业在尖端技术方面的竞争,同时还第一次让消费者认识到联想是一个"倡导实实在在"的品牌,并且将这些理念建立在质量可靠的产品之上。至此,联想在国内市场上的强势品牌地位逐渐形成。消费者认可了联想是一家相对于国际品牌能够提供相近的产品及服务的民族品牌,而相对于国内厂商,它则具有无可比拟的实力与优势。

2. 实施国际化营销策略,进一步提升品牌价值

国际化是联想品牌发展的一项重大战略。早在 2003 年,为了实施国际化发展战略,出于海外商标注册的需要,联想将原有的英文商标"LEGEND"改为"Lenovo"。这个具有独创性的新名称充分体现了联想的品牌理念。"LE"是"Legend"的缩写,而"Novo"在拉丁文中表示创新,"Lenovo"意即"创新的联想"。这次改名不仅有利于联想产品的海外市场销售,而且使联想在国际市场上的宣传活动得以正常进行。随后,联想开始了品牌宣传的多面出击。毫无疑问,真正为联想带来品牌飞跃的,是它对 IBM 个人电脑的并购,以及随之而来的一系列品牌整合。运用 IBM 在业界的巨大影响借船出海,为联想赢得了声誉,但是如何有利地把原属于 IBM 品牌的资源优势融入联想,却是一个严峻考验。联想拥有 5 年的 IBM 品牌使用权,但是简单依赖这 5 年品牌使用权显然无法使联想成为一个国际化的品牌,联想必须采取有效的方法使自己的品牌在迅速传

播的同时,使国际市场对联想品牌的认知迅速得到提升。

3. 运用"背书品牌"策略,借助事件营销传播联想品牌

在完成并购IBM个人电脑后,由于Think的加入,联想也开始由单一品牌转向双品牌。如何适当地运用双品牌战略,是联想完成并购之后在品牌方面要解决的最大难题,为此,联想采取了"背书品牌"策略。所谓"背书品牌"是指公司品牌为产品品牌提供担保。消费者出于对公司的信任,对其产品就更为放心。比如,宝洁公司在其诸多产品的广告末尾都会加上一句"宝洁公司,优质出品",就是用宝洁的公司品牌为产品品牌做担保。IBM一直以来实施的也正是背书品牌的策略,但现在联想面临的却是由谁为Think这个产品品牌进行"背书"?就在许多专家认为联想应当充分利用IBM品牌价值的时候,联想却选择了迅速淡化IBM品牌的影响,由Lenovo公司品牌为Think产品做"品牌背书"的传播策略,并利用2006年都灵冬季奥运会的机会,向整个世界展示了Lenovo旗下的Think品牌,一点也不逊于它在IBM旗下。冬奥会品牌形象的成功展示,不仅迅速提升了联想的品牌知名度,使客户更加信任联想,而且也随之带来一个明显的品牌权益:客户可以接受联想的更高报价。

4. 贯彻品牌等式,强化双效协同的整合价值

认知联想的Logo通过广告等营销手段可以实现,但是建立信任要通过行为表达。在联想看来,冬奥会不过是它为2008年北京奥运会提供赞助的一次"练兵"。联想希望在北京奥运会上,能让更多的人知道联想,知道联想产品是经得起奥运会检验的产品。阿德瓦尼说:"奥运会使我们拥有了展示联想产品和联想人的国际舞台。"为此,联想按照柳传志提出的品牌等式,进一步通过承诺和表现提高自己的信誉。其品牌架构是:联想主品牌作为企业品牌,代表着公司的形象。它的主要内涵有三:一是创新,即联想是一个具有创新精神的企业;二是高品质,即不管产品价格高低,都是高品质的产品;三是非常可靠的服务。在此基础上,联想充分运用双品牌模式,发挥协同效应,在品牌定位、业务模式等方面形成两个子品牌的相互促进:Lenovo作为大众化的品牌,定位于零散的客户和中小企业,强调时尚和令人兴奋,带给人们愉快的生活感受;Think是定位于商务客户的较高端品牌,强调其科技领先地位以及坚如磐石的质量和专业性,是终极的商务工具。这两种品牌模式不仅在定位上,而且在渠道和供应链上也构成了相应的特色,但最终在市场上又相互促动,形成了双效协同的品牌传播效果。

案例来源:卫军英:《整合营销传播典例》,浙江大学出版社,2008年版。

第三节　现代营销的品牌功能

在世界范围内，与经济发展相伴随的市场竞争一般表现在五个方面：产品竞争、技术竞争、资本竞争、品牌竞争和知识竞争。其中，品牌竞争在 20 世纪后期最具有代表意义，它在一定程度上折射和包容了其他的竞争形态。因此，在现代营销中，品牌竞争就成为一种具有典型意义的营销模式。当然，品牌除了营销之外也是一种有效的管理工具，我们在这里对品牌的功能认识主要着眼于品牌竞争及其营销价值。

一、品牌竞争的特点

品牌竞争的特点主要是相对于其他几种竞争形态而言的，因此，只有与其他的竞争形态有所区别，才有利于更深刻地认识品牌竞争。简而言之，品牌竞争的特点主要体现在五个方面。

（一）综合性

综合性可以从品牌竞争的内容和品牌竞争的表现两个方面来看。从品牌竞争的内容上看，品牌竞争涵盖了企业的产品开发、设计、生产、销售、服务，以及管理、技术、规模、价值观念和形象特征等多种因素；所谓品牌竞争的表现实际上就是这些要素的竞争，只有当这些要素对品牌形成支持时，品牌形象才会丰满，品牌的竞争优势才可能建立起来。比如，当我们认定宝洁旗下的那些强势品牌的时候，不仅是由于它在产品方面表现出的出色品质，还有它对顾客反应的有效关注，通过长期宣传所形成的价值追求等。

（二）文化性

文化性是指品牌本身所附着的文化信息，是对某种社会情感诉求的反馈和表达。一般而言，品牌的文化内涵直接表达了一种生活方式和生活态度，因此，选择一种品牌也就是选择一种情感体验和生活态度。正是由于品牌才使得产品这一物质形式有了一定的精神内涵。从本质上讲，品牌集中反映企业对产品的态度、对顾客的态度、对自身的态度以及对社会的态度。比如，意大利的著名休闲品牌 DIESEL 定位于那些具有叛逆精神的青年一代，通过某种社会理念的表达努力实现对品牌价值的追求。现代消费并不单纯停留在产品本身的物质层面，人们对品牌的选择就是对某种生活方式和生活态度的选择。从这点来看，品牌的文化意义还表现为品牌的社会信息可以帮助顾客实现一种情感体验、价值认同和社会识别。比如，用奔驰汽车象征身份、使用节能产品表现环保意识等。

（三）形象化

品牌的形象化特征最为显著，这是由品牌本身所具有的符号所决定的。形象化不仅使品牌得到简单明确的区分，而且还生动地折射出品牌不同的内涵。品牌的形象化具有两种意义：一种意义是究其外在符号效果而言的，任何品牌总是以文字、图案、符号、产品外形和功能为载体，将其内涵与功能直接表现出来。比如，可口可乐的斯宾塞体文字和红色图案，以及特别的瓶形设计，给人们留下鲜活的印象。另一种意义是将品牌概念和品牌品质加以浓缩，如可口可乐通过长期的品牌积累，形成了属于自己的文化，这种符号形态本身又附着了美国文化的隐喻，人们在接触这个品牌时可以感受到其强烈的感染力和传播效果。

（四）稳定性

稳定性是就品牌可以超越产品而存在这一特性而言的，品牌比产品的内容更加丰富。稳定性可以从产品和企业两方面着眼：就产品而言，通常情况下由于生命周期的原因，产品本身因为市场变化而不断更新调整，但是品牌却相对稳定。比如，宝洁公司的洗发品牌海飞丝，最初定位是去头屑，但是随着市场变化这个功能逐渐失去了优势，它虽然仍旧是海飞丝却不断改变和丰富着产品。因此，产品的不断创新只是对品牌内容的丰富和充实，产品有了变化，但品牌价值却不会随之消失。就企业而言，品牌向来是企业经营活动各个方面的高度概括和浓缩，其表现相对比较抽象，具有一般性和普遍性，因此也就具有相对的稳定性。当然，任何稳定性都是相对而言的，没有一成不变的永恒品牌，品牌也必须随着社会和市场而发展，否则也将会被市场淘汰。

（五）时尚性

品牌的文化意味和对市场的追随，在一定意义上决定了品牌的时尚性。时尚性具有很多社会特征，有时候是一种品位的昭示，有时候是一种流行的追捧和追逐。人们通过品牌追求一种生活方式，而生活方式在很大程度上就是一种时尚的表达。品牌时尚通常来自于品牌在社交中所传达的暗示，比如，用一个奢侈品牌的 LV 手包或者戴一块劳力士手表，都可能被看做是来自社会上层；有时候时尚也来自于人们对名牌的追捧，这是因为名牌本身就是一种具有流行色彩的社会定位，非常注重把人们引导进某种社会情绪，人们通过对名牌的追捧，可以表达某种情感并宣泄内心的某种情绪。

二、品牌的功能和作用

品牌的功能与作用和它的竞争特点密切相关。对于企业而言，实施品牌化的过程，既是创造价值的过程，也是一种管理工具的运用过程；而对于消费者而言，品牌则不但包含了简单的识别，而且还包含了更深的意蕴。从市场营销角度界定品牌的作用，通常将其简单地归结为标志作用、品质保证、决定和影响企业竞争力、创造超值能力以及品牌文化导向等。

（一）品牌作为标志性旗帜

通常情况下，品牌直接的表现就是标志作用。这种标志作用从简单方面说，可以明确区分与其他品牌的差异，它确认了商品及其原料制造商，并且通常带有特定的关联形象；进一步则可以说，一个品牌就是一个信号，就是一面特定的旗帜。在这面旗帜上书写了企业追求、企业精神、企业文化、企业商誉和社会形象，以及企业的产品和服务质量，是对企业及其产品行为的高度概括和提炼。它告诉人们品牌与众不同之所在，从区别中显现特殊，通过特殊创造与众不同的情感体验。就这点而言，品牌标志意味着产品定位、质量、服务、信誉、销售等内容，是企业活动各个方面以及消费者满意程度的综合概括。

（二）品牌作为质量信誉保证

对于消费者来说，确认某种品牌标志和品牌区隔，除了因为识别需要之外还有另一层简单的意义，这就是品牌可以提供一种质量和信誉保证。大多数产品尤其是初次接触的产品，在被使用之前，消费者对其质量和信誉情况无法具体验证，而品牌作为一种概括其本身就具有质量和信誉的暗示。在这种情况下，认识了品牌也就认识了其所代表的产品、服务、质量及其商誉追求。从这个意义上来说，品牌对消费者来说是一种保证和信赖，对于企业来说则是一种责任，而这种品牌暗示的强度也决定了品牌影响和品牌竞争的力度。比如，世界第一家麦当劳餐厅于1955年在美国开业，多年来广受欢迎；麦当劳从美国出发风行世界，也受到各国消费者的喜爱。由于品牌的影响，麦当劳当下在世界各地正以平均每3小时开设一家新分店的速度发展，成为世界最大、最著名的餐饮集团，它每天服务的顾客多达4 000万人次。据说麦当劳在约翰内斯堡开张的第一天，就有数千人排队等候用餐，由此可见强势品牌的市场号召力。

（三）品牌影响企业竞争力

现代企业竞争很大意义上体现为品牌竞争。可口可乐总裁自信，即使一夜之间所有可口可乐工厂化为灰烬，仍旧可以凭借其品牌而重新崛起，这种自信就是来自于品牌的影响力。在这种竞争中，由于品牌具有比产品更加丰富的内容，所以品牌竞争就成为一种综合竞争形式。这是因为品牌所代表的不仅仅是产品竞争力，而且也是企业自身的竞争力。它的基本表现可分为三个方面：扩大市场份额，即品牌美誉度越高，市场影响力越大；实现产品组合扩散效应，即品牌影响力延伸到整个产品序列；企业组织的聚合效应，即通过品牌实现企业的并购和重组。由此可见，品牌虽然无形，但是却具有为企业创造一种超越产品的超值能力。

（四）品牌具有超值创造力

品牌的超值能力大多数可以通过利润形式体现出来，这是因为，品牌经营达到一定程度，各种优势和有利于企业的因素就会明显地体现出来。一方面，由于品牌的特别地位，很容易受到顾客的追捧，许多消费者为了他们所追捧的品牌，愿意付出比同类产品更高的价格；另一方面，由于品牌的作用，使得其在经营过程中的交易成本可能要低于同业平均成本，从而使得品牌创利能力也高于同业平均水平。对于任何品牌来说，当其销售利润小于0时就毫无竞争力可言；当其大于0时则具有一定的竞争力；而当其高于同业平均利润时，则品牌具有很强的竞争力。在这种情况下，品牌就可能加速发展，成长为一个强势品牌，强势品牌很可能就成为一种市场文化导向。

（五）品牌包含文化导向性

把品牌上升为一种文化导向，可以说是品牌经营的最大追求。这是因为，这些品牌作为一种文化导向不仅仅表明品牌的市场号召力，而且也代表了品牌在与顾客以及整个社会的对话中得到了普遍的认同。当此之际，由品牌所创造的那种价值追求，已经超越了一般商业意义而上升为一种社会精神象征。比如，可口可乐被看做是美国文化的象征，很多时候我们往往不得其解，为什么这样一瓶深褐色的液体，竟然可以承载起美国文化的内涵？其实，在这里美国文化已经被浓缩为一个符号，它展示的是一种生活方式和生活品位。同样也不难理解，万宝路香烟采用一个西部牛仔作为象征符号，它所表示的文化内涵就是粗犷不羁、自由奔放、充满阳刚之气。

案例1-3

英特尔的品牌路径

英特尔（Intel）以生产电脑的中央处理器而众所周知，在全世界有80%的个人电脑所使用的是英特尔生产的微处理器芯片，它已经成为当今世界IT产业中最为著名的品牌之一。

它的声名鹊起与著名的“内有英特尔”（Intel Inside）策划密切相连。这项活动是从1991年开始的。它的做法是，要求众多的电脑生产商，如IBM、康柏（Compaq）、戴尔（Dell）、通路电脑（Gateway）等，在其生产销售电脑的说明书、包装和广告上都增加“内有英特尔”（Intel Inside）的商标。作为报答，英特尔将从它们的销售额中划出最高达3%的返利给这些电脑生产商，作为联合广告的补助，而如果同业将“Intel Inside”商标印在售出的电脑包装上，那么他们将获得的回扣高达5%。可以说，这种双管齐下的整合策略远远超出了一般广告的影响，它不仅极大地提高了英特尔的知名度，而且使英特尔的形象从单纯芯片制造商转变为一种质量领袖。当每一个下游电脑生产商在它的产品或者包装上注明“内有英特尔”(Intel Inside)的标识时，实际上都在向消费者传输着这样一个信念：购买内有英特尔处理器的电脑，无论从技术含量还是稳定性上都是一个深思熟虑的选择。这样，英特尔通过这项整合运动，不但稳定了它和下游生产商、经销商的关系，而且也与消费者达成了一种默契，这些都直接反映到它的品牌价值之上。

为了扩大这项活动的影响，英特尔同时还斥巨资开展了一个声势浩大的广告运动。它运用电视、报纸以及大量的印刷广告等形式，把“内有英特尔”(Intel Inside)设计成为一个有特色的商标，向整个社会集中宣传。这项计划从一开始其广告预算就是每年1亿美元，明显的结果是在短短18个月内，仅仅出于这项计划之下的“Intel Inside”广告，总量就高达90 0000多则。如果把这些广告份数换算成曝光次数，据估计可能高达100亿次。据调查，就在这短短18个月里，电脑的商业用户中知道英特尔的人数从原来的46%骤然上升到80%，这个巨大的增长幅度相当于其他品牌十多年的努力结果。然而最重要的还不在于此，根本的一点是英特尔的品牌价值在大幅度提升的同时，其市场份额也大幅度提升。仅仅在1992年，即“Intel Inside”广告推出1年之后，英特尔的全球销售额就增长了63%。就在采用英特尔处理器电脑风靡全球之时，那些没有采用英特尔处理器的电脑不得不折价出售。这项持续的运动给英特尔带来了巨大的利益，在运动推广开始的1991年，英特尔公司的市值仅仅是100亿元，到10年后的2001年，它的市值增加了26倍，达到2 600亿元。2002年国际品牌公司Interbrand根据权威调查进行评估，与美国《商业周刊》(Business Week)合作评选出年度最有价值的“全球品牌100强”(Top 100 Global Brands)，英特尔的品牌价值为306亿美元，居可口可乐(696亿美元)、微软(640亿美元)、IBM(512亿美元)和通用电器(413亿美元)之后，名列全球最有价值品牌第五位。

在“内有英特尔”(Intel Inside)活动之后，它的整合营销传播活动一直没有停止。几乎在后来的每一次战略性营销中，英特尔都在强化着自己的品牌，从“英特尔有颗奔腾的心”，到迅驰无线移动平台“英特尔无处不在”(Intel Everywhere)。正如英特尔首席执行官克雷格·巴雷特(Craig Barrett)所说的那样，公司将积极寻找PC之外的商业机会。也许未来英特尔的芯片将会出现在各种数字设备中，从手机到平面电视，再到便携式影视播放器和家庭无线网络甚至是诊断设备。如果这些新的市场能够进一步开发，它将为公司带来新的收益。一切都来自于品牌的整合与创新。

“内有英特尔”(Intel Inside)作为一个成功的品牌营销范例,其操作中最突出的就是通过一致性的信息传播突出了英特尔品牌,不仅巧妙地把自己从同类产品中区隔开来,而且使这种隐藏在电脑里面的部件跳出个人电脑的框架,进入消费者的视野中。它不仅大大拓展了自己的市场范围,而且通过强化品牌增加了产品附加值,使消费者心服口服地愿意付出更多的价钱去购买。在这项整合营销传播的活动中,每一步都可以看出英特尔的精心设计。

其一是对品牌价值的确认。英特尔认识到,要想建立自己的竞争优势,必须强化品牌资源,使之与营销链中的各个环节保持稳定的关系,尤其是得到个人电脑终端用户的认同。为此,第一步是确立品牌商标。最初英特尔曾打算保护它的产品编号,使自己不再受到竞争对手的侵犯,但是这种试图把编号变为品牌商标的做法,在联邦法院被驳回,最后那些“×86”编号只能作为芯片发展水准的代名词。因此,英特尔必须为自己创立一个商标,这个商标不仅能够使自己与其他产品区隔开来,而且还必须能够有效地实现一种品牌资源的整合,为此它创立了“内有英特尔”(Intel Inside)。这个商标的好处就在于它突出了英特尔品牌本身,同时又不仅仅是一个简单的区隔符号,还明确地传达了一种信念,包含了对营销价值链的整合意识。也就是说,这个商标的确立本身就是基于对市场以及未来开发策略的考虑。

其二是渠道和技术传播的有力推动。英特尔采取了两个方面的策略:一方面通过营销渠道,实现多层级的渠道传播;另一方面借助渠道宣传,强化消费者对这种技术产品的认识。电脑微处理器是一个高技术性产品,它和电脑的其他许多组件一样隐藏在电脑中,并没有真切地被消费者感觉到。英特尔要求电脑生产商在自己的产品说明书和包装上特别强调“内有英特尔”(Intel Inside),这不仅突出了英特尔的品牌,也相应地强调了这个组件对电脑的重要性。而且,渠道传播对于技术性产品具有特别的引导价值,当普通的电脑购买者冲着所谓“奔Ⅲ”、“奔Ⅳ”而来时,绝大部分的购买者并不十分清楚,这个被称作是“微处理器”的电脑部件,其具体工作程序是怎样的,而英特尔的微处理器与其他品牌又有什么不同。尽管不断有技术人员解释,事实上还是有很多消费者依然不明白“微处理器”到底是什么东西。从消费者的角度分析,一个简单的理由可能是:这些电脑制造商——如IBM、康柏等,它们花那么多钱做广告,告诉大家自己采用的是英特尔处理器,这些电脑公司显然不是“傻子”,这个被称作“微处理器”的东西一定很重要。

其三是媒体和各种接触点的整合。“内有英特尔”(Intel Inside)这个商标被完整地套用在各种营销传播活动中。英特尔一方面通过各种广告不断强化它;另一方面专门为它设计了公关、促销以及各种内外传播活动。可以说,无论是生产商、渠道商、消费者、媒介、金融机构，还是股东和员工都对此认识十分清楚，并且各方面统一认识也有助于形成合力。这样，英特尔就首先完成了操作层面上的整合，即有利于创造出“一种形象、一个声音”的整合形象，并且在此后的媒体策略中使之不断延伸，体现了整合营销传播的一致性原则。

当然，如果说英特尔的整合营销传播仅限于此，那还只不过是形式意义上的整合。事实上，英特尔所做的是整合营销传播从形式到本质的整合。正如舒尔茨教授所说的那样，这项计划跨越了多项传统的销售与营销范畴①。英特尔在这项活动中，尽量发展与电脑制造商、渠道商等各个方面的关系。通过优厚的激励措施，有效地保证了营销链中各个环节的利益平衡，并以此与相关利益者建立起良好的品牌关系。这种激励措施不仅体现在合作广告中，而且还体现在对整个下游环节的推动中，如果没有这些使生产商和渠道商完美结合的措施，英特尔的整合计划就会大打折扣。因此，直到今天，无论是在电脑制造商、渠道商，还是在电脑消费者那里，英特尔的微处理器都首屈一指地占据着不可动摇的地位。

整合营销传播是一项综合性的战略运作，在很多情况下它会超出单纯的营销或者传播范畴，如实施整合营销传播涉及的组织层级和财务支持。从英特尔的案例中，这些都得到了很好的处理。从内部来说，英特尔通过最高层的坚定决心，有效地把研究、生产、管理、物流整合起来，使每一个环节都成为对“Intel Inside”的强大支持因素，使整合营销传播不只是一个单纯的营销传播计划，而是一个关乎整个企业运营的品牌发展战略。为了保证计划的实施，英特尔提供了有力的财务支持，在这项活动推进的1991～1993年间，英特尔为了建立品牌资产耗资5亿美元进行市场推广。对于整个市场而言，推广的受益者不仅是英特尔，也不仅是电脑生产商和渠道商，更重要的还有消费者。当消费者从不同的传播渠道获得英特尔品牌信息时，便坚定不移地相信英特尔就是最好的微处理器品牌，并在购买中获得了相应的价值满足。因此，英特尔在创造品牌价值的同时也为消费者创造了消费价值。

案例来源：卫军英：《整合营销传播典例》，浙江大学出版社，2008年版。

思考题

1. 理解品牌概念要从哪些方面入手？

---

① 【美】舒尔茨等. 整合营销传播：创造企业价值的五大关键步骤[M]. 北京：中国财政经济出版社，2005：37.

2. 为什么说品牌不是简单的标志?
3. 如何从品牌内涵把握品牌特点?
4. 品牌发展主要经过了哪些主要阶段?
5. 为什么说奥格威对品牌理论有划时代的贡献?
6. 如何认识品牌对企业竞争的决定意义?
7. 品牌对消费者的影响主要体现在哪里?
8. 怎样看待品牌竞争的综合性特点?

第二章 品牌营销特征

第一节 品牌效应与品牌张力

品牌就像是现代社会的一个魔方，它抽象而又具体，真实可感而又难以备述。企业追逐它，消费者拥戴它，根本的原因就在于品牌本身的功能价值，尤其是那些具有市场影响力的著名品牌，无论对于企业还是对于消费者，都具有超越性的意义。这些著名品牌不仅为消费者带来相应的满足，也有效地帮助企业实现品牌影响和品牌的扩张。

一、消费者的品牌效应

我们不妨想一想，为什么人们会偏爱可口可乐？为什么女士们喜欢用法国名牌香水而不是那些名不见经传的香水？事实上，就饮料本身的功能和口感以及香水的质量和气味而言，许多产品或许并不逊于它们，甚至其功效也没有太大的差别，但是消费者在选择时倾向性却很明显。一个简单的事实是，这些著名品牌成功地创造出了产品与人们生活方式的某种联系，它通过对消费者的心理影响增加产品在消费者心目中的价值，进而形成了产品的附加值，这种附加值就是品牌。

（一）消费者的感性追求

多年来，在市场营销中消费者都被假设为是非常理性的一个群体，尤其是随着各种调查和统计分析方法被引入市场策划和营销传播之后，现在看来这种对消费者所进行的预先假设未必完全正确，至少从品牌意义上可以这样说。我们不妨结合有关品牌调查案例，探讨其中的奥秘所在。

1987 年美国《福布斯》（FORBES）杂志专栏作家布洛克（Block）曾经对万宝路香烟品牌进行了一项调查，如果仅从调查对象的数量来讲，这几乎可以说是一次绝无仅有的商业调查了。布洛克调查了总计 1 546 名万宝路香烟爱好者，主要问题是“为什么喜欢这种香烟”，绝大部分被调查者对此所做的回答都集中在香烟自身的属性上，诸如这种香烟味道比较好、香烟味道浓等。在得到回答后布洛克继续了他的试验。他向每位自称热爱万宝路香烟品质的人提出一个建议：以简装、半价提供这种香烟，即从外表上看不出香烟的品牌，但由生产商保证所提供的产品货真价实。这项建议发出后,其结果是那些号称喜欢这种香烟品质的人中,只有大约21%的人表示愿意购买。可见当时很理性地表示自己喜欢万宝路是出于喜欢其品质的人,绝大部分没有说出真实意图,或者自己也说不清楚真实意图。布洛克据此认为,那些烟民们所需要的其实是万宝路香烟品牌所带来的特有的满足感,而不是香烟本身。简装香烟虽然具有香烟的一切内在质量,但是却不具备某种相伴而来的愉悦和满足。布洛克还观察了万宝路爱好者每天掏出香烟的次数,一般都在20~25次,超过他们吸烟的次数,这是一种下意识行为,这种行为充分反映了非理性作用对人们行为的支配。

也许香烟是一个非常感性的产品,还不足以完全说明消费者对品牌需要的事实,那么非常具有技术特征的计算机也成为感性消费的一种品牌注释。我们曾提到英特尔(Intel)的品牌营销(见案例1-3),仅仅在1992年即"Intel Inside"广告推出之后一年,英特尔的全球销售额就增长了63%。就在采用英特尔处理器的电脑风靡全球之时,那些没有采用英特尔处理器的电脑却必须折价出售。当普通的电脑购买者冲着所谓"奔Ⅲ"、"奔Ⅳ"而来时,可以说几乎绝大部分的购买者并不十分清楚,这个被称做"微处理器"的元件具体工作程序是怎样的,它与其他的品牌又有什么不同。尽管不断有技术人员解释,事实上还是有很多消费者依然不明白"微处理器"到底是什么东西。有趣的是,英特尔在其广告中并没有告诉消费者,自己的"微处理器"要比别的品牌好,但是消费者依然对其趋之若鹜。从消费者角度分析,一个简单的理由可能是:这些电脑制造商——如IBM、康柏等,它们花那么多钱做广告,告诉大家自己采用的是英特尔处理器,那么这个"微处理器"一定很重要,而英特尔当然就是最好的微处理器品牌。一切也许就这么简单,这个广告计划不仅大大提升了英特尔的知名度和品牌价值,而且直接提升了其市场份额。

从万宝路到英特尔,这种来自于品牌的迷惑充分说明了一个问题,即消费者的消费需求并不是单纯的产品而是品牌。究其原因而言,这是因为产品本身给消费者带来的满足特性主要来自于它的功能价值,也就是所谓"物的有用性"。在一个可以充分满足的市场竞争环境中,这种来自于"物的有用性"的使用价值往往并不稀缺,并且通常都是处于过剩状态。因此,消费者在选择过程中,来自产品功能方面的影响比重相对会越来越小,选择的天平会大大地朝着具体产品所代表的关联因素倾斜,而且主要是指向与消费者认同密切相关的社会因素,这就涉及了品牌。从另一个角度讲,品牌是公司及其产品价值的一种集合反映,它在综合消费者对相关产品价值认识的同时,也整合了消费者对自身社会属性的一种体验。

(二)品牌给消费者带来的心理满足

品牌作为一种标志虽然具有区隔属性,但它不是简单的商标。从营销追求方面而言，品牌对消费者的识别效应只属于最简单的低级层次，更重要的还在于品牌的心理效应。表面上看，品牌似乎只是一个比较抽象的元素，但是在市场竞争中，由于同质化的存在通过产品本身特点进行差异化划分，几乎已经没有任何价值，与此同时在消费心理和消费行为中，纯粹产品使用价值对顾客的支配已经渐渐地被感觉因素所取代。通常，消费者在进行选择时，首先追求的是一种高感度产品属性，这种属性大多由品牌所暗示。营销学家辛迪·莱瑞(Cindy Larry)在其所著《销售的象征》中说：

> 现代商品被认为本质上是一种心理事物，既象征着个人的属性及目标，也象征着社会的模式及竞争……所有的商业物品都具有象征性特点，而进行采购则涉及评价——无论是含蓄的还是明确的——以便决定这种象征适合与否①。

简单地说，任何一个产品，除了能够给予消费者一定的使用价值满足之外，更重要的是可以给消费者带来情感上的满足。消费者使用一个产品，除了认可它的功利价值以外，还通过它完成一定的情感体验。产品作为一种纯粹的功能体现，一般只能对消费者达到使用价值上的满足，而只有品牌在满足使用价值的同时也满足情感价值。所以，与其说品牌是具体之物还不如说是一种感觉。比如，同样是一部汽车，不论是宝马还是一般的大众汽车，它的基本功能就是以车代步，但是当它被赋予一定品牌的时候，对于消费者而言最重要的价值就不仅是驾驶了，而是一种象征性的满足。宝马也许更多地象征着财富和地位，它无声地满足了消费者对自己情感的认同，并有效地向人们显示了这种认同。在社会化生活中，当人们获得了基本的物质需求保障之后，最大的满足就是心理满足，而心理满足的根源主要来自于社会的认同。正因为如此，品牌一旦形成，似乎就产生了一种神奇的魔力，消费者青睐品牌，市场也在追逐品牌，一个品牌可以轻而易举地获得超过社会平均利润的收益，于是，从消费者到企业再到广告商，都对品牌倾注了极大的热情。

二、企业的品牌张力

由于消费者需要的不是简单的产品而是品牌，因此运用品牌来扩张市场成为企业经营的核心追求。所谓品牌张力在这里所指的就是，品牌在市场竞争中帮助企业所获得的各种有效的影响，既是指品牌在市场上的影响范围，也是指品牌在消费者心目中的影响效应。通常情况下，一个著名品牌比一个普通品牌更加受到消费者欢迎，而一个处于市场领袖地位的品牌则对市场走向和趋势具

① 转引自【美】R. Batra，等. 广告管理[M]. 北京：清华大学出版社，1999：215.

有一定的领导和引导作用。从企业的品牌扩张而言,著名品牌可以带来一系列明显的效应。

（一）扩散持续效应

任何企业打造著名品牌的过程,都必然是对企业综合经营能力的提升。而著名品牌的地位一旦确立,就相应的建立了良好的形象,并通过消费领域的传播和流通范围的拓展,迅速扩大产品的影响力。影响力的扩散在一定程度上具有马太效应,雪球越滚越大,在向更多消费者辐射的同时,也获得越来越多的信任,赢得更多的顾客忠诚。比如,肯德基是一个深受欢迎的著名的快餐连锁品牌,随着它在中国的连锁店的增加,其产品也根据中国消费者的爱好不断推陈出新,消费者由于对肯德基的信任和好感,对其各种新的产品也乐此不疲。著名品牌具有相应的稳定性,它的影响效应一旦形成,便像一个人的良好品德那样,得到人们的长期认同和肯定。这种肯定反过来就是影响力,只要没有出现对品牌的致命伤害,这种影响力便会长期地持续下去。

（二）刺激放大效应

刺激是指著名品牌对市场需求的推动,尤其是对消费者的心理吸引和诱惑,当消费超越简单功能利益时,对深层次的消费需求就具有一种刺激作用。比如,很多年轻的中学生都向往拥有“耐克”运动鞋,这除了对耐克运动鞋产品本身优异品质的追求之外,更重要的是在这个品牌中凝结了丰富的象征意蕴,追捧它实际上是其心理上对“耐克”品牌的一种迷恋。因此,著名品牌有利于企业进一步挖掘市场潜力;与此同时,著名品牌一旦确立,就不仅仅局限于一个产品,它还具有一种晕轮效应,把具体产品的品牌形象放大为企业形象,从而扩张到该企业的一系列产品之上。比如,“美的”原本是广东顺德的一个电风扇品牌,出色的产品质量使“美的”品牌效应得到放大,进一步塑造出良好的企业形象。这种品牌放大相应的延伸到其他产品之上,成就了“美的”空调、“美的”冰箱等著名品牌。

（三）资产增值效应

品牌的商标属性本身就具有法律所赋予的独享权,因此著名品牌也是一种知识产权,当然它的价值不仅仅是标志性区隔,而且还意味着一种无形资产。品牌的增值效应来自两个方面:一方面,品牌本身可以为企业带来超出行业平均利润率的增值收益,行业平均利润率所反映的是产品本身的竞争力,而超值利润则可归之于品牌竞争力;另一方面,著名品牌一旦形成,其本身就具有极大的价值,成为企业的无形资产,这种无形资产往往在企业品牌评估和企业并购中得到充分体现。世界上各种各样的品牌资产评估,每年都会为著名品牌作出价值评估并公之于众,而在近些年的企业并购中,并购价格往往远远超过实有资产价格，其主要原因就是品牌资产具有更大的价值。

案例 2-1

肯德基品牌植入中国

肯德基自1987年在北京前门开设中国第一家餐厅到现在全面进入中国已经20多年了。肯德基在中国的20多年，是“立足中国、融入生活”的20多年，是“为中国而改变，全力打造‘新快餐’”的20年。20多年来，肯德基一直都在努力探索，把最贴心的服务回馈给广大的中国消费者。如今，中国肯德基已在402个城市开设了1 800余家连锁餐厅，遍及中国内地除西藏以外的所有省、市、自治区，是中国规模最大、发展最快的快餐连锁企业。从2000年至2004年，肯德基连续5年被中国连锁协会评选为“最佳连锁品牌”；2005年获得“中国特许奖”。根据著名的AC尼尔森调研公司在中国30个城市的调查，肯德基被中国消费者认为是“顾客最常惠顾的”品牌。毫无疑问，肯德基是国外快餐业融入中国市场的典范，在中国它甚至超越了同样来自美国的快餐业老大麦当劳。肯德基在中国的极大成功，很大意义上来自于它所树立的品牌形象，以及中国消费者长期以来所形成的品牌认同。

炸鸡、薯条、汉堡和可乐；明亮洁净、全球统一的餐厅环境；自助式、立等可吃的就餐方式，肯德基坚持的工业化和标准化，也就是快餐业的本质特征。而正是这个本质特征形成了快餐业当前面临的难以超越的局限和缺陷，即其食品的健康问题。当西方社会将越来越严重的肥胖问题归咎于高热量、少品种的快餐食品时，麦当劳、巨无霸等超级快餐品牌也因此被指责为肥胖病的元凶。而当麦当劳与肯德基在中国已经成为洋快餐的代名词时，其食品的不健康、不合理也成为洋快餐在国人心中挥之不去的印象。而这种印象在全球范围内都越来越深刻，最极端的说法是：洋快餐是“垃圾食品”。针对这些反映，肯德基努力打造一个符合中国国情的食品安全体系。2004年1月发布的《中国肯德基食品健康政策白皮书》，表明了肯德基致力于倡导健康生活理念的决心和信心，并在此基础上，提出“天天运动，健康一生，让我们动起来”的口号，开展“体坛群英”、“肯德基全国青少年三人篮球冠军挑战赛”和“肯德基全国青少年校园青春健身操大赛”。2005年肯德基先后派遣食品安全官到任，并设立“中国百胜餐饮集团特约食品安全实验室”，成立“食品安全专家咨询委员会”。

为了适合中国的市场需求，肯德基在产品多样化上不断创新，开发出更多适合中国人口味的食品。肯德基尤其注重蔬菜类、高营养价值食品的开发，如今产品已从2000年的15种增加到2007年48种，20年来研发的长短期新品近百款。目前，除了广为消费者喜爱的吮指原味鸡、香辣鸡腿堡、香辣鸡翅等代表产品外，由中国团队研发的老北京鸡肉卷、新奥尔良烤翅、四季鲜蔬、早餐粥、蛋挞等都受到消费者的好评和欢迎。肯德基在努力使中国人相信：我们非常在意你们的健康问题；是的，肥胖是个很现实、很糟糕的问题，我们都应当避免肥胖。但肯德基也强调，导致肥胖的因素非常多，不全是炸鸡、薯条的错；快餐食品也可以更健康、更营养；我们在不断推出充满中国特色的新产品——米饭、汤、粥、老北京鸡肉卷、串香辣子鸡、咕佬鸡肉卷等。

值得一提的是，肯德基的品牌传播也增加了很多本土化的痕迹，以往山德士上校的卡通形象已经很少在广告中出现，取而代之的是很中国化的普通家庭场景。过去肯德基的电视广告围绕着家庭故事展开了一系列生活剧，将肯德基的产品与中国人的生活结合在一起，体现出浓浓的家庭氛围和幽默情调，算是肯德基在广告传播方面的一次尝试和突破。近年来，肯德基在中国市场推出了一句看似平淡、貌不惊人的广告语——"立足中国，融入生活"，并在全国范围内大力传播，这平常的一句话也包含着肯德基进入中国20多年持之以恒的"本土化"策略。"立足中国，融入生活"所表现的是肯德基似乎想做成北京胡同里的馒头店、上海弄堂里的点心铺、广州小街上的豆浆摊，不仅在一二线城市保持高速开店的节奏，同时向三线城市渗透，更推出了早餐产品，而且在肯德基网站上赫然可见邻街餐厅搜索栏，消费者只要输入自己所在城市和区域，就能方便地找到最近的肯德基餐厅。肯德基似乎要成为中国人的一种生活方式，中国人的邻居，融入中国人生活的方方面面。

与此同时，肯德基还结合市场实施公益性促销，充分利用分布在全国402个城市的1 800余家餐厅，通过餐盘垫纸和宣传单页向广大消费者传递食品、卫生、营养、运动常识，引导人们建立正确的饮食、健康习惯。几年来，肯德基发放健康资料超过6亿份。与此同时，肯德基还定期在餐厅组织儿童营养教育活动。肯德基每年均以各种不同的形式支持中国各城市和地区的教育事业，从捐款"希望工程"等教育项目到资助特困学生、免费邀请福利院儿童和残疾儿童就餐；从举办形式活泼的体育文化比赛，到捐赠书籍画册。近年来，肯德基还开展了生动活泼、寓教于乐的肯德基健康流动课堂；与电视台一起举办的"小鬼当家"冬令营和夏令营活动，受到孩子和家长们的喜爱。这些活动都体现了肯德基"回报社会，关心儿童"的企业文化，获得了良好的社会效益。

案例来源：卫军英：《整合营销传播典例》，浙江大学出版社，2008年版。

第二节　品牌化及其品牌资源

从营销角度看,任何品牌只有在它能够为企业带来效益时,才可以说是一个有价值的品牌,而且,企业之所以追求品牌,其核心也就是品牌所带来的利益附加值。因此,在这节我们将从企业经营的角度对品牌加以审视,着重探讨企业品牌导向的必然性,以及促成这种必然性的利益因素。

一、品牌化成为一种经营路径

所谓品牌化就是把品牌理论运用于实际运作,“赋予产品和服务一种品牌所具有的能力。品牌化的根本就是创造差别使自己与众不同”①。当然,正如品牌不仅仅是单纯的商标符号那样,品牌化也不仅仅是为产品或服务赋予某种符号形式,更重要的是为产品或服务注入更深的内涵和意蕴,并为品牌的发展提供正确的发展方向。

品牌化过程实际上就是品牌基本策略的制定过程,它主要包含三方面的内容:一是品牌认同系统的建立;二是品牌符号系统的设计;三是品牌战略的确定。品牌认同是确立品牌价值的原点,它保证营销传播中不会出现价值偏离;品牌符号系统包括品牌命名、品牌标志设计、品牌标语创意,是品牌认同系统的具体化和直观化;品牌战略的确定则包括品牌发起人和品牌战略的选择②。品牌化作为品牌决策过程,始于对品牌路径的选择,完成于对品牌定位的确立。通常情况下,进行品牌化运作的基本流程如表 2 – 1 所示。

表 2 – 1　品牌化运作基本流程

运作步骤	主要关注点
1. 是否建立品牌	品牌经营本身具有一定的风险性,必须对企业和产品以及市场状况作出相应的评估
2. 确定品牌基本价值系统	对品牌内涵和基本价值理念加以确认,明确品牌意义,初步建立品牌认同系统
3. 设计品牌符号	根据品牌特点加以符号化,使品牌理念得以形象化和视觉化
4. 制定品牌战略	新品牌战略、产品线延伸战略、品牌延伸战略、多品牌战略、共同品牌战略
5. 实施品牌定位	从品牌特点出发,注重品牌传播对象的接受特点,确定品牌传播和诉求核心

① 【美】菲利普 · 科特勒,凯文 · 莱恩 · 凯勒. 营销管理(第 12 版)[M]. 上海:上海人民出版社,2006:306.

② 参见张金海. 20 世纪广告传播理论研究[M]. 武汉:武汉大学出版社,2002:121.

品牌定位确立之后，在一定意义上就是确定了品牌的特征以及品牌传播的核心所在。之所以实施品牌化，其假设的前提是消费者可以通过这种品牌差别，获得相应的利益差别。所以，品牌建设包括创造精神结构，帮助消费者获得关于产品或者服务的知识，并通过这种方式验证他们的决策，同时在这个过程中为公司创造价值。

一般而言，企业之所以热衷于品牌，虽然有各种各样的理由，但究其根本的原因却主要是从自身利益追求考虑，认为品牌对企业市场竞争和利润追求具有相当的影响力，这种理想的品牌假设具体而言无外乎两个方面：第一，品牌有利于企业扩大市场份额。因为品牌是企业及其产品综合品质的一种体现，在企业市场拓展方面，来自品牌的力量和影响几乎具有决定性的作用。所以，企业为了扩大和保持市场份额，往往对品牌多加依赖。第二，品牌具有一种超值创利能力。企业的根本追求是利益追求，在充分一体化的市场格局中，一个行业的利润通常都处在一种大体平衡的状态，而品牌之所以受到青睐，很重要的一个原因就是通常所说的可以为产品创造一种附加值，使其利润超过同业的平均水平。对于许多实施全球战略的跨国公司而言，品牌的塑造成为第一位的要素，可口可乐的老板曾经自诩，哪怕是在一夜之间世界各地的可口可乐企业都荡然无存，但只要凭借可口可乐这个品牌仍旧可以重新崛起；日化巨头宝洁公司以善于营造品牌而享誉全球更不待言；联合利华公司在一份名为“联合利华创造杰出广告主计划”（UPGA）中，开宗明义言及：联合利华从事品牌营销，而非产品营销。

从品牌经营来看，许多跨国公司诸如麦当劳、可口可乐等，其所代表的是一种理想的品牌状态。中国企业的品牌追求意识之所以在 20 世纪 90 年代后期普遍增强，大致是基于这样一种背景：其一，企业在基本上完成了早期粗放式经营以后，面临着一个自我提升的问题，其中很重要的一个方面，就是企业形象提升，而企业形象在很大意义上是来自于企业的产品形象；其二，随着市场的开放和一体化市场格局的形成，一些跨国公司和全球品牌纷纷进入中国，它们凭借品牌优势大规模地抢占市场，并且获得远远高于中国企业的行业收益，这种品牌战略对中国企业不无示范效应；其三，由于生产的相对过剩和买方市场的形成，大量同质化的商品进一步加剧了市场竞争程度，企业通过产品差异在细分市场上获得竞争优势的机会越来越少，这进一步促进了产品营销中对感性因素的追求。正是出于这样一些原因，品牌意识也应运而生，许多企业把品牌建设提高到企业经营战略的高度，希望通过品牌化保持企业稳定持续的发展。

二、品牌成为企业的战略性资源

在市场营销和营销传播中，虽然品牌和品牌资产已经成为一个被津津乐道的战略术语，各种品牌机构甚至为不同品牌提出了许多精确量化的评估值，但是品牌管理专家对此似乎并不完全认同。一切正如大卫·艾克所说的那样：“品牌的价值无法精确地评估，但可以大略地估算。由于误差很大，这些估算不能用于评估营销计划，只能说明创造了多少品牌资产。这些估算还不能为制定品牌创建计划和编制预算提供参考。”①一个非常具有意义的问题由此而生：既然品牌价值不能准确估算，而且这种估算也不能作为操作计划参考，那么，应当如何看待品牌及品牌资源的价值？对此我们的基本倾向是：品牌是整个营销价值链中的一种战略性资源。

企业价值链理论的提出者是哈佛大学著名的战略管理专家迈克尔·波特（Michael E. Porter）教授，在对企业竞争优势的研究中他认为：

> 每一个企业都是用来进行设计、生产、销售、交货以及对产品起辅助作用的各种活动的集合体。所有这些活动都可以用价值链表示出来……虽然同一产业内的企业有相似的价值链，但竞争对手的价值链常常有所不同……竞争者价值链之间的差异是竞争优势的一个来源。②

按照波特的说法，在企业所进行的各种价值活动中，并不是所有的行为都可以创造竞争优势，因此必须识别那些具有差异性的创造竞争优势的价值。如果说，在整个企业价值链构成中，营销既是企业价值链中的一个价值环节，同时又是一个自成系统的价值链，那么品牌则可以说就是这个价值链中最具有统合力的核心元素。因为，正是品牌才具有其他任何元素都不具备的关联能力，并且通过这种关联恰当地显示出自己的歧异性和竞争优势所在。波特认为，这种“联系可以通过最优化和协调一致这两种方式带来竞争优势。联系常反映出为实现企业总体目标的活动之间的权衡取舍”③。很明显，如果没有品牌进行统合，面对众多的竞争对手，一个产品在企业和消费者之间将很难创造自己的竞争优势。因为，正是品牌将商品与竞争对手的产品区分开来，并且它在带来规模经济和范围经济的同时，也相应地建立了市场壁垒，使得竞争者很难逾越这种障碍形成竞争冲击。另外，品牌也使得公司可以超越价格竞争的恶性循环，有利于保持利益的稳定性。

正因为如此，我们认为品牌是企业经营的一种战略资源，这种资源本身存在于企业的营销管理之中，是整个营销价值链中的一个重要环节，它所具有的有形和无形力量使其对整个营销价值链具有某种统合作用。品牌资源必须通

---

① 【美】大卫·艾克. 品牌领导[M]. 北京：新华出版社，2001：18.
② 【美】迈克尔·波特. 竞争优势[M]. 北京：华夏出版社，1997：36.
③ 【美】迈克尔·波特. 竞争优势[M]. 北京：华夏出版社，1997：48.

过有序的组织和充分的发掘，才能够成为有效的竞争力量，或者是如大卫·艾克讲的那样成为“强势品牌”。而品牌资源的变化原因则是由于品牌在整合过程中，对资源效果评价和资源平衡方式的倾斜所决定的。这样一来，我们对品牌的认识在很大程度上要回到管理层面上看待了。迈克尔·波特认为，“竞争优势归根结底来源于企业为客户创造的超过其成本的价值。价值是客户愿意支付的价钱，而超额价值产生于以低于竞争对手的价格提供同等的效益，或者所提供的独特的效益补偿高价而有余。”①因此，他把竞争优势的基本形式归为两个方面：成本领先和歧异性。实际上，当我们把品牌作为资源来看待时就会发现，品牌恰好成为帮助企业实现这两种获得竞争优势的途径。

下面一章我们还将涉及品牌的关系构架，在这种关系构架中，与品牌前后关联的既有企业内部的各种资源要素，也有企业外部的各种资源要素，品牌在将其连接为一体的同时，也对这些资源进行了相应的整合。在整合过程中品牌资源得到了充分发掘之后，所得到的第一个回报首先是企业的成本优势。比如，一个具有价值的品牌，它在生产流程上同样应当具有获得优势的优先权，其内部认同延伸到管理上也必然是简捷高效，各种有效性优势最终必然反映在它的成本上。也就是说，一个强势品牌所带来的价值很大程度上来自于它所提供的商品成本低于一般竞争产品。比如，娃哈哈纯净水作为一个大众型竞争产品，由于生产和管理的有效优势，无论从生产成本和零售价格上都堪称全国乃至全球最低，这就形成了其品牌的竞争优势。与此相反的是几年前另一家宣称“拒绝生产纯净水”的农夫山泉天然水，虽然标榜品牌领先，但是由于其价格超过前者60%以上，以至于经营惨淡，最后被迫降低到与娃哈哈相当的价格才保证了市场的基本平衡。这说明，品牌作为一种管理资源，完全可以成为保持企业成本领先的手段。

从歧异性角度来说，由于品牌对外所连接的是顾客和相关利益群体，其本身就在制造独特性的竞争差异，所以，相对于成本领先而言，歧异性更是品牌资源的价值所在。正如迈克尔·波特所说：“当一个企业能够为买方提供一些独特的、对买方来说其价值不仅仅是低廉的东西时，这个企业就具有了区别于其他竞争厂商的经营歧异性。”②歧异性是不同品牌之间形成区别的关键，正是由于歧异性本身所具有的独特因素，才使得那些同类型的产品完全可能由于品牌的不同，给消费者提供不同的利益。商品销售中的溢价或者说品牌附加值就可以从中找到答案，即品牌本身可以使消费者获得超值享受，顾客所付出的价格可以从其他方面得到回报。比如，做工和使用价值完全一样的两块手表，因为

① 【美】迈克尔·波特. 竞争优势[M]. 北京：华夏出版社，1997：3.

② 【美】迈克尔·波特. 竞争优势[M]. 北京：华夏出版社，1997：123.

劳力士更加具有社交方面的满足感，所以消费者愿意为此付出更高的价钱。

正因为品牌可以凝聚两个方面的竞争优势，所以品牌本身就具有其他价值环节所不具备的资源优势，而对品牌资源的发掘也就最有可能形成企业自身的核心竞争力。1990 年在《哈佛商业评论》上发表的《公司的核心竞争力》一文中，哈默尔（Gary Hamel）和普拉哈拉德（C. K. Prahalad）对企业的核心竞争力作出这样的定义：核心竞争力是企业组织中的集合性知识（Collective Learning），特别是关于如何协调多样化生产经营技术和有机结合多种技术流的知识。首先，必须具有客户可感知的价值，使客户感受到产品符合其利益需要，显著地实现其所看重的价值；其次，必须具有独特性并且不易被竞争对手所模仿；最后，具有很强的延展性，有利于实现范围经济。如苹果电脑的产品设计创新能力，它首开使用鼠标操作电脑的先河，它的麦金托电脑可看可感的设计，极大地促进了个人和家庭电脑市场的发展；宝洁、百事可乐优秀的品牌管理及促销能力；丰田的精细生产能力等。依照大卫·艾克的品牌认同理论，所有这些要素其实都在品牌的包容之中，都可以从品牌认同中得到反映。因此，我们可以得出一个基本的结论：品牌作为一种整合战略性资源，既是营销价值链中具有统合力的一个重要元素，同时它的歧异性特征又充分体现了可以满足客户价值需求的核心竞争能力。

三、品牌资源的整合路径

20 世纪 90 年代以来关于品牌的研究可谓层出不穷，但是面对复杂的品牌现象，形形色色的解释并未提供一个充分的模式。我们从品牌资源的角度理解，也只是希望能够为企业竞争提供一种新的观察视角。进行品牌资源整合，所面临的一个首要问题便是企业竞争中的先期选择，即要不要实施品牌化运作，这些都必须根据企业和市场现实作出判断，而作出选择的依据就要看品牌是否具有资源优势。如果相对于整个价值链中的其他价值要素，采用品牌资源更加具有竞争优势，同时品牌本身也具有相应的统合能力，通过挖掘品牌资源能够为企业及其产品带来更多的利益，那么就适合于品牌化经营。

品牌资源整合在决定实施品牌化经营之后展开，就必须明确品牌与不同价值要素之间的各种关联，在此基础上确定品牌的基本价值系统。包括两个方向：从不同层面明确品牌的基本精神和意义所在，建立品牌基本内涵并据此形成初步的品牌认同；与此同时，根据品牌的内在要求，寻求品牌的感觉外化形式，即设计相应的品牌符号体系。应当说，品牌传播从这一刻起就已经开始，在这个过程中已经明晰了品牌形象、确定了品牌定位，并且选择了品牌化的发展方向。其中最重要的一点就是，通过品牌找到了与各种价值关系之间的具体连接点，所以进一步的策略发展就集中在两个方面：积极传播和协同管理。

这就涉及品牌战略的运用。虽然品牌研究专家总结出了很多的理论方法，但是品牌经营并没有一个确定不变的模式，几乎每个擅长于品牌经营的企业都有属于自己的独特的品牌经营模式。多年来曾经被奉为经典的传统品牌经营方法，在新的市场条件下也面临着严峻的挑战，这些正如大卫·艾克所言，传统的品牌管理系统已经为宝洁公司和它的模仿者效力了几十年，但是在新的背景下正变得力不从心，正在兴起的品牌经营模式其核心就是注重战术的同时更加注重战略①。如果说，传统品牌观念的注意力主要集中在建立统一的品牌规范，并进行有力的品牌传播等战术性操作方面的话，那么新的品牌观念则把工作重心放在策略性思维的远见卓识之上，不仅仅系统实施品牌传播，而且引入战略性品牌管理思想。表 2－2 是大卫·艾克对新旧品牌运作模式进行的差别比较。

表 2－2　新旧品牌运作模式比较

传统品牌管理方式	品牌领导方式
从战术管理到战略管理	
战术型、及时反应	战略型、具有远见
品牌经理资历浅、经验少	品牌经理资历深，处于企业高层
概念模式——品牌形象	概念模式——品牌资产
着眼于短期效益	发展品牌资产评估
从有限的焦点到广阔的视野	
着眼于单一产品和市场	跨产品和跨市场管理
单一的品牌结构	复杂的品牌构架
着眼于单一品牌	多元品牌——目录管理
多国化——每个国家都配备品牌管理小组	全球观念
品牌经理协调传播团队	传播团队有专门领导
品牌处在一个职能化组织之中	品牌由个人或跨职能团队进行管理
外向型的视野	依附于企业的文化和价值观
战略的推动者由销售转为品牌识别	
由销售和市场份额推动	由品牌识别推动

显然，在这里品牌管理已经超越了单纯营销传播的范畴，因此品牌经营也

① 【美】大卫·艾克. 品牌领导[M]. 北京：新华出版社，2001：9.

就不是一般意义上的营销传播所能够完成的任务了，它还涉及整个企业管理体制的适应与变革。事实上，品牌概念由于内涵极多的包容性，以及几乎可以无限扩展的外延，不同专家对它的理解并不完全一致。比如，大卫·艾克所理解的品牌就是基于品牌认同所建立的品牌框架，而在汤姆·邓肯那里，品牌则代表了企业一切价值追求的总和，邓肯的整合营销传播宏观构架就是建立在这个认识之上的。当品牌经营超越了一般营销传播的意义，而上升为一种企业的竞争优势战略时，也许不同企业都具有自己多样化的竞争选择。正是从这个意义上说，进行品牌经营并不是每一个企业都适合的，也许对于很多企业而言这个选择所要付出的成本更大。因此，与其说品牌是一种刻意的追求，还不如将其看做是企业在完成竞争优势创造过程中所自然衍生的一种现象。

案例 2－2

海尔整合品牌文化资源

尽管关于海尔的是非争论从来就没有停止过，但没有人否认海尔是一个真正的传奇式企业，其出色而独具一格的营销理念也极大地丰富着营销传播的实践内容。海尔的企业文化不但得到国内专家的高度评价，还被编入哈佛大学 MBA 案例库。一个企业的成功往往是多方面综合努力的结果，即所谓的多种资源优势的整合。而对于海尔来讲，它对企业内部文化的营造以及始终不渝的内部营销则是成功的基础。在海尔成功的背后，我们可以看到它对内对外双向沟通的注重。海尔的内部沟通首先源自于对员工价值的认识，海尔掌门人张瑞敏说过："如果把企业比作一条大河，每一个员工都应是这条大河的源头；员工的积极性应当像喷泉一样喷涌出来，小河是市场用户。员工有活力必然会生产出高质量的产品，提供优质服务，用户必然愿意买企业的产品，涓涓小流必然汇入大海。"

海尔的"源头论"强调一种奉献精神，每个员工都是企业的"源头"，海尔进军国际化，需要诸多"源头"的汇聚，只有海尔每一个人的国际化，才有可能实现海尔的国际化。在"源头论"引导下，海尔将市场竞争机制引入员工的工作环境。每个员工都是一个微型市场，这就意味着每一个海尔员工都拥有代表市场的索赔权利，同时也具有高度的市场责任。把市场的压力转化为提高素质、不断创新的动力。这种被称为"市场链"的模式为海尔造就了新的活力。这个目标使海尔的发展与海尔员工个人的价值追求完美地结合在一起，每一位海尔员工将在实现海尔世界名牌大目标的过程中，充分实现个人的价值与追求。

更高层次的内部营销实际上就是品牌文化的建设。海尔注重企业文化的建设，其发展每时每刻都离不开企业文化。海尔把企业文化分为三个层次：表层是物质文化，它代表海尔的发展速度、海尔产品、服务质量等；中间层是制度行为文化；最里层是价值观，即精神文化，它是海尔企业文化的核心及创新。不断创新的价值观使海尔在企业发展中不断战胜自己，不断为自己确立新的目标。对外品牌形象也只有扎根于坚实而合理的企业文化之中，才能产生巨大的价值。

畅通的内部沟通机制可以在企业内部树立以顾客为导向的质量观，这是在产品本身差异化日渐缩小的前提下，实现质量突破的有效手段。从海尔的一系列内部营销沟通手段来看，其显然在追求和实施一种可以被称为超越顾客期望的战略观，这在很大程度上又取决于内部员工的思想和理念是否与企业的价值取向相一致，以及员工个人价值与企业价值的重合程度。海尔正是通过充分的内部沟通，使员工得到充分的满意，进而再形成顾客满意，这其实构成了一条营销传播的价值链。具体来说，海尔畅通的内部沟通机制由以下几个方面组成。

其一，用畅通的内部沟通整合所有与质量相关的环节，明确各部门的质量责任。

乔治·达伊(George S. Day)在《市场驱动战略》中指出，企业制订获得优异质量的计划，必须认识到企业中的每个人与每项活动都是先行活动的顾客，每个人的目标必须确保其产出质量符合活动链条中下一个顾客的期望值，如果能做到这一点，最终顾客的需要也就得到了满足。这是一个内部市场营销的过程，是优异的质量在企业活动链条中由内部供应者到内部顾客依次传递，直至传递给外部顾客，取得顾客满意的过程。

海尔在质量管理上形成了一整套环环相扣的沟通体系。海尔的内部沟通参照了市场经济中的利益调节机制，在企业高层的宏观调控下，把企业内部的前后流程、上下工序和岗位之间的业务关系由原来的单纯行政机制（即纵向的依靠自上而下的计划安排和行政指令，横向依靠会议调度和上级命令协调；下级服从上级，只对上级负责）转变成平等的买卖关系、服务关系和契约关系，通过这些关系把外部市场订单转变成一系列内部市场订单，形成以“订单”为中心、上下工序和岗位之间相互咬合、自行调节运行的“市场链”，并以“市场链”为纽带，对企业传统的业务流程进行彻底的重新设计，以完整连贯的整合性业务流程取代被各种职能部门割裂的、难于管理的破碎性流程。每一个业务流程都有高度的决策自主权，有直接服务的顾客，有明确的质量责任；整合的业务流程也就有了环环相扣的质量保证。

其二，通过内部沟通鼓舞员工士气，清除员工抵制障碍，全面提高质量管理效率。

任何企业都不可避免地遇到员工抵制的难题。这种情况在制作流程复杂的家电企业中尤为突出。因为海尔重视对内部顾客需求的全面质量管理，从而将“质量提高—顾客满意—企业赢利”的传统模式升级为顾客、员工与企业在互动中实现价值交换的模式，并且重视员工对变革目标的理解与接受，因而能够避免由于实施变革对员工利益造成损害或员工不理解变革而导致的员工抵制，促使其工作与全面质量管理战略保持一致。

全员参与质量管理显然是不够的，更重要的是员工参与的积极性。如果把员工的技能看作是影响质量的硬件，员工的参与态度就是与其同等重要的软件，后者更加需要具有人性化的沟通激励机制。一个关于质量管理绩效的公式为：$E = MC^2$。其含义是：质量管理的绩效（Effect）与员工的积极性（Motivation）、员工的技能（Capability）及质量管理的控制（Control）成正相关。只有通过畅通的内部沟通机制，使员工满意并以自己的工作为荣，他们才会以积极的态度参与工作，才会提供更高质量的产品，为顾客创造更大的价值，真正达到个人价值、企业价值与顾客需求的整合。

其三，运用内部沟通促进部门协作与职能整合，减少内部冲突，形成整合力量。

利用畅通的内部沟通机制来协调各个部门之间合作的终极目标是达到外部营销成功的关键；反过来，外部营销的成功也可以促进企业更好地实施内部营销，从而企业可以形成内部营销、质量管理与外部营销之间相互促进的良性循环。纵观海尔的内部沟通机制，它的每一步都与对外沟通环环相扣。同时它在外部营销传播上的种种经验和模式又很好地引入内部沟通中，从而实现了内部营销传播的高度整合，创造出了出色的营销传播模式和企业文化。

案例来源：卫军英：《整合营销传播典例》，浙江大学出版社，2008 年版。

第三节　品牌资产与品牌管理

在现代企业运营中，品牌不仅成为一种有效的企业运作方式，而且也被看做是企业的一种价值性资产。世界上有许多著名的品牌资产评估机构，每年都会根据相应的指标体系，对世界著名品牌进行评价，并公开发布品牌资产价值。品牌资产在一定程度上代表了企业品牌运作的努力成就，以及这个品牌能产生的影响力和获利能力，而对品牌资产进行科学有效的管理，则能够维护品牌利益并保持品牌的良性发展。

一、品牌资产及其评估要素

品牌资产（Brand Equity）最早是 20 世纪 80 年代由广告公司提出并使用

(Barwise,1993)的一个概念,20世纪90年代之后,尤其是大卫·艾克的著作《管理品牌资产》(Managing Brand Equity:Capitalizing on the value of a brand name)于1991年出版之后,品牌资产就成为营销研究的热点问题。

品牌资产也称品牌权益。通常认为,企业的商标或者品牌不仅仅被看做区别商品或服务的标志,而且还被认为是沉淀企业信誉、累积企业资产的载体,品牌资产体现在相同质量的商品或服务之间的差价上,其所体现的是品牌相对独立的自身价值。这种品牌权益是指只有品牌才能产生的市场效益,或者说产品在有品牌时与无品牌时的市场效益之差。按照大卫·艾克的定义,品牌资产被界定为"与品牌名称和符号相联系的附加在产品或服务上的品牌财产",而这些财产从消费者的认知角度可以分为四个方面:品牌知名度、品质认定度、品牌联想和品牌忠诚度。除此之外,从市场状况上看,市场占有率以及价格、通道也是作为品牌资产评估的一个重要参照值①。

英国的国际品牌集团和美国的《金融世界》杂志是世界权威的品牌资产评估机构,大卫·艾克在他的《品牌价值管理》著作中也提出了品牌资产评价的十大要素(见表2-3),通过五个大类十个小项来评估品牌所具有的资产价值。他认为,品牌资产价值主要来自于品牌的知名度、品质认同度、品牌联想度和品牌忠诚度,其中最核心的是品牌忠诚度。

表2-3 品牌资产评估要素

品牌忠诚度评价	1. 价差效应 2. 满意度/忠诚度
品牌认定/领导性评价	3. 品质认定 4. 领导性/受欢迎程度
品牌区隔/联想性评价	5. 价值认识 6. 品牌个性 7. 企业联想
品牌知名度评价	8. 知名度
市场状况评价	9. 市场占有率 10. 市场价格、通路覆盖

显然,这种关于品牌资产的评价标准,摆脱了把品牌资产单纯看做一种财务加权的认识,是一种立足于品牌消费者的思考视角。品牌资产价值说穿了也就是品牌的关系程度。品牌关系程度越高,品牌资产价值也就越高。

① 参见【美】大卫·艾克.品牌经营法则[M].呼和浩特:内蒙古人民出版社,1998:238.

品牌忠诚度是从消费者角度考量品牌资产价值的重要依据。所谓忠诚就是指顾客和关系利益者对品牌的持续性认同。因为品牌的成功是建立在对顾客的保留之上,而不是仅仅争取顾客,品牌忠诚就是建立在顾客光顾的基础之上的。

此外就是品牌知名度、品牌联想和品质认定。相对来说,这些指标中品牌知名度比较容易判断。

品牌知名度反映出品牌在消费者心目中的能见度,在品牌资产中它代表了顾客对品牌的熟悉程度。对有些产品而言,它可以影响顾客的认知和口味,知名度就是购买的驱动力。但是对有些产品或者品牌而言,知名度并不能代表消费者的认同,也就是说这个指标所代表的消费者评价,比如,有很多品牌名气虽然很大,但是消费者在购买时并不选择,或者是名气与消费者好感形成反差。出现这种情况,其知名度就需要通过其他指标进一步确认,比如,把知名度与美誉度(或者知名率)相结合,以确定知名度的有效性。通常,一个品牌创造知名度并不难,一般而言仅仅通过简单的重复式广告或者其他营销传播手法就可以达到,但是要把知名度引向深入则需要更多的努力。

品牌联想度可以说是所有顾客与品牌相互联系的事物,包括顾客的想象、产品的归属、使用的场合、企业联想、品牌个性符号等。通常情况下,这种联想既有企业或者品牌由于自身特征所建立起来的联想元素,又有消费者根据自己的经验和生活阅历的自由联想。公司及其品牌所追求的是相关的有利联想,其品牌管理工作大多也是发展什么样的联想,怎样使用这些联想,并且适当地把这些联想与品牌结合起来。

品质认定是品牌联想的特殊形式,它不仅涉及品牌的联想程度,而且直接关乎对品牌的形象评价,品牌的品质认定对于创造品牌价差效应关系极大。品质认定几乎适用于所有品牌类型,通常,消费者在选择时不论是否有意识都会对品牌进行品质判断,在判断中把品牌分为优等/一般/劣等、高品质/低品质、最佳品质/最低品质、一致性品质/非一致性品质等。

二、品牌资产的不确定性

尽管品牌资产已经成为一个被高度提及的概念,但是在实际操作中如何具体把握品牌资产,却并没有一个确切一致的认识。按照大卫·艾克所界定的各种参照指标,除了市场指标可以确定说明外,其他所有指标都或多或少处在相对模糊的状态之中,这也导致了品牌资产的内涵本身就具有相当的模糊性。

究其原因,主要是因为相关指标都是来自于消费者的感性关联,而消费者在具体评价时往往非常感性;与此同时,相关的评价方法和评价体系也并不能完全排除认知中的不确定因素。比如，当我们向消费者了解对某个品牌的满意程度时，可能会用一个相对的程度表示方式：很好—好——一般—差—很差（或者用数字形式：3，2，1，0，－1，－2，－3）。但是在大多数情况下，这种满意程度的划分越是细致，消费者越是感觉无所适从，因为大多数情况下消费者所钟爱的品牌并不是一成不变的，对于同一类产品即便有忠诚度，品牌也不止一个，在这种情况下，他们也很难对自己的判断作出确切的评价层级。另外，即便是消费者作出了相应的评价层级，也会因为其各自之间的差异和对不同品牌的感情成分而显得十分含糊。而对于品牌管理者来说，究竟3，2，1或者－1，－2，－3应折算为多少资产价值，也并没有一个可以精确换算的方法。所以，品牌资产中这些重要的指标值，表面上看来非常明晰，其实也有很大的不确定性。当然，模糊和不确定性并不是说品牌资产不重要，而是说需要一种更加清晰直白的逻辑。

大卫·艾克认为，首先，必须分清品牌为每个主要产品带来的市场收益，接着将受益归为几种类型：一是品牌；二是场地、设备等固定资产；三是其他无形资产如人员、系统、制作工序和专利权等。属于固定资产的收益一般很容易衡量，其回报也比较稳定。属于品牌的收益经过资本化，为品牌在相应的产品市场提供了价值，把不同产品市场上的品牌价值累计起来就获得了品牌的总价值。收益均衡则是指品牌收益与其他无形资产的收益，这些无形资产的收益有时候也是品牌资产的一部分。

正因为这样，一些世界性的品牌组织根据不同品牌现实所作出的评价往往并不相同，这体现在公司的并购市场上。由于品牌的原因所产生的虚拟资产往往波动很大，品牌价值也因此成为一个变数。比如，英国国际品牌集团评估中，IBM在1994年的评估值就是负数，经过改进后1995年其品牌价值为171亿美元。又如，被称为世纪大并购的2001年1月，美国在线对时代华纳公司高达1 650亿美元的并购，在IT经济泡沫之际美国在线品牌价值被过高估计，当它以加价近50美元（时代华纳当时股价65美元）与时代华纳换股并购之后，新诞生的美国在线—时代华纳的股价徘徊在39～45美元之间。此后公司股价持续下滑，并在各种丑闻的冲击下，股价已经下跌到10美元左右。在并购后的公司中，同美国在线不尽如人意的业绩相比，前时代华纳各业务部门普遍表现良好。这也说明，当品牌资产的虚拟因素被夸大以后，其不确定性成分很可能使其经营处于波动状态，因此必须对品牌价值有一个清醒的认识。

三、有效地实施品牌管理

严格意义上说，品牌管理的本质就是对品牌资产的日常维护和不断提升，实施品牌管理是建立品牌进而维护品牌关系和品牌利益，并保证品牌价值持续增长的基本需要。当然，广义的品牌管理包含了品牌从创立到发展，乃至于形成一个完整品牌体系和营销价值的全部过程，但是我们在这里所说的品牌管理主要是指对一个确定品牌的战略管理，按照科特勒的说法，就是一个长期远景的营销决策。为了保证品牌价值和品牌效应的稳定与持续提升，科特勒和凯勒对品牌资产管理规定了三项基本的管理任务：品牌加强、品牌复苏和品牌危机①。

（一）品牌加强

品牌加强是对品牌基本形态的一种强化管理。因为品牌一旦确立之后就成为公司的一种资产，它和其他有形资产一样具有相应的价值。但是也正如其他资产一样，品牌资产在实际中也面临着折旧和贬值。从时间维度上看，尽管我们在品牌文化中常常强调品牌的历史和积淀，但是并不是所有品牌在历史进程中都会不断延伸。固然有很多品牌几十年、上百年一直都处于领导地位，如可口可乐、柯达、强生等，但是也有不少品牌随着时间的推移渐渐失去光泽，更有一些品牌风光一时便如星辰般陨落，如皮尔卡丹服饰、张小泉剪刀、太阳神口服液等。因此，强化品牌的目的，就是为了保证这些资产不仅不会随着时间的流逝和市场的变化而贬值，反而要不断发展、不断增值。

强化品牌资产归根到底就是要让品牌所拥有的顾客和消费群体不断意识到品牌的存在，并能够体会到品牌的价值。而这些都需要通过相应的品牌营销活动来完成。对此菲利普·科特勒和凯文·莱恩·凯勒认为，品牌资产的强化可以通过两种营销方式向客户传递品牌信息：其一，品牌代表什么产品，它提供什么核心利益，它满足什么样的需要；其二，品牌怎样使产品比其他同类产品更加优良，并且使独特的品牌联想存在于消费者心里②。

很多品牌在长期的发展过程中都形成了自己独特的内涵和基本的信息关联，这些因素在一定意义上决定了消费者对品牌的认知和记忆。但是随着产品线的进一步延伸和消费范围的不断扩展，这些信息往往会出现一些新的变化。在这种变化过程中，一方面，品牌本身所有的内涵和基本信息关联会被有意无意地淡化。而对于品牌强化来说，这是非常值得注意的，即不论品牌如何发展，其与消费者相关的品牌认知和品牌记忆都必须得到不断的强化和相应的延伸。这反映了品牌的核心价值。比如，诺基亚是一个高科技的通信品牌，多年来不

---

① 【美】菲利普·科特勒，凯文·莱恩·凯勒. 营销管理（第12版）[M]. 上海：上海人民出版社，2006：224.

② 【美】菲利普·科特勒，凯文·莱恩·凯勒. 营销管理（第12版）[M]. 上海：上海人民出版社，2006：225.

论产品线如何延伸，它都始终不渝地坚持品牌核心价值“科技以人为本”；百事可乐是一个领先的饮料品牌，为了突出自己的品牌特色，几十年来保持“年轻一代的选择”。另一方面，由于品牌是一种长期的积累，它在一定意义上代表了公司对顾客的承诺，因此品牌强化也就意味着一种持续的品质保证，也就是它应当表现出品牌所特有的营销优势。比如，蓝色巨人IBM强调自己的专业优势，“四海一家的解决之道”；妮维雅通过细心设计来强调其品牌的特征：“温和”、“文雅”和“关怀”，使之从一个护肤产品的品牌发展成为皮肤护理和个人护理品牌。

在现实营销中，任何有效的品牌强化都不是简单的品牌宣言可以达到的，因为品牌本身不可能是一成不变的。只有追随消费者变化的品牌，才可能成为价值不断提升的品牌。所以，品牌强化必然涉及品牌的创新，以及品牌内涵的延伸。这里必须处理好一个重要关系，那就是如何维护价值创新与基本内涵之间的平衡。有很多品牌，常常不顾自己的核心内涵和基本价值，而一味地希望变化和创新，结果导致了品牌的衰落。比如，曾经有一家以生产厨房电器而知名的家电品牌，在激烈的市场竞争中，看到相邻企业生产的保健品生意很好，于是把自己已经具有一定知名度的吸排油烟机品牌用于生产一种龟鳖丸保健品，其结果是不但没有打开销路，反而对原有品牌造成伤害。其中很重要的一个原因就是没有处理好品牌延伸与维护原有价值之间的平衡。世界上所有成功创新的品牌，从营销的角度看，都没有偏离其核心的价值和基本内涵。比如，宝洁公司不论如何延伸它的产品线，都不会偏离它所确定的日化领域，偶尔有其他领域产品的出现，也不会让它对品牌内涵形成冲击，并且在大部分情况下会用一个新的子品牌或者背书品牌来推出。从品牌管理的角度看，品牌创新不是违背品牌的价值和内涵，而是对品牌价值和内涵的进一步丰富。

（二）品牌复苏

在现实营销中品牌复苏往往是一个经常遇到，但是却很难取得预期效果的计划。所谓品牌复苏，是指在品牌发展过程中，由于市场变化和竞争影响，或者是由于品牌自身的因素而丧失了品牌原有的生机。为了重新振兴品牌，就必须扭转已经出现的品牌颓势，使之重新呈现出健康发展的趋势，这是一项关于老品牌如何新生的工作。

菲利普·科特勒、凯文·莱恩·凯勒认为，逆转某一失败品牌的未来要求“返回它们的根”，或者放弃品牌资产的来源以建立新来源[①]。这实际上涉及两

① 【美】菲利普·科特勒，凯文·莱恩·凯勒. 营销管理（第12版），上海：上海人民出版社，2006：226.

个方面的问题:一方面是对品牌原有内涵和品牌资产价值的重新审视,要认识到原有品牌是否还在建立正面的联想,这种联想是否还有意义?在此基础上决定是否要保持原来的定位;另一方面是在大多数情况下,原有的品牌定位由于竞争或者市场变化很难再继续实行,这就需要一种新的定位策略来取代它。显然,在这里重新定位是一种再创新战略,它也涉及一个棘手的问题,就是如何把握重复创新与历史记忆之间的尺度。多年前娃哈哈公司的著名品牌"娃哈哈儿童营养液"一直领先儿童营养品市场,它的品牌推广的突出定位就是:"喝了娃哈哈,吃饭就是香",后来在激烈的竞争中,为了扩展市场曾经尝试为其作重新定位,有一个广告把它向老年市场延伸了,其初衷是老年人在一定程度上与儿童具有相同的营养需求,因此广告诉求是:"老人香、小孩香,老人小孩都一样。"这次复苏计划最后失败了,它在一定程度上反映了复苏一个进入颓势的品牌的艰难。

(三)品牌危机

商场就是战场。市场千变万化,竞争中充满陷阱和危机,品牌危机几乎是任何品牌发展过程中都无法回避的事实。所以,在品牌营销中,营销人员必须假定在某一个发展关口,品牌危机将会出现。当然,这种危机有些是可以预见的,大多数则是无法预见的,或者是难以对它的发展作出清晰判断的。

品牌危机的来源通常是由于竞争激烈、市场环境变化、突发事件影响,也有的是出于品牌自身的原因,直接影响了品牌的信誉,进而导致消费者对品牌的怀疑和否定。比如,2008 年中国乳业发生的三聚氰胺事件就是一种大规模的市场危机,在这场危机中三鹿奶粉招致破产,许多著名品牌诸如蒙牛、伊利等也在不同程度上受到消费者的质疑。从品牌管理角度来讲,既然危机不可避免,那么品牌管理所要做的就是如何建立危机预警机制,并且在危机发生时有效地处理品牌危机。处理品牌危机,最重要的是对危机作出迅速反应,并尽快建立并恢复消费者对品牌的信任。

许多企业在遭遇品牌危机时往往迟疑不决,不能迅速作出反应。比如,在三聚氰胺事件中,不仅三鹿奶粉不能迅速作出反应,即便是蒙牛和伊利这些著名品牌在事件发生后也都反应迟钝,这种迟钝最终招致了事件对整个中国乳业品牌的全面打击。而更早几年中美史克的著名品牌"康泰克"也曾经遭受了一次 PPA 风波,但是由于中美史克公司在处理危机中积极主动、反应迅速,从而在老康泰克退出市场不到一年的时间里,不仅有效地维护了消费者对品牌的忠诚,保持了公司的形象,而且推出新的品牌"新康泰克",迅速使品牌走出危机的阴影。

案例2-3

苹果品牌成功的原因

有人把苹果(Apple)品牌的成功归结为它的创意和时尚广告,或者是革命性的产品,如iPhone,又或者是乔布斯本人超凡的远见……不过,这些都只是说对了一些表象而已,并未触及问题的本质。那么,Apple品牌的成功到底是因为什么呢?

第一,是因为Apple拥有一个清晰的、并且多年来一直秉承的品牌理念,那就是“致力于创造全新的人和机器之间的关系”。正如iPad发布的短片中苹果的创意领导人乔尼·艾维(Jony Ive)所说的:“I don't have to change myself to fit the product, it fits me”(我并不需要调整自己去适应产品,它会主动适应我),它体现了一种新的人机关系。技术和产品本身必须以人的需求和使用体验为出发点,使用户真正成为主人。也正是在这种理念的支持下,Apple在1991年发明了现代意义上的第一台笔记本电脑“Power Book”,并且开发了用户界面更加方便和友好的OS系统和下拉式菜单;2001年推出的iPod和iTunes,彻底改变了人们搜索、购买和享受音乐的方式,并将音乐行业的发展推向一个新的高度;2007年革命性的iPhone更是一种个人形象和新的生活方式的象征。品牌是对业务的直接响应,而Apple让品牌成为业务发展的指路明灯。从纯商业的角度我们很清楚地看到,Apple不是一家纯粹强调技术领先的科技公司,虽然它是世界上唯一一家有能力同时开发硬件、软件和芯片技术的公司。Apple是一个懂得如何将技术和人文科学完美结合的顶尖高手。多年来,它始终用一种不同的思维方式,创造了许多易于使用并充满乐趣的技术顶尖的产品。

第二,一个品牌要取得成功,少不了一个具有足够代表性的“发力点”。正如当年的三星(Samsung),为了传达三星新的品牌理念——创新,三星依靠Anycall成功塑造了“创新”的品牌形象,而Anycall也恰恰成为品牌的发力点。以手机为突破口的理由也和当时手机行业正从单纯的通信工具向个人化形象和时尚代表转变的行业趋势有关。三星正是找准了这一点而成就了品牌。Apple也是如此,2001年推出的iPod无疑担当了品牌发力点的重任。要知道,在此之前Apple的产品线非常单一,Mac电脑针对的目标客户虽然非常明确,但是在业务发展上Apple始终扮演着叫好却不叫座的孤独领跑者的角色。在专业用户领域享有较高的知名度,但在消费领域却鲜有建树,甚至在20世纪90年代还陷入了濒临破产的境地。iPod的推出恰逢当年MP3行业的重大转型,iPod + iTunes为单纯的音乐播放器加入了新的用户体验,以及个性化形象的时尚元素,为Apple注入了新的品牌联想,成功承载了品牌形象的转型。单纯从iPod

的名称上看并没有什么特别的意思,但是品牌体验的塑造却不是一个名字所能代表的,这是全方位的——包括产品和传播。

第三,Apple 品牌的成功又是一个"从产品到服务"成功转型的经典案例。不同于 IBM 彻头彻尾地从一个产品制造商转变到一个解决方案的提供商的转型,Apple 并没有放弃产品,而是围绕产品发展了许多以顾客为中心的增值服务,为品牌联想的塑造发挥了正面的推动作用。这种推动作用集中体现在以下三个方面:

(1)共享资源平台。iTunes Store, App Store, iBook Store 是 Apple 引以为豪的三个网上资源平台,用户可以使用信用卡购买音乐、影视、教育片、第三方软件和书籍等,配合 Apple 的移动产品让用户完全拥有不平凡的体验。而 60% 的销售利润归开发者所有,这也大大提升了第三方软件开发者的信心,而最终也让用户得到了实惠。

(2)实体体验店。全球 Apple Store 的直营店超过 230 家,这些直营店提供全方位的产品展示以及各种提供给消费者的外延式服务,如专业讲座、One To One, Youth Program, Briefing Room 等。Apple 在设计其零售战略之初就设定了目标:为用户提供与传统电脑行业的体验截然不同的零售店。现在的 Apple 产品线得到了大幅度扩展,但是这个目标却始终没有改变。

(3)Genius Bar(天才吧)。天才吧中最著名的当属设立在 Apple Store 里的 Genius Bar 天才吧了。一群年轻专家可以为你免费检查所有 Apple 的产品,而不论你的产品是从哪里买的。他们不仅会修复一些与 Apple 无关的软件问题,甚至会帮助用户完成与技术支持无关的任务,而且所有服务均为免费。结果是,顾客进来时是为了寻求帮助,但在离开时却购买了新的产品。天才吧被证明是一个天才的想法,并且也印证了"Think Different"这句全球传播的标志语。

第四,Apple 品牌的成功离不开乔布斯。事实证明,乔布斯拥有非常超群的奇思妙想,并且是世界上为数不多的有能力预见未来行业发展趋势的杰出领导者。Apple 品牌的成功,从某种意义上说也是乔布斯个人品牌的成功。年轻时的乔布斯总是有很多古怪的想法,并且还去过印度探索生命的意义,难以约束的他甚至在 1985 年被驱逐出了 Apple。但是自 1997 年重新执掌帅印之后,乔布斯已经成为全球最受尊敬的 CEO。乔布斯坚持我行我素的处事风格,并不理会外界的看法。在软件和产品的开发中,他懂得舍弃一些功能,成为名副其实的公司内部的"过滤器",从而成就了非凡的用户体验。我们不得不佩服乔布斯本人对于行业和用户需求的前瞻性预判,因为其个人魅力,一大批优秀人才为之疯狂,造就了 Apple 强大的内部团队,并成为品牌赖以成功的基础。

第五,Apple 品牌的成功也或多或少归功于其成功的营销和公关策略。

Apple为产品的造势活动是全球闻名的，而其创意和时尚的广告也为人们津津乐道。每年的WWDC全球开发者大会对于全世界的“果粉”们来说是最重要的日子，而每每新开张的Apple Store门口排队的长龙向我们真切展示了Apple品牌的独特魔力。

案例来源：陈晓东：《苹果品牌到底因为什么而成功》，福布斯中文网，2010年7月16日。

思考题

1. 消费者品牌追求的基本动因有哪些？
2. 企业的品牌张力有哪些？
3. 品牌化及其基本内涵是什么？
4. 如何看待品牌化的操作步骤？
5. 为什么说品牌是企业的战略性资源？
6. 怎样实施品牌资源整合？
7. 品牌资产的基本要素有哪些？
8. 品牌管理主要涉及哪些方面的内容？

第三章　建构品牌关系

第一节　完整的品牌视角

由于品牌现象的复杂性和多元性，要真正理解品牌并借助品牌运作实现营销价值，就必须有一个完整的品牌视角。所谓完整的品牌视角，就意味着从品牌本身出发，了解品牌所包含的信息系统，以及品牌与消费者和相关利益群体的关系架构。

一、完整的品牌观察视角

什么是比较完整的品牌信息系统？这就是品牌不仅仅是产品、商标等，它还代表了一种文化，是与此相关的产品、人、企业、符号等各种因素的综合体现。图 3－1 具体示意出观察品牌的一个完整视角。

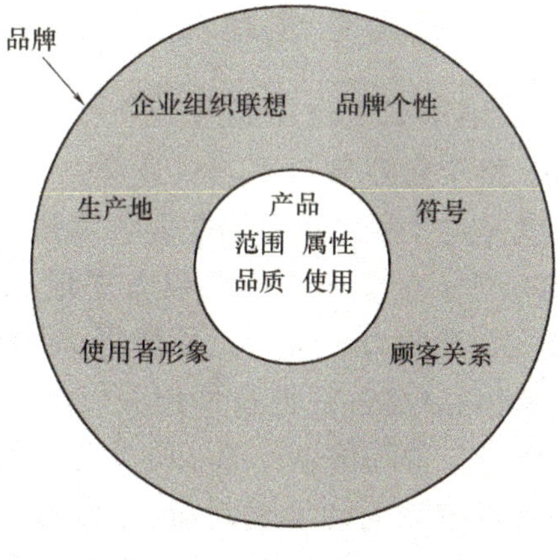

图 3－1　完整的品牌视角

显然，这个观察视角既涉及品牌的有形部分，也涉及品牌的无形部分。诸如产品、产地、符号等都属于品牌的有形部分，这一部分是品牌的直观表现，比如，我们看到一个袋装的纯牛奶产品，首先最直观的就是它有形的品牌所属部分，我们会看到这是一个精致的包装完好的产品，当然也拥有一般纯牛奶的营养和饮用功能，它的商标是"蒙牛"，它的产地在中国的内蒙古。品牌的有形部分直观地说明品牌，而品牌的无形部分则依附在这些有形部分之上，诸如品牌个性、企业联想、使用者形象、与顾客关系等因素，其间在很大程度上包含了情感判断。比如，看到“蒙牛”这个品牌，会想到它通过一系列传播沟通所建立的富有朝气的品牌气质，它年轻、进取、充满朝气，而“天苍苍、野茫茫，风吹草低见牛羊”的内蒙古草原，又正好是奶制品的绝佳产地，这是一个中国奶业的领先企业，长期以来很关注消费者，在企业发展中非常注意回报社会等。这些都毫无疑问地增加了消费者对品牌的亲近感。

在这个完整的品牌视角里，我们可以发现至少六个层次的认知。

(1)对品牌核心部分的认知，即品牌就是产品，包括它的原产地(或生产国)的概念。

(2)对品牌认同的基础包含三个要素，即品牌就是企业、品牌就是人、品牌就是符号。

(3)一个成功的品牌，不仅要具有好的使用价值，而且还要能够激发顾客的感情。

(4)一个成功的品牌在建立信用的同时，也要在消费者心目中建立价值感。

(5)一个成功的品牌还必须能够兼顾品牌认同在企业内外的角色。

(6)品牌特色比品牌定位、品牌核心特点更要丰富。

二、企业及消费者的品牌连接

品牌在企业的整个营销系统中已经成为一个具有最大包容性和最广关联性的价值核心。如果说，整个企业营销系统代表着一个有序的实现价值，获得利润的程序，那么品牌就是这个程序中帮助企业实现最佳效应的基本元素。品牌贯穿于整个营销活动，对于企业而言它可以有序地把相关工作程序整合起来，经过平衡把企业的核心竞争力转化为竞争优势；对于消费者和相关利益群体而言，品牌就像是一个信息模块，它把各种相关信息都储存在一个“文件名”下，消费者以此获取各种有价值的信息资源。既然完整的品牌视角包含了有形和无形两部分内容，并且具有一定的情感判断，那么情感判断的倾向尺度主要在于品牌关系。可以说，这种基于关系的品牌资产主要是一种感性资产。这种感性资产的来源主要是两方面：即生产者对品牌的输入和品牌对消费者的输出，如图3-2所示。

图3-2展示了这样一个现实：品牌作为一个中枢，几乎把所有的营销元素都连接起来了。因此，企业进行品牌营销，实际上就是要通过品牌使这些相关要素达到统一，或者说，要努力让自己对品牌所输入的各项要素在品牌输出中得到顾客和相关利益者的支持和理解。

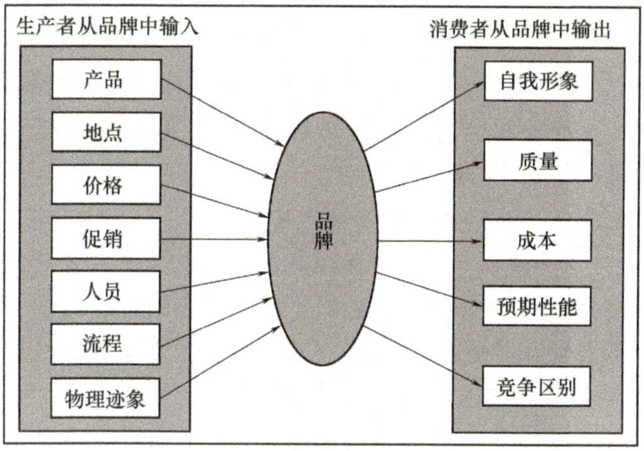

图 3－2　品牌对生产者与消费者的有效连接

案例 3－1

万科全面提升品牌关系

作为中国房地产市场唯一的驰名商标，万科几乎获得了这个行业的所有荣耀。成立于 1984 年的万科是在中国内地首批公开上市的房地产企业之一，如今它已将业务扩展至深圳、上海、北京、广州、天津和杭州等 20 多个大中城市，并成为中国房地产行业的第一品牌。然而，不同于许多企业致力于把利润作为首要追求，这家立志要成为世界最大房地产商的企业，在其官方网站上明确对外宣称，对于万科而言责任重于利润。

万科开发房地产，不以赢利为唯一目标，也不只是单纯为客户提供居所，而是从满足现代人追求舒适、便利、完美的生活方式出发，自始至终为客户的各种合理需求提供尽善尽美的服务，即便暂时牺牲部分经营利润也在所不惜……要有创造城市文化的责任感，对城市负责，对后代负责。

万科的成功固然来源于其高品质的住宅产品、精细化的物业服务，以及对客户和相关利益者的良好关系管理，但首先得益于万科企业的品牌理念：建筑无限生活。在对这一理念的具体阐释中，万科充分表达了它对各种关系对象的重视：对客户，意味着了解你的生活，创造一个展现自我的理想空间；对投资者，意味着了解你的期望，回报一份令人满意的理想收益；对员工，意味着了解你的追求，提供一个成就自我的理想平台；对社会，意味着了解时代需要，树立一个现代企业的理想形象。

可以说，正是由于这种超越单纯利润的追求，成就了万科品牌的辉煌，也给它带来了相应的社会效益和经济效益。

在万科员工的工作牌后面有个小卡片，上面印着万科的核心价值观：第一，客户是我们永远的伙伴；第二，人才是万科的资本；第三，阳光照亮的体制；第四，持续增长。万科的这种追求作为一种企业理念，已经体现在其经营活动的各个层面。在万科的品牌追求中，清晰的企业使命不仅支持企业的发展，同时也形成了品牌发展的扎实根基。万科对企业使命的履践，为万科品牌拓宽了社会人文意义的深刻内涵，这种品牌建设思路和诸多全球品牌的构建策略不谋而合。如可口可乐，在明晰品牌的核心价值观之后，逐渐上升为带有国家和民族色彩的国际化品牌。万科品牌的成功也不是偶然的，是坚决奉行企业理念的必然结果。

1. 依托高品质产品与服务，建立客户关系

产品质量是任何一个企业发展的生命线，万科也不例外。企业或者品牌如果失去了质量基础的保证，即使巧舌如簧也终究会被市场摒弃。万科对于质量的重视表现在项目的选项质量和建造质量上。选项质量包括房地产开发品种（如别墅、商品房、写字楼等）、开发地点、开发周期和建造节奏的选择。选项质量是产品质量的基础，项目选择出现问题，建造质量再好也难以被市场接受。建造质量顾名思义指的是建筑本身的质量，而万科将其质量观念体现在建筑细节上。如现在流行的大窗容易带来风大时晃动的毛病，国家技术标准是不超过1/130 挠度，万科主动加厚玻璃和窗框，把标准提高到 1/180，即使遭遇暴风雨，振动和传递到屋内的声响都很小。这种为了客户利益增加建筑成本的做法，也正是万科责任重于利润信念的体现。为此万科还通过一系列制度和活动保证产品质量，诸如 1996 年启动的以“质量管理”为主题的主题年活动；2003 年推出的“磐石行动”，倡导“零缺陷质量文化、关注客户需求、与合作伙伴共同成长”，都把产品质量作为维护良好客户关系的纽带。

2. 多渠道沟通赢得客户忠诚，提升关系价值

产品同质化现象的日趋严重以及大财团和境外著名房企的进驻，使得房地产行业的竞争越来越激烈，各企业都已经充分认识到“谁拥有客户，谁就拥有未来”。在企业的品牌追求中，塑造忠诚客户处于最高端层次，忠诚客户不仅与企业利益紧密相连，而且也是企业品牌的义务推广者。许多万科的客户都会重新购买万科房产，而且会主动向亲友推介万科房产，成为万科房产的义务推销员。那么，是什么力量促成这些忠诚客户的行为呢？显然，只有当品牌与顾客的关系上升到一种伙伴关系时这种现象才会出现。万科通过多渠道与现有客户进行深度沟通，培养了大批忠诚客户，进而提升了关系价值，从中至少可以看出万科在两个方面所做出的努力：首先，除了使用产品和服务本身所传达出的信息外，万科还以各种活动的形式传播对客户的重视，强化客户关系。这些活动丰

富了业主的业余生活，也为加强与业主的沟通提供了良好的渠道。其次，万科深信“我们1%的失误，对于客户而言就是100%的损失”，因此强调让万科在投诉中完美。为了与客户进行良性互动，万科开通了集团客服中心、物业管理处、网上投诉论坛等五条投诉渠道，充分保障客户反馈渠道的通畅，并承诺对投诉问题在工作日24小时内予以回复并尽快解决。

3. 重视员工和相关利益者关系，全面树立品牌

万科深知，品牌关系不仅仅是单纯的顾客关系，还有与各种相关利益群体的关系，为此，万科在2002年就提出要构建全面均衡的关系网络。在这个网络中，既包括客户，也包括员工、合作伙伴。在员工关系管理上，万科创新设置了员工关系专员岗位，在对员工身份保密的前提下接受和处理员工表达的想法、意见和建议，并保证在正常工作日36小时内给予答复。另外还通过吹风会、面谈会、网上论坛和申诉等多种形式加强沟通，提高员工满意度。在合作伙伴关系的管理上，万科积极探索与建筑商、材料供应商、中介代理商、广告商维护关系的模式，并引入“战略供应商”概念，推出新的统一采购模式。除此之外，万科还重视与投资者、同行、政府和媒体的关系，这些关系元素对万科意义重大。因为房地产业是资金密集型行业，房地产开发和企业的发展离不开资本市场的持续支持；与同行的交流和相互学习，以及行业协会的推动和约束，都是营造健康、规范的行业环境的动力；房地产开发是城市运营的一部分，每一环节都和政府政策密不可分；在信息化时代，媒体则必然成为企业提升形象、扩大正面影响力的不二助力。各种关系的持续深化和推进，有效地提升了万科与客户之间的关系价值，塑造了万科中国房地产行业领跑者的形象，并使之成为最受尊敬的品牌企业之一。

案例来源：卫军英：《整合营销传播典例》，浙江大学出版社，2008年版。

第二节 品牌的关系层级

品牌具有标志、品质保证、决定和影响企业竞争力、创造超值能力以及品牌文化导向等作用，但是从品牌关系角度看，也许这些因素并不是品牌经营的核心所在，我们最多只能说这些因素都涉及品牌的经营，但并不是品牌经营的目的。事实上，所有关于品牌作用的认识都可以归结为一个核心，即品牌的核心作用就是与顾客或者相关利益者建立一种特殊关系。

一、顾客和员工是品牌关系的核心

品牌关系涉及多个方面，因此，在创建并传播品牌信息时不仅要考虑消费

者(顾客),而且要考虑到众多的群体(相关利益者),因为他们都能够影响公司的利益。因此,在整合营销传播的关系指向中,主要就是品牌与顾客和相关利益者的关系。严格地说,相关利益者已经包含了顾客,但是出于习惯,顾客总是被置于现代营销的顶端之上,因此,把顾客与相关利益者并提,有利于引起对其他相关利益群体的注意。图3-3说明了相关利益群体对品牌关系的重要性。

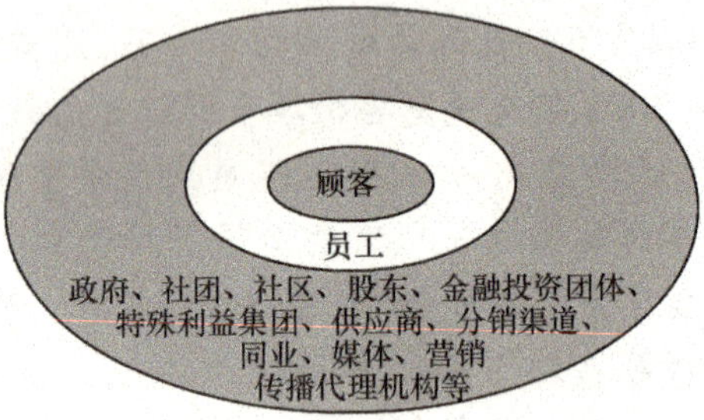

图3-3　品牌关系中相关利益群体的存在层级

按照图3-3所示的品牌相关利益群体模型,显然,在品牌关系中处于核心地位的首先是消费者即顾客群体,其次是员工。其他相关利益群体包括政府、社团、社区、股东、金融投资团体、特殊利益集团、供应商、分销渠道、同业、媒体以及营销传播代理机构等,这些相关利益群体根据不同行业和公司所处的不同发展阶段,其关系重要性以及对品牌的影响也有所不同。我们将分别对这些关系进行具体分析。

第一层次是顾客。在所有的相关利益群体中,顾客处在品牌关系的核心地位,是品牌的最重要的相关利益群体。之所以如此,是因为顾客作为营销终端,他们对品牌的支持与否直接决定了品牌能否销售与赢利。现代市场营销把顾客需求作为营销的出发点,也是基于这一认识。因此,品牌建设要建立的首先就是品牌与顾客之间的关系。由于顾客本身处于不断的变化和重组之中,来自不同渠道的各种信息无时无刻不在冲击着他们,因此,要建立与顾客之间的良好关系,就必须保持通畅的传播反馈渠道,通过经常性的具有深度的沟通,迅速了解顾客不断变化的需要和需求,把握顾客关注焦点的变化。在这里,沟通成为构建"品牌—顾客关系"最重要的手段。一个品牌越是能和顾客形成良好的沟通就越是能够得到顾客的认同,良好的沟通有利于把顾客纳入公司或者品牌的计划与运作之中。毫无疑问,在沟通过程中采取什么样的沟通手段和沟通渠道显得至关重要。

第二个层次是员工。以往很多公司或者品牌大多关注与外部的关系,很容易忽略内部关系,员工关系往往被当做公司内部管理问题。在20世纪80年代CIS流行之际,这种关系形式被上升到一个新的层次。所谓CIS即"企业形象识别系统”(Corporate Identity System,CIS),就是由企业理念识别系统 MIS(Mind Identity System)、企业行为识别系统 BIS(Behavior Identity System)和企业视觉识别系统 VIS(Visual Identity System)共同构成的,强调从企业经营理念到企业精神文化,从员工行为到企业活动,从视觉识别的基本要素到全部应用视觉识别要素,系统的构建是一种具有高度同一性、独特性、可识别性的企业形象识别系统,以此树立起高度统一而又极富个性的企业形象,并通过对内对外的一致性传播,在得到企业内部认同的同时,实现消费者对企业形象的全面认同。但是这种认识只看到了员工达成共识的形象价值,而没有意识到构建公司或者品牌与员工之间的关系。

实际上,员工关系涉及两个方向的交流:其一是员工和公司之间的内部交流;其二是员工与顾客和相关利益者之间的外部交流。从理论上说,只有当员工真正了解了他们的工作、感受到自己在公司得到公正待遇,体会到自己是公司队伍中的一员,他们才可能满腔热情地投入工作,并为顾客提供一流的服务。从信息传播角度看,员工传达的信息对顾客的影响是十分重要的,鼓励并促进顾客与公司进行交流,这就意味着有更多的顾客将要与公司员工进行沟通,因此,如果在员工这一环出现障碍,公司或者品牌将会为此付出巨大的代价。

二、品牌的其他相关利益群体

除了顾客和员工外,其他相关利益群体也会对品牌发展产生很大影响。一般来说,维持与其他相关利益群体的关系并不属于营销中的任务,但是由于在营销过程中,这些相关利益群体或多或少会从不同方面对公司或者品牌发生影响,所以必须考虑与这一群体的沟通。在不同公司和品牌中,这些相关利益群体的影响并不是完全处在一个层面上的,必须对这些不同的相关利益群体进行具体评估。

对于大多数公司和品牌而言,在生产和经营过程中有两个相关利益群体是不可回避的,这就是供应商和分销商。它们分别代表公司及其品牌流转的上游与下游,直接关联到公司或者品牌存在的可能性,因此,近些年来它们在利益相关群体中的地位显得越来越重要。一个品牌如果无法处理好与它的供应商的关系,那么其结果不但原材料无法得到应有的保证,而且还会受到来自下游或者终端的质疑。相反,与供应商之间的良好关系不仅可以保证供应链的顺畅,而且来自供应商的美誉也会增加自己的品牌效应。比如,在英特尔的品牌运动中,宣传的主题就是“一颗奔腾的心”,这时一个采用英特尔作为中央处理器的品牌电脑,自然会受到顾客和其他利益相关者的认同。至于处在下游的分销商则更加显得重要,这是因为,分销商不仅仅是单纯的销售渠道,更重要的是它直接连接着消费终端,是品牌和消费者实现接触的关键环节,其本身就是品牌传播沟通的主要渠道,所以必须保证这个渠道的通畅。至于政府、股东、投资商、媒体,甚至是竞争对手等,它们不仅仅涉及政策以及许多具有社会意义的宏观问题,而且由此所形成的社会影响也不可忽视。

在相关利益群体中,与政府和媒体的关系通常会受到重视,这是因为,它们一方面具有政策性的监督调控能力,一方面又可以直接影响社会舆论,公司或者品牌为了获得其支持往往采取主动的措施,以保证这种关系处于良性状态。相对而言,公司或者品牌对其他关系利益群体的处理可能不及前者,尤其是对一些特殊利益群体,如社区、环保部门等,但是否与这些相关利益群体合作,也同样会影响到公司及其品牌的关系。股东、投资部门既是公司的投资者,也可以看做是品牌的拥有者,它们对品牌的关注与品牌持有人一样,而且由其所扩散的信息也许要大于公司自身。除此之外还有一个并没有引起注意的相关利益群体,这就是同业。通常,同业往往被看做是竞争对手,实际上同业除了对抗性竞争之外还共同拥有维护市场的责任。一个简单的例子是:1995 年,一个亡命之徒为了敲诈而在娃哈哈果奶中投毒,导致小学生生命垂危,有关媒体道听途说,不负责任地报道这一消息并受到了猎奇媒体的追风。为了稳定市场,娃哈哈总裁在第一时间打电话给其最主要的竞争对手乐百氏老总,双方立刻达成共识,维护果奶市场稳定。同业竞争在这里表现出了良好的互动关系。乐百氏企业的创建者何伯权,多年来在市场上一直与娃哈哈正面竞争,但是 1998 年当有记者问他:“你最欣赏的人是谁?”时,这位乐百氏总裁毫不迟疑地回答:“娃哈哈的宗庆后。”——竟然是他的竞争对手,这无疑是同业竞争良好关系的一个典范。

顾客和相关利益群体关系构成了品牌关系的内涵,维护品牌关系也就是维护品牌与顾客和相关利益群体之间的关系。在整合营销传播中,一切沟通信息和传播手段都必须保证有利于这种关系的建设。在这里需要注意的一个情况是:通常,公司或者品牌信息都是针对核心相关利益群体即顾客设计的,但是在传播尤其是大众的传播过程中,接触到这些信息的却不仅仅是顾客,而是所有的相关利益群体。同时,相关利益群体之间通常具有相互重叠的现象,比如,一个公司的股票持有者有可能是该公司品牌的消费者,同时还可能是政府或者媒体部门的工作人员。就像在商业银行中 90% 以上的雇员同时也是自己所在银行的顾客一样。整合营销传播中一定要兼顾到这种相关利益群体的交叉重叠,品牌信息的设计也要努力保证被所有相关利益群体接受,并尽量保持信息的一致性。这一点似乎与我们传统广告中着力把信息集中于目标顾客略有不同,其实这正是市场和营销传播发展的表现。因为,对于一个品牌来说,决定其价值的已经不是简单的销售额，而是它与相关利益群体的关系。

案例 3－2

欧莱雅的品牌关系建设

欧莱雅认为，公司的价值创造是建立在消费者价值的基础之上的。正是从这个角度出发，欧莱雅不但通过与外部顾客保持良好的沟通，而且还在通过对内部顾客进行管理的同时为其品牌资产积累做“加法”。比如，为了快速提高欧莱雅在非洲的品牌知名度，欧莱雅通过开办培训班的形式，向当地美发师介绍欧莱雅护发产品，并教给她们使用产品的方法。通过消费者教育，让她们自愿接受欧莱雅。一个典型的例子就是欧莱雅的染发产品最初进入中国的时候，为了帮助中国消费者了解染发产品，邀请巩俐作为广告模特。其目的是告知消费者，染发同样适合中国人，以此和中国消费者进行更好的沟通，从而创造和引导消费需求。

除了对顾客进行教育和沟通外，欧莱雅还通过员工管理提升内部顾客的满意度。欧莱雅认为，提高员工的满意度绝不能仅仅依靠金钱，完善的培训、开放式的交流环境以及灵活的组织机制也是必不可少的。在欧莱雅的企业文化中洋溢着宽松和谐以及国际化的浓厚氛围，这可以从其总部上班的人流中，从员工的衣着谈吐中体现出来。在公司的咖啡厅里，人们不仅可以听到法语、英语，甚至德语和亚洲国家的语言也不时飘进耳朵。各种背景不同的员工使公司的文化体现出巨大的包容力。欧莱雅鼓励每个员工参与决策，并向他们提供表达自己对职业发展需求的机会。正是这种开放而灵活的管理机制使欧莱雅员工的满意度不断提升。

欧莱雅品牌的成功，离不开它对顾客和相关利益群体的关注，正因为如此，欧莱雅的品牌关系就是一种实实在在的可获利的品牌关系。这一点不论是从欧莱雅的营销策略中，还是从其品牌管理中都可以得到充分的证明。

1. 平衡利益机制，实现顾客与品牌关系清晰化

化妆品不仅是一种功能产品，更是一种感觉型产品，而且在很大意义上后者要甚于前者。拥有 500 多个化妆品品牌的欧莱雅，在中国就有 12 个品牌，因此，如何给各个品牌进行清晰的定位，以满足不同的细分市场，从而使这些产品品牌之间不至于互相混淆，一直是欧莱雅精心研究的课题。通常被认为，这种清晰的品牌定位只是营销的需要，事实上，品牌定位更重要的还是对消费者的一种尊重。欧莱雅的品牌金字塔大致是由高端到大众的组合，这种组合往往和价格密切相关，因此，如果没有清晰的品牌定位就很可能损害不同顾客的利益，

无法实现与顾客之间的利益平衡。可以说,“全方位的品牌及产品结构”是欧莱雅最为独特的优势,它所推出的品牌金字塔布局,在中国市场按价格从塔底到塔尖都有产品和品牌,无论是处于塔尖的兰蔻、中层的欧莱雅还是大众的美宝莲都有清晰的市场定位和明确的客户群。品牌定位是一个持续的传播和沟通过程,沟通的要素除了媒介之外,还有多种接触点,包括产品、价格、服务和渠道等要素,良好的利益平衡保证了顾客对欧莱雅品牌的认同。正如美宝莲虽然是一个大众品牌,但是并没有妨碍它成为全球最大销量的品牌,这也要归功于欧莱雅不断细分市场、划分目标客户群的成功。

2. 满足多种需要,提升内部群体的品牌归属感

品牌价值的实现主要来自于顾客满意度的提升和积累,顾客满意度又分为外部顾客满意度和内部顾客(即员工)满意度两个方面,很多企业往往关注外部顾客却有意无意地忽视了内部顾客。实际上,在品牌的相关利益群体中,员工是仅次于顾客的相关利益群体,因此,员工的品牌归属感直接关系到品牌价值。内部员工的满意是达成顾客满意的第一步,因为员工在经营中的参与程度和积极性,很大程度上影响着外部顾客的满意度。对此,欧莱雅在确定用人标准、选拔方式、培训制度等多方面作出努力。欧莱雅的择人标准与众不同,它不仅要求员工既要有诗人般的想象力,又要像农民一样吃苦耐劳,而且注重组织的灵活性和适应性,鼓励员工参与决策,并向他们提供表达自己对职业发展需求的机会。公司认为,由分歧引起的交锋能保持创新的能力,并将激发新的创意。与此同时,各个层面的管理者通过多种渠道与下属频繁沟通,当雇员与他的直接领导者产生摩擦时,他可直接向更高层汇报。这种沟通措施不仅为内部群体带来了极大的物质利益,也带来了超越物质层面的精神利益,这些都大大提升了欧莱雅内部群体的品牌归属感,而公司也因此得到了更多的利益回报。

3. 完善品牌管理,保证相关利益者的品牌获利

盖保罗认为,“欧莱雅的品牌管理已经有近百年的历史,公司的历史也就是品牌管理的历史。”品牌管理不但是观念的提出,也是制度的执行,可获利的品牌关系是一种持续的管理形态,因此,必须有良好的品牌管理机制才能够得到有效的保证。推行品牌管理制度就是欧莱雅品牌管理的基本保证,这种基本保证在多个方面都得到了有效的延伸。针对顾客的消费需求,欧莱雅总裁欧文中认为,所谓好的品牌管理策略,就是针对合适的顾客群体投放正确的产品。欧莱雅以“品位”进行品牌定位并形成鲜明的品牌区隔,为此,其中国的市场营销通路分为高档化妆品部、大众化妆品部、专业产品部、活性健康化妆品部四大部门,广告策略自然也随之有所不同:美宝莲是一个大众化的品牌,在中国也已经有了方便购买的销售渠道,而电视是目前中国很重要和有效的大众传媒,所以

要在覆盖面最广的电视媒体做广告，让更多的消费者知道。而薇姿和理肤泉因为是在药房销售，卡诗和欧莱雅专业美发在发廊销售，兰蔻等高端品牌只有在高档商店才有，网点并不像美宝莲那么多，在这种情况下，做大规模的、昂贵的电视广告既不合适，也不合算。凡此种种，都可以看作是对可获利品牌关系的有效管理。

案例来源：卫军英：《整合营销传播典例》，浙江大学出版社，2008 年版。

第三节　品牌的关系价值

品牌的所有权也许掌握在它的法定拥有者手中，但这并不意味着品牌的价值也掌握在其手中。虽然衡量品牌价值的方法复杂而又繁琐，但有一个不可更改的事实是，所有这些评价品牌的价值要素，其最终变化来自于品牌与顾客和相关利益者的关系。也就是说，品牌价值尺度也是品牌与顾客和相关利益者的关系程度。

一、品牌价值评估中的关系影响

按照品牌资产专家们的说法，品牌资产取决于品牌的价值。品牌经营的目的就是通过不断提高品牌知名度、品质认同度、品牌联想度与品牌忠诚度，把作为无形资产的品牌通过有效的方法转化成为一种可以具体可感的价值。这一点在整合营销传播理论中得到了相应的发展。按照整合营销传播的观点，无论是知名度、认同度还是联想度、忠诚度，归根结底都是顾客和相关利益者与品牌之间所表现的一种关系方式，因此，品牌资产价值说穿了就是品牌的关系程度。汤姆·邓肯认为：

> 来自各种相关利益者的支持程度越深、范围越广，该品牌就会越强大。品牌的股票价格由顾客而定，即以顾客忠诚度为基础；同样，品牌的价值由公司利益相关者来定，即以不同利益相关者的忠诚度为基础。在此意义上，利益相关者关系就是另一种形式的资本（相对于银行中的资金而言）。关于盈亏状况、销售收益和股价（假定是上市公司）的升降都取决于顾客、股东、媒体、金融界和其他相关利益者行为。[1]

我们已经提及，在通常的市场营销中，公司或者品牌最为关注的都是顾客，

---

[1] 【美】汤姆·邓肯. 整合营销传播：利用广告和促销建树品牌[M]. 北京：中国财政经济出版社，2004:55.

所以沟通传播的设计都是以获取和保持顾客为前提的,这当然没有错。但是在当今市场格局下,对于品牌经营而言,越来越多的影响不仅仅来自于顾客,更重要的是来自于其他各个层面。过去公司最高决策者的工作中心可能是生产管理,后来有一段时间工作中心是营销管理,如今大多数公司决策人的关注重点放在了公司与相关利益群体的沟通之上。这是因为,并不是任何时候一个公司或者品牌的顾客影响都处在第一位,不同的利益相关群体在不同情况下,对品牌的影响程度并不一样。比如,在遇到突发事件时,最主要的相关利益者可能就是媒体;在公司兼并重组的过程中,员工利益可能就是首先要考虑的因素。已经有调查资料证实了同时关注多类相关利益者的好处,当公司同时关注三种团体——员工、投资者和消费者时的效果,远远优于只关注其中一个或者两个团体。在几年时间里同时关注这三个群体的公司,其收益增长率是那些只重视有限利益相关者公司的4倍,前者股票上涨901%,后者却只有91%①。

之所以会这样,是因为在现行营销传播体系中,各种利益相关群体所接受的信息不仅仅是公司或者品牌的计划信息,这些相关利益群体都存在于自己的关系网中,这些关系网错综复杂、相互交织,他们彼此之间也在相互影响,而且这些传播方式多种多样,难以控制,它比公司或者品牌专门设计的营销传播信息更加具有影响力。正是在这个意义上,把品牌价值界定在公司或者品牌与顾客和相关利益者的关系上就具有重要的意义。

二、品牌关系价值衡量梯度

《数字化生存》的作者——麻省理工学院教授尼古拉斯·尼葛洛庞蒂(Nicholas Negroponte),在他的预言式著作中创造性地提出了计算机“界面”(GUI)与图形用户的关系问题。他认为,界面不仅关系到计算机的外表和感觉,而且还涉及创建个性、智力的设计以及建立能够识别人类情感表达的机器。“界面”(GUI:发音 Gooey,意思是甜美的、黏性的)表示在其与消费者之间应当有一个黏性界面,实际上品牌在某种意义上就是一种与顾客和相关利益者的关系界面。也就是说,消费者与品牌所形成的关系具有黏性特征,即在消费者与品牌之间存在着某种忠诚。正如我们所说的,品牌价值就是品牌与顾客和相关利益者的关系程度,这种关系程度也有一系列相关的评价指标,通过这些指标我们可以解构和分析品牌资产的价值,这些指标主要是信任、强度和忠诚。

其一是信任,即一个公司在顾客和关系利益者那里所获得的信用程度。在竞争性市场上,顾客对特定品牌的选择往往依赖于信任,选择了品牌也就意味

① 数据来源:【美】汤姆·邓肯.整合营销传播:利用广告和促销建树品牌[M].北京:中国财政经济出版社,2004:56.

着选择了信任，而信任的基础就是公司是否兑现了它的承诺，即它对所有相关利益群体是否保持诚实。公司或品牌的信誉取决于顾客和相关利益者的信任，通常情况下信任的建立比信任的消失要困难得多。由于市场竞争的激烈和复杂，一个公司或者品牌需要运用大量的时间和资金，通过各种传播渠道反复沟通证明，才有可能获得顾客和相关利益者的信任，但不幸的是，这种历经艰难建立起来的信任稍不留心就会丧失。比如，一个顾客对某个品牌产生了信任，但是在购买使用中却发现该品牌在某一点上并不比竞争对手优越，于是他会认为该品牌所承诺的那种优势完全是一种虚伪的欺骗。因此，建立品牌信任有几个关系要关注：满意度，即品牌对相关利益者期望值的满足程度；一致性，即营销传播中各种接触所传达的信息的统一性；可接近性，即顾客和相关利益者获得求助的简捷方便程度；反应灵敏性，即顾客反馈问题是否能够得到迅速解决；责任感，即顾客感受到公司的服务是发自内心而不是仅仅为了完成销售；亲和力，即品牌对顾客和相关利益者的情感吸引；喜爱，即顾客和相关利益者对品牌的偏好。

其二是强度，即品牌与相关利益者之间可以衡量的关系程度。正如人与人之间不同交往程度的人际关系一样，品牌关系也具有不同的强度。这种关系的强度因顾客和产品种类而各有区别，并且随着关系的强烈程度可以划分为多个层级。图 3 –4 所表示的就是品牌关系程度层级。在这个模型中，品牌关系的强度是由下向上逐级增强的，从最底部的“了解”向上升至“顾客是品牌的拥护者”。通常，公司或者品牌在每一个层级中都有部分顾客，一般情况下，层级越向上递进，则顾客数目也就相应的越少。在这种强度层级中，关系程度往往是

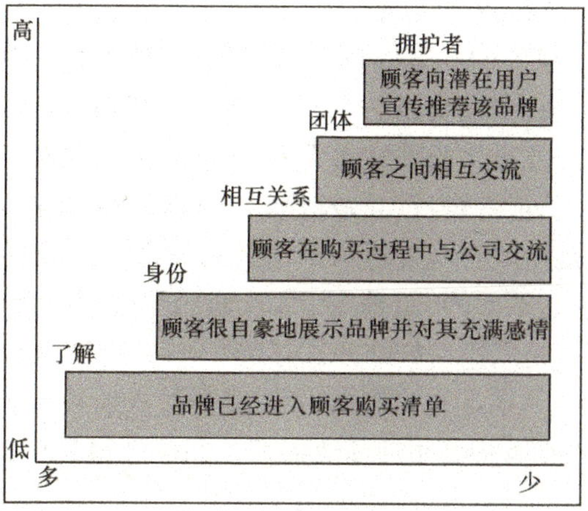

图 3 –4　品牌关系强度层级

顾客和关系利益者对品牌的强烈的情感认同。通常,那些品牌的拥护者只占顾客总数的很小比例,而公司或者品牌的目标,也就是尽可能多地将顾客由较低层级提升到较高层级,也就是努力使品牌支持者数目最大化。在整合营销传播中,了解顾客处在何种关系层级,可以有效地帮助公司或者品牌识别顾客,并为之提供针对性的品牌信息。从这些层级递进中我们可以发现,品牌关系虽然是建立在交易基础上的,但是除了最低层级中对交易关系的重视之外,在向上升级的其他层级中几乎看不到任何交易的影子。比如,顾客向潜在用户宣传推荐该品牌的信息,这对顾客来说根本没有任何利益上的收获,但是它所产生的影响却要远远大于公司花费巨额资金所取得的效果。因此,单纯的交易关系,很难帮助品牌建立起具有可靠强度的关系,只有在其逐步升级的过程中,品牌关系强度才会不断提高。

其三是忠诚。在前面的关系层级中,忠诚属于较高层级的顾客关系,品牌关系是建立在对简单交易关系的超越之上的,但是在大多数情况下,即使那些对品牌忠诚的顾客所选择的也并不只是一种品牌,只购买一种品牌的顾客往往只是小型顾客(其购买量很小),中型和大型顾客往往在一种商品中会中意两个以上的品牌。而正是由于忠诚度并不是100%的,所以不论什么公司或品牌,不切实际地试图通过忠诚把顾客捆绑在自己的品牌上都是一种不明智的做法。比较现实的应当是重视在顾客钱包中的占有份额。换句话说,在顾客的支出比例中愿意为之付出多少。没有任何一家公司或者品牌可以拥有顾客的全部支付总额,因此,创造大型购买者就成为品牌关系中对品牌忠诚的一种追求。以意大利经济学家帕累托(Vilfredo Pareto)名字命名的帕累托定理(营销学中又称做80/20定理),在这里的解释就是处在20%部分的是大型购买者,但是这些购买者并不是完全停留在一个品牌上。

在对品牌关系强度的有效管理中,除了上述措施之外还必须注意两点:一是获取与保留的关系,获取是指公司对新顾客的开拓,保留是指公司对老顾客的保持,前面已经涉及很多公司或者品牌注重开拓而忽略保持,其实品牌关系获得成功的真实情况正好相反,这就是保留比获取更加重要;二是管理预期问题,所谓管理预期是指顾客与公司承诺之间的关系,在一项良好的关系中,公司的付出和回报往往是平衡的,但是"经常看到的是公司把关系当作赚取顾客利润的一种途径,而不是利用它构造双赢形势"①。整合营销传播中所涉及的品牌关系管理过程,说穿了就是在对顾客和关系利益人所实施的一切营销传播中,通过互动性沟通有效地获得并持续地保留。在这个过程中,有关信息的设计一

---

① 【美】汤姆·邓肯.整合营销传播:利用广告和促销建树品牌[M].北京:中国财政经济出版社,2004:62.

定要从顾客的现实和自己的可能出发。也就是说,必须保持整合管理的有效性,其中也包括对品牌关系的利益考虑。

案例 3-3

希尔顿品牌的微笑魅力

美国希尔顿饭店创立于 1919 年,在不到 90 年的时间里,希尔顿从一家饭店扩展到 100 多家,遍布世界五大洲的各大城市,成为全球最大规模的饭店之一,希尔顿的资产也从 5 000 美元发展到数百亿美元。在希尔顿酒店,最为人所知的就是董事长唐纳·希尔顿所倡导的管理精神:“你今天对客人微笑了吗?”

微笑已经成为希尔顿最基本的礼仪规范,它包括企业的待客礼仪、经营作风、员工风度、环境布置风格以及内部的资讯沟通方式等内容。企业礼仪往往形成传统与习俗,体现企业的经营理念。它赋予企业浓厚的人情味,对培育企业精神和塑造企业形象起着潜移默化的作用。希尔顿就是在微笑中提供优质的综合服务。希尔顿在《宾至如归》一书中写道:旅馆是一个服务和款待的行业,为了满足顾客的要求,希尔顿帝国除了到处都充满了微笑外,在组织结构上,希尔顿也尽力创造一个尽可能完善的系统,成为一个综合性的服务机构。因此,希尔顿饭店除了提供完善的食宿外,还设有咖啡室、会议室、宴会厅、游泳池、购物中心、银行、邮局、花店、服装店、航空公司代理处、旅行社和出租汽车站等一套完善的服务机构和设施。客房分为单人房、双人房、套房和为国家首脑级官员提供的豪华套房。所有的房间都有空调设备;室内设备,诸如酒柜、电话、彩色电视机、收音机、电冰箱等应有尽有;餐厅也有高级餐厅和方便的快餐厅,使到希尔顿饭店寄宿的旅客真正有一种“宾至如归”的感觉。

希尔顿成功的因素固然很多,但是谁都不会否认,其获得成功的最大秘诀就是赢得顾客,而微笑就是希尔顿赢得顾客的基本措施。微笑服务不仅为希尔顿创造了与顾客接触的黏性界面,与此同时也从本质上构建了希尔顿的企业形象和企业文化。

首先,微笑作为一种待人接物的态度,大大拉近了顾客与酒店服务员之间的心理距离。

建立单一客户观是希尔顿酒店经营的一个重要追求,为此,在酒店与顾客的接触中力求使顾客有宾至如归之感。酒店行业作为典型的服务行业,每天要接待来自四面八方的顾客,因此,处理好与顾客的关系就是酒店员工一个很重要的任务。希尔顿认为,必须通过真诚体现出酒店对顾客的关怀,因此提倡与顾客微笑接触。通常,顾客入住酒店,除了有对酒店硬件方面的要求之外,还有对酒店服务的要求。在很多时候同样规格的酒店往往在硬件上并无多大差别，能够显示自己特色的往往是软件，即服务。希尔顿意识到顾客对酒店服务的心理需求，为了体现这种服务特色，要求员工永远微笑。通常，顾客入住酒店总有一种置身他乡的陌生感，有一种微妙的求助心理，而微笑是人性关怀和友好感情的自然流露，可以有效地拉近顾客与酒店之间的心理距离。

其次，通过微笑与顾客建立了良好的关系，有效地促进了顾客对酒店的忠诚度。

在酒店业，并不是所有顾客的价值贡献都是同样的，因此酒店需要关注客户，但同时更要清楚地知道，发现并留住具有消费能力的回头客，就能为酒店创造稳定的收入。这种行业的固有特性决定了在酒店业实施客户关系管理有别于其他行业，对顾客服务的关注比起市场营销更为重要。卓越的客户服务联系建立在对客户认知的基础上，为了建立完善的客户信息数据库，酒店需要对信息技术进行必要的投资，目的是要从不同的信息渠道中搜集客户数据资料，对数据进行综合，并存储起来留做以后分析之用。然而，酒店信息管理系统更多情况下所提供的还是一些普通信息，那些属于顾客的个性化信息则需要通过酒店员工对顾客的关注而获得。因此希尔顿认识到，酒店的一线员工在与顾客接触中始终保持微笑，可以使顾客觉得亲近。希尔顿酒店通过微笑服务积累了丰富的定制顾客体验，通过建立顾客档案，记录顾客的偏好，使得饭店能够为顾客提供量身定做的服务。例如，考虑一个总是预订拥有双人床的无烟房间的顾客，这些信息会被存储在顾客记录里，当该顾客下次预订房间时，不管他身处何地，即使他不提出相关要求，也能得到他想要的房间。用希尔顿的话说，只要每年有1/10的老顾客光顾，饭店就会永远客满。

最后，微笑为希尔顿赢得了美好的形象，微笑为希尔顿塑造出了具有魅力的文化。

所谓企业形象，是指社会公众对某个组织、个人或某种产品的整体印象和评价。企业员工是企业整体中的一分子，顾客对企业员工印象的好坏会直接反射到对企业整体形象的评价上。而在员工自我形象的塑造中，企业的一贯礼仪又直接影响员工形象的塑造效果。这也就是希尔顿要抓企业员工礼仪的原因。企业礼仪包括的内容比较多，但企业领导人的个人作风、品格和企业理念的规定具有很高的代表性和模仿效应。为了能发挥微笑的魅力，希尔顿不辞辛苦，奔波于设在世界各地的希尔顿旅馆进行视察。由于唐纳·希尔顿对企业礼仪的重视，下属员工执行得很出色，并形成了自己的传统和习惯。为此，他制定和强化能最终体现出希尔顿礼仪的措施，通过完善的规章制度，帮助员工更好地履行。企业礼仪的表现者是广大员工，员工能否很好地执行企业礼仪还在于员工本身的素质、修养、道德情操等。因此，加强员工培养，提高员工素质，可使员工更好地理解、贯彻企业的经营理念，把执行企业礼仪变成他们自觉和自发的行为。当微笑不仅成为一种制度性要求，也成为一种员工自发的追求时，它也就自然成为希尔顿的形象体现，从而形成酒店特有的魅力文化。

案例来源：卫军英：《整合营销传播典例》，浙江大学出版社，2008年版。

思考题

1. 完整的品牌视角包含哪些层次？
2. 品牌如何达成企业与消费者的有效连接？
3. 为什么说顾客是品牌关系的核心？
4. 如何理解员工在品牌关系中的重要性？
5. 从相关利益者的概念中可以看出哪些基本含义？
6. 怎样看待品牌资产中的关系价值？
7. 衡量品牌关系价值的主要标准有哪些？
8. 为什么说忠诚是品牌建设的最高追求？

第四章　品牌形象策略

第一节　品牌形象与个性

品牌形象曾因解决了产品同质化为企业营销带来的难题而风靡整个20世纪60年代。从大卫·奥格威率先提出“品牌形象”的基本含义，到更具有与消费者沟通能力、与竞争对手形成差异的“品牌个性”，再到指标清晰、操作指导能力强的“品牌识别”理论，相关研究越来越丰富、细致，同时，品牌形象理论也得以实现自我完善。

一、品牌形象及其构成要素

品牌形象是品牌理论形成初期的基本思想，但是奥格威在他的著作中并没有具体解释什么是品牌形象，只是认为品牌本身具有形象特征。因此，长期以来对品牌形象的理解各种各样，而且，随着市场环境的变化，这些理解也在不断变化，在不同的品牌专家那里也有各种不同的解释。比如，利维（Levy）在1978年指出，品牌形象是存在于人们心中的关于品牌的各种要素的图像及概念的集合体；罗诺兹（Reynolds）和古特曼（Gutman）在1984年则提出，品牌形象是在竞争中的一种产品或者服务产生异化的含义的联想集合体，包含了认知、情感或者印象、信任度、态度、品牌个性等策略性的途径；斯兹（Sirgy）在1985年提出，品牌应像人一样具有个性形象，这个形象不是单独由品牌产品的实质内容确定的，还应当包括其他一些内容；1986年帕克（Park）又指出，品牌形象产生于营销者对品牌管理的理念中，品牌形象是一种品牌管理的方法[①]。这些认识实际上都涉及了品牌形象的基本特征，实际上是从不同角度对品牌形象的理解。

我们认为，品牌形象就是品牌本身所折射出来的可为受众和消费者所感知的印象和联想，它是品牌实体和品牌文化的集合体现，也是企业品牌营销中试图为品牌所创建的一种综合现象特征。品牌形象本身属于品牌资产的一个组成要素，不仅具有一定的营销动力，而且也具有相应的管理功能。概括品牌形象的发展状态和基本内涵，对品牌形象的基本理解大致可以从以下方面进行。

---

① 转引自陈放.品牌学[M].北京：时事出版社，2002：38～42.

（一）产品形象

产品形象是指一个产品实体带给顾客和消费者的基本印象。这个印象既反映了产品的功能价值，也反映了产品自身的品质。产品形象是品牌形象的基础和附着点，任何一个品牌都是建立在产品之上的，如果脱离了产品，品牌也就成为空中楼阁。

（二）文化形象

品牌不仅是一个单纯的产品，它还是一种企业文化和消费文化的体现。品牌的文化形象使得品牌可能超越简单的符号特征而体现出更多的内容，每一种品牌都折射出一定的文化内涵和文化追求，这种文化形象在一定意义上体现了品牌对于消费者的社会隐喻和暗示。

（三）标志系统

品牌形象中的标志系统是指那些为品牌所特有的设计和视觉、听觉标志。每个品牌都有一系列属于自己的符号系统，包括商标、字体、图像、色彩和造型等。这些标志系统既是品牌的自我展示，也是其与其他品牌区隔的简单方式。

（四）品牌信誉

在品牌形象中最具有影响力的是品牌信誉。品牌信誉体现为品牌在顾客和消费者心目中的公信力和认可度，它代表了品牌本身在消费者心目中的价值，是一个品牌与消费者所达成的一种动态关联，也是品牌形象所追求的基本目标。

二、品牌形象的个性化塑造

品牌形象的本质是追求形成顾客和相关利益者对品牌的良好印象，从而增加品牌美誉度和忠诚度，并进而实现品牌价值。只有那些具有魅力的品牌形象才可能受到消费者的青睐，而具有魅力的品牌形象必须具有鲜明的品牌个性。由于品牌形象与品牌个性二者密切相连并具有很多共性，所以品牌形象与品牌个性常常被人们等同起来，认为塑造出鲜明的品牌形象就具备了独特的品牌个性。

其实，品牌形象与品牌个性两个理论出现的时间有先有后，研究内容与指向也有所区别，品牌个性在传承了品牌形象核心思想的同时，又发展出新的理论精髓，个性其实就是形象的进一步延伸和走向更加清晰和深化。美国精信广告公司（Grey）最早提出，广告不仅要“说利益”、“说形象”，而且要“说个性”。它在策略理论中做出总结：与消费者沟通中，从标志到形象，从形象到个性，个性是最高层面，形象只造成认同，个性可以产生崇拜；个性可以通过外观、声音、价值观等表现方式将品牌变得更具人性化;塑造品牌个性时最为重要的是应选准合适的象征物。品牌个性可以为品牌增加更难以超越和模仿的特性,有利于加大与竞争对手之间的差异化。

品牌个性是指消费者认知品牌的尺度,它反映了品牌最核心的内涵。著名的美国品牌专家阿普绍(Lynn B. Upshaw)指出,具有强烈个性的品牌,可以帮助消费者和潜在消费者了解营销者,知道他们向市场提供了怎样的产品①。消费者经常把某种东西拟人化,把产品的特征或特点与人的特征或特点结合起来,从中得到安全感、信誉感、价值感和归属感,从而满足消费者被尊重以及自我实现的需求。

关于品牌形象与品牌个性的区别,当代品牌策略大师大卫·艾克曾经简单地表述过:如果说品牌形象是指消费者如何看待这个品牌,那么,品牌个性便是你希望消费者如何看待这个品牌。具体说来,品牌形象就是消费者对品牌具有的联想,即一提到品牌消费者便会想到的东西。这种联想可能是功能、物理实质等硬体属性,也可能是软体的属性,这些属性要素,在消费者心智与记忆中不断积淀与扩散,形成一张品牌构想的相关网络。而品牌个性则只能是其中的软体属性,典型的品牌个性更是软体属性中最能体现出与其他品牌的差异,最富有人性的部分,是品牌所自然流露的最具代表性的精神气质,它是品牌的人格化表现,一般以形容词来描述。例如,海尔的品牌形象是高质量的服务、最为国际化的中国家电企业、品质卓越、真诚、勇于创新等,其中的真诚和创新便是其品牌个性。

三、品牌识别驱动个性形象

随着市场环境的变化与竞争的加剧,越来越多的企业加入到品牌塑造的大军中,希望能打造出强势的品牌,这种来自业界的迫切需要,直接推动了品牌相关理论研究的丰富与发展。20 世纪 90 年代末,大卫·艾克全面整合了以往的品牌创建理论,提出应当建立更具有理论性、系统性和完整性的品牌识别理论。该理论最早出现在《创建强势品牌》(1998)一书中,并在 2000 年的《品牌领导》一书中作出改进。

品牌识别是品牌战略家渴望创造或保护的一套独特的品牌构想,这些构想表现了品牌是什么以及对顾客的暗示,可以使企业与消费者建立良好的依附关系,取得受众的认可,塑造出强势的品牌。简单而言,品牌识别(Brand Identity)是品牌营销者希望创造和保持的,能引起人们对品牌美好印象的联想物。这些

---

① 【美】林恩·阿普绍.塑造品牌特征——市场竞争中通向成功的策略[M].北京:清华大学出版社,1999:103~108.

联想物暗示着企业对消费者的某种承诺。

大卫·艾克认为:“一个清晰、丰富的品牌识别,与品牌形象(品牌外部的关联物)不同,富有启发性,暗示着品牌形象需要哪些增加或改变。从最基本的角度看,品牌识别体现了企业组织希望品牌所代表的东西。”他所设计的品牌识别理论的主要内容与操作分为三大步骤①。

(一)进行品牌的战略分析

1. 消费者分析:包括市场趋势、消费动机、为满足的需要和市场区隔等,以受众的需求为出发点,寻找他们易于接受的品牌利益。

2. 竞争者分析:包括品牌形象与识别、实力和战略、攻势等,“知己知彼,百战不殆”,在与对手的比较中发掘自我品牌的独特优势。

3. 销售分析:品牌现在的形象,品牌历史、实力和能力、组织价值等,结合对受众与竞争对手分析得出的结论,对自我品牌进行重新整合分析。

(二)设计品牌的识别系统

品牌识别本身由品牌精髓、品牌核心和延伸识别三个部分组成,其中品牌精髓是最为核心的部分,是核心识别各要素之间的黏合剂,是带动核心识别各要素协同工作的中轴,具备与消费者共鸣和推动企业价值取向两个特征,是品牌所有的,可以持续不断地形成与竞争品牌的差异化。例如,“维珍”(Virgin)的品牌精髓是“反传统”,“耐克”的品牌精髓是“超越”。

品牌核心识别以更加清晰、简洁的诠释,概括出品牌精髓的特征,方便消费者感知与理解。例如,“维珍”的核心识别就由四方面的特质构成:一是服务品质:由始至终在轻松幽默的气氛中提供一流的服务;二是创新精神:最先提供充满创意的高附加值的服务;三是富有情趣:一个有趣的、人们愿意打交道的公司;四是物超所值:所有的服务都有价值,不一定非要花高价才能享受。

延伸识别以鲜明的形象、独特的符号与品牌个性、姿态,令消费者更加直观地体会到品牌的精髓与内质。例如,“维珍”的延伸识别就表现在三个方面:一是挑战者姿态:以富有创意的服务挑战陈腐的官僚做派的老牌公司;二是个性特征:不受拘束,幽默有时甚至出格,有实力,做事漂亮、水准高;三是符号识别:当家人布朗逊和他引人注目的生活方式——飞艇、手写字体的商标(见图4-1)。

品牌识别的内容一般可以归为四类,即品牌作为产品、作为组织、作为人以及作为符号(见图4-2)。

---

① 【美】大卫·艾克.品牌领导[M].北京:新华出版社,2001:46~58.

图4－1　维珍创始人布朗逊与品牌标志

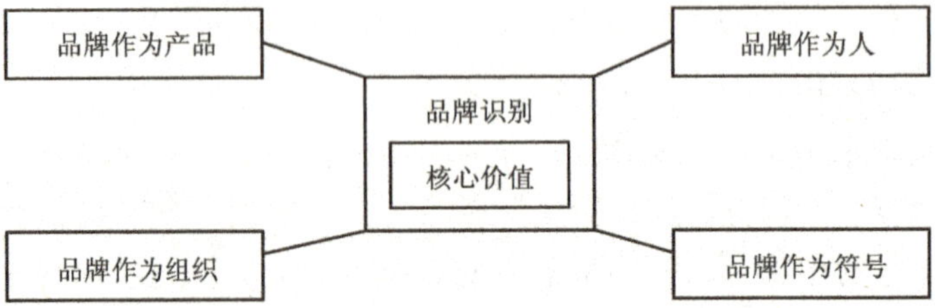

图4－2　品牌识别构成图

1. 品牌产品：品牌涵盖的产品范围、产品特性、质量与价格、使用体验、使用者和原产国，这些因素直接影响顾客的感受，或产生一些好的或不良的联想等。

2. 品牌组织背景：组织特性，如组织的创新性、质量要求、对环境的友好性等，公司的全球性或地区性，这些因素会影响到顾客对品牌的好感、尊敬等感情。

3. 品牌的人格：品牌人格化的个性形象，品牌与消费者的关系以及消费者对品牌所寄寓的个人意愿等。

4. 品牌的符号和意义：包括品牌的视觉标志、名称、隐喻式图案、尊敬等感情。

通过上述对品牌标志的界定，确定品牌给顾客创造的价值目标导向：功能性利益、情感性利益还是自我表达利益，明确本品牌是否可以为其他品牌提供支持。在品牌识别、品牌的顾客价值和品牌与其他品牌关系的基础上，明确“品牌——顾客关系”，这样，一个完整的品牌识别系统的设计工作就完成了。

大卫·艾克认为，品牌识别本质上是不应当改变的，特别是品牌的精髓和核心不应改变。

（三）品牌识别的实施系统

品牌识别的实施，包含四个层面的工作内容。

（1）形象化地诠释品牌识别。

（2）进行品牌定位，积极向目标受众传播品牌识别和它的价值取向。

（3）品牌创建的一系列具体的活动。

（4）效果追踪和评价。

从总体上讲，品牌识别系统理论超越了单个品牌的创建，结合了公司整体的品牌构架，论述了怎样创建强势品牌和领导品牌的问题。大卫·艾克认为，在品牌创建过程中需要问两个问题：一是"这个品牌是什么？通常这个问题的回答是功能性的利益"；二是"这个品牌意味着什么？通常回答的是情感性利益和自我表达性利益点"。可以说，大卫·艾克的品牌识别理论，比较系统地整合了 USP 理论、形象论和定位论的合理的思想内核，形成了更加完整的品牌创建理论。

法国著名的品牌战略问题专家卡菲勒（Jean – Noel Kapferer）对于品牌识别也有自己的独到见解，经过研究，他提出了一个六边形的分析框架（见图 4 – 3）。在这个图解模型中，对于品牌识别分别从产品属性、品牌关系、品牌利益、自我形象、品牌文化和品牌个性六个角度给予界定①。

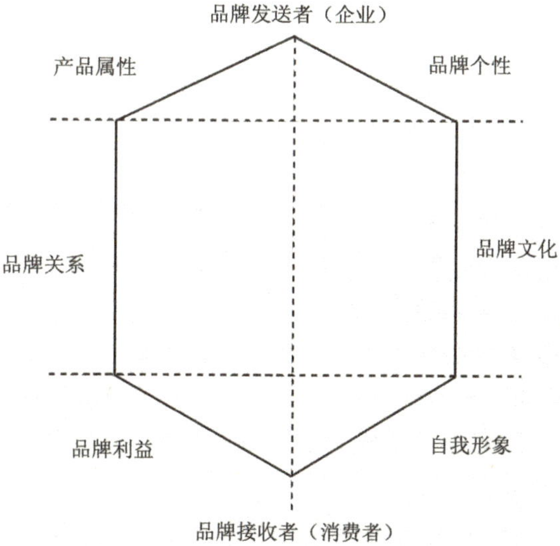

图 4 – 3　卡菲勒的品牌识别六边形模型

① 【法】让·诺尔·卡菲勒. 战略性品牌管理[M]. 北京：商务印书馆，2000：103.

在这个模型中有三条虚线：垂直虚线的左侧是产品、关系和利益，是品牌实在的内涵；右侧是个性、文化和自我形象，是品牌感知和感悟的内涵。两条水平的虚线上方和下方，分别代表品牌发送者提供的品牌识别和品牌接收者得到的品牌识别；两条虚线中间的品牌关系和品牌文化就是品牌从不同视角形成的作用关系。品牌关系更多地表示的是利益关系，而品牌文化则是双方共同认同的历史积淀形成的识别要素，它们是连接发送者和接收者的桥梁。

上述两个品牌识别理论既有共同特点又有不同的侧重点。两者的共同之处在于：都比较全面地整合了品牌识别的各方面要素，使该理论更加立体与丰富，超越了以往单一、片面的研究；不同之处在于：大卫·艾克的理论侧重于品牌识别的流程设计与操作模式，比较系统地总结出差异化品牌识别设计的步骤与方法；卡菲勒的品牌识别理论则注重对品牌识别内涵的深层次剖析与理解，更加细化了品牌识别的构成内容与分析指标。对于上述两个理论，既可以结合在一起使用，也可以根据自己的需要进行选择。

案例 4-1

雪碧冰薄荷的前卫个性

2003 年可口可乐公司推出新款雪碧冰薄荷饮料，将目标消费群锁定为 16 ~19 岁的年轻人。新款雪碧冰薄荷以炫目的透明蓝色作为包装设计的主色调，不仅凸显了冰爽透心的产品特性，而且为雪碧注入自由、前卫、另类的品牌个性。

雪碧冰薄荷是在原有雪碧独有的清爽柠檬味的基础上，创新地加入了薄荷味道和独特的清凉成分，伴着淡淡的薄荷清香，即使在常温下喝起来也能感到阵阵的凉意。中国雪碧冰薄荷是在全球最早上市的国家之一，该饮料于 2003 年初分别在我国香港地区和比利时、澳大利亚上市，推出后的市场反馈令人鼓舞。以香港为例，在推出的头三个月，其市场占有率甚至超过了普通雪碧。可口可乐公司将广州作为雪碧冰薄荷在中国内地第一个上市的城市，此后陆续在中国的其他城市推出。

针对产品面向年轻、前卫的消费者的特点，雪碧冰薄荷的推广广告片更以“Man in black”的概念刺激年轻消费者的好奇心，并邀请素以“酷 Man”形象著称的香港当红电影明星吴镇宇为雪碧冰薄荷拍摄上市电视广告“赏给好奇的你”。此外还在中国广州、成都、上海、西安、福州、郑州、杭州、南京、天津、北京、济南和青岛共 12 个重点城市连续策划了品牌推广活动，吴镇宇等人的“黑衣人”造型以及大幅“有胆试吗?”、“赏给好奇的你”等语气挑衅,另类前卫的展板、海报,互动性强的现场活动获得了很好的产品促销与宣传造势的效果(见图4-4)。

图4-4　雪碧冰薄荷的展板与活动宣传现场

“雪碧”是1961年在美国推出的柠檬味型软饮料。“Sprite”原是“可口可乐”广告上小孩的名字。“Sprite男孩”在广告中展现灿烂的笑容,头戴“可口可乐”瓶盖型帽子,促销“可口可乐”。后来,可口可乐公司把“Sprite”这个醒目易记的名字挪用到新推出的柠檬味型软饮料上。目前,雪碧已成为全球最受欢迎的柠檬味汽水,并和可口可乐、健怡可口可乐、芬达一起,成为全球最畅销的五大碳酸饮料之一。

长期以来,雪碧借助多个广告与形象代言人,在可口可乐家族中塑造出独特的自由、舒畅的品牌个性,深受年轻人的喜爱。张惠妹主演了“我终于可以做一回自己了”、“表达真的我”、“我就是我,雪碧”等张扬自我个性的广告;周杰伦等人拍摄了“透心凉、心飞扬”夏日冰爽、自由的广告。

此次在华推出的雪碧新口味,是它20年来首次行动,也是其重要的市场策略之一。雪碧自1984年进入中国市场,至今已发展成为中国第二大碳酸饮料品牌,在中国碳酸饮料中的比重超过17%。在长达15个月的上市准备工作中,可口可乐公司测试了雪碧冰薄荷的市场潜力,结果显示,60%的消费者表示他们肯定会购买该产品,这一数字创造了可口可乐公司新产品上市测试的新纪录。

令人欢欣鼓舞的前景展望与市场号召的指引,可口可乐花费较大的精力投入到新产品的形象塑造与市场推广中,围绕前卫、另类、自由、大胆的品牌个性特征,打造出身着黑衣、眼戴墨镜、配有雪碧袖章,无论行走在闹区还是在宣传活动现场均保持一脸冷静的超酷造型,从视觉到味觉都极大地冲击了消费者的感官体验。此外,配合吴镇宇主演的“赏给好奇的你”新品上市广告,雪碧冰薄荷还制作了另类卡通“冻结篇”的网络宣传广告片,将网络一代鲜活的叛逆生活场景与崇尚自由的主张表现得淋漓尽致，品牌个性获得极大的市场认同与情感共鸣。

案例改编自"'雪碧冰薄荷'进入中国碳酸饮料市场"，http://news.21cn.com/social/shixiang/2003/09/17/1271726.shtml.

第二节　品牌知名度与美誉度

作为评判品牌形象力的两个重要指标，品牌知名度和美誉度的相关研究得到了越来越多的关注，它们是评价品牌影响的两个不同维度，两者既有明显的不同点，又有着千丝万缕的联系，总是以一对相互依存的矛盾体面目出现。前者代表品牌影响的认知范围，后者反映品牌影响的情感倾向。卓越企业塑造的鲜明品牌形象，往往是找到了两者之间的平衡点，超越对立而实现了统一。

一、品牌知名度

（一）品牌知名度的层次

品牌知名度是指某品牌被公众知晓、了解的程度，它表明品牌为多少或多大比例的消费者所知晓，反映的是品牌与顾客关系的广度，它在很大程度上依赖于企业对该品牌的宣传和推广。比如，企业可以通过大规模的广告或者集聚人气的卖场促销活动，迅速赢得消费者的认知，从而打响名气、占领市场。品牌知名度的范围很大，包含一个连续的变化过程。品牌知名度一般分为四个层次：无知名度（Unaware of Brand）、提示知名度（Aided Awareness）、未提示知名度（Unaided Awareness）和第一提及知名度（Top of Mind）（见图4－5）。从品牌管理的角度，一般考虑后三个方面。它们呈一个金字塔形，越往上发展，越难实现。

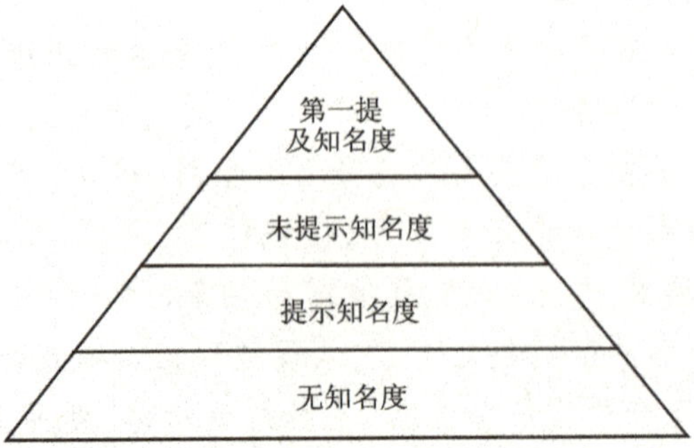

图4－5　品牌知名度金字塔

1. 无知名度:是指消费者对品牌没有任何印象,原因可能是消费者从未接触过该品牌,或者是该品牌没有任何特色,十分容易让消费者遗忘。消费者一般不会主动购买此品牌的产品。无知名度的品牌如果价格低廉可能还是有一定的竞争优势的,但若价格与知名品牌差别不大,很容易引起消费者的抵触情绪。例如,到家具市场购买沙发,知名度高的品牌更容易赢得消费者的青睐,无知名度的小品牌沙发往往比"顾家"等大品牌价格便宜得多。

2. 提示知名度:是指消费者在经过提示或某种暗示后,可想起某一品牌,能够说出自己曾经听说过的品牌名字。比如,当问某人微波炉中有哪些品牌时,他(她)可能说不出什么品牌。但经提示"格兰仕"后给出肯定的回答,那么"格兰仕"就具有一种提示知名度。这个层次是传播活动的第一个目标,它在顾客购买商品选择品牌时具有十分重要的作用。

3. 未提示知名度:是指消费者在不需要任何提示的情况下能够想起某种品牌,即能正确区别先前所见或听到的品牌。对某类产品来说,具有未提示知名度的往往不是一个品牌,而是一串品牌。比如,对于饮料品牌,人们可能说出可口可乐、娃哈哈、康师傅和统一等,虽然品牌没有被第一个想到,但能储存到消费者的记忆中也是非常重要的。

4. 第一提及知名度:是指消费者在没有任何提示的情况下,所想到或说出的某类产品的第一个品牌。例如,有些消费者说到空调便想到"格力";说到橙汁想到"统一鲜橙多";买香水要买"香奈尔5号"。在每一个产品领域都有某一个具有"第一提及知名度"的品牌,它们是市场领导者或者说是强势品牌。调研显示,第一提及的品牌往往也是消费者在商店指定购买的品牌。

(二)品牌知名度的测量

除了明确品牌知名度的层次外,还要了解对品牌知名度大小的测量指标与方法,以更有效地确定品牌的影响力。品牌知名度的测量一般包括三个方面:公众知名度、社会知名度和行业知名度。

1. 公众知名度的测量。品牌的公众知名度,是指某品牌在相关公众中的影响力,即主要是指该品牌在顾客中的影响力。通常采用简单测量法和复合测量法来测量。简单测量法只是测量被访问者是否知道某品牌的名称。

$$\text{品牌知名度} = \frac{\text{知道该品牌的人数}}{\text{被调查总人数}} \times 100\%$$

简单测量法的优点是方便、简单、容易实现,但也正因为如此,使用简单测量法得出的结果过于笼统,而使得在进一步考察影响知名度的更深层次的因素时无法发挥作用。

复合测量法是运用多个指标的综合结果来反映品牌的公众知名度,通过加总测量法来进行。例如,可以在测量表中列出几个问题供调查对象选择,并对每个问题的答案设定一定的分值。根据回答者对每个问题的回答结果记分，然后计算总和分数，即可得到该品牌的综合知名度状况。综合得分越高，则该品牌的知名度越高，反之亦然。

2. 社会知名度的测量。品牌的社会知名度是指某品牌在社会大众中的影响力，通常用该品牌在大众媒体上出现的频率来表示。考察社会知名度，可以根据企业对品牌的定位，将有关大众传播媒体分类，然后分别计算出该品牌在各类别媒体上出现的频率，就可以得到该品牌的社会知名度。

3. 行业知名度的测量。品牌的行业知名度是指某品牌在相关行业中的影响力，通常也是通过问卷调查的方法进行测量。调查品牌行业知名度可以参照品牌公众知名度的方法。

一般而言，品牌知名度越高，消费者购买的可能性越大，因为这种熟知度可以大大降低消费者购买的心理风险。需要注意的是，知名度并不会自动暗示品牌名气越大越好，因为知名度有两个极向，偏向正极的知名度越高，受众评价越好，而偏向负极的知名度越高，对企业而言反而更糟糕，所谓的"臭名远扬"正是这个道理。

二、品牌美誉度

如果说，品牌知名度还只是涉及一个品牌的传播影响范围的话，那么美誉度则涉及品牌影响的情感判断。通常情况下，创造品牌知名度虽然也需要花费很多资金和时间，但是创造品牌知名度的方法却相对比较容易，在大多数情况下最简单的做法就是，仅仅通过大规模的媒体传播就可以实现一定的品牌的知名度。相对而言，品牌美誉度的获得则显得困难而又复杂。这是因为，单纯的知名并不能带来美誉，相反，有很多负面的影响也可能是知名度的来源。消费者对于任何品牌的认识都是一种情感性的判断，相对于知名度而言，美誉度具有更多的情感倾向，因此它不但有利于提升品牌形象的魅力，而且有助于建立消费者对品牌的忠诚度（见图4－6）。

品牌美誉度是指某品牌获得公众信任、支持和赞许的程度。相对于品牌知名度这个量的指标而言，品牌美誉度是一个质的指标，只有建立在美誉度基础上的品牌知名度才能真正形成品牌资产。品牌美誉度通常通过"口碑效应"来传播，即通过人们的口头称赞，一传十，十传百，从而被越来越多的人认可和称赞。一些调查报告显示，由口传信息所引起的购买次数3倍于广告所引起的购买次数；口传信息的影响力是广播广告的2倍、人员推销的4倍、报纸和杂志广告的7倍。

品牌美誉度的测量包括公众美誉度、社会美誉度和行业美誉度。因为行业内部影响因素比较复杂，所以行业美誉度只作为参考，应重点对公众美誉度和社会美誉度进行考察。品牌美誉度的测量与品牌知名度相似，只是选择的测量指标不同，计算的方法是一样的，这里不再重复。

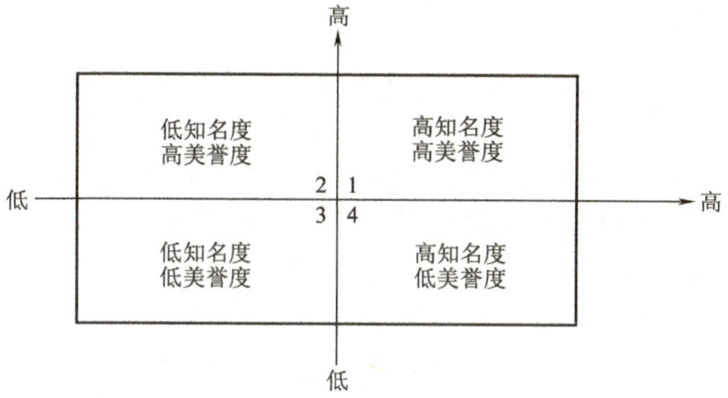

图 4－6　品牌知名度与美誉度四个象限

如图 4－6 所示，企业品牌知名度与美誉度所处的位置可以根据高低水平的不同，用四个象限来表示。

第一个象限当然是品牌追求的最高境界，品牌发展处于成熟期，知名度高同时社会口碑好，处在这个象限的品牌一般实力强，责任心强，销售收入与品牌资产价值都高于行业内的一般品牌，如“海尔”就位于这个象限内。

第二个象限的品牌一般处于品牌成长期阶段，通过各种宣传刚刚赢得消费者认知，但影响范围还有限，究其原因或者是资本实力影响难以迅速扩张，或者因为地域市场限制，或者经验不足先慢慢试水。这些品牌不急于求成，而是稳扎稳打，以良好的产品与服务在知晓品牌的消费者心目中获得较高的称誉，例如，杭州女装“江南布衣”虽知名度不是很高，但凭借其独特的设计与环保的面料在现有消费者心中美誉度是很高的。

第三个象限的品牌一般处于品牌的初创期，无论知名度还是美誉度都不高，尚需进一步努力，一方面开拓市场，一方面保证产品质量与服务水平，例如，新推出的运动品牌、新建立的超市商厦等都属于这个象限。

第四个象限的品牌最糟糕，很多消费者知道但评价普遍较低。处于这个象限的品牌可能盲目追求广告轰炸引发消费者反感，或者产品或者服务本身有问题而令消费者不满意，也可能出现危机事件导致美誉度迅速降低。无论哪种原因所致，企业都应当尽快挽救形象，提高品牌美誉度。例如，出现过质量问题的“康泰克”，地毯式轰炸的“脑白金”等都属于这个象限。

案例4-2

脑白金美誉与知名的悖论

“今年过节不收礼,收礼只收脑白金”,这句毁誉参半的广告语在中国早已家喻户晓,凭借着它,史玉柱在当年珠海惨败之后迅速崛起,从几十万元起步,几年之间便创造了几十亿元的销售额。这在当时保健品经营一派低迷的波谷中无疑是一个奇迹。从市场营销角度看,脑白金的辉煌业绩多半要归之于广告促销的成功,它在短短几年时间内便给脑白金赢得了巨大的销售业绩,同时也使脑白金的知名度远远高于一般保健品。但是客观地讲,脑白金在为产品创造极高的知名度,并进而取得巨大销售额的同时,并没有为产品创造出相应的美誉度。有关调查数据显示,在对脑白金广告受众反映的调查中发现,90%的年轻观众在表示对脑白金广告的感受时使用了“难受”、“恶心”、“低劣”等词;中年人的负面感受率也在80%左右。这说明,在一定意义上,这个产品的知名度是和它的品牌声誉相悖的。我们可以从几个方面分析脑白金营销成功和品牌受损的原因,其中很重要一个基本原因就是,脑白金广告在关注可控性信息的同时,忽视了对不可控性信息的管理。

1.脑白金广告成功的秘密

脑白金广告最初是保健与送礼并行的,后来主要着力于送礼宣传,以至于脑白金成了送礼的代名词。其大肆渲染的“送礼”概念,由于缺乏更深刻的创意成分和产品理念,在表现上显得直露甚至粗俗,客观地说,这个广告对建立产品形象并无多大意义。脑白金的广告宣传模式就是大声势、高频率、概念科普和功能诉求相结合,在媒体运用上采取不同媒体的组合,但主要是以电视、报纸以及软文印刷品为主要媒体手段,而最终又把宣传指向礼品销售,并喋喋不休地重复其送礼口号。脑白金这么做无非是要把送礼的礼品选择变成一种下意识的购买。送礼作为一种普遍的社会现象,人们送礼所包含的意义成分要远远大于礼品的功能成分。因此,以保健品作礼品,这种原本很理性的消费品变成了消费者对产品参与程度很低的一种商品。把脑白金与礼品直接联系起来,形成脑白金就等于礼品这样一种下意识,这就是脑白金的追求。在消费者对产品参与程度很低的情况下,购买决策具有极强的随意性,在很大意义上是一种惯性购买,而脑白金所追求的也就是这种效果。

2.恶俗广告必须客观审视

脑白金广告最令人困惑的是,从专业的角度看广告本身俗不可耐,而且也明显地影响了脑白金的品牌形象,但是却依然创造出不可低估的销售业绩。从广告信息传播的角度来看,脑白金广告的可取之处就在于,它的信息定位准确而且单一。比之于很多富有创意的广告，脑白金广告的主导信息非常突出，反复强调的就是一个"送礼"，这有利于它占领消费者空白的选择意识。但与此同时，由于脑白金广告缺乏令人愉悦的创意因素，它的反复播出在强化主导信息的同时又给人带来一种厌恶感，进而损害了产品的形象。这种引起受众厌恶的信息就是一种不可控信息，它本身是广告播出之后所引起的微妙反应，所以在广告制作之初并没有被意识到。在广告偏好对品牌影响的研究中，有关专家认为，由于广告所唤起的愉快的情感，在某种程度上可以转化为对品牌的喜爱，但是这种程度究竟有多大，却很难作出判断。不过有一点是很明显的，这就是脑白金的广告对建立持久的品牌影响并没有多大意义。

3. 不可控信息降低品牌价值

脑白金运用广告创造了良好的市场业绩，但是在获得很高知名度的同时也招致了很多非议。这种由脑白金知名度所建立起来的市场优势，不仅没有转化为有效的品牌资产，而且随着时间的流逝潜藏在品牌知名度中的负面因素得以放大，并进而对品牌造成了某种意义上的损害。一个最简单的例证是，就在脑白金如日中天的时候，它的延伸产品"黄金搭档"强势推出。这个产品继承了脑白金的所有推广手段和推广渠道，从当时的市场背景和竞争氛围看，"黄金搭档"作为复合维生素类产品，非常符合"非典"之后的保健品营销环境。但是"黄金搭档"却并未获得预期的成功，时至今日随着脑白金品牌光环的逐渐黯淡，这个产品本身也表现得不温不火。

整合营销传播强调品牌价值的提升，广告作为品牌信息的直接宣传，本身应当创造一个积极丰满的品牌形象。每一个广告都是品牌形象的积累，脑白金广告虽然通过强化促销信息达到了追求销售的目的，但是却由于忽视了对不可控信息的管理，从而对品牌造成不利的影响。有网络评选脑白金广告的播出效果，连续将其列为年度最差广告，这至少说明它所形成的品牌积累是负面的，事实也证明这个家喻户晓的广告对于企业建立稳定品牌关系的贡献并不大。从品牌关系角度来看，广告作为消费者与品牌的一种接触方式，必须传达出具有长效价值的品牌信息。按照这种理解，脑白金广告虽然关注了短期的促销利益，但是却忽略了长期品牌形象。这也许可以看作是脑白金获得了极大知名度和市场份额，但是却无法使品牌影响得到有效延伸的解释之一。

案例来源：卫军英：《整合营销传播典例》，浙江大学出版社，2008年版。

第三节　品牌联想与忠诚

企业塑造品牌都希望引起消费者的美好联想，树立积极正面的品牌形象，培养消费忠诚。但事实却是,不少消费者对品牌的理解与企业设定的形象之间存在差异,这主要是因为对品牌的联想除了品牌宣传的暗示之外,更多地依赖于消费者的理解,不同的消费者因为生活环境、思想观念、文化知识甚至个人偏见等原因,对同一个品牌会展开相异的联想。一旦品牌在消费者心中建立起不良的联想,培养品牌忠诚就几乎成为不可能完成的任务。

一、品牌联想

联想是一种重要的心理现象和心理活动。事物之间的不同联系反映在人的头脑中就会形成心理现象的联系。品牌联想就是消费者想到某一品牌时能记起的与品牌相连的信息,比如,产品特点、使用场合、品牌形象与个性等。例如,听到"娃哈哈"三个字,很多人就会联想到孩子们快乐、活泼的笑脸形象。

(一)品牌联想的层次

品牌联想大致可分为三个层次:品牌属性联想、品牌利益联想和品牌态度。

1. 品牌属性联想。品牌属性联想是指对于产品或服务特色的联想,即消费者所认为的产品和服务是什么。根据与产品或服务的关联程度,我们可以把属性分为与产品有关的属性和与产品无关的属性。与产品有关的属性联想是指产品的物理组成或服务要求,它决定着产品性能的本质和等级,例如,"联想"品牌名称本身就会令人想到与智慧有关的高科技产品。与产品无关的特性并不直接影响产品性能,但它可能影响购买或消费过程。比如,产品颜色、包装,产品的制造厂家或国家,产品出售场所,哪些人认同该品牌。日本的电子产品、德国的汽车、法国的香水等产品,很多消费者可能并不是从产品本身判断其质量优劣,而是深受生产国的影响。

2. 品牌利益联想。品牌利益联想是指消费者感觉认为某一品牌的产品或服务属性能给他带来的价值和意义。品牌利益联想又可分为产品功能利益联想、产品象征性的利益联想和经验利益联想。产品功能利益是指产品或服务内在固有的可以提供给消费者的利益,这种利益一般与"产品相关属性"匹配,它是消费者购买该产品最基本的动机,比如,购买冰箱就是为防止食物变质和用于冷藏、冷冻食品。产品象征性的利益联想是指产品或服务能提供给消费者的相对外在的利益,它一般与"产品无关属性"匹配,尤其是使用者状况。这种象征性的利益满足消费者的社交需要、自尊需要等一些比较高层次的需要。比如,驾乘宝马汽车,不是作为基本的代步工具,而是为了体会与展示驾乘的乐趣。产品经验利益联想是指消费者消费产品或服务后的感受,它既与"产品相关属性"相配,又与"产品无关属性"相配,这些利益能使消费者获得感观愉悦或者某种刺激。"大宝 SOD 蜜"的广告就是希望引发消费者经验利益的联想,以各行各业代言人的使用经验告诉消费者“大宝还真对得起咱这张脸”的产品利益点。

3. 品牌态度。品牌态度是最高层次也是最抽象的品牌联想。品牌态度是指消费者对品牌的总体评价，品牌态度直接影响消费者对品牌的选择，它通常建立在品牌属性和品牌利益上。比如说，消费者对旅馆的态度建立在它方便的位置、舒适的房间和其外观设计、服务质量、娱乐设施、食品、安全性及价格上。品牌态度有一定的幅度，从厌恶到喜欢就有几个层次。值得一提的是，品牌态度一旦形成是难以改变的。例如，在呼声越来越高的反对垃圾食品的宣传造势下，有些消费者认定“麦当劳”、“肯德基”等快餐是不健康的，无论他们如何努力改进产品配方，都难以改变一些消费者拒绝购买的态度。

（二）品牌联想的价值

品牌联想具有丰富的价值。美好、积极的品牌联想意味着品牌的被接受、认可、喜爱、有竞争力与成功。总体来说，品牌联想的价值包括如下四个方面。

1. 帮助处理信息。品牌联想引发个人传播（Individual Communication，亦即自身传播）。消费者在头脑中汇集了大量的信息，这些信息有助于消费者总结出一系列的事实情况和数据，好比为消费者创造出一个袖珍信息库。此外，品牌联想还能影响到对具体事实的解释和对信息的回忆。例如，看到“OPPO”的电视广告，听到其优美的广告歌曲，看到俊男靓女的倾情演绎，很容易将这个品牌与韩剧甚至韩国产品联系起来，其实这是“步步高”推出的一款新产品。

2. 形成差异化。品牌联想也可以为产品的差异化提供重要的基础。有区别的联想可能会成为关键的竞争优势，它为竞争者制造了一道无法逾越的障碍。品牌名称、定位、广告等沟通手段都可以创造差异化联想。例如，“他她水”定位于中国第一款性别饮料，从品牌名称到蓝色与紫红色的包装设计，再到一瓶蓝色的“他”和一瓶紫红色的“她”左右相连式的终端摆放，都让消费者联想到其性别的区分。

3. 提供购买理由。许多品牌联想都涉及产品特征，都直接与消费者利益有关，从而能提供一个特别的理由促使消费者购买或使用这一品牌。一些联想通过在品牌中表现出信誉和自信而影响消费者的购买决策。例如，“奔驰”汽车虽然价格高，但因为象征了消费者的身份与地位而成为不少人购买该车的理由。

4. 成为品牌延伸的基础。品牌所具有的联想可以用于其他产品上，因为它们可以共享同一种联想。比如，本田公司在小型发动机制造方面颇具经验，这种联想有利于它从摩托车生产延伸到摩托艇等产品上。

二、品牌忠诚

品牌忠诚是一个至关重要的概念，前面已有所涉及。这里主要是从忠诚度的量化层面加以论述，以便于具体操作。

（一）消费者品牌忠诚度的划分

在现实生活中可以发现一种有趣的购买现象，那就是相当一部分消费者在品牌选择上呈现高度的一致性，即在某一段时间甚至很长时间内重复选择一个或少数几个品牌，很少将其选择范围扩大到其他品牌。这种消费者在一段时间甚至很长时间内重复选择某一品牌，并形成重复购买的倾向被称为品牌忠诚。品牌忠诚是一种行为过程，也是一种心理（决策和评估）过程，是一种在一个购买决策单位中，多次表现出来的对某个品牌有偏向性的（而非随意的）行为反应。简单来说，就是消费者在一段时间甚至很长时间内重复选择某一品牌，并形成重复购买的倾向。

品牌忠诚度是品牌资产的重心，拥有一群忠诚的消费者，就像为自己的品牌设置了一道难以跨越的门槛，它能有效阻止竞争对手的刻意模仿、破坏性的降价等，从而抵御或者缓解来自其他品牌的冲击力和影响力，它是一个品牌所要追求的最终目标。

与品牌知名度相类似，按品牌忠诚度也可以把消费者分为几个层级，分别是无忠诚度者（No Brand Loyalty）、习惯购买者（Habitual Buyer）、满意购买者（Satisfied Buyer）、情感购买者（Like a Friend）和忠诚购买者（Committed Buyer）。基于品牌经营的角度，一般考虑后四个群体。它们的排列也呈一个金字塔形。

1. 无忠诚度者。这类购买者是指那些从不专注于一个品牌的购买者，他们对品牌不敏感，基本上是随机性购买，兴趣广泛，喜欢新鲜事物。例如，有些人到超市去买饼干，喜欢更换不同的牌子与口味，以享受更多的味觉乐趣。

2. 习惯购买者。这类购买者是指那些对产品满意或基本上没有表示不满意的买主。他们习惯性地购买某些品牌，但易受带来明显利益的竞争者的影响，转换品牌的可能性较大。例如，有些人十年如一日地使用某一品牌的护肤品或者牙膏，没有特殊原因想不到需要更换。

3. 满意购买者。这类购买者对产品感到满意，能感觉到品牌转换成本。也就是说，购买另一个新品牌会感到有时间、金钱、适应等方面的成本与风险。与习惯购买者相比，他们转换品牌的可能性要小一些。例如，有些消费者习惯了“光明酸奶”，既喜欢其口味，又满意其价格，就不愿意再尝试其他品牌的酸奶了。

4. 情感购买者。这类购买者真正喜欢某一品牌，他们把品牌当作自己的朋友、生活中不可缺少的用品，对品牌发出由衷的赞美，对它具有一种情感的依附。这种联系建立在买主对品牌识别、使用经历或品牌的品质认知等联想的基础上。有些品牌很注重培养与顾客的亲密关系，让顾客在使用产品时找到一种归属感，从而建立起很强的情感联系。

5. 忠诚购买者。这类购买者不仅持续、重复购买特定品牌，而且还引以为骄傲，会向其他人积极推荐此品牌。拥有相当数量的忠诚购买者的品牌被誉为最有魅力的品牌。例如，买了一款“海尔”的热水器，从产品质量到服务态度都很满意，就可能因此变成忠诚的购买者，以后再买其他家电也会选择这个品牌。

在实际购买中，这五个层级并不总以单纯的形式出现，也有其他的复合形式。研究发现，“品牌忠诚度”包含消费者对品牌的两个重要态度：“满意”和“赞美”。消费者对品牌评价所持的满意和赞美程度，可以用“品牌美誉度”来描述。

（二）品牌忠诚度的测量

对品牌忠诚度进行量化主要采用以下几种测量方法。

1. 按购买比例来测量。对顾客购买所有品牌数量进行排序以确定忠诚度，比如，在一年中某顾客购买了品牌 A，B 和 C，按比例排序为 70% ，20% 和 10% ，那么他就最忠诚于 A 品牌，忠诚度为 70% 。

2. 按重复购买次数来测量。在一定的时间内，消费者对某一品牌产品的重复购买次数越多，说明对这一品牌的忠诚度越高，反之则越低。当然，由于产品的用途、性质、结构等因素不同，对于这一指标的确定要有所区别，不可一概而论。

3. 按购买决策需要的时间来测量。消费者购买商品时，由于对相关品牌的熟悉程度、偏好程度等不同，消费者作出购买决策需要的时间不同。通常，顾客的品牌忠诚度越高，购买决策需要时间就越短，反之，忠诚度越低，购买决策需要的时间就越长。在利用这个指标测量顾客的品牌忠诚度时，还要考虑产品的价格、用途和使用时限等因素。

4. 按顾客对价格变动的敏感程度来测量。事实表明，对于喜欢和依赖的品牌，消费者对价格变动的承受能力强，即敏感度低，反之，则敏感度高。

研究发现，吸引一个新消费者的花费是保持一个已有消费者的 4 ~ 6 倍；从品牌忠诚者身上获得的利润是品牌非忠诚者的 9 倍之多。美国通用汽车公司曾经算过这样一笔账：每一位美国青年只要推开其经销商的大门，他将在一生中为通用公司带来大约 230 万美元的销售额，这其中包括他购买的车、他妻子购买的车和他的孩子们购买的车。公司与这位购车者培养长久的关系要比征服一位新的消费者节省 5 倍的开支。所以，品牌忠诚度是一项战略性资产，如果对它进行恰当的经营开发，那么它就会给企业创造多项价值。

案例4-3

中国移动维护品牌忠诚

中国移动自2000年4月20日成立以来,已连续5年被美国《财富》杂志评为世界500强企业,2006年它的最新排名是第224位。在中国企业联合会和中国企业家协会组织的“2005年中国企业500强”评选中,中国移动列中国企业500强综合榜第4位,列服务企业500强第2位。上市公司成为连续3年入榜《福布斯》“全球400家A级最佳大公司”的唯一中国企业。在中国移动的飞速发展中,促销的运用是其实现品牌定位和目标市场的有力措施。为了吸引更多的客户资源、提升客户品牌忠诚度、充分挖掘客户的价值,中国移动成功地开展了一系列的促销活动,成功推出了“全球通”、“神州行”、“动感地带”三大子品牌,并逐渐成为中国移动通信领域的市场霸主。按照中国移动自身的品牌定位,全球通的客户是尊贵的、追求高服务价值的目标人群;神州行是话费不多的普通市民;动感地带是时尚的年轻一族,三大品牌各自占领高、中、低端客户群。

1. 针对全球通用户的促销

作为高端定位的“全球通”品牌,为了打动中产阶层群体,更加体现时代精神,中国移动采用了品牌驱动要素的整合方案。

(1)中国移动策划了丰富多彩的活动,提供了生动的现实素材。比如,南京移动举办了充满创意的“全球通VIP俱乐部首届外籍人士商务沙龙”活动,深圳移动举办了“全球通2004年深圳中外艺术精品演出季”等。

(2)在资费设计方面,中国移动根据用户需求设计了资费套餐。中国移动为全球通品牌精心设计了不同资费的套餐,让高端用户拥有更实在的消费体验。

(3)在业务和服务方面,中国移动增加了手机银行、随E行、MO手机上网、移动证券、移动邮件等新应用,加强“全球通VIP俱乐部”、大客户经理、1860全球通专席服务、积分计划等服务举措,使全球通客户得到有别于其他客户群体的成功、尊贵感受。

(4)在宣传方面,中国移动利用不同渠道、不同媒体全面点燃全球通“我能”的宣传,而且所有广告中都出现了“我能”这个鲜明的标志符号。中国移动还借助著名旅行作家、汽车旅行探险家廖佳穿越全球的追梦之旅,诠释全球通“我能”的完美内涵。

2. 针对神州行新用户的促销

中国移动旗下有三大子品牌:专注高端用户的“全球通”,专注大众用户的“神州行”,专注年轻用户群体的“动感地带”。“神州行”作为主攻非高端通信市场的移动通信品牌，目标客户是群体庞大的普通老百姓，消费比较理性、果断而有计划性，对价格很敏感，选择“神州行”的初衷也主要是与朋友和家人交流沟通，以使用通话和短信业务为主。因此，针对客户的需要，中国移动有针对性地推出了各种面向神州行新客户的促销活动。

(1)新入网，免SIM卡费、送礼品。抢夺新客户资源成为通信企业工作中不遗余力的重中之重。为了吸引新客户，中国移动的促销可谓力度一波胜过一波。面对新入网的客户，中国移动大多数子公司都采取了免收50元SIM卡费的促销政策，同时，运用赠送入网小礼品的方式，以空前的促销力度促使新顾客作出决策。

(2)设计满足不同客户需要的通信套餐。针对神州行用户消费比较理性，对价格敏感的特点，中国移动设计出各种不同形式的套餐计划，以期吸引新客户，如10元本地畅听套餐、10元长话长聊套餐等，都得到了众多新客户的响应。

(3)新入网，充值赠送高额返充式话费。为了加大对新顾客的促销力度，同时降低新顾客的流失比例，中国移动各分公司根据各自实际情况制定了高额的返充式话费回报计划，新入网客户在办理入网时，始充100元将得到赠送20、30、50元甚至更高的返充式话费，而且是始充金额越高，赠送幅度越大。

(4)手机欢乐送，赠送中国移动定制手机。中国移动与手机生产厂商联手，定制了大量符合工薪阶层消费者需要的手机，有策略地免费赠送给消费者：消费者只需新入网时一次性充值与手机等值的话费，并承诺每月一定金额的消费额或加入中国移动定制的通信套餐，即可免费得到中国移动赠送的品牌手机一部。

中国移动在对神州行品牌进行清晰定位之后，通过大量富有吸引力的促销活动，加上由葛优拍摄的“神州行，我看行”广告片的大力推出，吸引了大批的大众客户群体。“神州行”凭借自由、实惠、便捷的服务为中国移动积累了丰富的客户资源和极高的市场知名度，成为中国移动通信客户品牌体系中极其重要的一部分。

3. 针对动感地带的促销

“动感地带”(M－Zone)是中国移动通信针对年轻一族的生活特点和消费习惯推出的全新品牌。在动感地带(M－Zone)里，年轻一族可以找到够酷够炫的图片和铃声，可以找到够新够奇的海量资讯，可以自主地选择更加自由的资费组合，以创新的短信套餐形式营造现代文化理念，搭建生活沟通的新方式，开辟获取信息的新渠道。

基于此，面向动感地带用户的促销策略主要有三项。

(1)举办各种符合年轻一族参与的活动。作为中国移动通信旗下一个专属年轻人的品牌,“动感地带”自面世以来就动作不断,2003年,先后举办了首届中国大学生街舞挑战赛、赞助华语音乐榜中榜、联手快餐大王麦当劳共推“动感套餐”、冠名赞助周杰伦演唱会等一系列活动,宣扬了“动感地带”“时尚、好玩、探索”的品牌特性。通过活动提升“动感地带”用户的忠诚度,同时扩大了“动感地带”用户的阵营。

(2)推出可以自主选择的资费套餐。中国移动针对动感地带使用者的特点,在制定资费套餐上给予其充分的自由和广泛的参与机会,大大提高了新客户的选择热情。

(3)选择合适时机开展话费回报和礼品赠送。在年轻人活跃的日子里,如情人节、春节、开学时期,中国移动通常会适时推出新入网充值优惠。同时,对于动感地带用户,建立M值积分奖励计划,用以兑换时尚奖品或话费,通过兑换活动在年轻人群体中扩散和传播影响力,这也给众多准动感地带的用户以巨大的吸引。

正是这些富有创新的促销活动,加上周杰伦“我的地盘我做主”的代言示范的影响,“动感地带”已经成长为中国电信市场中最知名的品牌之一。“动感地带”在15~25岁的目标受众中品牌知名度和美誉度分别达到80%和73%。数据显示,每3秒钟就会有一个新的“动感地带”用户产生。

促销活动要立足于增强顾客对产品或品牌的忠诚感,必须能够激励消费者重复购买和长期惠顾,避免陷入“促销一停,销量即降”的营销陷阱。中国移动通过系统的促销活动,不但有效提升了企业的营销业绩,同时也为“全球通”、“神州行”、“动感地带”三大品牌积累了宝贵的品牌资产,大大增强了企业的核心竞争力。

电信业是一个规模效应非常显著的行业,在用户规模达到一定数量之后就会出现所谓的“雪崩效应”——用户的增长与赢利的增长将呈现正比关系。在移动通信市场上,中国移动和中国联通的规模效益都十分显著,在现在的资费水平下,每增加一个用户、每增加1%的市场占有率都意味着利润的增加,所以双方都不惜一切代价抢夺用户资源。但是,由于两大运营商为了抢夺潜量市场而不断出台的各种促销政策,造成一些精明的用户通过不断开通新号、放弃旧号来获得更多的实惠。这种状况在一些用户发展已经接近饱和的大中城市更为明显。如何能够利用促销活动,既能开发新用户,又能稳住新用户就成为一个十分重要的问题。这一点要求企业在促销中不仅要关注即时的销售效果,更要注重品牌偏好的建立,从而获得长远的品牌收益。中国移动通信正是因为秉承了“正德厚生,臻于至善”的企业核心价值观,努力提升核心竞争力,通过各种富有成效的促销活动,逐步成为移动信息专家和卓越品质的创造者。其特点主要体现在三方面。

首先,定位清晰的整合品牌传播策略。

从品牌塑造的角度看,中国移动旗下三大品牌的形象塑造相当成功:全球通展现的是尊贵、价值、高品质服务;神州行展现的是实惠、精打细算;动感地带则展现的是时尚、特立独行。三大业务品牌无论在定位、内涵以及外延扩展性上都有清晰的特点。而针对三大品牌各自不同的目标消费者,中国移动采取了既有针对性又相互共通的促销、广告等各种整合营销传播工具:对于全球通而言,促销的重点放在专享服务、贵宾礼遇上,广告重点塑造的是成功人士的身份象征;对于神州行而言,促销的重点放在资费的优惠上,广告重点塑造的是平民化的品牌个性;对于动感地带而言,促销的重点放在多元的套餐组合和自主选择上,广告重点塑造的是时尚、特立独行的品牌个性。中国移动将企业品牌理念最广泛地进行了传达,加强了与品牌潜在消费群体之间的情感联系,吸引了更多新顾客的尝试和购买。

其次,基于品牌持续发展的营销传播策略。

移动通信领域属于具有高固定成本和低变动成本的企业,因此,一旦新顾客变成品牌忠实的消费者以后,将给企业带来高效率的回报。为此,在促销过程中,中国移动从对新顾客的促销开始就充分重视对新顾客的关系维护,增加客户的在网时间,减少客户离网的几率。中国移动采取的返充式话费赠送、承诺在网期的话机赠送、开放自主网上选号等促销技巧,都极大地提高了新顾客在网的稳定性,降低了客户的流失率,为中国移动品牌的持续发展提供了保障。

最后,构建品牌偏好的促销理念。

中国移动同其他的市场领域一样,开发新客户的成本总是很高,而此后维护的成本则相对低得多。由于在吸引新顾客时采用高额促销优惠的原因,一开始新顾客实际上并不能为企业带来太多的利益。因此,对于中国移动来说,留住新顾客才是企业发展的制胜之道。于是,中国移动在其所有的营销传播活动中都让目标消费群体参与进来,产生情感共鸣,在体验之中将品牌潜移默化地植入消费者的心中。例如,中国移动采用的自选消费套餐、赠送印有品牌标志的定制手机、提供独特附加服务等多种方式,加以名人广告的高频覆盖,充分增强了与消费者的情感体验,获得了良好的营销效果,为品牌的持续发展奠定了基础。

总归而言,中国移动营销传播的成功依赖于两大原则:一是创新性,即围绕全球通、神州行和动感地带三大品牌不断推出新业务,并对三大品牌下的业务品种、资费类型、办理方式、使用方法等进行持续创新;二是系统性,即各营销策略除了有较强的主动性、连续性外,其针对不同用户群体的策略之间的平衡性也较好。在营销传播中充分重视与消费者的关系维护，充分重视品牌的可持续发展，是中国移动获得成功带给我们的有益启示。

案例来源：卫军英：《整合营销传播典例》，浙江大学出版社，2008 年版。

思考题

1. 品牌形象与品牌个性有什么区别？
2. 大卫·艾克的品牌识别理论有哪三个步骤？
3. 品牌知名度与品牌美誉度是什么关系？
4. 品牌知名度金字塔由低到高分别有哪几个层次？
5. 如何帮助消费者树立正面积极的品牌联想？
6. 品牌联想的价值与意义何在？
7. 品牌忠诚度由几个层次构成？
8. 品牌忠诚度的测量有哪些方法？

第五章　品牌定位策略

第一节　认识品牌定位

口感差异不大的可乐，消费者的认知却截然不同：可口可乐是“真正的可乐”，而百事可乐则是“年轻一代的选择”。为什么两个品牌会产生如此大的差异呢？品牌定位的不同是关键。2001 年，“定位（Positioning）”被美国营销学会评选为有史以来对美国营销界影响最大的观念，这是对这一理论的实践意义与贡献价值的再次肯定。正如“你可以说出世界上第一高峰是珠穆朗玛峰，但是你能说出第二高峰是哪一座吗？”人们常常容易记住许多第一，却很难举出第二是谁。因此，率先将品牌定位于消费者心中，有助于扩大品牌差异，培养消费者清晰、独特的品牌识别，形成品牌竞争优势。

一、定位理论的提出

1972 年，美国广告权威杂志《Advertising Age》上刊登了艾尔·里斯（Al Ries）和杰克·特劳特（Jack Trout）的文章“定位时代”，正是这篇文章宣告了“定位”理论的诞生。20 世纪 70 年代初，美国的 RCA 电脑公司和 GE 公司在市场上向占据电脑行业首位的 IBM 公司提出了全面的挑战，营销广告界对这一现象都持乐观肯定的态度。里斯和特劳特则抱着相反的看法，认为按照定位理论不应当如此。此后不到一年，RCA 和 GE 公司在与 IBM 的较量中以失败而告终，人们才逐渐认识到里斯和特劳特观点的正确性，定位观念也渐渐地被营销广告界所认同。1981 年他们将自己的观点加以整理，出版了《定位》一书，从而系统地宣告了定位思想的确立。

里斯和特劳特认为，“定位”就是如何在目标受众的头脑中占据一席之地的方法，使用了进行时“Positioning”，表示这是一个过程。无论国家、公司、组织、个人、产品和服务，都可以使用这个方法在消费者的心目中“占位”。他们是这样理解定位的：“定位从产品开始，其可能是一件商品、一项服务、一个机构，甚至于一个人，也许可能就是你自己。但是，定位并不是要你对产品做什么事情。定位是对你预期的顾客所做的事。换句话说，你要在预期客户的头脑里给产品定位。”①他们的概念表明了定位的特性，它虽然是建立在产品之上的，但却不是对产品本身进行的改变，而是改变受众对产品的认识。也就是说，定位的着力点在受众心理，因此他们又立即对这个定义进行了补充：“所以说，把这个概念称作产品定位是不正确的，因为你对产品本身实际上并没有做什么事情。”

里斯和特劳特从人们的心理定势角度，揭示了定位理论的核心。定位需要寻找达到“独具”的途径，也就是要做到“第一”，这样才容易进入人们的心中，占据其他人未占据过的位置。他们还指出定位需要遵循的两条原则。

一是成为领导者，即成为人们普遍认可的、直截了当的第一。这只要尽可能抢先一步就行。定位行动的最终目的应当是在某个产品类别里取得领导地位。

二是成为有独立市场地位的跟进者。只要占据了其他人尚未占据的位置，同样是第一。要想寻找空间，你必须具有逆向思考的能力，即和别人的想法背道而驰。占据市场空间必须与消费者的心理空间及需求空间相吻合，使定位恰好满足消费者的心理需求。消费者的心理空间创造了有效的市场空间，有效的市场空间正是需求空间、消费心理空间的表达、表征和外化。定位的本质由此而深化：定位既是市场定位，又是心理定位，它占据着由人们的心理产生或需要的、投射之于市场的空间。

在定位观念之前，具有代表意义的经典营销传播理论是罗斯·瑞夫斯的USP理论和大卫·奥格威的品牌形象理论。USP理论的出发点是产品，其核心是每个产品都具有某种独特性，也就是产品的主要卖点，广告就是要找到这种独特性并将它加以放大。随着市场竞争的日益激烈，产品同质化也越来越严重，从产品本身已经很难找到相互间的差异点，此时品牌形象就成为塑造个性、强化差异的主要手段。虽然后者是对前者的超越与发展，但它们在本质上还是有很多共同之处的，即都是以产品为出发点，试图为产品寻找一种独特因素，差别只是一个从产品的物理属性出发，一个注重产品带来的心理附加价值与利益，显然这种认识带有深深的产品时代的烙印。

相比之下，定位观念却有明显的不同，它从产品出发转变为以消费者为中心的思考模式，由以往强调“我具有某种特性”转变为“我可以满足你的某种需要”，这种意识不仅包含着古典经济学中对消费者主权的认同，更重要的是树立了需求第一的价值观念。

应当说，定位观念是以往广告观念的延伸，它吸收了以往广告观念的优势，在新的市场背景下提出了新的广告策略方向。从定位理论中我们可以找到

① 【美】艾尔·里斯，杰克·特劳特．定位［M］．北京：中国财政经济出版社，2002：2．

USP 理论强调产品独特性的痕迹，也可以发现品牌形象理论所倡导的一致性原则，同时我们也可以说，USP 理论中的利益承诺以及品牌形象理论对品牌信誉的追求，本身就已具有潜在的定位意识。

从某种意义上讲，定位是市场及市场学发展的必然产物。市场竞争及营销观念的演变，迫使我们从早期无差别营销转向目标市场营销。目标市场营销的最大特征就是利用市场细分方式，确定一个或一组可供运作的有利于发展的差异市场。在这个市场上，消费者按照某种共性被组合成一个群体，他们具有同样的利益追求或者是同样的心理倾向，为了最大限度地获得这一市场的认同，产品或广告也就按照这一方向进行设计。定位就是在市场细分化与目标营销背景下的一种特定传播策略，其关键在于使消费者对产品或者品牌的意义有清醒的认知。从这一点上说，定位与其说是一种经营方式，不如说是一种广告策略。

作为市场营销和广告策划中的一个具有革命性的概念，定位如今已得到理论界与实践界的广泛认同。当企业把市场作为核心追求时，几乎每一步都存在着定位的问题。似乎不仅仅是产品、品牌需要定位，企业自身发展与在市场环境中的位置都要明确地定位。结合具体现实，我们至少可以从以下方面把握定位的概念。

首先，定位的基本点并不是产品，而是着重于产品与消费者心理位置的统一。

其次，定位的目的是为了在消费者心目中确立本产品与众不同的优势。

再次，定位所宣称的并非同类产品所没有的，而应当是竞争对手没有说明的，或者是尚未引起注意的，但确确实实是对消费者具有吸引力的那部分特征。

最后，定位是从消费者的心理需求空间出发，对产品优势的一种创造，既创造功能差异，更塑造独特形象。

定位理论的提出开创了一个新的时代，随着这一概念的广为传播并为人们所接受，营销专家们也尝试着将“定位”的理论与现有的营销理论体系进行整合。于是我们看到了经典的“S－T－P”步骤，也就是细分市场——Segmentation，确定目标市场——Targeting，对于供给进行独特设计，从而在目标消费者心目中占据特定位置——Positioning 的三部曲①。在这里，“定位”已经开始脱离其本来的定义，它已经不仅仅是一种沟通的方法，还包括了“对于供给进行独特设计”。也就是说，“定位”包括了应当如何设计产品的特色，应当如何定价，应当提供何种特色的服务，所以，“定位”从一种沟通的方法变成了市场营销的关

① 【美】菲利普·科特勒.营销管理[M].北京:清华大学出版社,2003:192～194.

键所在。

当营销专家们乐此不疲地进一步推广"S－T－P"的方法时，战略"定位"开始成为人们谈论的焦点。迈克尔·波特(Michael Porter)的《竞争优势》指出了企业战略的实质就是"定位"①。企业可以以特定产品的种类为基础进行"定位"，比如，格兰仕的战略曾经专注于生产和研发微波炉；企业也可以以特定的顾客群的全部需求或大多数需求为基础进行"定位"，比如，宜家家居就定位于为在意价格、不需要服务、喜爱变化的年轻人提供家居方面的完整产品系列。

当确定某一战略"定位"之后，一整套精心选择的活动就可以在这个基础上展开，从而强化消费者价值的独特性。以美国西南航空为例，它的战略"定位"是提供特定航线、低成本、便捷的航空交通服务，在这个方向下，它可以不断地缩短登机时间，不提供贵宾舱等不必要的服务，仅购买波音737飞机，从而提高维修的效率等，以强化竞争优势。这些活动围绕着战略"定位"展开，并不断强化战略"定位"，从而使其他航空公司完全无法与之竞争。从迈克尔·波特的角度看"定位"的意义又有所升华。企业的"定位"就是企业应当"做什么"，而确定这一点就是企业经营战略的实质，也是竞争优势的根源。

二、品牌定位的含义

品牌定位是指企业在市场定位和产品定位的基础上，对特定的品牌在文化取向及个性差异上的商业性决策，它是建立一个与目标市场有关的品牌形象的过程和结果。换言之，即指为某个特定品牌确定一个适当的市场位置，使商品在消费者的心中占据一个特殊的位置，当某种需要突然产生时，比如，在炎热的夏天口渴时，人们会立刻想到充满年轻朝气、清爽可口的"百事可乐"；需要买运动鞋时，会青睐鼓励超越自我、率性而为的"耐克"；来到中国旅游，北京、上海、云南、西藏等省市因为有不同的"名片"而会吸引不同喜好的游客。

品牌定位与产品定位看似相同，其实是有所区别的，品牌定位包含的范围更广，因为品牌概念本身除了包含产品外，还有服务、形象、价值等多方面的内容；产品定位准确是保证品牌定位准确的基础，但品牌定位是否恰当还需要符号表达、信息传播、受众口碑等要素的配合，当这些方面与产品定位都能清晰一致时，品牌定位才能为受众正确地理解。

品牌定位是品牌与这一品牌所对应的目标消费群体建立了一种内在的联系。品牌定位是品牌经营的首要任务，是品牌建设的基础，是品牌经营成功的前提。品牌定位在品牌经营和市场营销中有着不可估量的作用。

---

① 【美】迈克尔·波特. 竞争优势[M]. 北京：华夏出版社，1997：122～128.

品牌定位是市场定位的核心和集中表现。企业一旦选定了目标市场,就要设计并塑造自己相应的产品、品牌及企业形象,以争取目标消费者的认同。由于市场定位的最终目标是为了实现产品销售,而品牌是企业传播产品相关信息的基础,品牌还是消费者选购产品的主要依据,因而品牌成为连接产品与消费者的桥梁,品牌定位也就成为市场定位的核心和集中表现。

品牌定位的目的就是将产品转化为品牌,以利于潜在顾客的正确认识。成功的品牌都有一个特征,就是以一种始终如一的形式将品牌的功能与消费者的心理需要连接起来,通过这种方式将品牌定位信息准确地传达给消费者。因此,厂商最初可能有多种品牌定位,但最终是要建立对目标人群最有吸引力的竞争优势,并通过一定的手段将这种竞争优势传达给消费者,转化为消费者的心理认识。

案例 5-1

江中健胃消食片的品牌定位

2001 年,对于国内制药企业而言是极不平静的一年。国内药企纷纷重组,随着越来越多的中小企业被兼并,一些大型企业也在逐渐成形,如哈药集团、广药集团等。在这个大趋势下,江中药业要避免被更大的鱼吞噬,就必须自己成长为一条大鱼。成长的压力,迫使江中药业从 2001 年或更早些时候起,就一直在寻找新的增长点。

2002 年,由于一些客观原因,江中药业寄予厚望的新产品被延期上市。同时,健胃消食片的“国家中药品种保护”即将被终止(即国家不再限制其他制药企业生产健胃消食片),使江中健胃消食片的市场受到威胁。为了巩固江中的市场,加之江中药业的总裁依然看好其市场潜力,力主将江中健胃消食片作为新增长点,承载起江中药业上台阶的艰巨任务。对于总裁的主张,江中药业内部有两种截然不同的意见,一派赞同,另一派反对。持反对意见的人认为,江中健胃消食片的市场增长空间有限,投入巨资推广将会得不偿失,他们的理由主要有三个。

(1)消化不良用药市场已经成熟,整体增长空间有限:自 1989 年吗丁啉第一个开拓“消化不良”用药市场以来,到 20 世纪 90 年代末,吗丁啉的销售就一直稳定在 5 亿到 6 亿元,江中健胃消食片也一直维持在 1 亿多元,可以说消化不良用药市场多年来非常平稳。

(2)对手强大,面临劲敌吗丁啉:多年前,吗丁啉第一个通过大众传媒广告宣传“消化不良找吗丁啉帮忙”,广告在消费者的头脑中留下深深的印记,吗丁啉成为行业内的领导品牌。

(3)江中健胃消食片推广乏术:为了提升销量,企业几乎尝试了当时所有能想到的方法。广告不断变换诉求,从早期的症状诉求,到“中药成分”、“中药品种保护”,再到“儿童、老人适合”等不一而足,但销量始终在1亿多元左右徘徊。

“屋漏偏逢连阴雨”,就在双方争论不下的时候,江中药业收到来自销售一线的报告,竞争对手武汉健民健胃消食片在全国范围采取零售价每盒比江中便宜1元,向经销商送太空被等促销活动,对江中健胃消食片市场,特别是二、三线市场形成了不小的冲击。为了对现有市场进行防御,持不同意见的人暂时走到了一起,同意立即对江中健胃消食片加大推广力度。

考虑到内部对江中健胃消食片市场前景存在不少疑惑,必将给后面的工作带来不稳定,江中药业市场部委托其战略合作伙伴成美营销顾问有限公司(以下简称“成美”),对健胃消食片的市场潜力进行系统评估,并协助完成江中健胃消食片的品牌定位和推广工作。通过市场调研,他们发现了消化不良用药市场的三个特点。

(1)较低的行业集中度显示出消化不良用药市场并未成熟。成美发现,消化不良用药市场的行业集中度并不高,明显不符合市场成熟的一般规律(行业集中度是指行业前四位品牌的市场份额占全部市场的比例,比例高则市场集中度高,市场竞争趋于垄断竞争)。在权威机构公布的各地统计数据中,一些没有品牌的“淘汰产品”,如酵母片、乳酶生、多酶片等销售数量惊人,如零售价格每包仅为1元的干酵母片,其销售额在全国消化系统用药零售市场位居前十,除用于治疗“胃炎”、“消化性溃疡”的斯达舒等,其排名仅次于吗丁啉。同时,各地市场普遍存在区域产品,其中用于治疗儿童消化不良的产品更是数不胜数,这两类产品的广泛存在和销售良好,预示着尚有大量未被开发的“空白市场”。

(2)消化不良用药市场中吗丁啉一枝独秀的竞争格局表明,至少还有第二品牌的空间。对消化不良用药领域的研究发现,消费者的认知中仅有一个强势品牌吗丁啉,没有明显的第二品牌、第三品牌,市场格局并不清晰。而从长远看,任何市场最终将形成两大主要品牌(非两大厂家)进行竞争的局面,如胶卷中的柯达与富士,可乐中的可口可乐与百事可乐。它们的市场份额最终将形成二比一,领导品牌占40%左右,第二品牌约占20%。而消化不良用药市场吗丁啉一枝独秀,再无其他强势品牌,也进一步证实了消化不良用药市场远未成熟。江中健胃消食片至少可以争取成为第二品牌,夺取“杂牌军”市场。

(3)消化不良患者用药率低,需求未被满足。研究同时还发现,消化不良用药市场的用药率较低,部分患者出现消化不良症状(肚子胀、不消化)时用药需求未被唤起,他们多采取揉揉肚子或散散步等方法来缓解。其中,儿童市场用药率低的情况尤为突出。儿童由于脾胃尚未发育完全,消化不良的发病率高于其他人群,主要症状是挑食、厌食。一方面,儿童正处在长身体阶段,家长担心消化不良会影响其生长发育,解决消化不良的需求更为迫切;另一方面,家长又担心药品的毒副作用会伤害到儿童的身体健康,在用药选择上非常谨慎,宁缺毋滥。因此,很多家长因为找不到合适的药,而多采用一些民间土方、食疗等解决方法,由此造成儿童发病率高,需求最迫切,但用药率低的现象。

对竞争对手的研究发现,非常多的消费者第一次接触吗丁啉是因为"胃痛"、"胃酸"等症状,而从医学刊物上则发现不少医生将吗丁啉作为解决这些"胃病"症状的记载。渐渐地,消费者的认知中逐步建立、加强了吗丁啉的"胃药"身份,而以往的"消化不良药物"的身份开始淡化。随着吗丁啉广告诉求症状继续扩大到"胀痛"、"反酸"、"胃胀"、"嗳气"、"恶心"、"呕吐"、"消化不良",广告语则改为"针对胃动力,帮助胃健康",并开始启用"胃"作为广告中的主角。在2003年年底的市场调查中发现,消费者将吗丁啉、斯达舒及三九胃泰视为同一类产品,是用来治"胃病"的。

对消费者的研究发现,"胃病"与"消化不良"是两个不同的概念。胃病是一种需要吃药治疗的病,而消化不良则是平时饮食不当引发的,是一种常见的小毛病,甚至不能算病,这个时候就要吃助消化的药物来帮助消化,解决其"胃口不好"、"肚子胀"的问题。

由于"消化不良找吗丁啉帮忙"已经深入人心多年,很难改变,因此该认知在消费者中仍将长期存在,特别在其强势市场。这样,吗丁啉有了两种身份,并导致消费者认识混乱:新进入的消费者认为吗丁啉是胃药,"消化不良"小问题吃吗丁啉简直就是乱弹琴;原有的消费者心中顿起疑心:原来吗丁啉是治胃病的(猛药!),仿佛觉得自己好多年都"吃错了药"。对消费者观念中的吗丁啉进行全面、深入的研究后,成美的研究人员进一步坚定了消化不良用药市场存在大量空白——既有地域性空白市场,也有吗丁啉无法覆盖的"日常助消化"功能性需求的空白市场。

在发现助消化药物存在巨大的市场空间后,研究人员立即与江中药业的专家们(销售人员、主力经销商)进行了细致的商谈,主要是从产品、渠道等各方面论证江中健胃消食片能否占据这个空白市场。在得到肯定的答复后,成美向江中药业提出江中健胃消食片的品牌定位——"日常助消化用药"。

定位在"日常助消化用药",避开了与吗丁啉的直接竞争,向无人防御、且市场容量巨大的消化酶、地方品牌夺取市场(权威机构的全国统计数据显示,酵母片、乳酶生、多酶片的销售数量与销售金额均排名靠前,三者合计数超过吗丁啉),同时也在地域上填补吗丁啉的空白市场,从而满足江中药业的现实需要。

同时，根据企业提供的资料，江中健胃消食片的现有消费群体集中于儿童与中老年人，他们购买江中健胃消食片主要是用来解决日常生活中多发的“胃胀”、“食欲不振”症状。显然，定位在“日常助消化用药”完全符合这些现有顾客的认识和需求，并能有效巩固江中健胃消食片原有的市场份额。

由于“日常助消化用药”的定位占据的是一个“空白市场”，而且市场上并未出现以年龄划分的“专业品牌”，所以成美建议放弃过去对助消化市场进行年龄细分的做法，全力开拓整个日常助消化药物的品类市场，用一个产品覆盖所有的目标人群。与此同时，建议江中药业积极储备新品，如儿童专用型助消化产品，待成熟后强力推出，自行细分市场。

报告同时指出，鉴于“日常助消化用药”定位的第一步是针对酵母片、乳酶生等产品争取市场份额，而这些没有品牌，仅靠低价占领市场的产品，除了在省会城市有一定的市场外，二、三线城市才是他们的主要销售地区。加之武汉健民也在二、三线城市对江中药业形成了冲击，因此，江中药业实施的“渠道扫荡战”的结果，不仅仅对江中健胃消食片即时销售产生影响，还将直接影响这一战略的实施，应务必确保成功。

江中药业接受了成美的市场评估及相关建议。江中药业深知，仅有一个好产品与好定位是不够的，一定要把这个产品所代表的概念或价值构筑在消费者的心智中，才会完成“惊险的一跳”，实现商业价值。而且竞争对手也在寻找利润增长来源，自然不会坐视江中慢慢去开拓和独享市场。江中健胃消食片很快得到了集团在财力上的最大力度的支持，在2002年就投入了过亿元的广告费用，为迅速抢占“日常助消化用药”定位打下坚实的基础，市场也给予企业丰厚的回报，当年销售额就直线上升到了3亿多元，比2001年翻了近三番，终于突破了江中健胃消食片年年销量不过2亿元的销售瓶颈。

案例改编自成美营销顾问：“江中牌健胃消食片品牌定位战略”，商业评论中文网，2008－04－05。

第二节　品牌定位过程

品牌定位不仅是实现竞争歧异性的一个技巧，更是企业管理者制定与执行品牌战略决策的实施过程，强调连续性与完整性。从市场调研寻找受众的心理空隙，到确定品牌定位的战略方向，再到战术执行与策略配合，缺少任何一个环节都会给品牌定位带来“硬伤”，导致品牌定位模糊、错位、与竞争对手雷同或者传播沟通不利，从而影响到品牌形象、个性塑造，削弱、损害企业的品牌价值。

一、品牌定位运作流程

准确的品牌定位不是企业或者广告代理公司闭门造车空想出的概念，也不是随便想出一个位置，借助大力宣传推广就能使这一定位深入人心，更不是企业不经意间喊出一个概念，正巧为市场所接纳，侥幸占据了消费者心中的位置。品牌定位如同品牌识别理论，有较为完整的运作流程，企业对品牌进行定位，必须一步一个脚印，踏踏实实完成每一个步骤，否则就难以取得预期的效果。

品牌定位策略的运作过程，可以参考图 5－1 的设计①。

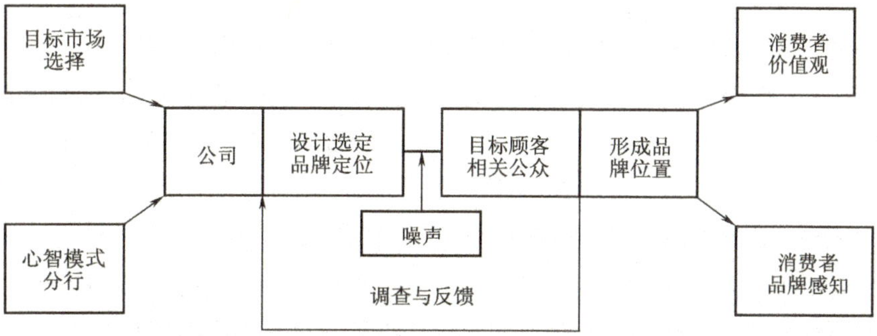

图 5－1　品牌定位运作流程图示

具体而言，品牌定位的运作流程可以依照以下六个方面执行。

（一）以消费者的需求与心理为出发点

定位理论本身就是从消费者的心智中寻找空白点，因此品牌定位尤其强调对消费者的研究，通过分析消费者的心理，明确他们是如何感知品牌的，他们认为品牌应当处于什么样的市场位置，他们接受、理解信息的模式是怎样的，以及他们最为关注的品牌优势与差异性是什么。

（二）结合企业优势与竞争状况确定品牌定位

在消费者分析的基础上，再结合市场竞争状况，分析竞争品牌的定位策略与优劣得失，看看还有哪些市场空隙，这些空隙是没有价值，还是竞争品牌尚未发掘？同时，综合企业的实力、竞争优势、发展方向与历史传统等因素，确定一些有实力、有价值的市场空白点。

（三）品牌定位方案的事前测试与选择评估

一般企业或者品牌顾问公司在确定品牌定位时，往往很难一步到位地提出

① 宋永高. 品牌战略和管理[M]. 杭州：浙江大学出版社，2003：135.

一个准确的位置，需要在几个备选方案中权衡，比较、挑选出最具亮点的方案。如何选择呢？对目标受众与市场进行小范围的事前测试是比较可行的方法，首先了解他们的评价与反应，再听听企业内部领导、员工与相关专家的评价，以此判断哪种定位点最可行。

（四）制定、实施品牌定位的传播与沟通策略

确定了品牌定位点，就可以制定出完整的品牌定位战略与执行策略了，这是品牌定位至为关键的一个环节，一方面强调战略的前瞻性，一方面又强调战术的可执行性，尤其应重视计划分解到位、落实到人，同时保证与受众顺畅、准确的信息沟通。

（五）确定品牌在消费者心中的定位，形成品牌优势

完成了品牌定位信息的传播与沟通后，一般而言，品牌在消费者心中已经占据了一个独特的位置，这个阶段再给予一定的强化，注意竞争对手的反应，方可以确保形成极具差异化的品牌竞争优势。

（六）品牌定位效果调研与受众信息反馈

虽然定位之初已经进行过事前的测试，但考虑到市场处在不断变化之中，消费者的需求也是经常变动的，所以及时搜集反馈信息，评估品牌定位的准确性，分析品牌定位信息传播是否前后一致、清晰无误，方可保证取得最佳的效果。

二、品牌定位决策程序

品牌定位的决策程序与运作流程其实是一致的，都是由浅入深的思考方式，站在一定的高度看待品牌定位，全面掌握品牌定位策略。有所区别的是：运作流程强调程序性，而决策程序偏重观念与执行方法，是对运作流程思想的重要补充。

一般而言，品牌定位的决策程序可以进行如下分解（见图5－2）。

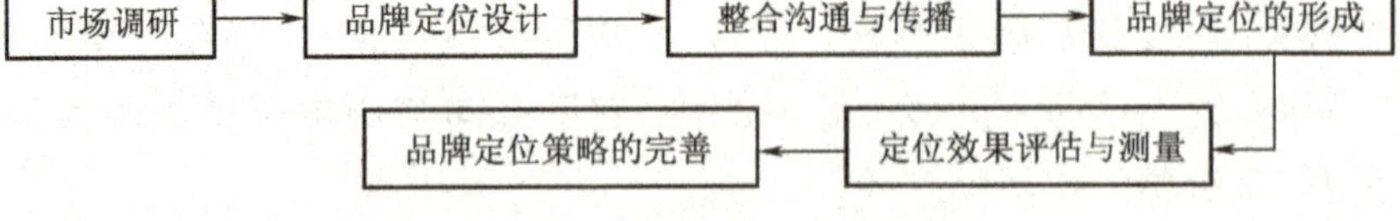

图5－2　品牌定位的决策程序

（一）市场调研

首先要了解目标受众的需求、消费动机、观念、态度与行为方式，分析他们

的需求特点。例如，很多消费者购买“果汁类”饮料，主要看重其富含维生素，有助于美容养颜的功效，统一鲜橙多就定位于新女性群体的健康美丽，“满足每天所需的维生素 C，多喝多漂亮”。

其次要掌握现有竞争品牌的定位策略，以及潜在竞争对手可能采取的定位方式。例如，同样是橙汁饮料，“酷儿”就将目标对象定位在儿童群体，强调品牌的好喝与趣味性，以可爱的卡通形象诉求“有种果汁真好喝”，“喝了都说酷”。

再次要分析品牌产品的自身特性与公司的经营理念、文化传统以及其他品牌的定位。例如，宝洁公司对旗下的洗化产品就确定了不同的定位点：海飞丝“去屑”、伊卡璐“清香”、飘柔“柔顺”……这原本很好的平衡关系，因为飘柔乱招出棋而受到影响，飘柔在没有考虑企业其他品牌的前提下改变原有的定位，开始强调“去屑”、“花香”等利益点，不仅混淆消费者视听，而且伤害了自己以及企业的其他品牌。

（二）品牌定位设计

品牌定位设计是品牌定位中非常重要的工作。首先，应当根据品牌定位点的可能开发途径，列出各种定位点的优劣得失，便于选择；其次，对各种定位点进行组合，舍弃不合理的方案，综合可以利用的方案；再次，对初步可行方案进行筛选，具体要检测三个因素：①是否充分利用了品牌产品的优势和特色？②是否击中了竞争对手的弱点和缺陷？③是否与公司的文化和理念不相冲突？最后，委托品牌研究机构或者品牌代理公司对目标受众进行测试，及时修正，最终经企业高层管理人员选择出最佳方案。

（三）整合沟通与传播

借助各种传播手段和途径创造性地表达品牌定位，实现与消费者的沟通，以建立良好的品牌关系，引发他们的共鸣，进而在他们心智中打上烙印，这里强调的是传播手段的整合。也就是说，一方面要做好各种沟通手段的配合，实现广告、促销、公关、新媒体等之间的优势互补；另一方面要注意各种媒体在传播信息时的一致性，共同表达清晰、准确的品牌定位信息，避免因信息不一致引起消费者的误解。例如，原本定位为时尚、高档的品牌服饰，如果进行理由不充分的促销活动，就很可能会丧失品牌定位的优势，令消费者感觉打折品牌档次低，与原有定位不符，而冠以“周年庆、真诚回报消费者”等名义，再进行促销活动可能会令消费者感觉品牌降价有理。

（四）品牌定位的形成

品牌定位策略的目的是要在目标受众心智中占据独特的品牌位置，因此形成品牌定位就至为重要。品牌定位一般要考虑三个因素：一是信息的可信度；二是信息表达的清晰性；三是信息解码和理解。信息来源越权威，其信息的可信度越高，越容易被接受。心理学和传播学的研究也表明，受众解码信息的过程中受到假设、文化期待、动机、情绪、态度等影响，消费者对传播的信息会进行选择性注意、选择性理解与选择性记忆，这就意味着，品牌定位能否被感知和正确理解有许多不确定的因素，了解消费者心理非常重要①。例如，中国联通推出"UP新势力"，在国内各大媒体播出新产品广告，女模特在广告中对着镜头走来，边走边说"UP、UP"，很多人看过之后根本没弄清楚这是什么产品，"UP"又是什么意思，更别说其品牌的定位是什么了。随后其市场推广也表明，不仅其广告传播的信息不清晰，导致消费者理解有误，而且其品牌定位也不清晰，无法突出与"动感地带"的区别，更难以撼动其市场领导者的地位，导致市场遭受很大的影响，品牌也黯然退市。

（五）定位效果评估与测量

品牌定位是否准确、合适，可以借助以下分析工具②③。

1. ZMET技术（Zaltman Metaphor Elicitation Technique，查特曼隐喻解释技术）。这一技术是1995年提出的，理论依据是80%以上的人类沟通是借助非语言的，传统的问卷调查、个人访谈等方法很难深入人心，表达真正感受最好的方式还是用非语言的方式。其应用程序分为三步：首先，利用电脑动画技术或照相机拍摄的几幅图片，代表品牌可能象征的意义；其次，请20～25个被试者选择，哪一幅恰当表达了品牌或产品；再次，利用凯利（Kelly）的记忆格联想测试技术来解释选择的背后原因。例如，杜邦公司利用莱卡（Lycra）面料制作的紧身裤在测试中显示，女士们表现出既"喜欢"又"讨厌"的矛盾感情，深层研究发现，产生这种心理的原因是女士们既感觉性感又觉得色情。这种情况在消费者的品牌思考中常常看到，图5－3就是汰渍洗衣粉关于品牌的心智思考图。

2. 品牌定位知觉图。品牌定位知觉图是一种直观的、简洁的典型分析工具，可以用1～3个变量来刻画每一个品牌所在的位置，从而明确两点：识别出认知的空位点，并作为定位点或再定位点；判断品牌计划或期望定位点和实际被感知的点是否一致，以确定定位运作的成败。其操作程序为：首先，选择定位基准变量，一般以目标市场关心和重视的变量作为定位基准，这具有一定的难度。例如，轿车市场是按照价格和消费者收入来绘制，还是按照价格和消费者生活方式来绘制呢？应当运用ZMET或其他技术来确定。其次，调查数据资料，可以采用李克特法等，完成之后就可以绘制定位知觉图了。例如，影响啤酒

---

① 宋永高. 品牌战略和管理[M]. 杭州：浙江大学出版社，2003：160.

② 宋永高. 品牌战略和管理[M]. 杭州：浙江大学出版社，2003：148～154.

③ 转引自：【美】Gwen Dolwn Cathings－castello. Zaltman Alternative. Marketing Research，2000，12(2)：11.

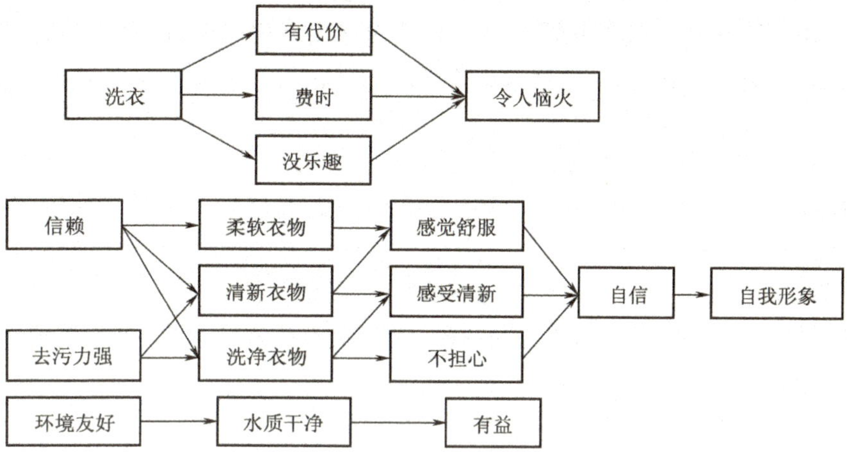

图 5-3　汰渍品牌心智图[①]

感觉和认知的变量主要有两个：味道的浓与淡；口感的苦与适度。可以将这两个变量绘制成图（见图 5-4，图中圆圈内打“×”的即为市场空白位置）[②]。在决定进入市场之前，先研究市场是否饱和，有没有空白点，竞争状况如何，受众的市场接受度等因素，不要看到空白点就盲目进入。

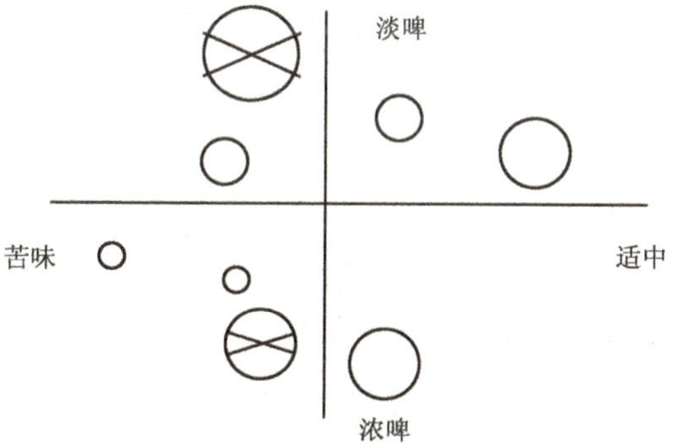

图 5-4　啤酒市场知觉位置图

① 转引自：【美】Gwen Dolwn Cathings - castello. Zaltman Alternative. Marketing Research, 2000, 12 (2): 11.

② 转引自：【日】仁科贞文. 广告心理学[M]. 北京：中国友谊出版社，1999：22.

3. 投射技术。消费者的购买行为既有理性因素又有感性因素，在直接询问他们的购买动机时，他们很可能会对其行为作出合理的解释，从而掩盖真正的购买动机，例如，烟民、酒民、登录黄色网站的被访者都会多少隐藏其消费动机。因此，投射技术可以在个体未能或没有启动其防御机制的情况下，表达出内心深处的真正动机、欲望与情感。在具体应用时，可以采取以下步骤：首先，要求被调查对象在看到或者听到一个词、一幅图画时，尽快表达出第一反应，将内心的想法投射出来。其次，借用第三人来投射被调查者的想法，具体的技术有词汇联想、角色扮演、第三人技术、完形填空以及看图编故事等方法。比如，让被试者评价别人的酗酒行为，由于与自己无关，他们会放松交流，更能发现真实的动机与想法。

（六）品牌定位策略的完善

通过对品牌位置的测定以及与期望的品牌定位进行比较，即可发现两者之间是否存在差异。如有差异，需要分析原因，是表达问题，还是消费者的理解问题；需要强化宣传，还是重新定位，将这些信息及时反馈给公司及品牌主管人员，以决定如何调整，从而实现品牌定位策略的修正与完善。

案例 5－2

红罐王老吉的品牌定位

王老吉的成功源于它的重新定位。2002 年年底，加多宝找到成美营销顾问公司，初衷是想为红罐王老吉拍一条以赞助奥运会为主题的广告片，要以“体育、健康”的口号进行宣传，以期推动销售。成美经初步研究后发现，红罐王老吉的销售问题不是通过简单的拍广告就可以解决的。虽然红罐王老吉销售了 7 年，但其品牌却从未经过系统、严谨的定位，连企业都无法回答红罐王老吉究竟是什么，消费者就更不用说了，完全不清楚为什么要买它。经深入沟通后，加多宝公司最后接受了建议，决定暂停拍广告片，委托成美先对红罐王老吉进行品牌定位。

在研究中发现，广东的消费者饮用红罐王老吉主要是在吃烧烤、登山时，其原因不外乎“吃烧烤容易上火，喝一罐先预防一下”、“可能会上火，但这时候没有必要吃牛黄解毒片”；在浙南，饮用场合主要集中在外出就餐、聚会、家庭团聚之时。在对当地饮食文化的了解过程中研究人员发现，该地区消费者对于“上火”的担忧比广东消费者有过之而无不及，如消费者座谈会桌上的话梅蜜饯、可口可乐都被说成了“会上火”的危险品而无人问津，而他们对红罐王老吉的评价是“不会上火，健康”，“小孩、老人都能喝，不会引起上火”。

消费者的这些认知和购买消费行为均表明，消费者对红罐王老吉并无“治疗”要求，而是作为一个功能饮料购买，购买红罐王老吉的真实动机是用于“预防上火”，如希望在品尝烧烤时减少上火情况的发生，真正上火以后可能会采用吃药，如牛黄解毒片、喝传统凉茶进行治疗。

研究人员再进一步研究消费者对竞争对手的看法则发现，红罐王老吉的直接竞争对手，如菊花茶、清凉茶等由于缺乏品牌推广，仅仅是以低价向市场渗透，并未占据“预防上火的饮料”的定位，而可乐、茶饮料、果汁饮料、水等明显不具备“预防上火”的功能，仅仅是间接的竞争。

任何一个品牌定位的确立，都必须是该品牌最有能力占据的地位，即有据可依。如可口可乐说“正宗的可乐”，是因为它就是可乐的发明者。研究人员对于企业、产品自身在消费者心智中的认知进行了研究，结果表明，红罐王老吉的“凉茶始祖”身份、神秘中草药配方和175年的历史等，显然是有能力占据“预防上火的饮料”这一定位的。

由于“预防上火”是消费者购买红罐王老吉的真实动机，自然有利于巩固和扩大原有市场。而能否满足企业对于新定位“进军全国市场”的期望，则成为研究的下一步工作。通过二手资料、专家访谈等研究表明，中国几千年的中医概念“清热祛火”在全国广为普及，“上火”的概念也在各地深入人心，这就使红罐王老吉突破了凉茶概念的地域局限。研究人员认为，“做好了这个宣传概念的转移，只要有中国人的地方，红罐王老吉就能活下去。”

至此，品牌定位的研究基本完成。“开创新品类”永远是品牌定位的首选。一个品牌如果能够将自己定位为与强势对手所不同的选择，其广告只要传达出新品类的信息就可以了，而效果往往是惊人的。红罐王老吉作为第一个“预防上火”的饮料推向市场，使人们知道它并接受这种新饮料，最终红罐王老吉就会成为“预防上火”的饮料的代表，随着这一品类的成长，企业自然获得最大的收益。

确立了红罐王老吉的品牌定位，就明确了营销推广的方向，也确立了广告的性质（见图5－5），所有的传播活动就都有了评估的标准，所有的营销努力都将遵循这一标准，从而确保每一次推广活动的成功，在促进销售的同时，形成对品牌价值（定位）的积累。

红罐王老吉成功的品牌定位和传播，给这个有着170多年历史的、带有浓厚岭南特色的产品带来了巨大的效益：2003年红罐王老吉的销售额比上年同期增长了近5倍，由2002年的1亿多元猛增至6亿元，并以迅雷不及掩耳之势冲出广东；2004年尽管企业不断扩大产能，但仍供不应求，订单如雪片般纷至沓来，全年销量突破10亿元；2005年再接再厉，全年销量稳过20亿元；2006年加

图5－5　王老吉的宣传广告

上盒装王老吉，销量近40亿元；2007年销量则高达90亿元。

案例改编自“红罐王老吉品牌定位战略”，亿禧网，2008－05－26。

第三节　品牌定位方法

品牌定位是在产品定位基础上更加完善与全面的表达，产品定位研究在前，品牌定位研究在后，因此，探讨品牌定位的方法可以参考产品定位研究的结论。一般而言，产品定位方法同样适用于品牌定位，有些产品定位方法适用范围可能较小，适当调整后也具有借鉴价值，品牌内涵也因远远大于产品概念而形成了一些自己独特的定位方法。

一、产品定位方法

定位理论提出后，在实践中不断得以丰富和发展，应用策略也越来越完善。但不论采用什么方法，其目的最终都是发展或强化产品或品牌的某一特定形象在消费者心目中的地位。由于定位实质上是使产品与目标顾客的心理需求在特定状态下相吻合，因而，定位方法的两个极点就是作为实体的产品与代表心理的观念。由各种方式所形成的定位最终都可归于实体定位、观念定位或者竞争定位，后两种定位方法一般可以直接用于品牌定位，而实体定位中过于关注产品本身狭小范围特征的方法，稍加调整后可以增加品牌其他属性与内涵，从而使品牌定位更为准确可行。

（一）实体定位方法

实体定位方法是从产品本身出发，突出产品的新价值，强调与同类产品的差异性所在，从而突出产品个性，或者在某种意义上的不可替代性。其中，品牌与功效定位可以适当增加其他品牌特征，再用于研究品牌定位策略。

1. 品质定位：强调产品优于同类竞争产品的品质，突出其与众不同之处。例如，沃尔沃多年来一直将自己定位为“安全”的汽车，在广告中展示撞击试验，用以说明汽车的价值所在，甚至不失时机地在英国王妃黛安娜出车祸之后宣称，如果当时她乘坐的是沃尔沃汽车，也许就不会香销玉殒了；光明乳业的“100%好牛，产100%好奶”也属于典型的品质定位。

2. 功效定位：突出产品的使用功能以及所具有的特别使用效果，常常强调产品的快速见效和即时表现，以此来提高产品信誉。例如，吗丁啉“快速恢复胃动力”的广告和海王银得菲“治感冒，快”的广告都是运用这种定位方法。

3. 市场定位：着眼于产品在市场上的最佳位置，或者将其与特定使用者相联系，强调在某一市场或对某一类消费者的特别意义。“动感地带”是为年轻人群体推出的专项话费包月套餐；百事可乐绕开可口可乐“真正可乐”的影响而另辟蹊径，提出“新一代的选择”；“静心口服液”专门适合更年期妇女服用等都是采用市场定位方法。

4. 价格定位：在产品同质化严重的时代，利用消费者对价格的敏感制造差异也是一种常用的定位方法。一般采用四种方法：高质高价、高质低价、低质高价和低质低价。在消费者心目中，价格性能比是一种惯用的评价方式，除此之外，他们对产品价格中的附加值也有一定的认同。因此，除低质高价属于商业欺诈外，其他价格定位方法都有合理性。雕牌洗衣粉“只买对的，不买贵的”的广告是对这种策略较好的运用。

（二）观念定位方法

观念定位方法着眼于消费者的心理和认识习惯。它通过对受众的心理进行诉求，为产品树立一种新的价值观，借此改变消费者的固有认知，以形成新的消费习惯。

1. 心理定位：采用象征和暗示的手法，赋予产品某种气质性归属，借以满足消费者某种心理需要和精神享受。奢侈品往往采用这种定位方法。例如，凯迪拉克、奔驰、宝马汽车都是以其豪华气派营造名流坐骑形象的。

2. 逆向定位：采取反向思维方式，从消费者的否定中挖掘自身优势。艾维斯出租车公司的“我们只是第二”堪称这种定位策略的经典之作；蒙牛乳业也是通过“向伊利学习”的比附定位获取市场成功的。

3. 是非定位：按照肯定或否定的简单模式对产品与市场进行逻辑区分，使之呈现“是—不是”状态，借以形成有利于自己的判断，这是是非定位的核心所在。七喜通过“非可乐”的定位，有效地与可乐类饮料区分开来，从而增强了产品的竞争优势。

4. 观念转换:这种策略从根本上讲是促成消费者从一种固有的观念模式转向另一种新的观念模式。脑白金直接将产品定位于礼品,旗帜鲜明地打出“今年过节不收礼,收礼只收脑白金”,就是希望颠覆消费者对保健品惯常的功用性理解方式,将注意力由产品功效转移到附加价值上来。

（三）竞争定位方法

如果说前面两种产品定位方法基本上还属于静态的定位,那么竞争定位更接近于动态的定位。各种静态定位大都需要根据竞争情况加以优化和整合,最后根据竞争需要形成一种综合性的全面定位策略。这种策略主要着眼于对竞争对手的认同之上。里斯和特劳特将其归纳为三种类型。

1. 领导者定位:率先成为市场领导者,可以获取更多的赢利,掌握更大的市场主动权。企业一旦拥有领导者的地位之后,面临的考验是如何长久保持这种优势。可以采用两种策略:一是不断强化产品概念,发展自身优势,例如,海尔一直坚持“真诚到永远”的承诺,并通过不断推陈出新的服务方式,为顾客提供更大的附加利益;二是实施竞争压制,不给挑战者夺去领导地位的机会,可以采用品牌延伸等策略,扩大品牌的包容性,宝洁在这方面做得最为成功,几乎通过不同的子品牌与差异化产品区分,占领了柔顺、去屑、焗油亮发、草本护发等洗发水细分市场,为竞争对手设置了难以超越的障碍。

2. 跟进者定位:一般而言,跟进者在市场竞争中不具有领导者的优势,它只是一个模仿者,需要寻找市场空隙以填补这个空白点。可以通过比附定位、高级俱乐部策略、市场空缺定位等方式发现新的心理空间。“农夫果园”推出时市场上已经有不少果汁饮料,它的独特之处就在于提供了三种水果混合的产品,满足了消费者对更多营养物质的需要,从而后来居上获得成功。

3. 为竞争对手重新定位:这种方式往往代表了一种短兵相接的竞争形态。在一个饱和的市场中,后来者往往采取出其不意的战术,通过对已获取成功的某种产品的重新定位,给自己创造生存空间。这需要找到竞争对手隐蔽的弱点,然后将其放大,从而在攻击中赢得胜利。前几年国内市场由后至的“矿泉水”向先获取立足之地的“纯净水”叫板的那场“水战”,就是通过夸大纯净水营养物质缺乏的劣势,而展示了自己矿物质丰富的独特优势。运用这种策略时,需要突出出其不意、否定性和强制性三个特点,以在竞争对手尚无应对之策时牢牢赢得市场认同,不给对方以还手之机。但需要注意的是要掌握好一个度,以免违反《广告法》中对比较广告的规定。

二、品牌定位方法

除上述介绍的产品定位方法之外,品牌定位还有一些特定的方法,有些是对产品定位方法的细化表述，有些是根据品牌含义引申出的方法。

（一）地域或文化定位

由于品牌包含原产国或者特有历史文化等方面的内涵，不少品牌正是采用地域或文化的定位方式，突出其特有优势。例如，“耐克”在原产国美国并没有工厂，而是在全球很多国家进行贴牌生产，但品牌宣传中却突出是美国品牌，彰显美国自由、冒险、积极进取等精神，寻找美国优秀体育明星做品牌形象代言人，这样，消费者明明知道自己买的鞋是中国福建加工生产的，却在内心认可这是地道的美国时尚产品。

（二）象征性定位

品牌具有象征性作用，可以暗示消费者购买了品牌产品，同时也享有了附加的象征性利益。例如，消费“万宝路”的顾客，会具有美国西部牛仔粗犷、豪放的男子汉气质；购买“非常可乐”的消费者支持中国人自己的品牌，有民族气节；使用“2008 北京奥运会赞助商”的产品，可以显示消费者与该品牌一样支持北京奥运。

（三）价值定位

品牌不同于产品的一个重要特征，就是具有无形资产的价值，使产品具有价值增值功能。每年 Interbrand 等品牌研究机构对全球知名品牌资产的价值评估数据，不仅会影响该品牌的股市表现，还会影响消费者对品牌价值认知的心理。因此，重视品牌价值十分必要。品牌的价值定位也是一种品牌定位的方法，即通过价值差异确定在消费者心中不同的位置。例如，“LV”（路易·威登）手提包，单从原料上看不过是一个真皮的小包，但却在目标受众心中具有远远超出价格本身的价值，附加了全球顶尖设计师、流行时尚、限量发售珍藏等增值元素，从而成为拥趸者争先抢购、炫耀的资本，甚至对貌似中国最普通的“蛇皮袋”新品（见图 5－6），也掀起抢购风潮。

图 5－6 路易·威登的“蛇皮”手提袋

（四）情感定位

因为品牌具有形象和个性，很容易与消费者建立起情感，因此，情感定位也是一种重要的品牌定位方法。养生堂擅长使用这种方法，他们推出的“母亲”牌牛肉棒，借助母亲关爱、温柔的形象，表达出对受众的亲和感情；“龟鳖丸”则是真诚回报父爱的品牌。这种定位方式具有明显的优势，因为消费者一旦认可了品牌传播的情感，就会建立一种比较牢固、稳定的关系，形成品牌忠诚。

案例 5-3

创维健康电视的品牌定位

2000 年到 2001 年，是中国彩电业异常艰难的年代，价格大战后的国内彩电市场一片萧条，城市 100% 的市场占有率预示着城市主力消费群的严重消退，而农村市场由于农民收入增长缓慢而迟迟难以启动，彩电年度全线预亏将国人对彩电业的信心降至冰点，信息产业部官员甚至坦言，彩电业如继续在低层次的价格上竞争将有可能导致全线崩盘的危险。就是在这样惨淡的背景下，创维健康电视横空出世，而且从它一诞生就一发不可收，浩浩荡荡成就了中国彩电业辉煌的健康时代。创维的成功有多种因素，准确、清晰、差异化的品牌定位策略功不可没。

1. 概念“涅槃”

2000 年 5 月，经过创维集团研究中心的通力合作，创维推出了当时最高水准的逐行扫描高清晰彩电，即后来的“健康逐行王”。这款彩电具有高清晰、逐行扫描（60Hz、100Hz）两种制式、VGA 接口，属彩电业当时国内顶尖级产品。捧着这款彩电骄子，创维集团董事长黄宏生先生并不轻松，因为中国的消费市场是如此之不成熟，任何高端产品要想被消费者认同其难度并不比复杂的研发工作简单。当时的蓝火创维品牌组经过深入的市场概念的提升，寻找到了市场的兴奋点，将产品的功能点向市场概念高度浓缩。

100Hz 逐行扫描——技术层面的重大突破

好电视能有效地保护消费者的视力——给消费者带来切实的利益点

给消费者以健康的娱乐方式——心理层面的感受

健康电视——技术与消费者感受的完美结合

得出健康电视的概念后，“创维”像掘到了第一桶金，兴奋异常。健康电视刚一提出，也让黄宏生董事长大为高兴。当时的家电行业出现了不少类似的概念，但由于这些概念与消费者的直接关联度偏弱，加之包装手段不够系统，产生的现实效果并不理想。海信曾提出环保电视，但环保是一个大社会概念，与个体消费者的直接关联并不强；新飞提出了绿色冰箱，但由于绿色概念太泛而未能对消费者产生巨大的影响力。健康的概念就完全不同了，这是关系到每个消费者切身利益的真实而贴切的概念，特别是视力健康，它不会流于空泛；同时，由于技术的支持，这个概念又禁得起考验，这确实是一次市场概念提升、突飞猛进的跨越。

有了清晰的品牌定位，如何让消费者认知，这依然是一个让人头痛的难题。

“如果能够让权威机构对这个市场概念进行认证，并确认创维电视就是健康电视，一定会取得良好的预期效果！”于是，中华医学会、中华视力保护中心、中华预防医学会等半官方色彩的行业组织进入了“创维”的视野。经过与中华预防医学会的深度沟通，恰逢该协会正在向全国推广“健康金桥工程”，于是一个由中华预防医学会提供认证，创维提供全力支持的创维健康电视顺利诞生！

2. 广告大餐

拥有良好资源的创维集团期待着一份像样的广告大餐，当时蓝火品牌组不负众望，在广告运动中精品迭出、华章不断，将健康电视资源运用到极致。

(1)影视聚焦。延续过去的品牌广告元素，用童真无忌的语言推出经典广告语“不闪的才是健康的”，将创维鲜活的品牌形象与产品技术特点活灵活现地表现出来。同时，广告中运用曲线对比的手段，直接说明创维电视出色的护眼效果。中华预防医学会醒目的健康认证在广大消费者中形成了强烈的认同，影视广告的密集投放，使创维电视迅速占据了健康概念的制高点，一时间创维电视成为健康电视的代名词。

(2)终端谋略。在彩电终端大面积运用绿色作为主色调是创维集团的首创。在这之前，家电业终端一般多采用蓝色，这主要是基于对西方家电业普遍采用蓝色的一种模仿。创维呼应健康概念，创造多种终端表现形式，大胆起用绿色主色调，在行业内独具一格、独显风采。

(3)特色户外。用手势语言和特定的LOGO传递商品概念也是创维健康电视的一大创造。特色户外成为创维健康电视一种独特的符号语言。

(4)报纸、杂志的运用恰到好处，网络广告的互动投放也收到了良好的效果。创维经过深思熟虑而推出的广告大餐，推动了彩电业乃至家电业健康时代的早日到来。

3. 缜密推广

2000年7月至2002年底，是创维人公认的“健康推广年”。创维为了塑造自己作为健康电视发起人的领袖角色，始终高举健康电视大旗不动摇，以迅雷不及掩耳之势在全国各地展开缜密的市场推广。

(1)终端互动促销，比比哪个更健康。据权威统计，有70%的消费者在销售点才决定购买什么品牌,终端促销的互动性非常重要。创维健康电视通过消费者的深度参与,用现场展示增加消费者对健康电视的了解,在终端设立了专门的展示样品,并用手势对普通电视与健康电视进行比较,让消费者获得对产品的感性认识,从而推动产品现场的直接销售。

(2)联合促销——购创维健康电视,送10亿元健康保险。2001年元旦,在央视、湖南卫视、全国150家地方报纸的强势出击下,创维联合中国太平洋保险深圳分公司,再掀健康强劲风暴,开展以"购创维健康电视,送10亿元健康保险"为核心的联合促销攻势。促销期间,消费者购买一台创维健康电视,就可获得一份保额为8万元的健康保险。这一促销方式的推出立刻在业界与消费者中引起强烈反响:一方面,从健康电视到健康保险都是在宣传健康的概念,在理念上达成共识;另一方面,以保险进行促销在当时市场上颇有新意,使促销从简单的买一送一走向了对消费者的人文关怀。另外,通过健康概念和促销方式的推广,加深了创维健康电视深入人心的程度,在品牌层面形成了巨大的无形资产的积累。

4. 品牌效应

创维健康电视的推广在品牌层面上也收到了意想不到的效果。

首先是健康电视与创维品牌的关联。通过跟踪了解,绝大多数消费者将健康电视与创维之间画上了等号。尽管跟进者如海尔的宝得龙护眼电视、康佳的柔性电视后来也在推出健康概念,但相对于创维而言,他们与品牌之间的关联明显偏弱,充其量也只是其产品系下的一个品类,创维则开创了一个崭新的电视门类。

其次是符号语言的应用。为推广健康概念,创维创造性地运用了许多符号语言。比如,动画人物的电视LOGO,郑伊健的手势语言,小童星的手势语言等都形成了创维与其他品牌的健康区隔,品牌的符号特征得到了发挥。

健康电视对企业的观念塑造起到了推波助澜的作用。通过健康电视的推广,在创维集团内部形成了健康、积极向上的风气。创维集团健康向上的风气对品牌形象的再造具有重要的推动作用。

案例来源:"创维健康电视:引领彩电业健康时代",品牌世家:http://www.ppsj.com.cn.

思考题

1. 定位理论提出的背景与基本观点是什么?
2. 如何理解品牌定位的含义?

3. 品牌定位的意义与价值何在？
4. 品牌定位的运作流程是怎样的？
5. 品牌定位的决策程序有哪些？
6. 品牌定位效果评估的方法与测量工具有哪些？
7. 哪些产品定位方法需要改进后方可应用于品牌定位？
8. 品牌定位有哪些主要的方法？

第六章　品牌认同策略

第一节　品牌认同概念

品牌不是冷冰冰的、拒人于千里之外，而是围绕在消费者周围、与消费者一同生活的“人”，它有自己的形象（品牌形象）、有自己的性格（品牌个性），甚至有态度、有主张、有理想、有信念、有情绪、有情感，品牌以自己的行为（市场行为）实践着自己的价值标准，在市场诸多的声音中努力向消费者表达自己的诉求，试图获得目标消费群最大限度的接受和认可。品牌认同体现了消费者对品牌的偏爱与忠诚程度，这一概念使营销者认识到，品牌的确认与构建不能只是营销者的一厢情愿，它必须与消费者达成一致的默认才能够深入人心。

一、品牌的“人际关系”

“只管去做！”

“一切皆有可能！”

“没有愈合不了的伤口。”

“成长难免有创伤。”

我们可以设想一下，当一个人处于情感或事业的低潮，面对困境不知所措，面对抉择犹豫不决时，他身边的朋友会说什么来安慰他、鼓励他？也许上面的广告语所传达的内容会经常提到。品牌对于消费者来讲就是一种陪伴，就如同我们身边的一个个生动、具体的“人”，品牌与消费者之间的关系，可以说也是一种“人际关系”。

（一）愈加孤独的消费者

一个不可否认的事实是，生活在现代社会中的人正在面临越来越强烈的焦虑感、失落感，这在很大程度上归结于社会个体之间的人际交往日益减少，现代人的社会关系不如以前那样密切。这种现实状况是由多种原因造成的。

首先，我们所处的社会在不断的变动之中，人们所面对的环境每一天都是新的，每一天我们都需要重新调整来适应新的生存环境。新环境所带来的焦虑感如影随形，不信任、怀疑、警惕、防备的心理在社会中蔓延，人们都如同蜗牛一样蜷缩在自己的壳里，小心翼翼地避免受到外界的伤害。

其次，社会家庭结构出现了小型化的趋势，以血缘关系为基础的传统人际关系网正在日趋萎缩。就我国的情况来看，家庭结构已经进入了“421”的时代：两对祖父母、一对中青年夫妇、一个孩子。独生子女的家庭成为主流，甚至放弃生育的丁克家庭也为数不少。以往错综复杂、筋骨相连的血缘关系和宗族关系不复存在了，社会成员的归属感和自我认同程度在降低。

再次，大众传媒的发达也是人际交往减少的一个非常重要的原因。我们可以回想一下，在电话、网络发明之前，人与人之间的信息交流需要传播者和接受者双方面对面的口语传播，没有大众传播媒介参与的传播行为为人际交往创造了更多的可能性。而现在，借助大众传媒的帮助，信息可以在千里之外瞬间传达给接受者，人们只需要在电话的一端对着话筒说话，或者坐在显示器前操作鼠标和键盘就可以了。大众传播媒介在缩小世界地理距离的同时，却拉大了人与人之间的心理距离，人们在享受无与伦比的方便与快捷的同时，却使彼此变得更加陌生和疏离。除此之外，大众传媒还占据了现代人大部分的闲暇时间，消费者孤立地生活在媒介所构筑的狭小空间里，甚至日常生活的必需品都可以通过大众传媒和物流体系来得到满足。

（二）品牌：虚拟的人

品牌填补了人际关系缺失留下的真空，消费取代了人际交往的大部分职能，消费为人类提供了更加容易获得、更加廉价的满足感。“品牌是一个虚拟的人”，“品牌即人，人即品牌。把品牌当人看是了解品牌的最简单的方法。人有人格，品牌有品格；人有性格，品牌有个性；人有思想，品牌有内涵；人有脸面，品牌有表象；人有疾病，品牌有危机，也需要经常进行体检。”①现代品牌理念越来越关注品牌的人格化，品牌在消费者心目中不再是抽象的、不可感知的，人们对品牌的感觉与情感愈加丰富起来，品牌作为一个虚拟的人逐渐丰满清晰起来。品牌不仅有自己的品格、个性、内涵、表象、风格、气质、价值、文化表现，而且还作为消费者人际圈层中的家长、亲属、密友、同学，支持者、领导者、建议者、鼓励者等身份和形象出现，总是以各种面目和角色试图向消费者传达自己的某种诉求和主张。

一个品牌就是一个人。国内外学者从各自角度对“品牌是什么”这个问题进行了各种各样的阐述，当我们把人与品牌进行比较时，品牌“人”的属性便可以清晰地显示出来，对于品牌理解和运作将更加趋于简单化和操作化。表 6 - 1 是人的“人格”与品牌的“品格”之间的对比②：

---

① 张红明. 品牌人格化——品牌价值实证研究[M]. 武汉：华中科技大学出版社，2007：8.

② 曾朝晖. 品牌 15 步法则[M]. 北京：中华工商联合出版社，2004：3.

表6-1 品牌人格谱

品牌线	人格	品格
成长线	姓名	品牌名称
	年龄	品牌历史
	籍贯	品牌出生地
	教育	品牌内涵
	性格	品牌个性
	外貌特征	品牌形象
事业线	信条	品牌口号
	规划	品牌战略
	专长	品牌定位
爱情线	初识	品牌知名度
	好感	品牌美誉度
	忠诚	品牌忠诚度
	故事	品牌联想
家庭线	家庭结构	品牌格局
	遗传基因	品牌核心价值
	兄弟姐妹	兄弟品牌
	子女	自品牌

我们不难发现，任何品牌都可以作为一个人归入表6-1的品牌人格谱中。事实上，现代市场营销行为中将品牌人格化的做法已经十分普遍。品牌与消费者的生活融为一体，"他们"无时无刻不在向消费者施加着自己的影响，从我们每天做的第一件事——睁开眼睛开始，品牌便伴随我们的衣食住行，我们没有办法停止消费，也没有办法将品牌从我们身边剥离出去。不仅如此，品牌所代表的价值、观念，所表达的情感、情绪和体验，时刻在告诉消费者"生活是什么"、"该如何更好地生活"。

例如，在邦迪创可贴的广告中，邦迪不再仅仅是治疗身体伤口的药品，邦迪化身为抚慰成长伤口和情感创伤的"心灵鸡汤"。邦迪截取了青少年"成长难免有创伤"——成长过程中使他们遭受痛苦、失落、困扰、无助的生活片段：孩童时不能买到自己心爱的玩具（图6-1），与小伙伴怄气（图6-2），暗恋的人和别人在一起（图6-3）。虽然这些片段在成年人看来不算什么，甚至回过头看看可能还有点幼稚、可笑，但在孩子和青少年眼里却是天塌般的遭遇。邦迪以一个睿智、友善、慈祥的长辈或朋友的身份告诉他们，生活就是这样，人们不能像小孩子一样期盼事事如意。“成长难免有创伤”，而只有经历并愈合了这些创伤，我们才算是长大成人。

图6－1　邦迪“成长难免有创伤”广告之一

图6－2　邦迪“成长难免有创伤”广告之二

（三）培养关系，强化认同

相互认可与接受是人际关系的基础。同样，对于品牌与消费者之间的关系而言，消费者的品牌认同感是这一关系的基础。品牌不单是一个商标、一个符

图6-3 邦迪"成长难免有创伤"广告之三

号、一句口号,"品牌是存在于你头脑中的某些东西,它是与消费者紧密相连的产品或服务的承诺。无论是文字、形象或情感,抑或这三者的结合,品牌是一种精神联系"①。如果消费者对品牌的形象、性格及其所代表的价值持否定态度,那么品牌就无法在消费者的心智中占据一个属于自己的位置。

生产者所提供给市场的是有物理属性和使用价值的商品,而消费者购买的却是有情感归属的品牌,消费者的品牌认同决定了他们是否会重复购买某一产品或品牌,培养消费者的品牌忠诚度的第一步就是强化认同感。顾客很容易在竞争品牌的诱导下失去主张,他们可以选择的产品与品牌实在太多了,维持较高的品牌忠诚度是非常困难的,消费者更换品牌的前兆,便是他们对品牌所体现的价值给予否定以及由此带来的品牌认同感的丧失。一旦这种情况出现,品牌距离被抛弃的命运就不远了。

二、品牌认同的概念和内涵

对于品牌营销者来讲,他们期望的是顾客能够持续不断地重复购买产品,希望不断有新的顾客加入到品牌的忠诚者群体当中去,这需要营销者通过各种手段来强化品牌的认同度。没有人愿意和不爱的人步入婚姻的殿堂;同样,也没有消费者愿意购买他们所讨厌的商品。成功的品牌无一例外都是能够给顾

---

① 【美】艾伦·亚当森.品牌简单之道:最佳品牌如何保持其简单与成功[M].北京:中国人民大学出版社,2007:4.

客带来认同感和满足感的品牌。

我们可以在此对品牌认同作出一个定义性的描述：所谓的品牌认同是指品牌所依附的产品与符号，品牌所构建的形象与个性，品牌所代表的价值、态度和观念，品牌所传达的情感、情绪和体验，在消费者和公众那里所获得的理解、评价、接受和认可；品牌认同度是品牌营销者的品牌意图与消费者、公众的认知状况之间的契合程度。我们进一步从以下几个方面来理解品牌认同这一概念的内涵。

（一）品牌认同的主体

品牌认同行为的发生者就是认同的主体，主要是指消费者和公众。消费者的品牌认同直接决定了他们的消费行为，它是衡量品牌形象塑造是否成功、品牌定位是否准确的标准，从这个意义上说，品牌认同是品牌传播效果的一部分。公众也是品牌认同的主体。公众概念可以细分为融资公众（银行、证券、股市、基金组织等）、媒介公众、政府公众、社团公众（社会团体、协会组织、公益组织、检测和评价机构等）、社区公众和内部公众。大部分公众并不是品牌的直接消费者，但是公众的品牌认同仍然是至关重要的。公众通过对信息传播过程的参与，可以极大地改变消费者的情感和认知；不仅如此，公众还是企业所面临的市场营销环境的重要组成，影响和制约着企业目标的实现。

媒介公众的品牌认同具有决定性的影响。媒介是消费者获取信息、评估品牌的重要渠道，人们对品牌的认知大多数情况下是借助媒介实现的，媒介信息左右了消费者对品牌的态度和情感。强化媒介公众的品牌认同在任何时候都是必要的，尤其是在品牌面临着巨大的危机时，争取和强化媒介公众的品牌认同是消除负面影响、重建品牌信任的首要举措。

2008年9月，中国老牌奶制品企业三鹿集团被推上了生死的悬崖：三鹿婴幼儿配方奶粉被投诉存在严重的质量缺陷，南京、广州、长沙、兰州等地出现多起儿童肾结石病例，病因被怀疑是幼儿经常食用三鹿奶粉所致，随后三鹿奶粉被检测出含有三聚氰胺。三聚氰胺是一种重要的有机化工中间产品，主要用来制作三聚氰胺树脂，不法奶农和厂家将它溶解到牛奶中用来提高牛奶的蛋白质含量。有网友爆称，三鹿为扭转局势发动危机公关，以300万元的广告投放请求百度屏蔽三聚氰胺事件的搜索[①]。然而，三聚氰胺事件已经超出了企业能够运作、周旋的空间，全国范围内的儿童肾结石病例爆发将事件推向了不可挽救的地步。媒介关于三鹿品牌的质疑和批评铺天盖地，三鹿的媒介公众品牌认同降到了最低点，各地退货、索赔的风潮使三鹿雪上加霜。三聚氰胺事件显示了

---

① 网易科技：http://tech.163.com/08/0915/12/4LSNPQ1N000915BF.html.

媒介的品牌认同与消费者品牌认同之间的互动，媒介公众的品牌认同是消费者品牌认同的反映。

（二）品牌认同的内容

我们可以将品牌认同的内容归纳为产品认同、生产者认同、使用者认同、符号认同和价值认同五个类别。这里我们先来初步了解符号认同和价值认同，品牌认同的具体内容我们在下一节进行专门论述。

1. 符号认同主要是指品牌的识别系统，“一个成功的符号（或标志）能整合和强化一个品牌的认同，并且让消费者对于这个品牌的认同更加印象深刻。在品牌的发展过程中，如果有这样的符号或标志，对于品牌的建立将会有举足轻重的影响，但是如果没有这样的符号标志，则将会严重阻碍品牌的成功”①。例如，提起“耐克”我们就会联想到它著名的勾形标志，提及“阿迪达斯”就会想到三叶草标识，而“麦当劳”则是以它的黄色 M 造型为消费者所熟知。

2. 价值认同是指消费者对品牌所代表的价值、观念、态度以及情感、情绪和体验的认同。品牌的价值认同是品牌附加值赖以存在的基础，品牌能够给消费者带来超越产品本身的心理利益和情感满足，主要归功于消费者对品牌的价值认同。创造价值认同是品牌经营的主要任务，品牌价值认同可以在高度同质化的市场条件下形成差异化的品牌形象，增进消费者与品牌的情感联系，促使消费者对品牌产生消费偏爱。因此我们可以看到，在许多广告中并没有直接诉求商品的质量、性能、款式和品质等物理属性，而是将品牌与特定的价值观念和情感体验联系在一起，以此强化消费者对品牌的价值认同感。例如，陈道明在利郎商务男装的广告片中将利郎品牌与“简约而不简单”、“忙碌而不盲目”、“放松而不放纵”等商务人士的生存哲学融为一体，这些理念是对利郎品牌价值的提升，持有这种生活理念的消费者将会对利郎品牌产生极强的认同感。

（三）品牌认同度是营销者的品牌意图与消费者认知状况的契合程度

首先，品牌认同是一个信息传播、积累的过程，营销者通过系统、有计划的信息传播，以品牌接触的方式不断修正消费者头脑中的品牌样式，这一过程中伴随着消费者对品牌认同的不断加强。

其次，营销者的品牌意图与消费者的认知状况存在差异。如果说，品牌意图是品牌的“主我”，即营销者期望品牌是什么，那么消费者的认知状况就

---

① 【美】大卫·艾克. 品牌经营法则[M]. 呼和浩特：内蒙古人民出版社，1999：54.

是品牌的“客我”，即消费者心目中的品牌是什么。营销者所制定的品牌形象、品牌性格、品牌定位策略只是他们所设定、所期望的“品牌是什么”，而在消费者心目中品牌则是多样的、自我的、私人的，每个人对品牌的理解都不可能完全相同。

品牌认同追求的是营销者的品牌意图与消费者的品牌认知最大限度的契合，希望消费者能够更“乖”一点，按照营销者的设计来理解、认可、接受品牌。不过，事实并非总是如人所愿，消费者对品牌的认同可能存在一定的误差，甚至存在否定品牌的情况。此如，在家电市场，几乎大多数品牌都强调产品的节能环保特性，但真正能让消费者认同的品牌只有少数的几个；每个品牌都强调自己的优质服务，但真正备受赞誉的品牌却只有海尔、美的等少数品牌，正是品牌认同使其获得了更强的竞争力。

当然，并非所有的品牌认同误差都是坏事，消费者的认知偏差如果可以经过合理的纠正或迎合，同样能够为企业赢得新的消费市场。强生（Johnson & Johnson）被消费者认为是一个婴儿用品的品牌，同时消费者还认为强生的产品既然适合皮肤更娇嫩的婴儿，那么对成年人就更不会产生伤害和刺激了。消费者的这种认同并非是企业刻意造成的，而是他们的“自行推理”出来的，这给强生进入新的细分市场创造了机会。强生在坚持儿童定位策略不变的同时，也在广告、营销组合等方面对消费者的认知误差给予迎合，趁机扩大了产品的目标消费群。比如，强生在对婴儿洗发精的推广中，先诉求“Best for Baby（宝宝用好）”，突出介绍它的“无泪配方”，然后又诉求“Best for You（您用也好）”，强调它的“性质纯净温和，不刺激头发”。这一策略被扩展到婴儿肥皂、润肤油、爽身粉等产品，帮助强生在成人市场上取得一席之地。在强生婴儿牛奶沐浴露的广告中我们可以看到妈妈的肌肤与婴儿同样娇嫩，广告语不断暗示强生是“妈妈和婴儿共同享有的秘密”：

> “我俩的悄悄话；我俩的嘟嘟嘴；我俩的滑溜溜。强生婴儿牛奶沐浴露，天然牛奶蛋白，加上维生素 E 精华，给肌肤深层滋养的美妙感觉，一寸寸展现婴儿般幼滑。我俩的肌肤，我俩的幼滑，强生牛奶沐浴露。”

（四）品牌认同来自于消费者的品牌接触

环顾我们身边的人，我们对家人、亲属、朋友、同事的判断来自于我们对其信息掌握的丰富程度，认识、了解乃至认同一个人最好的办法莫过于与其多接触、多交流。品牌认同的产生也是如此。整合营销传播思想倡导，“一切接触即传播”，接触的目的在于信息传递，只有通过接触消费者才能够消费产品、感知品牌、体验文化，消费者在与品牌接触的过程中形成了品牌关系。“优秀的品牌传播信号其关键所在是，它应当准确建立起如你所愿的关联”①，这种关系着眼于品牌认同和品牌忠诚度的培养。

消费者接触品牌的“界面”有很多，实际上这些接触点是企业传递品牌信息的渠道，我们大致上可以将这些信息渠道划分为四类。

经验来源——个人的消费经历得到的经验和体验，是最为直接、最为生动的品牌接触。

人际来源——家庭、邻居、朋友、同学、同事等人际交往圈层的信息传播，是可信度较高的品牌接触。

公共来源——社会公众、公共机构、公益组织所传播的信息，如大众传播媒体的报道、消费者权益协会的公告、政府的检验报告等。

商业来源——品牌广告、公关、推销、促销，中间商活动、售后服务、包装、橱窗展示、产品展览等所传达的品牌信息。

确立品牌认同需要尽可能增加品牌与消费者的接触点，最大化地引导消费者关注、体验品牌，同时要避免浪费任何一个接触机会，不在任何时刻、任何场合给消费者留下负面的印象。

（五）品牌认同：主观价值大于事实真相

我们看到过太多的案例，产品本身并没有什么问题，甚至在性能、质量、价格等方面优于同类的产品，然而在市场上却得不到消费者的青睐。越来越多的事实证明，消费者的决策不是按理性出牌的，他们更多的是按照自己的主观感受进行消费，而不是依据产品的事实和真相，“大多数消费者会认为白色亚麻香水质量高、价格贵，但是同一种香水如果在没有品牌标志的瓶子里，即使香味没有什么两样，也很有可能被认为质量较差”②。

这一点主要是由产品的同质化趋势造成的。产品在功能、材质、工艺、特性、成本等方面差异已经越来越被缩小到可以忽略不计的程度，品牌差异取代产品差异成为识别生产者和产品的最主要标志。品牌所带来的心理利益和情感附加值，促使感性因素成为品牌选择时的主导因素，消费者不会对枯燥的事实和数据产生亲近感，最佳品牌必须在情感层面而非理性层面与消费者建立联系。从品牌认同的内容看消费者的主观价值，比产品的使用价值更能获得品牌认同，善于在情感方面迎合、讨好消费者的品牌更容易成功，市场上从来不缺乏好的产品，缺乏的是对消费者有吸引力的品牌。

---

① 【美】艾伦·亚当森．品牌简单之道：最佳品牌如何保持其简单与成功[M]．北京：中国人民大学出版社，2007：49.

② 【美】加力·阿姆斯特朗，菲利普·科特勒．科特勒市场营销教程[M]．北京：华夏出版社，2004：324.

案例 6-1

Hello Kitty 品牌的人格特征

1. 芳龄 30 有余的 Kitty 猫

从 1974 年日本三丽鸥公司(Sanrio 株式会社)的设计师清水侑子第一次将系蝴蝶结的白色 Kitty 猫放在钱包上开始，这只圆圆的脸蛋、没有嘴巴、左耳上系着一个蝴蝶结，还有一截小尾巴的小猫，到今年已经 34 岁了，但在全世界众多 fans 眼里，她是永远长不大的小可爱。

Kitty 猫诞生于 1974 年，当时三丽鸥公司预定推出一款小钱包，希望上面的图案能设计出一个崭新的人物。而 Kitty 的第一代设计师清水侑子在设计之初想到小孩子喜欢的动物，不外乎小熊、小狗和小猫而已，由于前两者早已推出过，因此她便决定采用最喜欢的猫咪了，从此这只系上红色蝴蝶结的小白猫便出现在钱包上，并逐渐成为世界级的商业卡通形象。

Hello Kitty 是日本在全世界最成功的商业卡通之一，她的母公司三丽鸥(Sanrio)年销售额约 1 000 亿日元，其中一半多是挖掘 Hello Kitty 这座金矿得来的，仅她的品牌特许费每年就能收益 150 亿日元。Kitty 猫每年为版权所有者三丽欧公司创造 5 亿美元的利润，同时也为获得授权使用其形象的公司赚取了几十亿美元的收益，三丽鸥向日本超过 500 家公司以及海外的数百家企业进行了授权。这个可爱猫咪形象被印在 2.2 万种不同的产品上(见图 6-4)，畅销 40 多个国家。除了酒、香烟、枪支之外的每一种可以想象的产品，小至贴纸、笔、笔记本、衣服、玩具、手表、杯子、盘子、筷子、手机、烤面包机、垃圾桶，大至电脑、跑步机、汽车，甚至是可以让人们置身其中的冒险主题乐园，都可以看到 Kitty 的身影。

图 6-4　Kitty 猫及其衍生品

Hello Kitty 与其他风靡世界的卡通形象的不同之处在于，相比机器猫“哆啦 A 梦”、加菲猫、SNOOPY（史努比）、Winnie Pooh（维尼熊）、唐老鸭、米老鼠等，她只是纯粹的商业符号，没有任何电影或漫画、图书、故事的支撑。然而，Kitty 猫却获得了全世界各阶层和各年龄段消费者的喜爱。Hello Kitty 的开发与推广没有特定的战略，甚至没有采用市场调查等最普通的市场营销方法，成为市场营销中另类成功的范例。

30多年来，这只没有嘴巴的小猫继续微笑着，成为孩子们尤其是女孩儿们最令人放心的伙伴和榜样；当一代女孩长大成为母亲后，依旧会和她的女儿一样，继续喜欢这只猫。Kitty猫赋予了消费者无穷想象的空间，容许人们将自己的情绪投射到Kitty猫身上。你今天想Kitty猫是快乐的，她就是快乐的；若是你今天心情不好，Kitty猫就是忧郁的。这种角色替代，容易让人感觉她是亲密的伙伴。

Kitty猫满足了所有人的童趣心理，寄托了我们“永远不要长大”的梦想。在城市化的今天，其实不仅在日本，全球都市人都普遍面临人际关系逐渐出现的隔阂疏离，有越来越多的城市新生代变得孤僻，不愿意和其他人交流，而机器、玩具变成他们倾吐心声的对象。所以，Kitty猫不单单可以虏获小孩儿的心，大人甚至是老年人都会爱上她。Kitty猫对消费者似乎有多方面的影响力，对儿童来说，她是一个可爱的玩具；对成熟女性而言，Kitty猫有怀旧情结，令人回想起童年的纯真；对父亲而言，顺从孩子的购买愿望可以显示父亲的爱。也就是说，相同的产品，吸引的却是不同的年纪、品位、风格、愿望的人，使得不同年龄的人纷纷加入购买的行列。

2. Hello Kitty的人际关系谱

对于她的Fans来说，Kitty猫不是虚拟的，她是真实存在的，她就在我们的身边，呼吸着和我们一样的空气，生活在同一个空间，甚至她比我们身边的人都更加看得见、摸得着。

表6－2　Hello Kitty档案

Hello Kitty档案	
中英文名	凯蒂猫(KittyWhite)
昵称	Hello Kitty
性别	可爱的小女孩儿(漂亮的小女生)
生日	1974年11月1日
星座	天蝎座(和原创作者相同)
血型	A型
出生地	英国伦敦
身高	5个苹果高
体重	3个苹果重
家庭成员	妈妈，爸爸，双胎妹妹
性格	开朗活泼，温柔热心，调皮可爱，喜欢交朋友
专长	最擅长打网球，钢琴也弹得非常好

续表

Hello Kitty 档案	
中英文名	凯蒂猫(KittyWhite)
最拿手厨艺	欧洲田园风手制小饼干
最喜欢的事物	喜欢听童话故事,收集各式各样美丽可爱的小装饰品,有糖果、小星星、小金鱼,尤其以蝴蝶结为最多,喜欢和许多好朋友一起到公园或森林去玩
最喜欢的食物	妈妈亲手做的苹果派和镇上面包屋叔叔的爱心面包
最喜欢的科目	英语及音乐
最佳的代步工具	粉红色的三轮脚踏车
最有魅力的重点	全身上下充满可爱气息的 Kitty,最有吸引力的地方是左耳上系着红色蝴蝶结,还有一个圆圆的小尾巴
最喜欢的颜色	红色,是和她的蝴蝶结一样的颜色
最喜欢的服装	总喜欢穿着男性化的工人裤,但有时有会穿着美美的连身裙和洋装
最甜蜜的梦想	跟丹尼尔(男朋友)在一个浪漫的海边小教堂结婚

在 Kitty 迷的世界里,她住在英国伦敦近郊小镇的红屋顶小白屋里,小白屋是两层高的平房,离伦敦市中心(泰晤士河)20 公里。小镇上约有 2 万多人口,祖父母居住在附近的一个森林里,只要一天的时间就可步行过去。放假时,爸爸会开车载着家人一起去探望爷爷奶奶。Kitty 的学校位于伦敦市,离家 4 公里。Kitty 每天都乘坐巴士上学,只需过 3 个站即可到达。令其他卡通形象羡慕的是,Kitty 还有一个令人羡慕的男朋友。

图 6-5　Kitty 猫的家人,依次是爸爸、妈妈、爷爷、奶奶、妹妹

表 6-3　Hello Kitty 人际关系谱

Hello Kitty 人际关系谱			
	关　系	姓　名	描　述
家人	爸爸 Daddy	George White（佐治维特）	一个可靠且又有幽默感的好爸爸，十分重视家庭，非常疼爱小孩子，最爱抽大烟斗
	妈妈 MaMa	Mary White（玛丽维特）	一个慈祥的妈妈，充满爱心和温柔，她是全能的家庭主妇，喜爱种花、烹饪和布置房间，Kitty 最喜欢吃妈妈亲手做的苹果派
	妹妹 sister	咪咪（Mimmy）	Kitty 的双胞胎妹妹，她头上戴着粉黄色蝴蝶结，很讨人喜欢，个性很害羞，也很恋家，喜爱跟奶奶学习做手工艺，常常会幻想长大成为一位幸福的新娘子
	爷爷 Grandpa	Antony White（安东尼维特）	一个很有学问的爷爷，曾去过很多地方旅行，很爱画画，常戴着画具到处去画画，经常说好听的故事给 Kitty 和 Mimmy 听
	奶奶 Grandma	Magaret White（玛家烈维特）	最会做好吃的布丁，平常喜欢坐在摇椅上作手工艺和刺绣
朋友	姓名		描述
	小老鼠裘依（Joy）		身手敏捷，最爱玩花绳，好奇心很强烈
	白兔姐姐凯西（Kathy）		很懂事，且会关心别人
	小熊提比（Tippy）		偷偷暗恋 Kitty 很久，很想当她的男朋友照顾她
	泰迪小熊（Tainiy Chan）		因为爸爸到纽约工作而住在 Kitty 家中，与 Kitty 有情同手足的感情
	小狗裘弟（Judy）		很喜欢看书，是一只聪明绝顶的小狗
	小浣熊罗立（Rory）		有一个毛茸茸的大尾巴，常把森林的秘密告诉大家
	狸猫小子（Terence）		常常惹出一堆麻烦
	小绵羊菲菲（Fifi）		头脑清楚、口齿伶俐，总是有忙不完的事
	提姆和提米兄弟（Tim&Tammy）		由于常跟 Kitty 一起玩耍，因此也成为很好的朋友
	小地鼠摩立（mory）		很害羞，不敢接近陌生人，常常待在 Kitty 家的庭院
男朋友	丹尼尔·史塔（Daniel Star）		精力旺盛，爱干净、会打扮的男孩，会因小小的事情而深受感动，是位感情丰富的男孩

3. Hello Kitty 的品牌认同

Kitty 猫征服了各个年龄段的消费者，更为难得的是，不同国家和地区、不同文化背景、不同收入群体的消费者都一定程度上保持了对 Kitty 品牌消费的忠诚。Kitty 猫之所以能够成为风靡世界的流行符号，主要得益于消费者的品牌认同。面对日益加大的生活和工作压力，身处愈加复杂的人际关系中，承受着越来越磨灭创造性的工作状况，充满对未来的不确定感和对现实的焦虑感，这一切使得很多青年人尤其是女性，非常怀念童年时期简单纯真、充满梦想的心态。Kitty猫则为我们提供了一种方式，让我们重返童年时代，以纯真的情绪面对这个世俗、世故的世界；Kitty 承载了时下典型的"可爱"文化，这种文化给现实生活披上一层情绪化和理想化的外衣，她为消费者提供了一种"可爱"的标签。

案例来源：根据百度百科、Hello Kitty 网站，叶翀："品牌与文化：Hello Kitty 的成功"等资料改编。

第二节　品牌认同内容

世界上最成功的广告公司之一——奥美广告公司（Ogilvy & Mather）对品牌的概念有着一套自己的独特理解：所谓品牌是消费者与产品之间的关系，消费者才是品牌的最后拥有者，品牌是消费者经验的总和。在当今异常激烈的市场竞争中，每个品牌背后的经营者都在期望与消费者达成一种共识和契约，期望自己的品牌理念和主张能够得到消费者的信奉，稳定而频繁地消费产品。而在消费者达成与品牌良好关系之前，企业必须了解他们的欲望和需求，通过各种渠道展开消费者对于品牌认同的信息传播和劝服活动。品牌认同的内容可以划分为五个层次：产品认同、生产者认同、使用者认同、符号认同和价值认同。

一、产品认同

产品是所有通过交换满足消费者需求和欲望的因素与手段，产品既是有形的物品又可以是无形的服务。产品认同是指消费者对产品的使用价值、物理属性以及相关期望内容的认同，具体包括产品的质量、品质、功能、特性、价格、款式、材质、产地、工艺、外观和包装等，还包括与消费行为相关的服务、保证、承诺、说明、咨询、培训和相应的配件、辅助产品等。产品是实现品牌所有价值的基础，没有产品的品牌无异于空中楼阁。因此，产品认同是品牌认同体系的第一个层级，消费者从接触产品开始了认知和体验品牌之旅。

消费者的产品认同体现在他们对产品的物理属性、使用价值方面的偏爱上。产品最终是要用来消费的，产品自身性能、品质与质量的保证是顾客产生品牌认同的基本条件。许多公司坚持向消费者提供可靠、稳定的产品，努力突出自己在产品方面的特色和优势，这使得它们比竞争者更容易获得消费者的信赖和认可。例如，早期的乐百氏纯净水在广告中诉求“27层”净化的概念；法国依云(Evian)矿泉水则强调产自法国阿尔卑斯山，“每滴皆经过最少15年冰川岩层天然过滤”；农夫山泉则承诺其所生产的水“取水自高山深层湖水，富含均衡矿物质，水质呈弱碱性，适合人体长期饮用”。为了保证每一瓶矿泉水的天然品质，农夫山泉先后投入了几十亿元在全国建立了五大水源基地(见表6-4)，生产过程中坚持“水源地建厂”、“水源地灌装”的原则，配合强大的广告攻势，农夫山泉的水质在消费者心中产生了很强的认同感。

表6-4　农夫山泉五大水源地

水源地	描　述
浙江千岛湖	中国面积最大的国家级森林公园，森林覆盖率94.7%，空气质量指数1级，水质达到国家一类水体标准。水中含有均衡的矿物元素，水质呈天然弱碱性、小分子团。农夫山泉取水自千岛湖水面以下70米深处
吉林长白山错草泉	长白山国际矿泉水保护区为世界三大矿泉城之一，农夫山泉取水自吉林靖宇错草泉，泉水涌自第四纪玄武岩裂缝，水龄长达2 500万年，水质举世罕有。水中含有丰富而均衡的天然矿物元素，水质呈弱碱性、小分子团，活性超强，具有显著的医疗保健作用
湖北丹江口	位于秦岭大巴山流域的湖北丹江口，有“中国水都”之称，举世瞩目的南水北调中线工程调水源头，国家一级水资源保护区。农夫山泉取水自水面下60米深处。水中含有均衡的天然矿物元素，水质呈弱碱性、小分子团
广东万绿湖	华南地区最大的国家级森林公园，绿化率达到98%，空气质量达到国家标准1级，水质达国家地表水一类标准，水质优异，含有均衡的天然矿物元素，水质呈弱碱性、小分子团
新疆玛纳斯	天山冰川是新疆最大的“固体水库”，天山冰川融水是世界上最优质的水源之一。农夫山泉取水于准格尔内陆区玛纳斯地下河床170米松散岩层源，此处的水发源于天山依连哈比尔尕山冰川雪融水。水中含有丰富的钙、镁、钠、钾、偏硅酸等人体必需的天然矿物元素，PH弱碱性

二、生产者认同

市场上的产品千奇百怪、五花八门，大多数情况下消费者并不是某个产品类别方面的专家，让他们依靠自身的知识和能力来分辨产品的好坏，找到可靠、值得信赖的产品是十分困难的事。品牌帮助消费者找到值得信赖的生产者，事实上，品牌是消费者和生产者之间的一种协议和契约，品牌是生产者向消费者提供的承诺和担保，消费者对生产者的认可和信任最终会被转移到产品和品牌上去。品牌的生产者认同是指消费者对产品和服务的提供者、商标拥有者的认可和接受，对企业的历史、文化、规模、管理、服务、价值、宗旨、信念、精神以及人员素质、创新能力、科技水平等方面的认知状况。

传统上我们认为，产品的生产者是从事“幕后工作”的，但现在越来越多的生产者倾向于站出来走向前台，更加主动地接触消费者，积极地向他们展示自己的文化和理念，生产者的面目更加具体、清晰，生产者的形象更加富有亲和力。“一家企业的属性，对于这家企业的形象也有直接的帮助。优越的技术、对环境的重视或是注重地方市场等企业属性，可能会让消费者产生好感、尊敬甚至是崇拜，进而对这个品牌有感情。而且，这样的情感出现之后，对于这个品牌所延伸出来的其他产品也会有很大的帮助”①。

拥有200多年历史的杜邦公司涉足全球化工、建筑、医药、纺织、家用建材、电子和能源等领域，杜邦在进入一个国家和地区开展业务时，十分注意同当地政府和民众建立友好的关系，强调杜邦所担负的社会责任，在为股东和社会创造价值的同时，尽量减少经营活动给环境留下的印记。1994年，杜邦全球首席执行官贺利得提出“零污染”、“零排放”的管理目标，倡导社会责任的“企业环保哲学”与企业的战略规划、经营活动结合为一体的管理理念。从1990年开始，杜邦设立“环保奖”，鼓励全体员工为保护环境做出自己的努力，“尽量不要在地球上留下脚印”——尽量少用不可再生的资源，尽量将所有排放物减少到最低限度，不对环境造成伤害。现在的杜邦已经与依靠化学工业和军火工业起家的财团形象划清了界限，摇身一变成为一个注重环保与科技，为人类共同的福祉而“创造科学奇迹”的现代化高科技企业。

同为跨国500强的GE（通用）公司借助“绿色创想”战略，成功地把GE包装成一个负责任的企业形象，而不是高高在上、剥削落后国家的跨国大鳄。美国东部时间2005年5月9日，GE公司董事长兼首席执行官杰夫·伊梅尔特（Jeffrey Immelt）宣布了GE的“绿色创想”计划。“绿色创想”是GE为应对更清洁高效的能源需求，减少废气排放等作出的承诺，且公司也可从中赢利。GE设想把一些独特的能源、技术和基础设施能力用于研发明天的解决方案，例如，太阳能、混合机车、燃料电池、低排放飞机发动机以及更轻、更坚固的材料、高效照明和水净化技术等。2008年6月，GE再次宣布：将扩展其“绿色创想”战略（见图6-6），承诺在2012年之前将公司全球用水量减少20%；2007年GE已经按照计划投资了11亿美元用于清洁技术研发，向2010年前实现“绿色创想”研发投资15亿美元的目标迈进了一步。2008年GE宣布，获得“绿色创想”认证产品的数目由45种增至62种，增幅达38%②。“绿色创想”战略赢得大多数消费

① 【美】大卫·艾格. 品牌经营法则［M］. 呼和浩特：内蒙古人民出版社，1999：52.

② 北青网. 用“绿色创想”创造利润和社会责任［OL］. http://bjyouth.ynet.com/view.jsp?oid=40862986&pageno=1

者的认同，GE 通过令人振奋的广告传播活动，使“绿色创想”战略深入人心，GE 被认为是一个重视环保、在环保技术方面具有优势的跨国企业。

图 6-6　GE 的“绿色创想”系列广告

三、使用者认同

品牌的使用者认同是现实消费群和潜在消费群以及社会大众对品牌消费者形象的认知状况，是对某品牌消费群的年龄、阶层、群体、身份、职业、收入、性格、价值观念和生活方式等方面的预想和判断。品牌的忠诚消费者喜欢用品牌来标榜自己，将自己同其他品牌的消费者区别开来，特别是当某些品牌具有较高的心理价值时更是如此。品牌是消费者的身份标签，它揭示了消费者所属的群体，有着什么样的价值观念，过着什么样的生活。

一方面，使用者认同是消费者对自我身份的体认，消费者眼中的"自我"是什么样的，这一点决定了品牌是否能够给顾客提供归属感，归属感的增加有助于培养消费者对品牌的情感依赖。无论多么成功的品牌，都只能吸引一部分消费者，没有一个品牌可以满足所有消费者的需求，试图讨好所有的人，结果往往是被所有的人抛弃。以中国移动为例，移动公司下属有三个子品牌：动感地带、神州行、全球通（见表 6－5），三个子品牌分别有着各自的顾客群体，三者互不重叠，互为补充。其中，动感地带的顾客群锁定为 16～25 岁的学生和年轻白领，他们基本没有收入（依靠家庭支付）或收入较低，消费观念超前，对新鲜事物感兴趣。他们崇尚个性、思维活跃、追求时尚，喜欢通过手机听音乐、玩游戏、上网络，对他们来说，发短信和通电话同样重要。动感地带的品牌塑造中强调了其客户群的归属感，包括聘请这一群体比较推崇的周杰伦、潘玮柏、S. H. E 青春偶像做代言人，在早期的广告传播活动中重点传播"我就是 M－Zone 人"这一概念，这些都有利于消费者对品牌使用者身份的自我认同。

表 6－5　中国移动三个子品牌的比较

品　牌	消费群	产　品	广告语	代言人
动感地带	"80"后，拇指一族，大学生和年轻的白领	资费低、地域性、增值服务多	我的地盘听我的	周杰伦、潘玮柏、S. H. E
神州行	普通百姓、打工族	资费低、充值方便	神州行，我看行，我相信群众	葛优
全球通	高端成功人士，精英阶层	费用高、附加服务	未来在我手中	王石

另一方面，品牌的使用者认同是社会大众对某品牌消费者的预想和判断，品牌代表了社会大众对某一群体的总体看法和印象。即便是买不起车的人也知道开劳斯莱斯车的人大概是怎么样的。劳斯莱斯还通过各种手段使这一印

象和看法进一步得到强化。比如，对购车者的身份和背景进行审查（购买者必须通过厂方对其身份、地位、文化教养及经济状况的综合调查）。劳斯莱斯还从车型和颜色上对购车者的身份、地位加以区分：黑蓝色的银灵系列卖给国家元首、政府高级官员、有爵位的人；中性颜色银羽系列卖给绅士名流；白、灰浅色银影系列卖给一般企业家、大富豪。

品牌使用者认同之所以能够产生，首先是因为商品和品牌在价格、档次、功能、材质、工艺、设计、款式和风格上的差异，但是随着商品同质化趋势的增强，这些方面的差异已经微不足道了。形成品牌使用者认同更为重要的原因，在于营销者对品牌附加值的创造，经过精心设计、策划，长期的传播积累，品牌可以成为某种特殊的价值、观念、情感、体验和生活方式的“代言人”，品牌因此能够给消费者带来更多的归属感和认同感。

四、符号认同

品牌的符号认同是指消费者对象征、代表和体现商品与品牌价值、理念、品质、体验的视觉符号和听觉符号的认知与接受。符号认同是一个长期的营销传播过程，在最初的阶段，符号只是用来区别商品、生产者的商标，经过持久的强化诉求，商标逐渐与品牌内涵捆绑到一起，成为品牌的视觉化象征物。简洁易记的品牌符号能够帮助企业快速地在消费者心目中留下印象，提示消费者购买本品牌的商品。例如，无论在任何地点、任何时候，消费者看到红色的可口可乐标志就会知道可以买到解渴的饮料，而只要看到金黄色的M符号，同样就找到了解决饥饿问题的地方。

品牌的视觉符号主要是CI系统中的视觉识别，包括商标的造型、形状、颜色等，除此之外有些企业还设计了品牌吉祥物、象征物，这些象征物通常都十分讨人喜欢，它们可以使品牌视觉化和具象化，增强了品牌的亲和力。例如，米其林轮胎的卡通形象“必比登”，在中国被称为“米其林先生”，它诞生于1898年，到现在已经是“百岁老人”了。米其林作为轮胎的制造商本来与消费者并不直接接触，轮胎也并非我们经常需要的日用品，但由于“必比登”的存在使米其林品牌家喻户晓。快餐业的巨头麦当劳创造了“麦当劳叔叔”（马戏团的小丑形象）来讨好儿童，肯德基则在店门口立起了创始人卡耐尔·桑达斯上校的塑像招徕顾客。国内的家电品牌海尔设计出了“海尔兄弟”两个可爱的卡通儿童，并投巨资拍摄了《海尔兄弟》动画长片，使海尔“真诚到永远”的服务理念广为人知；国内奶业品牌蒙牛则创造出“奶人多多”，这个形象创意来自于一滴牛奶；另外还有瑞星杀毒软件的小狮子“卡卡”等（见图6－7），这样的例子不胜枚举。

图 6－7 奶人多多和瑞星卡卡

听觉符号的认同是一个有待开发的新领域。配合视觉符号的传播，听觉符号也能够在消费者心智中形成识别，达到事半功倍的效果。例如，英特尔公司不仅要求使用其处理器的下游计算机生产商在包装上以及广告中打上“Intel Inside”的标志，还设计了一个 3 秒钟的音效，要求它们必须在广告中加入这一音效。尽管英特尔并没有做多少广告来传播其品牌，但它的这一策略使其伴随着下游制造商的广告得到广泛的传播，而有英特尔标志的计算机也成为性能卓越计算机的标志。听觉符号认同的另一个著名例子来自摩托罗拉：2002 年摩托罗拉公司发动了一场“Hello Moto”的广告推广活动，电视广告中在推出摩托罗拉新标版“Moto”的同时，配上一句非常有磁性、非常独特的“Hello Moto”的声音，创造了一个新的流行语，许多年轻人相互打招呼用“Hello Moto”取代了“你好”之类的问候语。

符号认同的过程可以分解为两个阶段：第一阶段，符号的识别传播阶段，这一阶段主要目的是使消费者对品牌符号产生印象、形成记忆，这个过程并不是太难；第二阶段，符号的价值化阶段，这是从品牌符号认同升华到价值认同的阶段。对于企业来讲，设计一个传播力、识别力都比较强的品牌符号并不困难，困难在于如何将这个符号与特定的品牌内涵捆绑在一起，获得消费者对品牌的价值认同。

五、价值认同

品牌价值的构成主要来源于两个部分：一是生产者特殊劳动投入要素，包括资源的稀缺性、技术及工艺、品质保证、文化特征开发、形象与广告、客户服务管理等；二是市场认可要素，包括消费者的专属与独享感、功能利益、安全与耐用性、审美与个性、信赖感和亲切感等（见图 6－8）。品牌价值既与生产者投入特殊劳动的熟练和质量有关，又与市场上消费者的认可程度有关。品牌价值的内涵可以界定为被消费者认可的品牌所赋予产品的物理功能之上的情感和体验附加值①。品牌价值认同,一方面由商品所提供的物理属性和功能决定;另一方面更多地由品牌所提供的心理利益所决定。

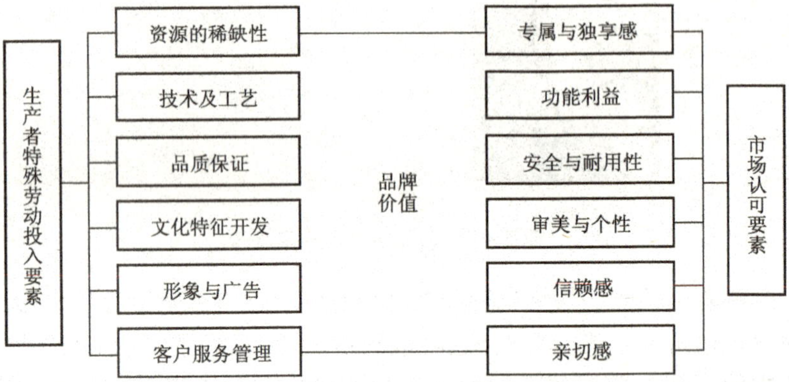

图6-8 品牌价值的构成

品牌价值认同是消费者对品牌所提供的利益、价值、文化、观念、情感和体验的认知状况与接受程度。价值认同的基础是商品的物质利益和属性,但价值认同在本质上应当是与品牌相关的期望价值和心理利益的总和。可口可乐、百事可乐所生产的无非就是糖浆与碳酸水的混合物,然而在消费者那里却有着迥异的价值认同:可口可乐是美国文化的象征,喝可口可乐是在消费美国文化;百事可乐则是"新一代的选择",消费者获得的是激情、渴望、年轻无极限的快感体验。价值认同使企业在价格决策方面获得更多的优势地位,忠诚的消费者支付了额外的品牌溢价的部分。新奇仕公司首席执行官对此曾自豪地描述道:

> "橘子就是橘子……它只可能是橘子。除非那只橘子贴上了80%消费者都知道并且信赖的新奇仕(Sunkist)品牌标签。"

品牌价值认同是品牌差异化的关键,品牌所提供的核心利益必须是独特的,是其他竞争对手所无法模仿的,或者难以提供的;同时,这一核心利益必须是消费者愿意接受、认同的。否则,这种利益和价值就无法持久,品牌忠诚度也就无从培养。

① 王成荣.品牌价值论:科学评价与有效管理品牌的方法[M].北京:中国人民大学出版社,2008:101~102.

案例 6－2

劲霸男装的品牌认同之路

1. 标志换脸，王者归来

2008 年 8 月，劲霸男装股份有限公司推出了被命名为“王者归来”的全新标志，在接下来的奥运会电视转播中，劲霸男装配合新标志的推出，发起了一系列的广告传播活动。这是劲霸男装在其 28 年的发展历程上第四次改变它的标志，劲霸为这次改换标志做足了准备。在 2007 年 11 月 18 日的央视“2008 黄金资源广告招标会”上，劲霸男装以 8 944 万元的代价取得了“2008 年奥运会赛事直播中套装广告”的发布资格，成为中央电视台奥运广告唯一中标的中国服装企业。

在此之前的劲霸标志是一个高举双臂的拳王剪影（见图 6－9 左），英文名称为“K－boxing”，这个标志从 1996 年几经修改沿用至今。在对原有的标志进行升级进化的基础上，劲霸拥有了自己全新的标志——“王者归来”（见图 6－9 右）。劲霸男装曾经因“入选巴黎卢浮宫的中国男装品牌”而著称，然而这句广为人知的广告语也一度使劲霸陷入“误导消费者”的嫌疑困境。

图 6－9　劲霸男装新旧标志

有媒体对此进行调查发现，2003 年 10 月，在巴黎卢浮宫的勒诺特大厅“上演”了中法文化年开幕式的“重头戏”——“多彩中华——中华民族服饰展演”。这台服装表演秀，展示了中国 56 个民族的传统服饰。“劲霸男装”参与了这次演出，在“时尚 · 现代”系列部分，十多位男模展示了“劲霸男装”的“夹克秀”。劲霸男装所谓的“入选卢浮宫”即是因此而来。“入选卢浮宫”的销售说辞已经不能获取消费者的品牌认同了，劲霸男装借导入新标志的契机，对其原有的形象和认同进行了整合。

2. 品牌认同的整合

2008年8月8日，劲霸男装的新版15秒系列广告片开始在中央电视台播放，四篇广告分别选取了四个生活场景，讲述了中国人最熟悉的四种亲情，这四则广告分别是：夫妻篇、亲子篇、父子篇和兄弟篇。

夫妻篇：悠扬的男声背景音乐，妻子在丈夫背后帮他打理身上的衣服。妻子："今天晚上十周年庆，我就不去了。"丈夫双眼的特写。丈夫："这十年，多谢你了。"妻子眼光一亮，感动得抿起嘴，注释着男人离去；男人高举双臂，鼓舞加油状。画外音："给你这样的男人，劲霸男装，专注夹克28年。"标版：劲霸新标志"王者归来"(见图6-10)。

图6-10 劲霸男装新版广告"夫妻篇"

亲子篇：悠扬的男声背景音乐，一个男人推开门，进屋在窗边打电话："哎，谈妥了"、"试业价格"、"对，好，再见啊。"男人发现儿子画的题为"我的爸爸"的蜡笔画，画中一个男人高举双臂；男人会心地笑了；男人背身走开，高举双臂，鼓舞加油状。画外音："给你这样的男人，劲霸男装，专注夹克28年。"标版：劲霸新标志"王者归来"(见图6-11)。

父子篇：悠扬的男声背景音乐，父子两个人在大厅里，儿子帮父亲穿上夹克。儿子："爸，你好像瘦了。"父亲："是你长大了。"儿子："我会好好干的。"父子两个人背向离开，高举双臂，鼓舞加油状。画外音："给你这样的男人，劲霸男装，专注夹克28年。"标版：劲霸新标志"王者归来"。

兄弟篇：悠扬的男声背景音乐，两个男人在楼顶天台聊天。A："哪天走？"B："放心吧，从小到大，没输过你。"A："有你的。"B扶着栏杆向下大喊："混不好我就不会来了！"B从楼内走出大厅，高举双臂，鼓舞加油状。画外音："给你这

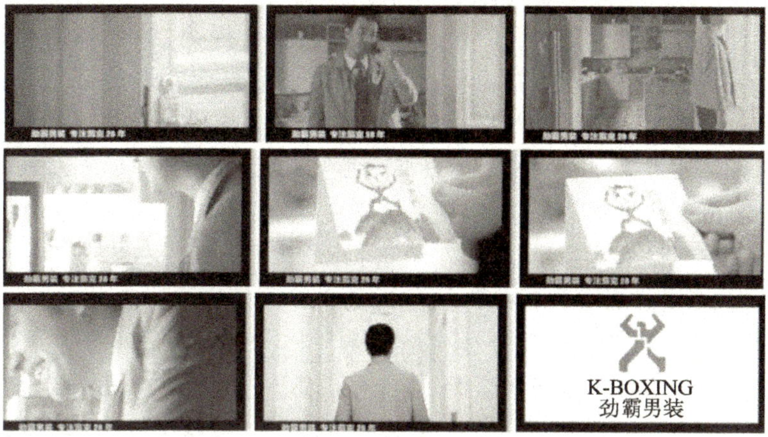

图 6－11　劲霸男装新版广告“亲子篇”

样的男人，劲霸男装，专注夹克 28 年。”标版：劲霸新标志“王者归来”。

劲霸男装新版广告在品牌认同方面做出了很多努力，相比旧版广告，劲霸品牌形象更加鲜明突出，其识别力和传播力都得到了加强。旧版广告中劲霸男装首先以“入选巴黎卢浮宫的中国男装品牌”为卖点，这一策略首先遭到了消费者的质疑，使劲霸很容易遭到对手的攻击；其次，“入选卢浮宫”本身不具备自我保护的能力，即便这一卖点是站得住脚的，也无法持续吸引消费者的关注，更加致命的是，竞争对手也可以通过模仿消除劲霸这一所谓的优势。除此之外，劲霸男装新版广告对品牌认同的整合还体现在以下几个方面（如表 6－6 所示）。

表 6－6　劲霸的品牌认同

品牌认同	旧版广告	新版广告
产品认同	每一款夹克都有一处独创的设计 入选巴黎卢浮宫的中国男装品牌	
生产者认同		专注夹克 28 年
使用者认同		自信、稳健、重情重义、积极进取的男人
符号认同	劲霸旧版标识	劲霸手势、劲霸标识
价值认同	奋斗成就男人	奋斗成就男人

表 6－6 对劲霸男装旧版与新版广告的几个不同点作出了比较。

第一，商品利益点向品牌利益点的转移。劲霸最初的营销策略中强调“每一款夹克都有一处独创的设计”；“入选巴黎卢浮宫的中国男装品牌”，这一策略主要是从产品的物理属性与功能出发的利益点，在产品的导入和成长阶段应当说十分奏效，可以形成市场关注点、形成产品的鲜明特色。不过，这一优势难以持久，因为消费者对于“独创设计”的概念体验并不深刻，甚至会认为劲霸夸大其词、言过其实；同时，产品物理属性和功能的利益点无法造就品牌更深层次的认同，相比利郎“简约而不简单”；柒牌“男人，就应该对自己狠一点”的感性诉求，劲霸男装还需要强化消费者的情感利益。新版广告没有诉求劲霸的产品利益，而是突出了使用者的形象，加强了消费者的自我认同。

第二，独创性地发展了“劲霸手势”的符号认同。劲霸在广告中反复突出了“高举双臂，鼓舞加油状”这一姿势，使劲霸新标志很快被消费者所记住，并且其中的品牌价值也到了很好的传播。

第三，更加明晰了生产者认同、使用者认同。“专注夹克28年”描述了劲霸的历史和文化，同时消费者也被塑造成自信、稳健、重情重义、积极进取的男人形象。

第四，沿袭了价值认同。“奋斗成就男人”的主题在广告中得以延续，但是更加隐蔽和含蓄了。“奋斗成就男人”这一主题太过张扬和强势，不可避免地会拒绝部分男性消费者和女性群体（作为消费行为的购买者、影响者而存在）。新版的劲霸在品牌内涵上仍然强调男性的奋斗和坚强，同时为劲霸注入了新的元素：给人以自信、稳健、重情重义、积极进取的新男人印象。

案例来源：根据《南方日报》：“劲霸男装‘奥运’推出新标志”，中华网：“劲霸男装广告幕后调查，谁让其入选卢浮宫？”http://news.china.com/zh_cn/news100/11038989/20060624/13425615.html 整理。

第三节　品牌认同方法

品牌认同的重要性对于任何企业和品牌都是不言而喻的，没有深刻的品牌认同，品牌就如同无根之木找不到立足点，难以建立与消费者长久稳定的消费关系，品牌生命自然无法持久。品牌认同的确立不是一朝一夕的事，它既是一个企业和企业不断展示自我、管理自我、发展自我、维护自我的过程，也是一个消费者逐渐认知和接受品牌的心理过程。在这个过程中品牌作为欲望管理者而存在，消费者的欲望和需求被刺激、被激发、被满足，品牌的价值也由此得以实现。品牌认同的五个层面——产品认同、生产者认同、使用者认同、符号认同和价值认同，对于处在不同营销环境中的品牌不能齐头并进，应当依据自己的实际状况在不同的生命阶段有所侧重。品牌认同的确立需要企业坚持不懈的努力。

一、品牌认同的起点:优质和差异化的产品

产品认同是品牌认同的基础层面,没有产品认同就不会有其他层面的品牌认同。在品牌的市场启动和成长阶段,产品认同尤为重要,这是消费者接触、体验品牌的第一步。在今天,产品的同质化倾向十分严重,在满足消费者的核心利益和基本需求这一层面,大部分产品都处在比较接近的水平,关键就在于如何在形式产品、期望产品、延伸产品和潜在产品上实现自身的差异化。大卫·艾克认为,产品在品牌认同方面承担着重要角色,他进一步提出了“品牌就是产品”的几个层面,从以下途径塑造产品认同①。

(一)品牌和“产品类别”的结合

产品的种类往往是品牌认同的基本要素之一,当我们向消费者提到一个品牌时,他们会联想到什么样的产品十分重要。例如,当我们提到哈根达斯时,我们会想到冰淇淋;当提到康柏时,会想到电脑。一个品牌和它所代表的产品种类紧密相连,意味着消费者想到这种产品时也会想到这个品牌。然而,更为重要的是,我们要让消费者在产生某方面的需求时,会联想到满足其需求的产品类别中的某一个品牌。

(二)品牌和“产品的属性”的结合

品牌的产品属性,往往能够激发消费者购买和使用的意愿,而这些产品属性通常也能够为消费者带来实质上的帮助,同时让消费者对这项产品产生感情。例如,海尔已经成为“优质服务”的代名词,而格力则被认为是好空调的代表。

(三)品牌和“高品质”及“高价值感”的结合

当某一项产品的某一项属性显得特别突出时,这项属性也就是形成了品牌的基本因素。例如,宝马、奔驰和沃尔沃,分别代表了三种不同的产品属性:尊重、驾驶的乐趣和安全。许多企业都以品质为主要的“品牌认同”,例如,吉利剃须刀被定位于“让男人拥有最好的”,而星巴克的品牌认同也有相当大部分建立于“高品质咖啡”的诉求上。

(四)品牌和“产品用途”的结合

品牌和产品用途结合的操作方法比较普遍,很多企业将自己的品牌捆绑在产品的功能上。例如,感冒药“白加黑”给我们的印象就是它独特的使用方法和功能:白天吃白片不瞌睡,晚上吃黑片睡得香。

---

① 【美】大卫·艾克.品牌经营法则[M].呼和浩特:内蒙古人民出版社,1999:48.

（五）品牌和“产品使用者”的结合

建立强势品牌认同的其中一个途径，是将品牌和产品使用者结合起来。例如，劲霸男装和自信、积极进取的男性结合在一起，万宝路是西部的牛仔，苹果则和新潮、时尚人士连在一起。

（六）品牌和“生产地”（或生产国）的结合

人们都知道“香奈尔”产自法国，斯沃琪来自瑞士，奔驰源自德国。另外，国内农夫山泉强调它建厂水源地的水质卓越，同样使自己区别于其他品牌的瓶装水。当这些品牌和生产地（或生产国）的形象结合之后，这些品牌的品质形象也大大提高了。

除了上述“品牌认同”的六条途径之外，品牌的特性、价格、款式、材质、工艺、外观、包装以及与消费行为相关的服务、保证、承诺、说明、咨询、培训和相应的配件、辅助产品等都是产品认同的切入点，不同的企业和品牌可以利用定位工具为自己找到吸引消费者的不同途径。

二、为品牌消费赋值：品牌符号的价值化

联合利华的董事长迈克尔·佩里（Michael Perry）先生认为，品牌是消费者对一个产品的感受，它代表消费者在其生活中对产品和服务的感受而产生的信任、相关性与意义的综合①。由此看来，消费者的消费行为其实包含了两个部分：首先是对产品使用价值和物理属性的消费；其次是在此基础之上的品牌符号消费，即对品牌符号意义的获取、解读、传播而产生的消费者心理满足。实现完整意义上的品牌消费的一个前提，是消费者的品牌符号认同和价值认同。换言之，必须为品牌的内涵进行赋值，找到品牌的消费价值所在，使品牌符号价值化。

考察消费者所追求的消费价值，基本上可以归纳为七个类别，品牌符号价值化可以从这七个方面入手。

（一）实用功能价值

实用功能价值即品牌功能所能够给消费者带来的实际效用价值，不单纯是价格上的优势，还包括其他的功能和效用。例如，戴尔品牌的崛起有赖于它为消费者所提供的颇具优势的消费模式，它不仅通过压缩供应链以降低戴尔电脑的价格，还允许顾客按照自己的需要定制产品，这是戴尔品牌的核心价值，对消费者来说则是一种实用功能利益。

① 余明阳，等．品牌学教程[M]．上海：复旦大学出版社，2005：4.

（二）安全承诺价值

安全承诺价值即赋予品牌在安全方面的利益点，消除消费者的戒备心理，减少他们的不确定感和风险感。麦当劳通过严格的质量标准和食品管理体制，向顾客提供高品质的产品（Quality）、快速准确的服务（Service）、清洁优雅的环境（Cleanness）以及做到物有所值（Value Quality）。麦当劳在创立之初即确立了QSCV的经营理念，这一理念使消费者获得了更多的安全承诺。

（三）社会交往价值

社会交往是消费者利用闲暇时间、消除内心孤独、消除忧愁郁闷、追求社会认可的重要方式，商品或服务往往会成为社会交往的场景或道具。菲利普·科特勒曾经指出："大量喝咖啡的人一般来讲都比较好交际。所以，为了吸引顾客，星巴克和其他咖啡店营造了人们在其中以一杯热气腾腾的咖啡来休闲放松和进行社会交往的环境。"

（四）标榜展示价值

通过标榜展示价值，使品牌成为某消费群体的代言人，成为某种生活方式、理念、态度的象征。例如，阿迪达斯的"没有什么不可能（Impossible is Nothing）"，李宁的"一切皆有可能（Anything is Possible）"以及乔丹的"凡事无绝对"等。

（五）社会成就价值

消费者对财富、名望、身份的追求是永恒的，品牌符号也必须符合这一心理需求。例如，香奈尔、迪奥、瓦伦蒂诺、Prada、范思哲等奢侈品牌，满足了顶级富豪和经营者对自我身份的认同。

（六）时尚审美价值

时尚审美价值即赋予品牌时尚、潮流的价值内涵，例如，苹果电脑的产品无论是最初的透明电脑，还是后来的iPod、iBook、iPhone等，都能给消费者带来无可比拟的科技感、时尚感、神秘感和渴求感，这使得它的每件产品一经投放市场就能获得为数不少的拥护者。

（七）情感依赖价值

情感依赖价值是为品牌注入情感元素，诸如欢乐、愉悦、怀旧、伤感、愤怒、悲伤、失落和沮丧等情绪，或者友情、爱情、亲情所产生的情感。例如，Sugus瑞士糖在广告中的诉求为："小小的甜蜜，真心喜欢你，小小的甜蜜，连接我和你"；佩戴比尔斯钻石"钻石恒久远，一刻永流传"等。

三、构建品牌忠诚:消费者与品牌关系的固化

品牌忠诚度的建立与维护取决于消费者与品牌关系的稳定性的概念。哈佛大学的苏珊·福尼尔(Susan Fournier)提出了品牌关系质量(Brand Relationship Quality, BRQ),以此来衡量品牌关系的强度、稳定性和持续性,她提炼出BRQ的六个维度①。

(一)爱与激情(Love and Passion)

强烈的品牌关系与深入人心的人际关系一样,其核心也是“爱”。这种感情能够带来持久、深入的品牌关系,使用者会对所用的品牌形成明显偏向性的肯定,拒绝与替代品牌进行客观的比较。在这种关系中没有其他品牌可以代替这个品牌的位置,如果失去这一品牌,消费者会感到不安。

(二)自我联结(Self – connection)

自我联结维度反映的是品牌与消费者的自我概念相联结,帮助消费者表达自我的程度,与品牌的联结让消费者感觉到自己获得了某种肯定。在这一层面,品牌形象与消费者的自我形象达到了高度的契合,品牌提醒了“我”是谁。

(三)相互依赖(Interdependence)

强烈的品牌关系通常也表现出消费者与品牌的高度相互依赖,品牌完全融入消费者的个人生活,甚至成为不可或缺的部分。品牌在消费者生命中扮演着重要的角色,一旦消费者不使用某种品牌就会带来不适应感,好像生活中的某些东西消失了一样。

(四)承诺(Commitment)

在强烈的品牌关系之下,消费者会对品牌作出承诺,这种承诺包括感情上的和行动上的。出于对品牌的喜爱和承诺,消费者会高度约束自己的行为,对品牌忠诚不渝。当消费者更换品牌时会感觉到深深的内疚和歉意。

(五)亲密性(Intimacy)

消费者对品牌以至制造这一品牌的企业都知之甚详,他们以自己的了解坚信这一品牌非常卓越,会自觉地对其他品牌的诱惑产生“免疫”。

(六)品牌伴侣品质(Brand Partner Quality)

对于消费者来讲,品牌的“伴侣”品质是否优秀,可以用六个要素来衡量:品牌的顾客导向(品牌要让消费者感到他们被需要、被尊敬、被倾听、被关心);品

---

① 张红明.品牌人格化——品牌价值实证研究[M].武汉:华中科技大学出版社,2007:76~77.

牌的可靠性(能够预见品牌会履行其作为“伴侣”的责任);品牌的持久性;品牌能遵守关系契约;对于品牌的信任;品牌能对其行为负责。

四、创造体验机会:在品牌体验中确认品牌认同

消费者对品牌的任何接触都是一次难得的体验机会,品牌认同需要在体验中得到确认,品牌最终的表现取决于品牌体验的程度。所谓的品牌体验,是指顾客对品牌的接触、选择、购买、使用和评价的每一个环节发生的一切感受和经验,包括与此相关的情感和情绪,以及在此基础上所形成的对于品牌的态度与观念。品牌体验是消费者通过看、闻、触、听等多种手段感知品牌符号、接受品牌信息、理解品牌价值的过程。

消费者可以通过视觉形象对产品形态、色彩、材料或平面广告、销售环境产生体验,也可以借助听觉的广告语言、销售场所的音乐、触觉方面的使用操作,甚至嗅觉方面的特定气味产生感受,一个品牌同时启动的感官或感觉越多,它就越有可能引导消费行为。品牌体验应当是全方位的、立体的、3D 的,利用一切机会向消费者展开劝服的攻势。通常,我们将品牌体验划分为六个类型。

(一)感官体验

感官体验即消费者通过眼、耳、鼻、口、身体与外界接触的过程中所体会到的愉悦感。例如,消费者在天气炎热时喝到冰镇可口可乐所带来的“畅爽”快感,在汽车展览现场所看到的车型款式,在星巴克所闻到的独特的咖啡香气,在苹果专卖店所触摸到的电脑键盘等。

(二)娱乐体验

娱乐体验即以顾客的娱乐体验为诉求,通过愉悦来获取消费者的注意力,刺激需求和消费欲望,促成购买行为。例如,蒙牛的娱乐营销,通过赞助选秀节目“超级女声”、赞助体育赛事和举办娱乐活动实现了娱乐和营销的结合,蒙牛品牌迅速被目标消费群认知。

(三)情感体验

情感体验即以消费者内在的情感为诉求,激发和满足顾客的情感和情绪体验。例如,孔府家酒为品牌注入了“家”的内涵;贵州青酒则与友谊捆绑在一起,“喝杯青酒,交个朋友”让人难以忘怀;非常可乐自诩“中国人自己的可乐”,将品牌与民族情感捆绑在一起;南方黑芝麻糊则使品牌多了几分怀旧的思绪。

(四)成就体验

成就体验即品牌对人的表现欲、控制欲、占有欲和权力欲的满足。例如,中国移动全球通的贵宾候车室、候机室,以及相关的会员制、VIP 等手段都是增强

用户成就体验的途径。一些品牌在广告传播中使用“奢侈”、“顶级”、“尊贵”、“独享”等词汇，使品牌具有同样效果的体验。

（五）价值体验

价值体验即产品在设计、陈列、销售、消费的过程中传达品牌的价值理念，并由此带给消费者体验感。例如，诺基亚坚持“科技以人为本”的理念，每一款手机都有自己的个性和灵魂。诺基亚的设计工程师认为：“技术本身是冷酷无情的，一旦你学会了使用它，它就变得富有人性。如果你把产品看做人，而不是物体，你就能和它互动，它就开始展示自己的个性。”

（六）行为体验

行为体验即消费者通过身体的有形体验、生活形态以及互动所形成的品牌体验。例如，2008 年阿迪达斯将其全球最大的旗舰店开在了北京三里屯，4 层的店铺面积超过了 3 000 平方米，在此设计了“Icoach 核心技术体验区”。消费者可以在该区域通过个性化的定制手段，获得时尚的运动训练方案，可以通过全方位系统、触摸屏界面等设备，测试自身的体能以及平衡性，并根据免费打印出的测试报告对自己的体育竞技水平进行分析，制定相应的运动方案。不少消费者在旗舰店里流连忘返，乐此不疲地参与多项体能测试，在潜意识里加深了对该品牌的好感，成为潜在消费者。

案例 6－3

宜家的品牌体验策略

1943 年瑞典人英瓦尔·坎普瑞德创建了宜家品牌，现如今，宜家已经成为世界上最知名、最受欢迎的家居用品品牌之一。宜家坚持“为大多数人创造更加美好的日常生活”的经营理念，为普通人提供种类繁多、美观实用、设计精良、功能齐全、价格低廉的家居用品，在全球 34 个国家和地区的 240 个商场销售包括座椅及沙发系列、卧室系列、厨房系列、照明系列、炊具系列、房屋储藏系列、儿童产品系列、办公用品、纺织品等约 10 000 个产品。宜家品牌的成功与其长期以来通过品牌体验培养顾客认同的努力有很大的关系，宜家不仅是家具生产、销售的专家，更是品牌体验和品牌认同的创造专家。

1. 宜家的感官世界

宜家在视觉、听觉、触觉、嗅觉等方面给消费者提供了一个感受宜家品牌魅力的场所，宜家展现给顾客的是一个时尚、平和的“家”的感觉。温馨舒适的卧房、错落有致的客厅、充满童趣的儿童房、巧妙利用每一寸空间的厨房，还有令消费者心动不已的创意饰品和配件，消费者在此体验宜家提供的“家”是什么样的概念，宜家体验还原了顾客买回产品后的使用场景。

宜家的体验是完整的，顾客可以享受轻松、自在的购物乐趣。没有喋喋不休的导购员劝服你购买自己不满意的商品，也没有防范的目光时刻注意你是否损坏了商品，除非你主动要求帮助，宜家的服务员都会安静地站在一边，让顾客自己做出购买决定。宜家强烈鼓励顾客在卖场进行全面的亲身体验，鼓励顾客拉开抽屉、打开柜门、在地毯上走走、试试床垫和沙发，宜家出售的一些沙发、餐椅还会提示顾客："请坐上去，感觉一下它是多么的舒服。"

2. 宜家用体验降低顾客的心理风险

有些家具买回家组合后发现效果并不好，消费者在购买决策过程中时刻有这样的担心。宜家显然注意到了这一点。从1953年起，宜家开辟了样板房，充分考虑不同产品的颜色、灯光、材料、款式的搭配效果，并将搭配方法介绍给消费者，鼓励他们买回家后自己进行搭配。宜家还为消费者准备了"后悔药"——在宜家的《商场指南》里写着："请您放心，您有14天的时间可以考虑是否退换。"14天以内，如果消费者对所购商品不满意，可以直接到宜家办理更换等值货品或退货手续，同时宜家还负责教会消费者如何进行搭配。宜家考虑到中国的运输问题，还特意将退换时间从14天延长至60天。而在每个单品上，宜家也设计了消费者自己动手体验的过程。每个大件产品都是可以拆装的，消费者可以带回家自己组装，宜家提供各种各样的工具来帮助安装，并配备有安装的指导手册和宣传片。

3. 宜家用服务增强消费者的情感体验，培养消费者的品牌认同

宜家创始人英瓦尔·坎普瑞德曾经说过："饿着肚子促不成好生意"。因此，每个宜家商场都设有餐饮部，消费者在逛累了之后还可以享用到宜家精心准备的各种美味小吃、茶点。宜家餐饮部不仅有地道的瑞典美食——瑞典肉丸，还有香醇的咖啡、可口的小酥饼、美味的芬兰鸡肉肠，甚至还有米饭供应。宜家还设立了儿童代托——既有利于父母耐心选购商品，又避免了孩子在商场内喧闹。宜家还用事实来打动消费者，通过有说服力的试验让数字来证明宜家的产品质量。在宜家厨房用品区，橱柜从摆进卖场的第一天就开始接受测试器的测试。橱柜门和抽屉不停地开、关，数码计数器显示了门及抽屉可承受开关的次数；在沙发区，一架沙发测试器不停地向被测试沙发施压，计数器上显示着这只沙发承受过多少次的重压依然完好如初。

宜家善于在消费者购买过程中的每一个环节创造体验的机会，在体验中让消费者不知不觉地增强了对品牌的认同，消费者的每次购物都是一次独特的体验之旅，带给他们无数难以忘记的美好感受和回忆。

案例来源：根据宜家官方网站；品牌中国网改编。

思考题

1.“品牌是虚拟的人”,如何表现品牌与人的关系?
2. 什么是品牌认同?
3. 品牌认同的主体有哪些?
4. 品牌认同的内容包括哪些方面?
5. 品牌的符号认同和价值认同是什么?
6. 如何塑造品牌的产品认同?
7. 品牌符号的价值化包括哪些方面?
8. 如何增强消费者的品牌体验?

第七章 品牌延伸策略

第一节 品牌延伸效应

“品牌延伸”是一个令诸多企业管理者爱之深、恨之切的词汇，它成就了一些企业规模扩张、创造辉煌，也加剧了一些企业濒临破产、走向灭亡，颇有“成也萧何，败也萧何”的意味。品牌延伸策略有其明显的优势，不仅可以优化企业资源，充分利用现有的品牌影响力，帮助新产品缩短“入市时间”及受众接受的心理障碍，而且可以给品牌以新鲜感，有效抵御竞争威胁，适应企业“新陈代谢”自身的变化发展。但是这把“双刃剑”也有难以避免的缺憾，不少企业就是在品牌延伸时丧失了核心竞争优势，冲淡了原有品牌的形象与个性，在高赢利产业诱惑下，盲目求大求全，最终迷失了发展方向。

一、品牌延伸的内涵与原因

（一）品牌延伸的内涵

自从 1979 年陶贝尔（Tauber）发表重要论文“品牌授权延伸，新产品得益于老品牌”之后，作为现代品牌经营的一个重要领域，品牌延伸日益成为学者们关注的焦点，成为企业管理者们开拓市场的常选之策。菲利普·科特勒对品牌延伸（Brand Extensions）的理解是：“把一个现有的品牌名称使用到一个新类别的产品上”。这是比较狭义的定义，如果对品牌延伸作广义的理解，品牌延伸也包括产品线的延伸（Line Extension），即把现有的品牌名称使用到相同类别的新产品上，以推出新口味、新色彩、新配方、新包装等产品①。品牌延伸其实就是在推出新产品、进入新领域时借用现有品牌的知名度与号召力，便于受众熟悉，以争取低成本入市。例如，“海尔”由生产冰箱、洗衣机、电视机到进军整体橱柜、手机等市场，就是一种品牌延伸。

如果更加严谨地界定品牌延伸的内涵，可以这样描述：品牌延伸是指一个品牌从原有的业务或产品延伸到新业务或产品上，多项业务或产品共享原有的品牌资源；也就是说，它是利用已经取得成功的品牌来推出新产品、新业务和新

① 何佳讯. 品牌形象策划：透视品牌经营[M]. 上海：复旦大学出版社，2000：369.

项目，使新产品、新业务和新项目开始市场运作，获得原来品牌力量的支持。

（二）品牌延伸的原因

品牌延伸是企业推出新产品，快速占有并扩大市场的有力手段，是企业对品牌无形资产的充分发掘和战略性运用，也是一些企业自救的方法，帮助他们由濒临倒闭到起死回生。企业管理者与决策者采取任何一种策略都是有原因的，青睐品牌延伸策略主要出于多方面因素的考虑。

1. 有助于减少新产品的入市风险。新产品推向市场首先必须获得消费者的认识、认同、接受和信任，这一过程就是新产品品牌化。而开发和创立一个新产品需要巨额费用，不仅新产品的设计、测试、鉴别、注册及包装设计等需要较多投资，而且新产品和包装的保护更需用较多投资。此外，还必须有持续的广告宣传和系列的促销活动。这种产品品牌化的活动旷日持久且耗资巨大，它往往超过直接生产成本的数倍、数十倍。如在美国消费品市场，开创一个新品大约需要 5 000 万至 1 亿美元，这显然不是一个新产品所能承受的，没有巨大财力支撑，新产品的研发就难以进行。品牌延伸使新产品一问世就已经品牌化，甚至获得了知名品牌赋予的勃勃生机，可以大大缩短被消费者认知、认同、接受并产生信任的过程，极为有效地防范了新产品的市场风险，并且可以节省数以千万计的巨额开支，有效地降低了新产品的成本费用。

2. 有助于降低新产品的市场导入费用。在市场经济高度发达的今天，消费者对商品的选择体现在“认牌购物”上。这是因为，很多商品带有容器和包装，商品质量不是肉眼可以看透的，品牌延伸使消费者对品牌原产品的高度信任感，有意或无意地传递到延伸的新产品上，产生“爱屋及乌”的效果，即消费者学习理论中所谓的“刺激泛化”（Stimulus Generalization）效应，促进消费者与延伸的新产品之间建立起信任关系，大大缩短了市场接受时间，降低了广告宣传费用。例如，喜爱“娃哈哈”纯净水的消费者，会比较容易接受娃哈哈绿茶、八宝粥，甚至于童装等产品。

3. 满足消费者的需求变化，促使企业推陈出新。产品的极大丰富，刺激了消费者的需求不断扩大，品牌只有经常不断地超越自我，满足消费者的需要才能确立自身价值，确保对消费者的持久吸引力。品牌延伸保证了企业新产品投资决策迅速、准确，尤其是开发与本品牌原产品关联性和互补性极强的新产品时，它的消费与原产品完全一致，对它的需求量则与原产品等比例增减，因此，它不需要较长时间的市场论证和调研，原产品逐年销售增长幅度就是最实际、最准确和最科学的佐证。例如，为满足消费者的健康需要，可口可乐公司推出以男性市场为主的无糖型“零度可乐”，全新的概念与炫酷的包装，深受年轻人的喜爱（见图 7－1）。

图7－1　无糖型新产品——“零度可乐”及其平面广告

4. 有助于增加品牌的无形资产价值，提高企业的综合实力。品牌原产品起初都是单一产品，品牌延伸效应可以使品牌从单一产品向多种领域辐射，使部分消费者认知、接受并信任本品牌，强化品牌自身的美誉度、知名度，这样，品牌这一无形资产也就不断增值。同时，由于增加了产品线，企业的规模得以扩大，在一定条件下可以降低成本，提高产品质量，形成综合实力，体现规模优势。例如，养生堂通过在保健品与食品两大类产品上的延伸，相继推出龟鳖丸、朵儿、成长快乐、天然维生素、农夫山泉、农夫果园、尖叫饮料以及母亲牌牛肉棒等产品，对细分市场的有效覆盖，扩大了产品的销量，极大地提高了养生堂品牌的号召力与品牌的资产价值。

5. 增强核心品牌的形象，增加品牌积累。品牌延伸提高了整体品牌组合的投资效益，即整体的营销投资达到理想的经济规模，核心品牌的主力品牌都因此而获益。此外，买方争相竞价收购拍卖的品牌企业，主要原因是看好品牌的延伸潜力和未来的经济效益，品牌延伸可以达到品牌积累的效果。例如，雀巢咖啡成名之后，又推出了雀巢奶粉、雀巢巧克力、瓶装水、糖果、冰淇淋等延伸产品，丰富的产品种类强化了雀巢营养健康的品牌形象识别，增强了雀巢在食品市场的竞争力与企业实力。

6. 延长品牌生命周期。品牌延伸得以使品牌摆脱单一产品的窠臼，任何经历过经济周期的复苏、繁荣和衰退过程的产品的品牌要维持持久的生命力，延伸战略都是唯一的出路。品牌延伸避免了单一产品走到衰退期而丧失活力的弊端，将“鸡蛋分散放在不同的篮子里”，通过推陈出新，使后续产品持续不断地延长品牌生命力。例如，健力宝集团在“健力宝”产品走到衰退期之际，推出神秘独特的“爆果汽”与活力飞扬的“第五季”，新产品的出现立刻将健力宝品牌由年迈期拉回到青春期，生命周期得以延长（见图7－2）。

图 7－2　健力宝集团阶段性推出的产品：健力宝、爆果汽、第五季

二、品牌延伸的正负效应

品牌延伸作为企业推进品牌战略的一个重要环节，有其不可替代的作用。但品牌延伸天然是个复合体，具有正负双重属性，犹如双刃剑。艾尔 · 里斯认为："品牌延伸是橡皮筋，你越伸展一个名称，它也就会变得越脆弱"，这说明品牌延伸难以逃脱自身的限制。但同样，将其比做橡皮筋也可以这样理解：品牌如同橡皮筋一样，具有伸缩的条件与可能，适当地延展与拉伸，更有利于发挥品牌的效力，达到资源整合利用的目的。

品牌延伸具有正负效应，一般而言，对于原品牌与产品可能会带来负面影响，而对于新产品开发、上市和推广等方面的企业资源利用具有正面的促进作用。借助品牌延伸完成品牌扩张与资产积累的例子屡见不鲜，例如，"999 胃泰"将品牌延伸到"999 皮炎平"、"999 感冒灵"等相关产品上，加速了"三九"品牌的发展与壮大；迷失于品牌延伸中最后黯然退场的品牌也很多，例如，"春兰"空调 1995 年的销售以超过同行几倍的优势雄居全国第一，随后，在品牌延伸策略指导下，春兰大举进入摩托车制造业以及电冰箱等行业（见图 7－3），导致 1996 年、1997 年春兰空调销售出现连续大幅度下降，行业第一的地位受到威胁。因此，对于品牌延伸的正负效应我们应当给予客观评价，结合企业实力与产品相关程度、消费者的需求等方面的因素优化选择。

图 7－3　春兰品牌由空调延伸到摩托车、汽车等产品上

（一）品牌延伸的正效应

1. 有助于企业实现多元化增长，充分利用企业的无形资产，并进行深度开发，走可持续发展的道路。品牌延伸遵循市场领域经营小和市场细分专业化的原则，以适应不断变化的消费需求。最初，每个品牌都是独立的、特殊的产品。福特汽车最初只有一个颜色——黑色，要买福特车就是黑色的；可口可乐也一样，渐渐地，品牌开始延伸和扩张。可口可乐产品的多样化（有糖、无糖，含咖啡因、不含咖啡因）为它赢得了更多的消费者。可见，品牌延伸可以拓宽品牌市场和消费层面，这种多元化的扩张经营，保证了企业的可持续发展。

2. 有利于企业分散风险，追求企业生存的稳健性。企业为了分散经营风险，比较理想的选择就是分散经营，培植多个主业，采用多元化的增长方式。例如，吉利汽车为了分担企业经营风险，进军房地产业以及传媒业，开展多种业务。

3. 有助于提高新产品的市场认知率和减少新产品市场导入费用。创新现有产品比开发新产品要实惠得多（费用大约是新产品的 1/5），销售额也较为稳定。品牌延伸可以扩大市场份额，这对于急于求成的品牌经营来说也是求之不得的事情。很少有人愿意承担创建新品牌的风险，而更愿意实行品牌扩张。品牌延伸产品可以达到低成本入市的效果，推出新品牌的费用明显高于品牌延伸的费用。OC&C 的研究表明，品牌延伸在生产、促销、媒体广告等方面可节省费用。由于新品牌的试用费较高，因此品牌延伸战略也就比较划得来①（见表 7－1）。

表 7－1　品牌延伸对开发成本的影响

	新品牌	品牌延伸	占比（%）
推广预算			
——引出	100	78	－22
——推出	30	24	－20
总计	130	102	－21
试销率	100	123	＋23
成本/试销	1.3	0.83	－36

4. 品牌延伸可以增加新产品的成功机会。1990 年，美国 OC&C 咨询公司比较了两类不同品牌的成功率，一种是新品牌产品，另一种是老品牌产品。如图

① 【法】让·诺尔·卡菲勒. 战略性品牌管理［M］. 王建平，曾华，译. 北京：商务印书馆，2000：192，265.

7－4所示，只有30%的新品牌产品持续4年以上，而品牌延伸产品占50%。

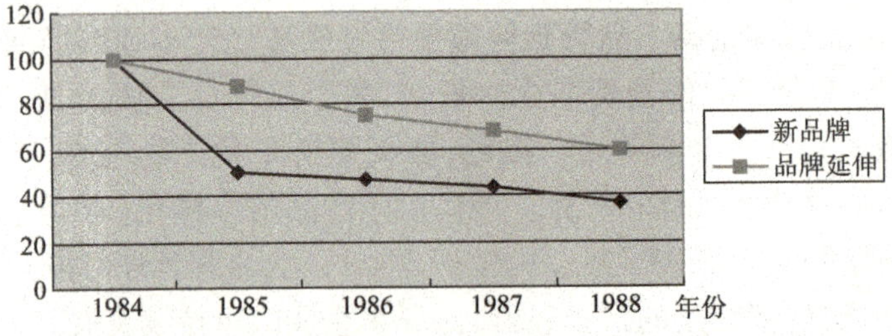

图7－4　新品牌与延伸品牌的成功机会

品牌延伸还可以提高品牌成功的概率，比起新产品来，商家更欢迎名优品牌产品，不仅如此，品牌对消费者的影响也是多方面的。由图7－5可见，在同等条件下（销量、面积、批发量等因素相同），消费者对现有品牌之下的产品的试用率（123:100）、改换率（17%:13%）和重复购买率（161:100）都较高①。

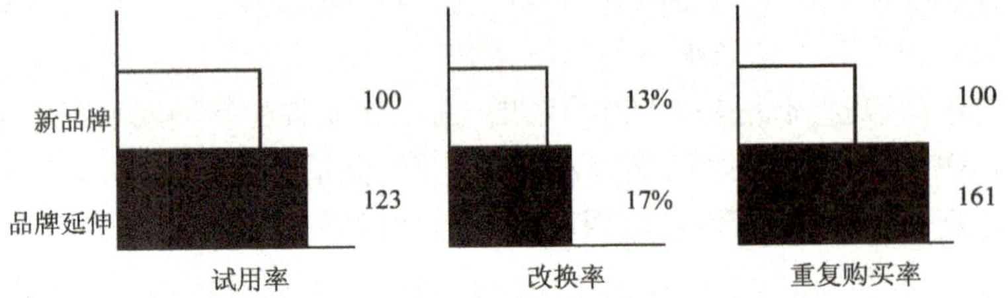

图7－5　品牌延伸对消费者购物的影响

（二）品牌延伸的负效应

1. 损伤原品牌形象，导致原品牌被淡化。当某一类产品在市场上取得领导地位后，这一品牌就成为强势品牌，它在消费者心目中就有了特殊的形象定位，甚至成为该类产品的代名词。将这一强势品牌进行延伸后，就有可能对强势品牌的形象起到巩固或者是削弱的作用，如果品牌延伸运用不当，原有强势品牌所代表的形象信息就被弱化。例如，碧浪销售人员要同时经销碧浪洗衣粉、洗衣液和微量洗衣粉，但又不能说明每种产品各自的优越性和其他产品所不具备的特点。产品范围扩张越大，每种品牌的市场定位就越复杂。有时，原有产品并未撤销，同时又发展了新的延伸品牌，造成品牌形象模糊的情况则更严重。

---

① 【法】让·诺尔·卡菲勒. 战略性品牌管理[M]. 王建平，曾华，译. 北京：商务印书馆，2000：262～263.

2. 影响消费者对品牌核心价值的认知。一个品牌取得成功的过程，就是消费者对企业所塑造的这一品牌的特定功用、质量等特性产生的特定的心理定位的过程。企业把强势品牌延伸到和原市场不相容或者毫不相干的产品上，就有悖消费者的心理定位。这类不当的品牌延伸不但没有成效，而且还会影响原有强势品牌在消费者心目中的特定心理定位。例如，提到“飘柔”，大家自然想到的是具有柔顺功能的洗发水，而新飘柔的去屑、首乌、人参精华、花香系列延伸产品，与原有柔顺功能相去甚远，很容易混淆消费者对飘柔核心价值的认同。

3. 容易形成此消彼长的“跷跷板”现象。当一个名称代表两种甚至更多的有差异的产品时，必然会导致消费者对产品的认知模糊化。当延伸品牌的产品在市场竞争中处于绝对优势时，消费者就会把原强势品牌的心理定位转移到延伸品牌上。这样，无形中就削弱了原强势品牌的优势。这种原强势品牌和延伸品牌竞争态势此消彼长的变化，即为“跷跷板”现象。例如，“格兰仕”是微波炉行业的领导品牌，通过品牌延伸进入到空调领域，一旦消费者对格兰仕空调的认同强过对微波炉的认同，就容易形成跷跷板现象，导致空调销量大于微波炉市场销售的状况。

4. 株连效应。将强势品牌冠名于其他产品上，如果不同产品在质量、档次上相差悬殊，就会对原强势品牌产品和延伸品牌产品产生冲击，不仅损害了延伸产品，还会株连原强势品牌。把高档产品品牌用在低档产品上就有可能产生灾难性的后果。美国“派克”钢笔以其质优价昂闻名于世，被誉为“钢笔之王”，然而该企业 1992 年上任的总经理为扩大销售额，决定进军低档笔市场，将“派克”品牌用在仅售 3 美元的低档笔上，结果形象声誉大受影响，非但没有在低档笔市场上站住脚，高档笔市场也被竞争对手夺去很大一块份额。

5. 品牌无限延伸还会影响消费者对品牌的忠诚。可以选择的产品越来越多，势必导致消费者迷失于不断更新换代的产品海洋中，对原品牌的忠诚度越来越低。市场上的洗发水分类越来越细，消费者在选购时，往往要考虑很多因素，而品牌在这些因素中占有很小的比重。产品包装、价格、独特利益点等经常取代品牌成为消费首选。“霸王洗发水”一度超越宝洁、联合利华在华的增长势头，足以证明部分消费者品牌偏好的转移。

案例 7-1

OPPO：步步高成功的品牌延伸

有人说朦胧的美才是真正的美，越是神秘，人们越是对其迫切地追求。OPPO 相信已经有一大部分人认识它的名字，长期在中央电视台黄金时间

15秒的广告，已经深深震撼了整个MP3业界，OPPO的声音已贯穿到我们的生活中，大手笔的广告轰炸加上各种公关活动，想不看到她的身影都很难！

2005年5月，人们为OPPO的出身问题在网上议论纷纷。有人说，通过其广告形象来看应当是来自韩国的一线品牌；也有人说是国内某MP3大鳄出的第二张牌；甚至有人传言她是哪个房产暴发户心血来潮的产品。这些说法使消费者无法知道OPPO到底是谁？时间能证明一切，现在业内人士均知道OPPO就是“步步高”。其实，这是步步高视听电子有限公司2002年策划的一个品牌，他们打算制作液晶电视、等离子电视、时尚数码等高端科技产品，以改变“步步高”品牌给人一向做小家电（DVD、电话机、复读机等）的印象。但是在目前MP3一片价格战的风声之下，“步步高”品牌实在难以挖掘出新的背景和附加价值，而高价值品牌是指具有较高的品牌溢价能力的品牌，即同等技术与品质的产品能卖出更高价格的产品。

与中国当前正在面临企业转型一样，步步高必须由单一的产品品牌向企业的综合品牌转型，由家电品牌过渡到数码品牌，由中低端品牌向高端品牌转型，从产品品牌向文化品牌转型。因此，必须重新建设一个新的品牌OPPO来操作，从MP3切入玩大手笔。企业需要世界眼光和战略思维，OPPO一上市就给终端促销人员灌输统一的宣传口号，告诉消费者OPPO是全球注册品牌。OPPO打造强势品牌的大局与最终目标是把品牌战略定位在消费者的大脑深处，变成清晰、富有个性化的联想。只有胸怀这个根本性的大局与最终目标，超越常规营销传播，不折不扣地用品牌识别系统统帅一切营销传播活动，才能打造强势品牌。

1. 横空出世、强势杀入

从5月12日开始，在主题为“我的音乐梦想”广告中，俊男美女在地铁中相遇，暗藏情愫，在妙曼音乐中展开一段罗曼蒂克的联想。抒情的流行乐、优雅的学生气装束，再加上满天飞舞的粉红花瓣、绿树和一对俊男靓女，这条广告几乎用短短的十几秒给我们上演了一出韩剧。在央视一、二、三套的黄金时间播出，一时间海量广告铺天盖地席卷而来。几乎一夜之间OPPO的牌子已经家喻户晓。还有就是湖南卫视的超级女声，单从总决选的几场来看，OPPO在每晚比赛动辄超过十几条的广告重复着一个浪漫的故事“我的音乐梦想”，全国几亿双眼球不会对这个3小时内重复十几遍的故事熟视无睹。除了电视广告外，OPPO也同样在平面媒体展开了强力的广告攻势，而且，OPPO还同各地区最有影响力的报纸合办了高校歌手大奖赛，此举显然意在吸引在校大学生的目光。另外，OPPO也没有忽视网络，在新浪等大的门户网站，消费者都能看到OPPO的身影，按照其利用网络综合提升曝光率的思路来看，已然成功了一大半，从Banner

广告到新闻插页广告，OPPO 将网络像电视一样运用得非常到位。而且，OPPO&#8226 和新浪 2005 网络歌曲排行榜更是搞得轰轰烈烈。

2. 韩系风范、唯美广告

要让消费者愿意花更多的钱购买一个品牌的主要原因是由品牌在消费者大脑（也有时髦地称之为心智）中的联想所决定的。消费者对一个品牌所能联想到的所有的信息能深深触动消费者的内心世界，并产生积极、美好、愉悦的心理体验，消费者就会认同、喜欢乃至爱上这个品牌，也就自然愿意购买、更多地购买、花更多的钱购买这个品牌。为了塑造 OPPO 产品的唯美形象，其广告导演和演员均来自韩国，拍摄也是按照韩国偶像剧的标准进行，使得整个 TVC 充满了唯美感觉，深得许多年轻消费者的喜欢。这样大手笔的电视广告投放，难怪让所有的 MP3 厂商和消费者惊呼：Who are you？因为，拥有这么强大的品牌实力和企业背景，其东家应当是国外品牌或者国内企业界的大腕。而从产品设计和品牌形象来看，OPPO 似乎更应当是韩系企业，因为她成功地塑造了中国人见得最多的韩国偶像型品牌。

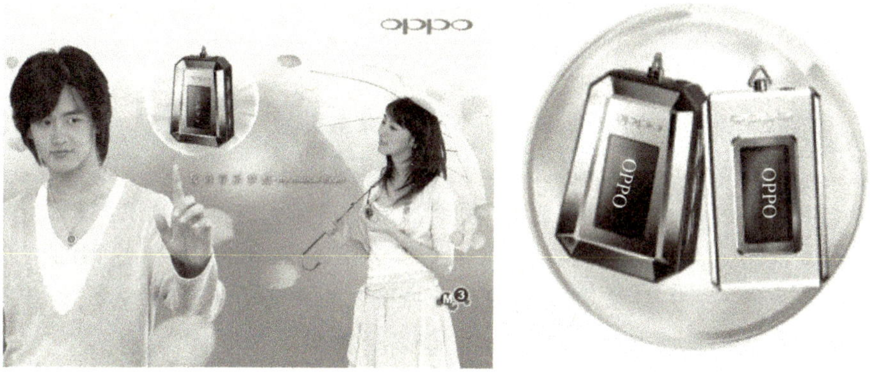

图 7－6　“OPPO”MP3 广告与情侣产品

3. 精工时尚，独具慧眼

我们把触动消费者内心世界的最有力的信息称之为品牌核心价值。所以，品牌核心价值是品牌资产的主体部分，它让消费者明确、清晰地识别并记住品牌的利益点与个性，是驱动消费者认同、喜欢乃至爱上一个品牌的主要力量。因此，OPPO 在做工选料上均是精工细做、独辟蹊径，如目前市面上的多款机器（X3/X5/X7/X9）各有其特点。它们的共同之处都在于摒弃了新手上路惯用的造型，完全是独立设计，造型独特、别具一格。因此，OPPO MP3 一上市就非常抢人眼球，同型号一般都设计男女两款，明确针对情侣目标群（见图 7－6）；精致的做工让许多消费者感到惊喜，因为在 OPPO 产品上找不到毛刺，找不到板材切合部位的不和谐接缝，用料也足够充分；其声音效果可以满足消费者对于随身听产品的最原始的要求，OPPO 则充分考虑到了这点。目前有 X9 和 X11 采用了飞利浦 PNX0101 芯片作为解码，声音效果让人感觉耳目一新。另外，OPPO 所有产品均标配森海塞尔 MX400 耳机，让所有消费者均能体验到完善音质；再配上不错的附件和别具一格的包装，OPPO 更显得楚楚动人。

4. 坚定高端，细分人群

对于 OPPO，价格也成为其塑造高端品牌的一个元素，以 256M 产品为例，三星报价在 999 元，而 OPPO 新品上市时，X3 型报价为 980 元，而最高端的 X9 型报价甚至到了 1 450 元。可以说，OPPO 的价格定位当之无愧地稳居第一阵营。

因为现在 MP3 的进入门槛低，在其核心技术稳定的情况下，要想在市场中争得一席之地，靠的不仅仅是质量，而且是更优秀的设计，我想这就是 OPPO 的理念。一个同样的产品，在保证质量的同时，给出最吸引人的设计，从而在市场中独树一帜。然而，我们仔细分析 OPPO 的品牌诉求就可以知道其目标消费群应当是喜欢时尚的年轻人，这似乎出现一个矛盾，这部分人群往往缺乏购买力，他们为了时尚外观而能多出钱的比例不会超过 20%，从目前情况来看，OPPO 的这个比例明显突破了 40%。

5. 颠覆渠道，欲在通吃

从渠道上来看，OPPO 也颠覆了 MP3 的传统模式。OPPO 摒弃行业一般采用区域代理的形式，从 IT 渠道切入市场，选择先在各地家电市场开设专柜、专卖店。用业内人士的话来说，就是“用销售家电产品的方式来销售 MP3”。步步高是做家电出身的，其主要的消费策略也是以传统卖场为主，但是 MP3 的主要阵地却不在这里，从 MP3 长期销售情况来看，IT 市场仍然最为重要，对于步步高这个成功采用代理制的企业来说，代理商讲究的是勤进快出，薄利多销，这恰恰是传统卖场所做不到的。但是，由于 OPPO 的高价格定位，放在 IT 市场与诸多品牌竞争将面临较大阻力，随着 MP3 的普及，更大顾客流的家电卖场是好的销售终端，并且避免了与其他品牌的悬殊比较。当然，另一方面，统一标志加上高档装修专卖店的建立也昭显了 OPPO 的高端定位。在资金充裕的情况下，这也是建立长期品牌的一种方式。OPPO 可以在巩固专卖店建立品牌形象后再包围 IT 市场，达到通吃的效果，也可以视为一种新的战略方式。

6. 锤炼文化、沉淀品位

要让品牌有高档感和高价值感，以功能型利益为主的品牌应持续一致地不断提高技术与产品的使用价值，如一个品牌的几款产品技术领先、功能人性化、外观精美，那么只能有限地提高这几款产品的售价。如果企业不断地推出这么好的产品，久而久之品牌就具备了高档感与价值感，品牌的溢价能力就能涵盖所有产品。因为强势的广告诚然可以带来高知名度,但一个没有内涵的品牌是很难树立起高端形象的。在国产品牌普遍低端的中国 MP3 市场,OPPO 无疑在作一种全新的尝试。但在知名度短期得到提升的同时,品牌形象的培育却需要更长的时间,需要企业为其持续不断地注入文化、时尚等元素,向世人展示产品的灵魂。当然,OPPO 概念区隔、MP3 的产品力、完美的广告画面、强大的广告投放力度以及步步高成熟的终端和渠道系统搭建了一个 OPPO 强势品牌的基础。现在OPPO面临的主要问题就是在保证资金充裕的前提下,继续锤炼自己的品牌形象,使浪漫时尚的品牌形象在目标受众的心中固定下来。

"世间自有公道,付出总有回报,说到不如做到,做就要做最好。步步高……"这句著名的广告词让消费者认识了步步高公司。央视一套每晚黄金时段那近一分钟的广告词"OPPO,我的音乐梦想"让大家再一次重新认识了这家以 VCD 播放器起家的家电厂商,认识了他们涉足 IT 圈的第一款产品 OPPO MP3 播放器。年轻、浪漫、飞扬的青春,音乐、爱情无一不令人为之神往,OPPO 的广告确实深入人心,而且令人为之心动。在 OPPO 上市之后也赚足了消费者的眼球,而其不以电脑卖场为主反而以商场、家电卖场为根据地的销售方针,也着实让业内人士为之惊讶。然而,步步高完全摆脱了过去家电厂商的形象,实现了转型品牌,成功地跻身 IT 圈。尽管我们不能说步步高已经成功了,但是至少它让大家知道步步高已经开始做 MP3 播放器了,进入了中国高端品牌行列,为国产品牌又树立了一个良好的新形象。虽然 OPPO 的未来会如何,其结果又会如何我们不能妄加定论,但是从现在来看,OPPO 有着强大的市场潜力。无论怎样,我们都衷心祝愿步步高一路走好,希望 OPPO 能步步高!

案例改编自吕谏:"OPPO:步步高成功的转型品牌",有效营销网,2007－03－30。

第二节　品牌延伸方法

像人类进化、逐步适应环境和生态领域繁衍生息一样,品牌也会从单一产品向外扩张,在美国,近 10 年里成功的产品有 2/3 属于品牌延伸而不是新品牌导入市场,品牌延伸已经成为全球很多企业发展战略的核心。凭借品牌延伸,雀巢推出的咖啡、婴儿奶粉、炼乳、冰淇淋和柠檬茶等系列产品都十分畅销,而同样是知名品牌影响效应的再利用,麦当劳推出的酒店服务却招致华尔街、消费者以及品牌研究者的一致反对。同一种营销战略产生完全不同的结果,这与对这一战略的利用方式不同密切相关。

一、品牌延伸的种类

在论述品牌延伸的方法之前，我们先归纳一下品牌延伸的种类，因品牌延伸的广度、宽度、力度和方向不同，品牌延伸可以分为以下种类。

（一）线延伸与大类延伸

线延伸（Line Extensions）是公司在同样的品牌名称下，在相同的产品种类中引入增加的项目内容，如新的口味、形式、颜色，或增加成分、包装规格等。“康师傅”推出的“东北炖系列”、“江南美食系列”、“油泼辣子系列”、“老火靓汤系列”和“陈泡风云系列”等产品，虽然口味各异、料包配方不同，汇集了中国各地的美食特色，但产品类别并没有发生任何变化，这就是线的延伸。线延伸能够通过在一个品牌名称下提供更多不同的产品来满足消费者的不同需求，而且，管理者经常利用线延伸作为短期竞争的工具，提高一个品牌对有限的货架空间的控制，这也是诸多公司热衷于线延伸的重要原因。

大类延伸（Category Extensions）是公司使用相同的品牌名称，从原产品大类进入不同的大类，如喜登路从香烟延伸到吸烟用品、男士饰品、香水和服装，与原有产品相比，这些都属于另外的产品类别。大类延伸的风险比线延伸大，因为，当公司从一个产品类别延伸到新的产品类别时，缺乏经验和广告支持，甚至会带来消费者的质疑①。

（二）浅延伸与深度延伸

浅延伸为延伸品牌与原品牌在外观上有相似之处，比如，从生产网球鞋到网球拍，捷安特由生产自行车到开发电动自行车都是一种浅延伸。

深度延伸为使用相同的技术，比如，运用相同的碳纤维材料生产出新产品，或者高尔夫俱乐部品牌引进网球拍等，就是突破局限于网球鞋、球拍产品的深度延伸。

（三）连续延伸与非连续延伸

连续延伸为延伸品牌在原有产品、技术和资源的基础上开发出后续的相关新产品，例如，“耐克”由生产运动鞋到运动服装、袜子、帽子、篮球和足球等整套运动产品，使消费者进入耐克专卖店就可以买到所需的所有运动产品。

非连续延伸为延伸品牌超出产品之间技术和物理上的局限，是真正意义上的多样化。维珍（Virgin）就是很典型的案例，维珍几乎年年都有新产品，而且很多产品之间没有任何相关性。自 1970 年创立以来，维珍的名字已经出现在唱

---

① 黄静主编. 品牌管理[M]. 武汉：武汉大学出版社，2005：183.

片、零售、软饮料、铁路、航空和电信等200多个领域，产品几乎延伸到人们生活的方方面面（见图7－6）。维珍的创始人，被称为维珍之父的理查德·布兰森（Richard Branson）说过这样一段经典的话：“如果有谁愿意的话，他可以这样度过一生：喝着维珍的可乐长大，到维珍唱片大卖场去买维珍电台放过的唱片，去维珍影院看电影，通过Virgin. net交一个女朋友，和她坐维珍航空去度假，享受维珍假日无微不至的服务，然后由维珍新娘安排一场梦幻的婚礼。像维珍一样的生活，直至最后拿着维珍的养老保险进坟墓。”事实上，维珍品牌线的延伸正如图7－7所示的那样，也恰如布兰森所说的那样。

图7－7　维珍品牌不断推出的新产品标志

二、品牌延伸策略方式

运用品牌延伸策略失败的案例屡见不鲜：Xerox（施乐）选择了用自己已经成名的品牌开发个人电脑数据处理系统，产品一直乏人问津，公司损失了8 500万美元。除开发个人电脑外，施乐又涉足办公室互联网、Telecopier等产品，但也都以失败告终。并不是说施乐不能进行品牌延伸，而是没有找到合适的策略方式。

（一）以消费者认知与品牌态度为出发点

制定品牌延伸策略，一定要充分考虑消费者认同、接受的心理。戴维森（Davidson）设计了多个同心圆组成的模式，由核心、延伸区域和禁区构成。借助消费者调查，能够提供品牌周边区域（外核）的信息①。由图7－8可见，品牌延伸可以分为不同的区域，对于消费者可以顺利接受与展开合理品牌联想的区域，品牌延伸风险就很小；有一些延伸区域被消费者接受虽然有一定的难度，但却具有较大的发展潜力，因为有共同的品牌核心价值支持，不同的产品之间有共性特质，比如"迪斯尼"品牌，无论开发主题公园，涉足电影、音乐等产业，还是生产文化用品，都体现出"为人们带来快乐"（Make people happy）的核心价值，因此，相关娱乐产业都是该品牌可以考虑的潜力开发区域。越过品牌延伸潜力区，是品牌延伸需要特别慎重的禁区地带，很多企业因为享受到品牌延伸带来的利益而迷失于不断的新产品开发中，涉足有悖于品牌核心价值的产品，最终导致品牌资产受到威胁，"派克"钢笔在女性内衣市场的失败就是明证。

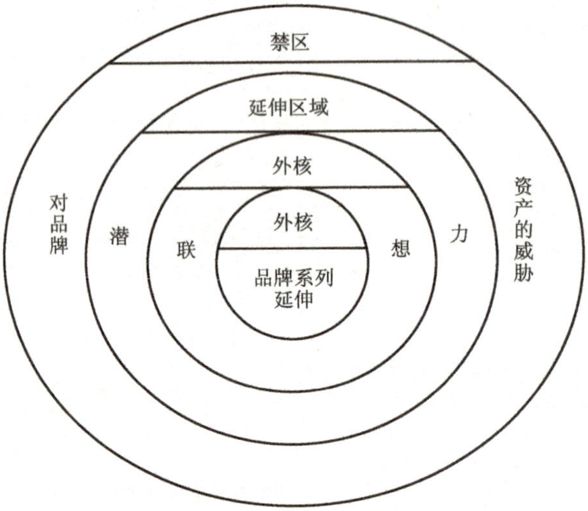

图7－8　品牌延伸层次区域

品牌自身特性向延伸产品的转移取决于公众是否认为延伸产品与品牌吻合，即对品牌延伸的态度是对原品牌产品、品牌价值与资本、企业声誉三方面要素的综合。例如，提到"高露洁"，很多人对这个品牌的认知是具有防蛀、高钙、口气清新等功能的牙膏品牌，对其清洁牙齿的功能比较认同，认为该品牌在牙膏行业属于与佳洁士并驾齐驱的领导品牌。然而，"高露洁"在美国市场推出的系列食品却以失败告终。其失败的原因不难理解，因为消费者已经认同了高露

① 【法】让·诺尔·卡菲勒，战略性品牌管理［M］．王建平，曾华，译．北京：商务印书馆，2000：291．

洁牙膏的功能,牙膏是用来清洁牙齿之后要吐出去的,食品则恰恰相反,是吃到嘴里要咽下去的。由于"高露洁 = 牙膏"这个品牌形象已经深深印在消费者脑海中,牙膏与食品是完全不同的产品,不可能共享同一条生产线,并且没有共同的理念与价值支撑,因此,高露洁生产食品的可信度就大打折扣,不仅不能使该品牌获得价值增值,反而破坏了企业声誉。公众认知的重要性已经远远大于事实的重要性了,高露洁食品即使非常营养美味,也很难改变消费者固有的心理定势与对品牌的态度了。图 7 - 9 所示意的就是消费者对品牌延伸的态度和评价。

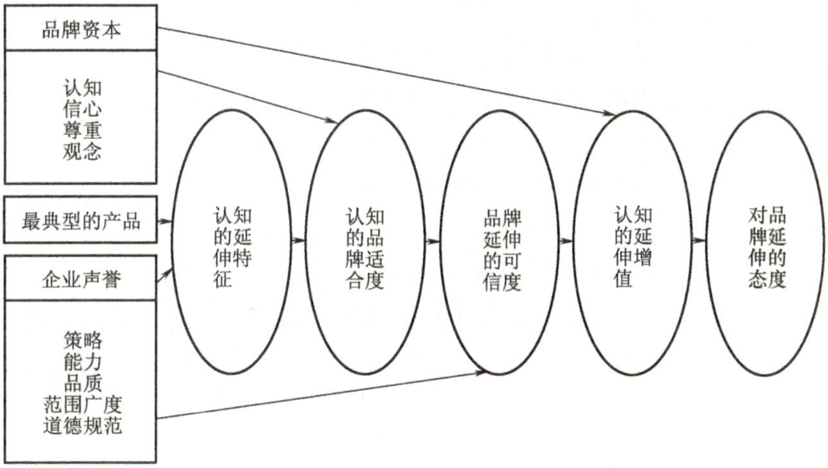

图 7 - 9 消费者如何评价品牌延伸①

(二)评估品牌延伸能力

有些品牌因为核心价值具有较强的延展性,方便很多延伸产品共享,因此具有较强的延伸能力,而另外一些品牌因定位狭窄或者核心价值单一,品牌延伸能力相对较弱,产品的微小变化都会改变品牌的意义和地位。如图 7 - 10 所示:近似延伸(B)适用于配方品牌,像亨氏既可以经销番茄酱,也可以经营芥末调料;进一步延伸(C)则开始涉及品牌技术构成,例如,蓝月亮生产洗手液获得市场成功之后,相继推出衣物护理液、家居护理液等产品,加大了产品生产线与市场覆盖范围;再进一步延伸(D)、(E),为了与延伸产品(A)保持一致,按(A)的战略目的和中心调整实行品牌定位,以避免超出品牌延伸的价值与利益界限,招致市场排斥②。

① 【法】让·诺尔·卡菲勒,战略性品牌管理[M]. 王建平,曾华,译. 北京:商务印书馆,2000:279.
② 【法】让·诺尔·卡菲勒,战略性品牌管理[M]. 王建平,曾华,译. 北京:商务印书馆,2000:285.

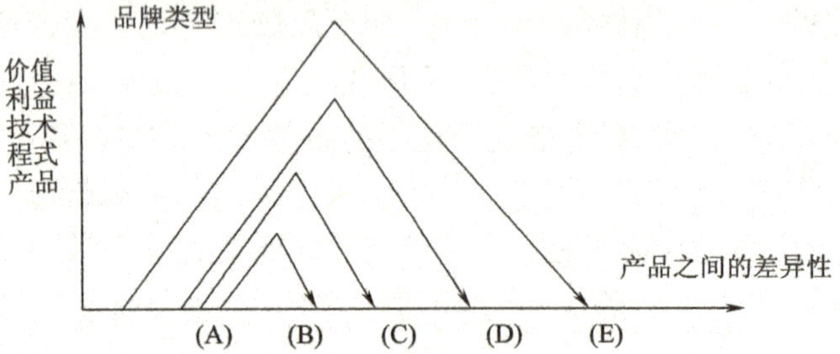

图7－10　品牌种类与品牌延伸的能力

（三）选择合适的品牌延伸战略

企业可以根据经营需求与品牌扩展能力，确定相应的品牌战略①。

1. 系列品牌战略。系列品牌是指在一种品名上的附加产品（见图7－11）。例如，迪奥推出凯丝防皱唇膏、眉笔、眼线笔、唇线笔和其他美容化妆笔系列产品。品牌系列的成功在于它与原型产品极为贴近，并将其特点发挥到极致。品牌系列可以包括一整套产品，品牌系列的最后延伸附加费用算在零售商的账上，几乎不用做广告宣传。系列品牌战略有诸多好处：扩张品牌销量，强化品牌形象；有利于系列品牌的扩张和推销；降低品牌开发成本；广告宣传目标集中在一个品牌上，从而扩大品牌资本。

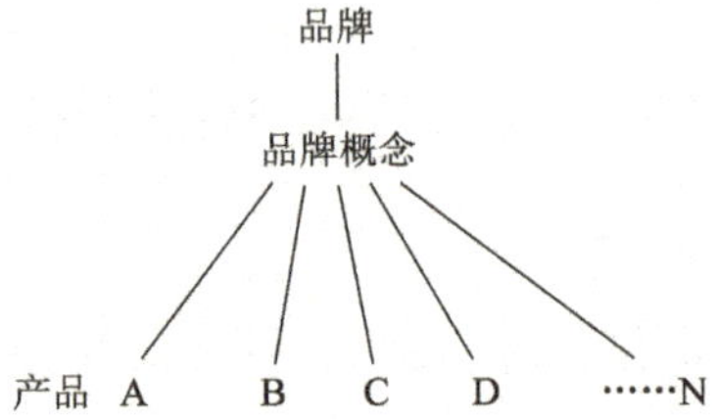

图7－11　系列品牌战略

2. 综合品牌战略。佳能照相机、复印机和办公用设备通通冠以“Cannon”商标；雅马哈不仅经营摩托车还有钢琴和吉他，这些都是综合品牌，同一品牌支撑各类市场的种类繁多的产品（见图7－12）。每一产品各自为营，实施广告宣传和市场营销战略（有的自设广告机构），但每个产品都用一个品牌名称。综合品牌的主要特点是在国际范围内集中开创一个商标。这样，企业就不会无的放矢，所做的每一件事，每一个广告，生产的每一件产品，都在扩大企业品牌的声

① 【法】让·诺尔·卡菲勒，战略性品牌管理[M]. 王建平，曾华，译. 北京：商务印书馆，2000：205～213.

誉，扩大核心产品与陌生产品之间的横向联合。综合品牌在管理机制上灵活机动，各部门都有自己的营销人员和销售计划，可以扩大市场份额，突出品牌的优势特点。

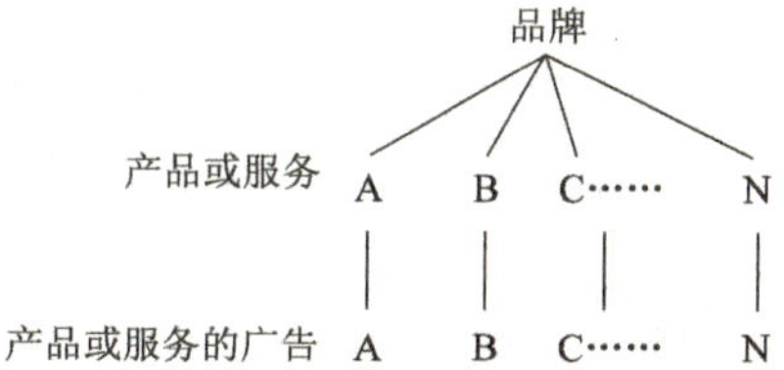

图7－12 综合品牌战略

3. 原品牌战略。与综合品牌战略相类似，只有一点不同，即品牌采取直接命名法。品牌不以产品的类别命名，如香水，每种品牌都有自己的专有名称，如爵士、露露等，还可以称之为品牌的双重定位。原品牌具有个性化的优势，它的缺点是必须以原型品牌的宗旨和精神作为指导原则。这为品牌扩张增加了一定的难度，只有与原型品牌范围相关的产品和名称才能并入产品系列（见图7－13）。

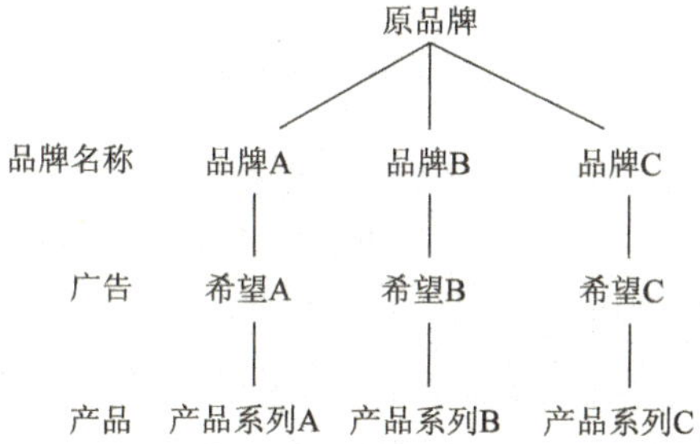

图7－13 原品牌战略

4. 赞助品牌战略。赞助品牌战略也称为背书品牌（Endorsed brand），许多著名轿车品牌，如别克、雪佛莱等在汽车牌照以及汽车推销商的广告中有 GM 字样，这就是汽车赞助厂家品牌通用汽车的缩写。赞助企业特别许可多种产品以产品品牌、系列品牌的方式组合（见图7－14）。最下方赞助品牌是所有品牌的担保企业。品牌赞助形式可把赞助企业标志贴于品牌名称旁边，也可以把赞助者的签名写在商标上。实行赞助品牌的好处是，使品牌有较大的获利。每种产品利用赞助企业的实力和声誉扩大自己的势力范围。赞助品牌战略是企业获得消费者认可成本最低的过程。赞助企业负责全部品牌的质量保证，不仅在质量和科学技术等方面，而且在社会道德和环境保护方面也有保证。

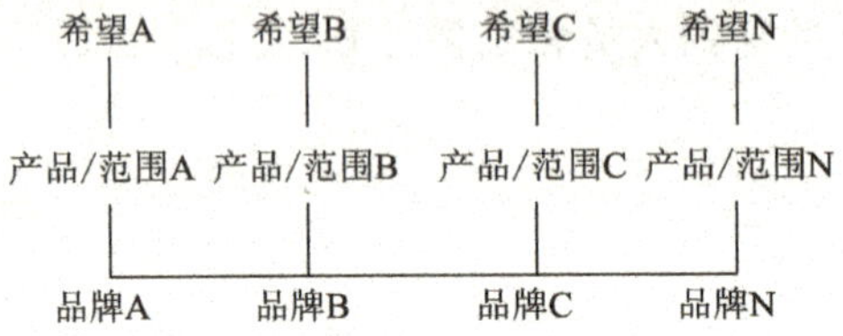

图7－14　赞助品牌战略

（四）掌握品牌延伸操作方法

当企业完成以上三方面的考量后，就可以在战略的基础上，明确具体地执行战术策略了，即按照品牌延伸的操作方法（见图7－15）顺利完成品牌延伸。

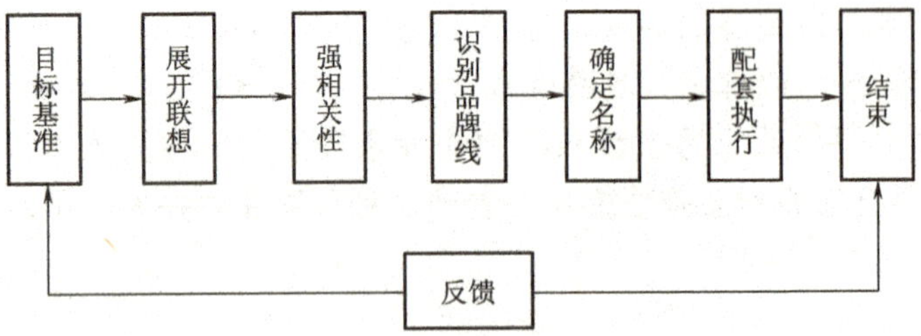

图7－15　品牌延伸的操作方法

1. 确定品牌延伸的目标与基准。依据企业内外情况、市场变化、竞争对手和自身发展状况，确定品牌主力的基准，在品牌核心价值与品牌核心力的基础上，确立品牌延伸所要解决的问题、品牌延伸的目标与方向。

2. 展开品牌联想。在品牌核心力、品牌核心价值的基础上，以主力品牌为联想点展开联想，包括名称联想法、使用印象法和核心能力延伸法等。

3. 确定新产品的相关性。在确立了核心主导品牌的品牌联想后，接下来要识别哪些新产品与这些品牌有密切的关系，分析在技术上、成分上、目标心理上和档次的关联性上，即从技术、成分、性能、品质和消费性等方面确定新的产品品牌的相关性，从而找到可供产品延伸的连接点、延伸点和延伸岔。

4. 识别品牌线。区别出技术线、产品线、客户线、文化线、形象线和服务线的不同，从中梳理出一条明显的"品牌线"。这一"品牌线"就是品牌延伸的"母亲线"，它能发挥出"竹笋效应"（自我繁殖、自我延伸）。

5. 确定候选品牌名称。延伸品牌必须能借用已经成功的核心主导品牌的势能，能延续核心品牌的优势，让品牌核心价值能自然转移到新产品上，或使消费者能很快接受这种品牌共享的价值。

6. 辅之以延伸战略的执行。在产品、技术、服务、营销、广告和管理等各个方面落实品牌延伸战略，使品牌延伸有的放矢，使品牌延伸战略真正落实到产品销售与企业经营中。

案例 7－2

维珍无所不能的品牌延伸奇迹

英国维珍开始广泛为国人所知大概起源于著名的维珍大西洋航空公司。该公司 1999 年进入中国，开始独营“上海—伦敦”直飞航班，让中国旅客感受到了来自维珍独特的文化和优质的服务，同时以其极富个性的品牌风格引起了国内营销界的关注。

维珍集团是企业界的一个异数。自 1970 年创立以来，维珍的名字已经出现在唱片、零售、软饮料、铁路、航空和电信等 200 多个领域。目前它是英国最大的私营企业，旗下有全球 200 家分公司，总资产超过 70 亿美元，年销售额逾 50 亿美元。维珍就像一个半国民生产部门，通过建立与消费者千丝万缕的联系，成为人们生活中的一部分。对中国的消费者来说，这种说法似乎有些不可思议，但在维珍的老家英国，它的品牌知名度高达 96%，使用维珍的产品和服务就像生活本身一样自然。

1. 神话的由来

有谁能想到，维珍这个庞大的商业帝国起源于一份小小的杂志？1968 年，布兰森凭借其创业的激情和追求自由的梦想毅然辍学，与几个好友创办了一本名叫《学生》的杂志，由此开始了他神话般的创业史。1970 年他又在伦敦成立了一家小型邮购公司，取名“维珍”（Virgin），直至今天，这个名字仍为布兰森津津乐道。他解释说，是因为“处女”（中文译名）这个名字性感，易产生联想且过目不忘。当然，随着维珍的不断发展壮大，这个名字作为一个品牌的蕴意也在不断丰富完善，到今日已成为一个特立独行的文化象征。不过当初维珍并不那么走运，成立仅一年后由于英国邮政工人大罢工而被迫转为以经营唱片为主的折扣零售店。然而，布兰森变危机为机会，抓住唱片业发展的时机，经过 13 年的苦心经营，到 1984 年，维珍唱片已经成为英国最大的独立唱片商号。此后 20 年，在维珍唱片雄厚的基础上，布兰森长袖善舞，大胆创新，逐步建立起了维珍雄伟壮观的商国大厦，“Virgin”那醒目鲜红的标志遍布全球，随之传播的是它那独特而极富个性的品牌文化。

2. 品牌战略

在当今产品同质化严重的商业社会，品牌已逐渐成为产品甚至是企业的灵魂。可以说,维珍品牌是企业唯一重要的资产,它的品牌战略在一定程度上主导着整个企业的发展,对企业文化的塑造、价值观的体现、品牌的延伸等方面影响至深。

(1)Virgin 的品牌核心——反传统。品牌核心是品牌所集中体现的价值观,是它要向消费者传达的有关产品和企业的主要的品牌信息。其实,从名字上看,Virgin(处女)就很反传统,够独特,够劲! 更重要的是,品牌不仅是一个名字,Virgin 更意味着一种生活态度:自由自在的生活方式,叛逆、开放,充满激情,崇尚自由以及极度珍贵的浪漫。Virgin 的反传统不仅由它每一次令人意想不到的品牌延伸而得以充分体现,更由它那位创始人布兰森每一次的惊世举动生动地演绎出来。每一次都无不成为大众议论和关注的焦点。

(2)Virgin 的品牌定位——"小狗论"。根据企业在市场上的竞争地位可以把企业分成市场领导者、市场挑战者、市场追随者和市场补缺者四种不同的角色。而 Virgin 扮演的正是市场挑战者的角色。对此,布兰森有段很生动传神的描述。他说:"维珍是一只厚着脸皮,体型比不上领头狗的小狗,但它能跑得很快,紧跟大企业的脚后跟抢东西吃。"当然,这种"抢"需要实力、创意,更需要胆识。而维珍的成绩有目共睹:维珍可乐从可口可乐、百事可乐口中抢到了欧洲20%的市场份额;维珍大西洋航空从英国航空老大"英航"手中抢到了"上海—伦敦"直飞航线的独营权;维珍电信从最不开放的电信业抢到移动网络运营权。维珍的定位与 Avis 的"我们是第二,但我们会更努力!"具有异曲同工之妙。通过成功的运作,市场给了他们同样优厚的回报。

(3)Virgin 的品牌个性——鲜明独特。维珍的品牌个性以独特著称,总的来说,可以归结为四点个性。

第一,不受拘束。崇尚自由是 Virgin 的核心价值观之一,其几乎无所不包的品牌延伸也是这种个性的具体体现。

第二,富有情趣。比如,品牌名称是布兰森手写的英文体,张扬又不失俏皮;"小狗论"的定位描述形象生动,情趣盎然。

第三,创新求变。创新体现在产品创新、服务创新和价值创新、品牌创新、传播创新等诸多方面。Virgin 的创新哲学就是"为顾客做得最早,做得最妙!"

第四,敢于挑战。处于市场次要地位的企业一般有两种战略:一是积极主动进攻,争取市场领先地位;二是安于次要地位,与领先者和平共处。Virgin 毫无疑问是前者,是个充满战斗力且具有威慑力的挑战者。每一次成功的进攻都给领导者以巨大的冲击,使他们无法忽视这个强劲的叫板者。

(4)Virgin 的品牌价值。关于 Virgin 这个品牌到底价值几何,或许有个数据可以从一个侧面作出说明。2000 年,维珍集团以 6 亿英镑的价格将维珍航空

49%的股份转给了新加坡航空。其价值具体表现为创新精神、品质服务、富有情趣以及物超所值。

(5)Virgin的品牌延伸。维珍鲜明而独特的品牌个性和文化为其品牌延伸奠定了基础,使得它的触角几乎无所不至,成为多元化经营的超级巨无霸。

维珍的品牌延伸范围之广令人咋舌,而同时经营彼此毫不相关的领域却能以同样的文化驾驭,并经营得有声有色,其成功经验值得研究。维珍的经历大致描述了它自创立以来的品牌延伸图:杂志(1968)→邮购(1970)→唱片(1971)→航空运输(1984)→铁路(1998)→软饮料(1999)→电信(2001)→数字音乐(2003)→航空航天(2004)

仔细审视会发现,其实布兰森并不像我们想象得那么疯狂。每一次的品牌延伸并不是他个人的异想天开或是一时冲动,而是长期积累、理智决策的结果。特别是从唱片到航空业的飞跃,是经过了13年的深厚积累才得以成功的。随着其经营版图的扩大,品牌运用越来越广,使每一次新的尝试更具高风险性。因此,布兰森说:"我们随时都小心翼翼。"笔者认为,可以用"大胆假设,小心求证"来形容维珍的品牌延伸。"大胆假设",使其敢想常人所不敢想,将每次的扩张做到极致;"小心求证",使其敢做常人所不敢做,使每次扩张都有实力做保障,有科学、全面的调研做依据,避免了盲目扩张带来的恶果。

3. 营销战略

提到维珍的营销,有一个人物不得不提,他就是维珍之父,被称为"嬉皮士资本家"、"特立独行的冒险家"的理查德·布兰森。他与维珍企业的联系之紧密以至于使企业打下了他深深的个人烙印。

(1)布兰森——独一无二的代言人。维珍有杰出的事件营销的运作能力,而大多数时候主角便是这位创始人布兰森。每一次维珍的品牌延伸,布兰森都会亲力亲为地主演,是维珍当仁不让的代言人。这种由创始人担当代言人的现象除了奢侈品行业(如香奈尔)外实在十分罕见。然而,布兰森一次次将他的营销能力发挥到了极致:他曾经只穿三角短裤与美国演员合拍维珍软饮料广告;他曾经和20个几乎全裸的模特在伦敦街头为维珍手机做促销宣传;他曾经开着坦克驶入纽约时代广场宣传维珍唱片进军美国;他还曾经装扮成一个新娘宣传维珍婚纱店的开张。他热衷于各项挑战极限的活动,曾驾驶热气球环行地球,驾驶水陆两栖车跨越英吉利海峡并打破纪录。他每一次惊世的举动都使得维珍具有很高的曝光率。他的冒险、勇敢和创新精神更成为维珍极具个性色彩的企业文化(见图7-16)。

(2)USP——敢于挑战的利器。布兰森热爱并擅长向市场领导者发起一轮又一轮的挑战。他有意选定表面风平浪静,而消费者并没有获得满意服务的行

图 7－16　特立独行的理查德·布兰森

业为进军目标，寻找其独特的卖点，使用“小狗抢吃法”的营销策略，从大企业口中抢得“馅饼”。他善于挖掘 USP（独特的销售说辞），例如，维珍大西洋航空“将欢乐带上蓝天”，它是首个不设头等舱的航班，取之以给顾客安排宽敞舒适的座椅；维珍移动进入美国市场时首开预付费业务；维珍已与一家美国公司签约，准备 3 年后首开“维珍银河”的商业太空航线。

案例来源：“有效营销：维珍特色战略分析及启示”，http://www.em－cn.com/article/2007/133597.shtml.

第三节　品牌延伸风险

无论我们如何看待品牌延伸，都不能不正视一个无法回避的问题，这就是企业品牌延伸有成功也有失败，现实中的案例几乎随处可见。因为品牌延伸可以直接为企业带来扩大市场的机会，所以大多数情况下企业都会经不住这种延伸的诱惑。但是，品牌延伸本身具有风险性，这种风险性就在于品牌延伸中暗藏着某种陷阱。品牌延伸成功与否，在一定程度上取决于企业对这种陷阱风险的规避。通常情况下品牌延伸的风险表现在四个方面。

一、核心价值紊乱的风险

品牌核心价值是品牌最独特、最宝贵的精髓，是区别于其他品牌的本质属性，是品牌与消费者沟通的重要媒介，包含对消费者一贯的品质、形象的承诺，是对其自身定位和经营理念的抽象浓缩和提炼。如果品牌延伸偏离其核心价值，则容易造成消费者认知的紊乱。麦当劳品牌给消费者的核心价值主要是“食品、快捷、欢乐”，但却于 2001 年在瑞士苏黎世开了全球首家麦当劳酒店（见图 7－17），虽然麦当劳品牌中包含的“S、Q、C、V”（服务、质量、清洁、价值）附加利益点可以很好地移植到酒店经营中，但更多的消费者对其品牌的理解却是“带来快乐、方便的快餐”，而讲究舒适、安静的酒店显然与麦当劳食品的核心价值相冲突。这给其品牌延伸带来了一定的风险。

图 7－17　麦当劳在苏黎世的酒店与客房

品牌核心价值在延伸过程中是一根维系延伸产品与原产品彼此相关的主线。美国相关学者约翰·N.摩菲的实验研究也表明：品牌延伸效应实现的关键因素是本品牌体现的核心价值必须有明确的形象。因此，为了防止品牌核心价值紊乱风险，企业在品牌延伸之前，必须清晰地认识原有品牌的核心价值，牢牢把握原有品牌产品的内在形象和关键特征，从而保证原有品牌核心价值在延伸领域里得以体现和演绎，并得到进一步的提炼。应精简核心价值的数量，数量越少，目标性越强，品牌延伸越容易被消费者理解，如海尔的“真诚”价值。应注意核心价值的差异性、连贯性、兼容性和感召力。

二、品牌过于臃肿、延伸缺少关联性的风险

由于一些企业唯利是图，将品牌无限延伸，扩张到与原有品牌关联不大甚至毫无关联的产品上，导致品牌过于臃肿。如何降低、避免这一风险，使延伸产品与原有产品在品牌联想、生产技术、分销渠道和目标市场等方面相关联，需要考虑四个方面的因素。

第一，品牌联想的一致性。如果消费者根据原有品牌或原产品的认知，把拟延伸产品与原产品视为同类产品时，消费者便产生有利的品牌联想，从而增强拟延伸品牌的可信度，进一步增强对原有品牌的忠诚度，此时，企业的品牌延伸就有了坚实的延伸基础。但如果两者之间没有直接关联，就会导致消费者的心理冲突和不适，就会造成延伸产品的失败。

第二，生产技术共享的集中性。生产技术实力是衡量企业产品品质的象

征，拟延伸产品与原产品技术共享，则企业有实力生产有优势和关联度高的延伸产品，从而避免思维定式的风险，若延伸产品所需技术是企业目前无法掌握的，那么强行延伸产品必然带来高风险。本田公司从摩托车延伸到汽车，凭借发动机技术的相关性而获得成功，而"三九"从"胃泰"、"感冒药"延伸到啤酒，则因技术相关性差而导致产品延伸失败。

第三，营销渠道的关联度。营销渠道的相同意味着企业充分发挥销售资源的协同作用，在同等和有限的营销费用的基础上，使新产品能够有更多机会和最低成本得到消费者的认知、接触和购买，从而实现范围经济。

第四，目标顾客的相关性。原产品和新产品的使用者接近，延伸的新产品便可以在最短时间内得到目标顾客的感知和理解，形成认同感。

三、品牌延伸实力有限，导致盲目扩张的风险

母品牌实力不强或拟延伸产品的吸引力弱，不仅会导致拟延伸品牌的失败，且有可能分散原品牌的经营实力。为避免出现超出企业实力的盲目扩张风险，企业在进行品牌延伸前必须对原有品牌的实力和拟延伸品牌的吸引力作一定的评估。

母品牌产品实力的评估，可以采用BCG法（见图7－18）。强势品牌知名度高并且市场占有率也高，这类品牌可强力支撑起延伸的新业务；金牛品牌知名度不高但市场占有率高，这类品牌尽管有一定收益，但其品牌地位还未巩固，不适合立即进行品牌延伸，企业的核心任务是培育品牌知名度、美誉度和忠诚度；问号品牌知名度高但市场占有率低，这类品牌产品进入市场时间不长，虽然有较高的知名度，但为企业创造的利润并不高，造成企业延伸新品牌的财务实力较弱，所以，当务之急是扩大销量，提升市场占有率，逐步向强势品牌转化；瘦狗品牌知名度低且市场占有率也低，这类品牌根本无力延伸新业务，对其应当放弃，或进行长期培育。

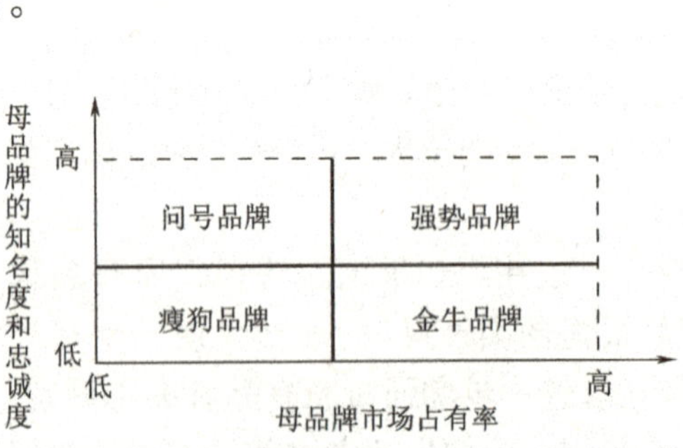

图7－18　母品牌产品实力评估的BCG法

根据波特竞争战略理论，决定企业赢利能力首要的和根本的因素是产业的吸引力。因此，新的竞争对手入侵、替代品的威胁、买方的议价能力、卖方的议价能力以及现存竞争者之间的竞争这五种力量决定着延伸新业务的吸引力。如果拟延伸新业务出现，要对拟延伸产品的吸引力进行评估：现存竞争者之间竞争状况不是很激烈，市场上没有形成强势品牌；顾客与供应商对新业务制约力不强；目前该领域还不会立即出现很强的替代品，即使出现也不至于造成很严重的威胁；市场有较高的进入壁垒及退出壁垒，限制竞争对手加入等情形，则称之为有吸引力。

四、品牌“病毒感染”的风险

诸多延伸产品共享一个品牌，只要一种产品受损就可能引发“株连效应”，波及其他产品，这种类似“病毒感染”的不良情况，对品牌延伸非常致命，有时候连母品牌都遭受牵连。例如，巨人集团以神奇的速度进行跨行业的市场延伸，从巨人汉卡，到巨人脑黄金，再到竞争激烈的房地产市场，正是由于“巨人大厦”项目的失败，导致整个巨人集团遭受重创。为了有效避免品牌产品相互“感染病毒”，有必要在延伸的新产品与其他成熟产品之间建立一些新品牌作为“隔离带”，以转移风险。可以实施主副品牌策略，即在一个母品牌所涵盖的企业系列产品中，同时给各个产品打造一个副品牌，以副品牌来突出不同产品的个性形象，将母品牌与延伸品牌间、延伸的不同品牌间加以区分，宝洁公司的洗发水正是采取这种策略有效规避品牌延伸风险的①。

案例 7－3

“雕”牌牙膏的延伸误区

纳爱斯集团将旗下“雕”牌品牌转变成“纳爱斯”牙膏，并在 2005 年伊始大张旗鼓地全面推向市场。其实，早在 1999 年“雕”牌牙膏就以一幅煽情的“真情付出，心灵交汇”《后妈篇》广告一轰而开，也打动了部分目标消费者的心，但一是毕竟广告内容中所表现的再婚家庭并非社会主流；二是也是极其重要的方面便是 85% 的消费者一听到“雕”牌牙膏，心里就起疙瘩，原因是他们根本不愿意用洗衣粉在口中搅拌，这就是“雕”品牌的产品属性联想已经深深地扎根于消费者的心中，只要提到洗衣粉品牌，第一联想到的就是“雕”牌。细细盘点，当时的“雕”牌牙膏确有不少失策之处。

① 蔺全录，杨国巧. 品牌延伸决策与风险规避[J]. 商业时代，2008(5)：28～29.

1.“雕”牌利益点诉求的长时效性对消费者心智的影响

20世纪90年代初,“雕”牌洗衣粉凭着优异的品质和一句“只选对的,不买贵的”广告语风行国内洁物类日化市场,而这一通俗到位的广告语已深深扎根在中国老百姓的内心深处,这大部分归功于纳爱斯超高密度的不同媒体的广告投放,以及精准的产品定位诉求。经过长达近6年的同一产品核心价值的诉求,“只选对的,不买贵的”这一品牌形象印记——“大众的、平民化产品路线”在目标消费群心目中已经形成,“雕”牌已成为大众消费人群的第一洁物类品牌,即一提到洗衣粉或是肥皂,就能快速联想到“雕”牌。长此以往,“雕”牌给国内消费者的印象就是洗衣粉或是肥皂产品的代名词,即“雕”牌利益点诉求的长时效性对消费者的心智产生了强大影响。

正值“雕”牌被评为“中国驰名商标”时,2001年,纳爱斯推出“雕”牌牙膏,企图以“雕”牌的品牌号召力和影响力带动新的产品增长点,但没想到的是,不但由于驰名商标限定的固定产品范围被查封,更多的是给消费者联想到洗涤用品,而牙膏用“雕”牌冠名,总觉得的是洗衣粉在口里,极不舒服。从市场战略的角度分析,主要是因为“雕”牌的品牌利益记忆点已经深深地套在了洗涤类产品上,维持6年的品牌诉求已形成了“雕”牌的市场定位和区隔,在此之后再推出同一品牌的牙膏,两种用途截然不同的产品线由于时间差距较长的因素造成消费者的心理认知障碍。

反观广西奥奇丽日化品牌,旗下“田七”品牌所有产品几乎同时推向市场,从品牌传播的时效性这一角度看,虽实施的是单一品牌战略,但所有产品线几乎全线推出,避免了消费者对不同产品品类的心理逆差,再加上田七是云南、广西一带的名贵中草药,有止血强心、散瘀生新、消肿定痛等显著功能,给目标消费者一直是统一的草本精华产品的鲜明定位和诉求。奥奇丽更多的是在对田七植物进行产品的利益点诉求和背书传播,对牙齿有什么效果,对其他洗涤物品有什么效果,消费者的重心视线也就随之落在了产品利益点上,而并没有过多地考虑是否在用洗洁精刷牙了。

2.“雕”牌牙膏打情感广告进行包装推广“无理”

在“雕”品牌延伸的旗帜下未有任何牙膏的功能性诉求(“雕”牌洗衣粉以《下岗篇》对其品牌塑造形成的差异化奠定了良好的基础,但由于口腔护理用品和洗护用品两种产品品类的用途截然不同,不可能顺利复制)。在营销传播方面,“雕”牌一直致力于平民大众市场,为形成与国内诸多日化品牌的鲜明差异化区隔,“雕”牌始终致力于关注消费者的生活,深入消费者的内心,与消费者拉近距离,如广告传播中的《下岗篇》、《潮流篇》、《奋斗篇》、《邻里篇》都是切中大众平民消费群内心的经典之作。而这都是在“雕”牌前期对产品功能利益点的诉求基础上采取的“亲民”策略。不过，当时的“雕”牌也善于抓住社会热点（国企改革，大部分工人面临或已经下岗）。可以说，“雕”牌的品牌定位和传播诉求精准地长期围绕其品牌核心价值“只选对的，不买贵的”深入地展开，从而培育了国内绝大部分忠诚目标消费群。

虽说纳爱斯善于捕捉社会矛盾和热点，但其前提基础是整个相同产品线的综合定位准确和长期执行，以及产品功能利益点的展示，随后穿插非产品功能点的品牌传播，有利于巩固市场，培养和强化消费者品牌忠诚的诉求信息。然而，“雕”牌牙膏并没有突出其产品的任何功能属性，以为继续以“雕”牌洗衣粉的路线走下去，还能获得消费者的认可。其实大错特错，当时的“雕”牌牙膏犯了一个产品品牌塑造及推广的大忌，即任何品牌核心价值的传播诉求都必须建立在产品功能属性能满足消费者需求的基础之上，如果连基本的使用价值都不能被消费者认可，其他的品牌概念传播都将是没有根基的空中楼阁。

看看广州立白，其洁物类产品（洗衣粉、洗洁精）以幽默、戏剧搞笑的风格对产品及其品牌进行了传播，立白牙膏的推出也是在继洁物类产品推出之后登陆市场的。第一，其时间间隔没有超过两年，不算太长；第二，立白牙膏并没有像洗衣粉、洗洁精产品那样幽默地表现，而是以“珍珠般亮白”为主诉求点进行传播，广告中以美女模特的形象展现牙齿的亮白特点和个人的自信。所以，立白牙膏推广的起点正是首先对产品功能属性特点的定位诉求，而并未一味复制成功品牌的运作。

3.“纳爱斯”的品牌包容力相对于“雕”牌要广博得多

“纳爱斯”毕竟首先是企业品牌，其次也是部分洁肤类产品品牌，在市场上随同“雕”牌一起成长，享有相当的品牌知名度和美誉度。再加上“纳爱斯”为英文“nice”的中文谐音与转化，意为漂亮、好的，如果当时用“纳爱斯”这一品牌推出牙膏，其中的“漂亮”便可以顺利与牙齿的效果进行对接。

4.“纳爱斯”的品牌调性趋于柔和，这是由于旗下品类产品的充分归类对“纳爱斯”的品牌累积

到目前为止，“纳爱斯”品牌都用在了清洁、护肤、护发类产品上，如“纳爱斯营养香皂”、“纳爱斯水晶皂”等，由“nice”联想到产品推广表现，到广告传播中的模特，最后联想到一种柔美的形象，品牌性格趋向柔美、柔和。所以，按照当时的品牌联想逻辑推展，牙膏应当用“纳爱斯”这一品牌。

5.“纳爱斯”牙膏利益点背书的空白缺陷

尽管纳爱斯在2005年伊始，以全新的品牌形象和产品定位推向市场，但在其策略表现当中，“纳爱斯”牙膏居然打出“营养”口号，以牙膏中富含维C来吸引消费者的眼球，在央视黄金段重投广告，扩大产品的影响面。但也需要纳爱

斯注意的是，有营养的牙膏会带给消费者怎样的好处呢？包括基本的功能性利益点和延伸的心理需求满足点（对品牌核心价值进行个性化展示），所以，从目前的销售情况来看，产品销量异常火暴，但能真正经得住市场的考验，打一场不同于“雕”牌的持久战吗？这就需要纳爱斯进行后续的策略跟进，填补“纳爱斯”牙膏利益点的背书空白，告诉消费者有营养的牙膏能带给他们怎样的好处，进行丰富的产品诉求和品牌展现。

案例改编自余曹龙：“从‘雕’牌牙膏到‘纳爱斯’牙膏的品牌转变”，全球品牌网，2006－05－18。

思考题

1. 如何理解品牌延伸的内涵？
2. 企业青睐于选择品牌延伸的原因是什么？
3. 品牌延伸有哪些负效应？
4. 品牌延伸有哪些种类？
5. 简述品牌延伸策略的流程与操作方式。
6. 品牌延伸为什么要以消费者研究为出发点？
7. 品牌延伸与产品延伸的区别在哪里？
8. 如何规避品牌延伸的风险？

第八章　品牌渠道策略

第一节　渠道营销与渠道传播

在传统营销构架中，渠道是营销组合的四个基本要素之一，当然也可以说是属于营销战略性配置。过去，相对于其他几个基本要素，诸如产品、价格、促销而言，无论是企业还是理论界对于营销渠道的认识和研究并不充分，甚至是在其他几项要素之后才会关注渠道要素。现在，随着营销观念的转变和营销模式的日趋复杂，渠道越来越受到人们的关注。从品牌营销的角度审视，渠道甚至具有某种独立营销的属性，在品牌营销中担负着渠道营销和渠道传播的功能。

一、营销渠道的基本定义

营销渠道（Marketing channel）也被称为贸易渠道或者分销渠道。营销学家伯特·罗森布罗姆（Bert Rosenbloom）在他的著作《营销渠道》中，讲到营销渠道的概念混乱时这样说："有时它被认为是一种把商品从生产者转移到消费者或其他最终用户的通道；有时它被认为是商品通过各种代理环节的过程。此外也有观点认为，渠道是一种商业企业之间为共同实现某种交易目的形成的一种松散联盟。"①对营销渠道的不同看法实际上是基于对渠道属性和渠道作用的不同认识，或者是从不同视角对渠道作用的观察。

事实上，渠道不仅是一种商业服务和营销手段，也是一系列的商业和营销组织。通常情况下，大多数生产者并不是将其产品直接出售给最终用户的，在生产者和最终用户之间还有一系列的中间机构担负着不同的功能，这些中间商就构成了营销渠道。一般来说，营销渠道是促使产品或服务顺利地被使用或消费的一整套相互依存的组织，它们组成一个产品或服务在生产出来以后的一系列途径，经过销售到达最终用户手中。②

由于渠道在整个营销链条中所担负的是一种传递作用，所以我们可以简单地说，营销渠道就是产品从制作者手中转至消费者手中所经过的各个中间商连

① 【美】伯特·罗森布罗姆. 营销渠道.［M］北京：中国人民大学出版社，2007：7.
② 【美】菲利普·科特勒等. 营销管理（第12版）.［M］上海：上海人民出版社，2006：526.

接起来的通道,它由位于起点的生产者和位于终点的消费者,以及位于两者之间的各类中间商组成。而不同企业、品牌由于其属性不同,营销渠道与消费者联系、并将产品送达消费终端的形式也有所不同,这就导致了营销渠道的多样化。比如,在营销渠道中,很多中间机构本身也不接触消费终端,它们只是买进商品或者取得商品所有权,然后再将其出售给其他中间商,这些中间机构被称为买卖中间商,诸如一些大型的批发贸易公司、各式各样的进出口公司大多都属于这一类。还有一些中间机构则直接与消费终端联系,它们从生产商或者批发商那里获得产品,由自己直接寻找顾客并将产品最终出售给顾客。除此之外,还有一些中间机构同样也承担着分销支持活动,这些中间机构大多是一些服务机构,它们既不取得商品所有权,也不直接参与销售和各种贸易谈判,只是在整个销售中给予相应的服务支持,这些机构被称为营销渠道的辅助机构,如物流公司、独立仓库、银行和广告代理商等。

二、渠道的变化及其价值

自从20世纪90年代以来,市场营销领域发生了很大的变化,这就是营销力量的转型。总的来说,这种转型是一种权力转化的过程,即市场的主导力量从制造商—中间商—消费者不断发生倾斜。在早期的市场上,生产商对市场具有绝对的发言权,它不仅可以控制商品,甚至也可以控制渠道。随着市场规模的日益扩大和日趋复杂化,生产商对市场的控制越来越力不从心,于是主导市场的驱动力开始转向中间商。这一时期中间商的力量发展得格外快,许多著名的中间商成为耀眼的市场角色,诸如零售领域的沃尔玛,中国家电连锁的苏宁电器、国美电器等都是零售商。2005年后,沃尔玛甚至取代半个世纪以来稳居世界500强之首的制造业和资源类企业,一举拿下500强头把交椅并且蝉联数年,这些都标志了中间商的崛起以及所形成的强大的市场控制力量。

当然,随着信息化时代的到来以及市场格局的变化,这种主导市场的力量在逐步下移中也在逐渐向消费终端倾斜,尤其是电子商务的发展,增加了消费者在营销中的角色控制力和话语权。电子商务所引导的营销革命甚至被描述成为一种"非中间化"的营销模式,然而实际上这种认识并不确切,中间商并没有消失,它只是以另一种形式而存在,诸如雅虎(Yahoo)、阿里巴巴(Alibaba)、易趣(EBay)和亚马逊(Amazon)等,都代表了电子商务时代新型中间商的崛起。就市场驱动力量而言,总的来说市场营销就是一种多方博弈,最终必须达成权力平衡才能真正保证营销的持续发展。但是不论怎么说,中间商在这个营销体系中的作用将更加重要,因为它永远承担着与消费终端的联系,而且随着市场越来越庞大和复杂，这种联系也越来越重要。只是这种联系形式会发生很大变化，比如，过去我们购买书籍要去书店，现在通过亚马逊或者当当网，则可以更快、更便捷甚至更省钱地买到想要的书籍；过去要逛店或者买一件商品，去一家大型商场往往要花很多时间，现在足不出户就可以很方便地在淘宝网上流连，不仅节省了时间成本，而且还有了更多的比较和选择机会。

在新的营销背景下，必须关注的是，随着市场权力和话语权的转移，以及营销中间对话的增加，品牌观念将越来越深入，而这种品牌观念的核心也将不再是传统的如同宝洁帝国那样的品牌方式，而是建立在强大的广告和促销对形象的塑造和对消费者的拉动上。换句话说，消费者对品牌由顶礼膜拜甚或盲从，将走向更深层次的对话沟通与共享的关系层面。因此，在过去，渠道可能主要把自己的任务界定在分销层面上，但是在新的环境中单纯的渠道分销已经无法保证营销价值的实现，所以，渠道不仅仅是分销，同时还是品牌建构的另一种方式。比如，在新的信息环境和营销背景下，传统的书店如果还是坚持以往那种分销和零售方式，其运营成本会远远高于网上销售。在此背景下，书店作为中间商就应该转变自己的定位，不单纯是一个分销渠道，还是一个顾客交流互动、分享文化活动体验的场所。从这方面来看，渠道本身不但不会消失甚至弱化，渠道的功能反而会增强。当然，它同样要求渠道改变固有的观念，从简单的分销走向品牌营销。

三、渠道在品牌营销中的传播功能

在以往的市场营销理论体系中，各种营销元素往往被独立看待。比如，营销传播只是营销组合中的一个元素，其主要任务就是向消费者传递有关的营销信息；营销渠道则主要承担分销功能。这种割裂各种要素关联的思想，使营销沟通和营销渠道成为附属于整个营销体系之下的互不相关的从动因素。但是在品牌营销的视野里，营销已经不是简单的交易，同时也是沟通和传播过程，没有沟通就无法实现营销价值。从品牌营销角度看，在营销过程中品牌和相关利益者之间的关系愈发复杂，在此我们有必要引入一个整合营销传播的概念：接触。接触是指品牌与相关利益群体趋向某个具体接触点上的行为体验的过程。要想获得理想的营销传播效果，必须从客户与相关利益者的现实出发，分析各种传播接触，并在此基础上有效地实施接触点管理。而在接触点清单中自然也包括营销渠道。渠道不仅在营销过程中起到引导物流的作用，同时也传播了公司和品牌的信息。

品牌关系是一种超越简单销售各方的多层面关系，作为营销渠道的主要构成中间商，在品牌和整合传播中都可视为企业的相关利益群体。一般来说，维持与其他相关利益群体的关系并不属于营销中的任务，但由于在品牌营销过程中，营销与传播已经紧密地联系到了一起，这些利益相关群体或多或少会从不同方面对公司或者品牌产生影响，所以，品牌必须考虑与这一群体的沟通。对于大多数公司和品牌而言，渠道分销商代表了公司以及品牌流转的下游，直接关联到公司或者品牌存在的可能性。近些年来分销商的地位越来越重要，这是因为分销商不仅仅是单纯的销售渠道，更重要的是它直接联系着销售终端，是品牌和消费者实现接触的关键链条，其本身就是品牌传播沟通的主要渠道，所以必须保证这个渠道的畅通。

对渠道传播进行良好的控制和管理可以以其特有的形式传播品牌信息。企业在渠道中发生的业务关系主要包括合同签订、订单处理、货物发送和贷款回收等。传统的渠道管理方式一般是以依靠销售人员自行管理和维护为主，因此经常发生与渠道商关系处理不当的状况。由于渠道商直接面对终端市场，它可以清晰地把有关企业的负面消息传递给消费者，故在导致客户流失对企业经济利益造成损害的同时也对企业和品牌的形象造成了恶劣的影响。如果在营销过程中重视渠道的传播作用，对渠道链条进行管理控制就可以有效地保证营销链中各个环节的利益平衡，并以此与相关利益者建立起良好的品牌关系。与此同时，消费者也可从渠道商那里获得有关企业或者品牌的相关信息，而且这些信息的传播力度远远大于有意识的媒体传播。

之所以会出现上述情况，一个很重要的原因是，消费者大多已经厌倦了公司或者品牌的广告宣传，他们更加相信公司或者品牌在无意识状态下所表露的信息。而经渠道商所传播出的信息，不论广告主是否意识到，都将与其他传播活动或者品牌联系在消费者心目中产生一个产品的整合印象。也就是说，消费者会自动地把企业或者是其他信息源发出的与品牌有关的不同信息整合到一起，而良好的渠道传播信息则可以使效果叠加，以此影响消费者对企业和品牌的感觉。

案例 8-1

屈臣氏在渠道建设中的品牌传播

屈臣氏是 1828 年在广州成立的一个小药房，100 多年后于 1981 年被华人首富李嘉诚名下的和记黄埔收购。如今，屈臣氏已是亚洲地区最具规模的个人护理用品连锁店，也是目前全球最大的保健及美容、香水及化妆品的零售商之一。屈臣氏在“个人立体养护和护理用品”领域，不仅聚集了诸多世界顶级品牌，而且还开发生产了 600 余种自有品牌。屈臣氏目前在亚洲以及欧洲的 36

个市场、1 800 个城市共拥有 18 个零售品牌，超过 7 300 家零售店铺，每星期在为全球超过 2 500 万人提供着个人护理用品服务。作为目前亚洲零售业的巨人，从中国内地、香港地区、新加坡、马来西亚、印尼、泰国再到韩国，都可以看得到屈臣氏醒目的店招。那么，屈臣氏经营制胜的方法到底是什么呢？其实，说到底屈臣氏不过是一家超市。假若按照目前国内的超市模式来衡量的话，屈臣氏甚至连一家社区 24 小时便利店中的中小型商场超市都不及，然而它却在广州、上海以及北京等大城市创造了一个个的店铺销售业绩神话，其制胜法宝就在于渠道方面所具有的优势。

着力于从细节方面关注消费者，屈臣氏的渠道终端以女性为目标客户，将货架的高度从 1.65 米降低到 1.40 米，并将走廊的宽度适当增大，增加顾客选择的空间和舒适度。另外，店面颜色更多使用浅色，让顾客更容易兴奋起来。在商品的陈列方面，屈臣氏注重其内在的联系和逻辑性，按照化妆品—护肤品—美容用品—护发用品—时尚用品—药品的分类顺序摆放。此外，屈臣氏拥有一支受过专业培训的健康顾问队伍，为顾客免费提供保持健康生活的咨询和建议；店内陈列各种个人护理资料手册，展架提供各种保健营养和疾病预防治疗方法的宣传册等。这让客户感到，屈臣氏不仅关心商品的销售，更注重对顾客体贴细致的关怀。值得注意的是，在渠道链条的衔接上，由于掌握了雄厚的上游生产资源，屈臣氏可以将终端消费市场的信息第一时间反馈给上游生产企业，进而不断调整商品。从商品的原料选择到包装、容量直至定价，每个环节几乎都是从消费者的需求出发，因而所提供的货品就像是为目标顾客量身定制的一般。

渠道对品牌的贡献在于营销与传播的统一。从这个角度理解，屈臣氏的营销渠道也可以被视为公司或品牌与消费者进行沟通的一个接触点，它不仅是物流的传输通道，也是企业信息传递的途径之一。在对传统意义上的广告投入不多的情况下，屈臣氏正是通过最大限度地发挥渠道传播的作用，逐步奠定了国内护理用品业内老大的地位。具体来说，渠道传播的作用可体现在以下四个方面。

1. 在渠道终端营造购物氛围

屈臣氏把自己成功的秘诀归结为：独特的产品组合（日用品、美容及保健品、特色商品）+ 保证优质 + 保证低价 + 每周新品不断 + 惊喜不断的购物环境。尤其应当注意的是屈臣氏在购物环境上的独到之处。作为一家连锁超市企业，屈臣氏在终端市场可谓下足了功夫。从细致的产品陈列布局到舒适的购物环境，乃至店面颜色的选用，屈臣氏无不从最大限度上方便消费者选购、促成销售的角度出发进行设计。屈臣氏商品陈设的策略是，充分利用固定不变的商场空间展示变动的商品组合,既方便消费者,又带动销售。在优雅的购物环境中,消费者不仅可以轻易见证高质低价的承诺,更能从其独一无二的产品组合中体验到屈臣氏独家提供的与世界同步的购物惊喜。

2. 树立企业的良好形象

根据目标客户群的定位,屈臣氏提出了“个人护理”的概念。如今,屈臣氏“个人护理专家”的身份深入人心,以至于人们一提到屈臣氏便想到“个人护理专家”,其品牌影响力由此可见一斑。值得注意的是,屈臣氏的品牌形象并不是依靠在大众媒体上铺天盖地地做广告,而更多的是通过销售终端的渠道建立起来的。屈臣氏强大的健康顾问队伍在引导消费者选购商品的同时,更多地充当了消费者健康顾问的角色,很好地体现了屈臣氏关心的不仅仅是商品的销售,而是更注重对顾客细致的体贴关怀,充分展现其“个人护理”的特色服务。走进屈臣氏,给人的感觉不是走进了一家超市,而是一家专业的个人护理店。屈臣氏“健康”、“美态”、“欢乐”的企业形象也由于渠道终端的有力支持而建立起来。

3. 有利于与消费者建立关系

整合营销传播对传统市场营销观念的一个重要发展就在于它强调了与相关利益者建立关系的重要性,而在所有的相关利益群体中,消费者作为营销终端,他们对品牌的支持与否直接决定了品牌能否实现销售和获得盈利。因此,整合营销传播中要建立的首先就是品牌与顾客之间的关系。要想与消费者建立良好的关系,就必须保证通畅的传播反馈渠道,通过经常性的具有深度的沟通,及时了解消费者不断变化的需求。自进入中国市场以来,屈臣氏一直秉承着“健康”、“美态”、“欢乐”的经营理念,致力于研究并满足消费者的需求。“最幸福的消费者造就最好的零售商家”,这成为屈臣氏作为零售商的成功信条。屈臣氏根据消费者需求研制出的自主品牌就是很好的佐证。屈臣氏以消费者为本,不断推出创新的服务与市场策略,不断深入挖掘目标消费群体的广泛喜好且具有价格竞争优势的时尚个人护理系列产品,并在此基础上不断调整低价产品的组合,迎合了更多新、老顾客的广泛需求。以消费者为本的观念在很大程度上有利于提高消费者的忠诚度,并进一步与消费者建立起良性的品牌关系。

4. 与渠道上游保持通畅的沟通渠道

作为一个零售企业,供应商代表了公司及其品牌流转的上游,直接关系到公司或者品牌的生存。一个品牌如果无法处理好与供应商的关系,那么其结果不但是原材料无法得到应有的保证,而且还会受到来自下游或者终端市场的质疑。而屈臣氏凭借其与消费者直接接触的优势,将终端消费市场的信息第一时间反馈给上游生产企业，进而不断调整商品。这种做法不仅使供应商得以生产出消费者青睐的产品，也有助于供应商与上游生产企业建立合作关系。来自供应商的美誉不仅会增强企业品牌的效应，也保证了沟通渠道的通畅。

案例来源：卫军英：《整合营销传播典例》，浙江大学出版社，2008年版。

第二节　渠道辐射与品牌驱动

在品牌营销中，渠道与品牌的关系是相辅相成、互相促进的。从品牌传播的角度看，营销渠道本身具有品牌传播功能，而且由于渠道本身也属于品牌相关利益群体，所以毫无疑问地处于品牌关系范畴之中。从渠道营销的角度看，品牌本身对营销驱动有促进作用，品牌的影响力和驱动力有利于渠道的推广和销售。

一、渠道的辐射能力

渠道营销是建立在它所拥有的分销能力和分销网络之上的，渠道可以把生产商制造的产品销售到更为广阔的市场，乃至于产品的销售终端，这种分销能力和覆盖范围就是渠道的辐射能力。在一般的营销实践中，渠道的功能主要体现在物流方面。从物流看渠道，它的辐射能力与它的覆盖范围和影响程度相关联。

通常情况下，渠道是分为不同层级的，一般分为四级：零级渠道、一级渠道、二级渠道和三级渠道。零级渠道也就是直接营销渠道，它是由生产商直接把产品发售给最终消费者的渠道。运用零级渠道进行直接营销的方式很多，主要有直接上门推销、产品展示会、电话营销、电视直销、邮购和网络营销等。很多面对组织用户的产品，或者是比较大型的工业用品，一般都是从生产商到直接用户的，如锅炉、机床等；很多服务型品牌也是通过零级渠道直接营销的，如银行储蓄理财、保险等业务；也有一些普通日用产品会采取直接营销的方式，如化妆品行业的雅芳、日化用品安利等。一级渠道是在生产商和最终用户之间只有一个中间商。二级渠道包括两个中间商，在消费市场上通常是批发商和零售商。三级渠道有三个中间商，如批发商、中转商、零售商等。从层级的角度来看，渠道在与最终用户的沟通中也要受到渠道层级的限制，渠道层级越多，与最终用户的沟通越困难，获得信息的障碍也越多。当然，越是上一级的渠道，对消费终端的影响也就越低。

渠道的中心任务是物流，但是物流并不是其唯一的任务，在现实中还有很多营销需求是伴随着物流而存在的。科特勒认为,渠道的主要功能有以下方面。①

- 收集市场中潜在和现有的顾客,以及竞争者和其他相关团体的信息。
- 开展极具说服力的沟通交流,刺激购买。
- 在价格和其他条件上达成协议,以便能够对所有权或所有物的交易产生影响。
- 给制造商下订单。
- 获得在不同水平下的营销渠道的详细目录的经费。
- 承担与外包渠道合作的风险。
- 提供连续的存货和实际流动的产品。
- 为购买者的付款提供银行或者其他金融机构服务。
- 监督从一个组织或人到另一个组织或人的所有权的转移。

从以上渠道功能可以看出,实际上渠道不仅是一个产品传送的销售和物流机构,它还是一个涉及很多沟通任务的信息传播机构。这种信息传播能力实际上就是对品牌的营销能力。

二、渠道的传播功能

品牌营销是一个多维的营销传播,可以说,市场营销的每一个环节都涉及品牌问题,而每一个环节也都是在与消费者沟通。众所周知,广告、公关、促销和直效行销等都是不同形式的沟通传播,商品设计、包装、店堂陈列、店内促销及零售店广告也是沟通传播。与此同时,承担物流的渠道同样是一个品牌传播的环节,在商品与服务得以流通和转移的同时,有关企业或品牌的信息与形象也借助物流渠道传播开来。

在渠道为王的时代,很多企业只是看到渠道对销售的贡献,而忽视了渠道对于品牌传播的强大力量。现代营销的战场往往已经是在一米之内,终端的品牌形象对消费者的购买行为有极大的影响。同时,由于消费者也可从渠道商那里获得有关企业或者品牌的相关信息,而且这些信息的传播力度远远大于有意识的媒体传播,即对于消费品而言,传播品牌、建立品牌的主要途径将逐渐由广告转向渠道,因此,很多企业也将资源首先投入创意性的渠道建设,而不是大众传媒。或者换一句话说,要对销售部门的渠道费用进行品牌化规划,尤其是面对持续增长的渠道促销费用,这一规划愈发重要。

近些年来,传统的大众传媒广告投入越来越多,但是影响效果却越来越

---

① 【美】菲利普·科特勒等. 营销管理(第12版)[M]. 上海:上海人民出版社,2006:531.

差。很多企业鉴于传统广告收视成本的增加，更多地将品牌的传播转向了渠道，从品牌成长的轨迹来看，渠道将成为产品实现价值的第一步。在早期的电视广告“标王”时代，单纯运用大众传媒广告即可实现营销价值，如今，受产品同质化、渠道复杂化、消费行为的理性化等因素的影响，运用过去行之有效的会展、广告等招商手段已不能达到建立销售渠道的目的。如在国内比较成熟的家电行业，现在已很少出现大规模的品牌广告，而主要是新产品广告，如海尔、TCL、长虹和海信等，其市场费用的主体主要集中在维护店中店、导购和专卖店等项目上，大众媒体广告已不是拉动销售的主要力量。越来越多的企业已经开始重视渠道品牌化的作用，即致力于通过渠道而不是大众媒体传播品牌，这势必会使企业或品牌的信息得以更有效地传播，进而树立品牌形象。

与此同时，如果能够更好地使用处于渠道链条末端的市场终端的传播，无疑可以使整个营销传播过程更加简捷。这是因为，终端市场可以直接与消费者进行沟通，可以获得即时的传播效果并进一步促进购买。因此，像商品展示和店内设计这样的促销手段也就成为能够引导消费者购买的重要的沟通工具。作为一种以视觉传播为主的顾客接触空间，以大型百货商店、超级市场和专卖店、连锁店为代表的商业购物场所，为了在激烈的商业竞争中取胜，都不惜把巨大的财力和物力花在广告和展示上，各种购物环境设计、橱窗陈列和 POP 设计等，每每标新立异、推陈出新。成功的商业环境设计既体现了人性化的环境需求，传递了企业及品牌的信息，也表达了相应的商业推广意义。对渠道的品牌传播功能可以从以下方面进行分析。

第一，一个良好的沟通渠道具有相应的联系顾客的能力，并具有比较充分的了解顾客信息的渠道，能够帮助品牌与最终顾客实现相互联系。比如在超市，产品可以直接展示给消费者。

第二，一个良好的沟通渠道具有对顾客的影响力，并能够适当地说服顾客并与顾客达成良好的沟通。比如，渠道管理人员会向顾客解释产品或者品牌的功能与价值。

第三，一个良好的沟通渠道在一定程度上也是品牌的安全背书，可以增强顾客对品牌的信心，并受理消费者的售后要求。比如，电脑销售商不仅销售电脑，也负责电脑的维护保修服务。

第四，一个良好的沟通渠道在信息和品牌传播方面也担负着双重任务：一方面向顾客传递品牌信息；另一方面又把顾客信息反馈给生产商。比如，汽车 4S 店建立顾客档案并向厂商反馈。

第五，渠道本身的良好形象在一定程度上可以提高品牌的美誉度，从而提升品牌形象。比如，沃尔玛作为最大的零售连锁店，它所采购的产品本身就是对其品牌的加分。

三、品牌对渠道的营销驱动

品牌对渠道的营销驱动，主要是指良好的品牌有利于提升渠道的营销能力，在一定程度上可以帮助渠道进行推广和销售。简而言之，就是一个具有影响力的品牌，在一定程度上可以提升渠道本身的影响力，增强渠道的分销能力和消费者对渠道的认可。这也就是为什么一些著名品牌会得到众多渠道商追捧的原因所在。这种来自品牌对渠道营销的驱动力量可以从以下方面进行分析。

第一，任何渠道与消费者的关系都是建立在渠道所代理的品牌之上的，而中间商在市场中的位置实际上取决于上下游的认可。正是由于品牌存在才保证了渠道的存在价值，并有效地维护了渠道的运转。如果没有品牌，作为中间商的渠道本身也就失去了存在的意义。

第二，因为品牌自身的推广，使消费者在接近品牌时也接近了品牌的销售渠道。由于消费者在大多数情况下都是先认识品牌然后再认识渠道的，这使得当市场受到了品牌的拉动时，消费者往往会主动寻找该品牌的销售渠道。

第三，由于品牌本身的价值增进了消费者对品牌经销渠道的信任，所以，具有良好知名度和美誉度的品牌，不但有利于品牌销售，而且可以帮助渠道树立良好的形象。一般消费者都有一个普遍心理，这个渠道在销售某一著名品牌，那么渠道本身也值得信赖。

第四，由于品牌的高度认可，带动了渠道中其他产品的销售。一般情况下，中间商并不单纯只经销某一个品牌，而是还要销售其他品牌。知名品牌的加入在实现自身销售的同时，还可以带动中间商的整体销售。

第五，良好的品牌形象，有利于帮助渠道获得来自于各个不同层面的支持和营销帮助。中间商在营销过程中，需要来自周边各种相关群体的支持，由于著名品牌的加入，这种支持往往更容易获得。比如，来自金融机构的资金支持、来自媒体的宣传报道等。

正因为品牌对渠道具有上述营销驱动力量，所以很多中间商都热衷于代理著名品牌，很多品牌也因此与中间商建立了良好的合作关系。人们可以经常看到有品牌授予中间商为“特约经销”、“总经销”或者“总代理”、“专卖”就是这个意思。从品牌自身来说，作为渠道的中间商是品牌关系中至关重要的一个环节，只有保持相互之间的合作和利益平衡，才能够保证品牌营销的价值。

案例 8－2

沃尔玛创造连锁奇迹

沃尔玛是现今全世界最大的零售企业。在 1955 年《财富》杂志开始评选世界 500 强企业时，沃尔玛还不存在。然而仅仅半个世纪后，沃尔玛已经成为雄踞世界 500 强榜首的零售业巨头。如今在全球有 5 000 多家零售店、超级购物中心、山姆会员店的沃尔玛公司，雇员超过 150 万人，组成了一个威力巨大的“沃尔玛帝国”。在过去的 20 年中，沃尔玛以每年 10% 的增长速度膨胀，业务速度更是扩张到亚洲、欧洲和南美洲。人们不禁要问：是什么力量成就了一个如此成功的企业？一个很重要的原因就在于它所拥有的渠道。

首先让我们看看沃尔玛在终端市场是如何做的。“顾客第一”是沃尔玛公司的精髓。沃尔玛的营业场所总是醒目地写着其经营信条：“第一条：顾客永远是对的；第二条：如有疑问，请参照第一条。”沃尔玛力图让顾客在每一家连锁店都感到“这是我们的商店”，都会得到殷勤、诚恳的招待，以确保“不折不扣地满足顾客需要。”例如，当任何一位顾客距营业员 3 米的时候，营业员都必须面向顾客、面带微笑，主动打招呼，并问“有什么需要我效劳的么？”，收银员则一律站立工作以示对顾客的尊重。另外，沃尔玛还从顾客需求的角度出发提供多种特殊的服务，以方便顾客购物。例如，沃尔玛将糕点房搬进了商场，更设有“山姆休闲廊”，所有的风味美食、新鲜糕点都使顾客在购物劳顿之余享受休闲。店内聘有专业人士为顾客免费咨询电脑、照相机、录像机及其相关用品的有关情况，以降低消费者盲目购买带来的风险。店内设有各种文件处理商务中心，可为顾客提供包括彩色文件制作、复印，工程图纸放大或缩小及高速文印等多项服务。这些“事事以顾客为先”的点点滴滴为沃尔玛赢得了顾客的好感和信赖。

在沃尔玛，员工并不被当作“雇员”看待，而被称为“合伙人”。公司要求经理对下属一律称“同事”而不称“雇员”。山姆·沃顿认为，“关心自己的同事，他们就会关心你”。公司对员工的利益的关心落实在一套详细而具体的实施方案中，包括利润分享计划等薪酬福利方案。在企业决策上，沃尔玛也发扬民主参与的精神。此外，沃尔玛 60% 以上的经理（店面以上经理）是从内部员工中提升上来的，这极大地促进了员工积极进取的敬业精神。这样，促使各个业务价值链的流程不断得到优化，员工素质不断提升。

过去，商业零售企业只是作为中间人，将商品从生产厂商传递到消费者手里，反过来再将消费者的意见通过电话或书面形式反馈给厂商。如今，沃尔玛也能够及时将消费者的意见反馈给厂商，并帮助厂商对产品进行改进和完善。

看起来沃尔玛并没有独到之处，但结果却差异很大。原因在于，沃尔玛能够参与到上游厂商的生产计划和控制中去，因此能够将消费者的意见迅速反映到生产中，而不是简单地充当二传手或者电话筒。

多年来，沃尔玛始终通过“强制供应商实现最低总成本”提高收益率。沃尔玛并不因为企业规模大、实力强便肆意损害供应商而增加自身的利润，他们重视与供应商建立友好融洽的协作关系，保护供应商的利益。沃尔玛给予供应商的优惠远远超过同行，美国第三大零售商凯马特对供应的商品平均45天付款，而沃尔玛平均付款期仅为29天，这大大激发了供应商与沃尔玛建立业务关系的积极性，从而保证了沃尔玛商品的最优进价。此外，沃尔玛还通过各种方式与供应商共享业务信息，使其可以很方便地观察销售趋势、存货水平和订购信息等，这使得沃尔玛能够与供应商们一起促进业务的发展，也能帮助供应商在业务不断扩张和成长中掌握更多的主动权。

从品牌营销的角度看，渠道自然地承担起与消费者沟通的职责，沃尔玛显然是一个典范。沃尔玛在终端市场通过对消费者的尊重和为消费者提供全方位的服务树立了企业的良好形象；与供应商的良好协作关系的建立同样可以使沃尔玛获得良好的口碑；对员工的激励和培训使员工可以以饱满的热情服务于消费者，这在很大程度上使消费者对沃尔玛品牌的认可度产生积极的影响。

1. 渠道终端传达了沃尔玛的工作理念，树立了企业的良好形象

渠道在品牌营销中要建立的首先就是品牌与消费者之间的关系，而沟通则是与顾客建立关系的最重要手段。一个品牌越是能够和消费者建立良好的沟通，就越是能够得到消费者的认同。零售企业要在顾客心目中树立品牌形象，仅靠质优价廉的商品是不够的，顾客还希望在购物的同时享受到细致盛情的服务。沃尔玛正是考虑到这一点，从顾客的角度出发，以其超一流的服务吸引着大批顾客。其“顾客永远是对的”的工作理念更被奉为经典。沃尔玛对顾客周到细致的服务更让消费者有一种“沃尔玛是我们的店”的感觉。可以说，沃尔玛的形象以及工作理念就是在终端市场通过对消费者的服务树立以及传播开来的。

2. 与供应商形成良好的合作关系，获得良好口碑

消费者和相关利益者最终决定了品牌的价值。其中，消费者的重要性自然不必多言，而在营销过程中，在生产和经营中还有一个相关利益群体也是十分重要的，那就是供应商。供应商代表了公司及其品牌流转的上游，直接关系到公司或者品牌的生存。一个品牌如果无法处理好与它的供应商的关系，那么其结果不但是原材料无法得到应有的保证，而且还会受到来自下游或者终端市场

的质疑。沃尔玛清楚地认识到供应商的重要性，而在合作过程中注重维护供应商的利益，和他们建立起合作伙伴的关系。这不仅可以保证沃尔玛供应链的顺畅，而且来自供应商的美誉也会增加自己的品牌效应。此外，与供应商的融洽关系和共享业务信息也使得沃尔玛可以参与到供应商的管理之中，在促使供应商业务发展的同时，也保证了沃尔玛沟通渠道的通畅。

3. 对内部员工的激励和尊重保证了员工可传达沃尔玛的正面信息

从品牌的视角来看，员工不仅是公司的重要关系利益人，更是公司及其品牌信息的重要来源。员工与公司及品牌的特殊关系决定了他们所传达的信息往往比较真实可信，对于消费者和其他相关利益人影响力极大。任何公司及其管理阶层都不可能阻止员工的言论，也不能限制其行动，而这些员工的一言一行又直接关系到外在接触的层面，员工不仅能传达正面信息，同时也往往传达负面信息。所以，对员工的激励和尊重就格外重要。对员工利益的关心和完善的激励制度必然会增强员工的使命感和积极乐观的精神，而将员工利益与公司利益有机地结合在一起，造就了员工的献身精神和团队精神。这就保证了沃尔玛在员工这一接触点上能够做到传达企业的正面信息，也有利于沃尔玛企业文化的传播和良好形象的树立。

案例来源：卫军英：《整合营销传播典例》，浙江大学出版社，2008 年版。

第三节 品牌延伸与渠道把控

在品牌营销中还有一种值得关注的现象——品牌延伸和渠道扩张。品牌延伸是品牌建构和品牌营销的一个基本方式，当品牌延伸与渠道相结合时，就会涉及渠道的延展和扩张。从品牌营销的角度看，这是相辅相成、互相促进的。

一、品牌延伸与产品线延伸

里斯与特劳特在《定位》一书中，有关于“品牌延伸陷阱”的论述，几年前中国许许多多的专家们都很推崇这种说法，但是偏偏很多企业都是这样延伸品牌的。其实这里似乎有个问题没有搞清楚，这就是“品牌延伸”与“产品线延伸”。有时候也许品牌延伸有困难，但是产品线延伸却是必然。海尔从冰箱延伸到洗衣机、电视机、空调和电脑，都是产品线延伸，因为在这个品牌之下本身就包容了这些产品。而当年“老板”抽油烟机后来延伸自己的产品，要生产“老板龟鳖丸”这就难免出问题，因为“老板”品牌已经定位为抽油烟机了，人家吃你的龟鳖丸会联想到吃了满嘴油烟。

产品线延伸行业跨度小，产品相关度高，有利于借用原来产品的生产技术、原材料和人力等资源，因为是在行业大类中的延展扩张，方便消费者认识与接受；而品牌延伸范围则广泛得多，除了包括产品线的延伸外，还可能横跨很多产品大类，开发与原产品毫不相关的新品，部分甚至完全推翻消费者对本品牌所代表产品的认知，正如“麦当劳=快餐≠酒店”的品牌联想一样，品牌延伸充满了种种可能，靠的是品牌核心价值这个纽带将所有产品联系在一起。相对而言，产品线延伸就单纯得多，有一根清晰的主线连贯延伸的产品，这根主线就是产品在技术、材料和功能等方面的相关性。

产品线延伸策略有多种模式，主要有以下三种。

第一种是向上延伸策略，即企业以中低档产品的品牌向高档产品延伸，进入高档产品市场。一般来讲，向上延伸可以有效地提升品牌资产价值，改善品牌形象，一些国际著名品牌，特别是一些原来定位于中档的大众名牌，为了达到上述目的，不惜花费巨资，通过向上延伸策略拓展市场。

然而，国内很多企业这条路似乎走得并不是那么顺利。比较典型的例子是熊猫手机。熊猫手机一直定位在中低档国产手机，在获得一定的品牌认可度之后，熊猫集团不惜花费巨资，推出高档手机，企图打入高档市场，虽然其技术与质量并不逊于同类竞争品牌，却始终卖不出好价钱，似乎怎么都改变不了消费者对熊猫手机“低档手机”的印象。

第二种是向下延伸策略，即企业以高档品牌推出中低档产品，通过品牌向下延伸策略扩大市场占有率。一般来讲，采用向下延伸策略的企业可能是因为中低档产品市场存在空隙，销售和利润空间较为可观，也可能是在高档产品市场受到打击，企图通过拓展低档产品市场反击竞争对手，或者是为了填补自身产品线的空当，防止竞争对手的攻击性行为。值得注意的是，高档品牌推出中低档产品，很容易损伤原品牌价值，令原品牌产品的消费者产生购买贬值的不良感觉。例如，“派克”钢笔进军3元一支的低端市场，就因原目标受众难以接受而以失败告终。

但产品线向下延伸也有成功的案例，如将此策略运用得炉火纯青的宝洁集团。在经过多年的中国市场培育和品牌形象打造之后，宝洁已经在中国市场深入人心，飘柔、潘婷、海飞丝等品牌分别以区隔精准的功能定位和“高档”的品牌形象赢得良好的知名度和美誉度。随着中国洗涤日化行业竞争的不断加剧，当越来越多的国产品牌以更占优势的价位和强力的广告宣传纷纷抢占市场时，宝洁不得不改变策略，推出一系列“平民价位”的产品，给竞争对手以有力的打击。虽然一些聪明的消费者发现降价后的飘柔产品浓度发生了改变，洗护二合一的功能拆分后变成了洗发与护发两瓶价格不降反升，但市场调查发现，更多的消费者乐于接受这种改变。

第三种是同时向上、向下延伸，也称为品牌双向延伸，即品牌原来定位于中档品牌，随着市场的发展，企业对品牌作向上和向下两个方向的延伸。例如，SWATCH原本是经济时尚的手表品牌，随着产品不断推陈出新，公司既开发多功能、珍藏限量版以及多种极具纪念意义的价格偏高的手表，也开发低端卡通手表，产品价格会相差几千元，以满足不同消费者对产品与价格的需求。

二、品牌延伸有利于渠道把控

在大多数情况下，品牌延伸需要渠道的支持。品牌延伸意味着产品链的延长和品牌家族的成员增加，为了保证品牌延伸的营销成功就必须适当地对渠道进行延伸和扩张。从品牌营销的角度看待这种延伸和扩张，一方面需要渠道的支持，同时也有利于品牌对渠道的把控，并进而与终端建立起更为紧密的品牌关系。在品牌营销中，渠道不仅仅担负分销任务，更担负着品牌传播和品牌关系的维护任务。因此，在运用渠道进行品牌营销传播时，必须注意处理好两个方面的关系：首先是要把渠道看作是参与营销和营销传播各方的共同资源；其次是要保证在渠道传播中使参与各方得到利益共享。归结起来就是在渠道传播中要细心掌控并把握好渠道传播的节奏。

渠道传播中由于参与各方的角色和出发点不同，有可能导致对渠道传播的节奏发生不一致的要求。比如，生产商往往希望自己的产品和品牌能够得到最大限度的渠道推广，而中间商则会根据自己的利益安排渠道流量；消费者对终端的要求也可能和渠道建设者们的初衷有所不一等等，这些情况都提出了渠道节奏平衡的问题。所谓掌控渠道节奏，说到底就是要保证渠道能够保持一种相应的平衡状态。这种平衡状态体现在三个方面：其一，要使产品或品牌信息能够通过渠道资源得到比较充分的沟通和展示；其二，尽量保证产品或者品牌信息处在渠道传播的优化状态，从而使得享用渠道的各方都有愉悦感；其三，渠道传播的目的在于提升品牌形象，而品牌形象必须建立在有利于渠道参与各方的基础上。从这个角度看，在进行渠道设计时所要考虑的就不仅仅是物流问题，还有信息流的问题，而这一切归根结底就是对渠道传播的节奏管理和掌控。

由于渠道传播中存在多方面的传播媒介，进行渠道传播首先要做的工作是对渠道传播中各种可能的信息媒介有清醒的认识，比如，地理区位、卖场环境、物流设备、人员礼仪、销售电话、订购网络和售后服务等，都存在于渠道的每个环节，每一个信息渠道都应当传达一致的信息，这样才能保证消费者对渠道信息传播的认识统一；其次，进行渠道传播还必须区分信息的轻重缓急和优先次序，在很多情况下渠道并不是一个无限的存量资源，渠道本身具有一定的稀缺性，渠道传播中信息设计的不当有可能导致渠道资源的重复浪费，而消费者在接受渠道信息时也会因此对渠道传播进行评价。此外，还需要注意的是，渠道虽然是物流和传播的支持系统，但是在实施这种支持时，渠道成员的合作关系并不能想当然地被看作是自然而然的，因此，为了激励渠道成员以保证团队合作，一定要注意建立良好的、持续的激励机制。

掌控渠道节奏涉及渠道传播的管理问题，其核心是在实现物流需要的同时，必须保证产品和品牌信息的优化。现在渠道管理者们已经开发出了非常完善的管理系统，这个系统不仅能够保证渠道的开发和运用，而且通过这个系统还可以保证渠道成员需求问题得到妥善处理，而且以各种方式支持渠道成员。从渠道传播的角度看有两个必须注意的原则：一是必须注意渠道选择。渠道传播首要的环节是渠道选择，任何产品或品牌如果想在营销中保持良好的形象就必须考虑它所运用的渠道是不是也同样具有这样的支持能力。良好的渠道有利于为渠道传播创造叠加效应。二是要保持渠道传播的密度与维度，所谓密度和维度就是要让各种不同渠道形态疏密相间，不能过于重叠，要对其所承载的品牌传播任务有一个明确的界定。

案例 8－3

娃哈哈打造出非常渠道

娃哈哈的营销网络被认为是适应于中国市场的成功典范。对于销售渠道模式成功的关键，娃哈哈总裁宗庆后谈了两个方面：第一是合理分配厂商之间的利益关系，要让他们卖你的产品能够赚钱，而且卖你的产品比人家的产品更赚钱，他就会希望卖你的产品。中国企业的市场营销一直没有得到有效解决的一个基本问题是厂商矛盾，而厂商矛盾的核心是利益的冲突与均衡。娃哈哈营销模式创新的关键在于以利益机制建立了新型的厂商关系，协调了厂商矛盾。娃哈哈的“联销体”模式，“以利为基础，以义为纽带”，义利结合，建立了有共同利益基础的厂商关系。这种共同利益基础是以价差系统均衡厂商利益关系，严格控制价差，形成了厂商利益的均衡，保证分销商跟着娃哈哈能赚钱。同时，与其他企业往往把促销措施直接针对终端消费者不同，娃哈哈的促销重点是经销商，公司会根据一定阶段内的市场变动、竞争对手的举动以及自身产品的配备而推出各种各样的促销政策，常年循环，月月如是。

宗庆后强调的渠道模式成功的第二个方面是要讲诚信。宗庆后说，使娃哈哈在这个世界上得以安身立命的第一个价值观就是诚信，在变幻激烈的转型时期，一切营销理念或模式都会被改变，但有一条不会变，那就是我们对承诺的遵守。“不能让人家吃亏、冒风险。卖给他产品，我们负责，他卖不掉要退给我们，我们一定要卖掉，不要因为拿了我们的货，卖不掉给他造成损失。从工厂生产的产品到消费者手中不可能自己去完成，我们要建立长期的销售网络，绝对不会说你帮我把市场打开，我把你推开，所以我们这两年形成很好的信誉，我们的经销商很乐于忠诚地帮我们推销产品。”

在激烈的市场竞争中，与娃哈哈交过手的品牌有无数个，但一一溃败的原因并非因为娃哈哈有多强大，而正是因为娃哈哈这遍布全国城乡、无以匹敌的强势销售网络。可以说，对渠道的强力把控，通过紧致而又有序的渠道，为消费者提供便利是娃哈哈品牌竞争制胜的关键所在。从娃哈哈的渠道建设中可以看到其品牌营销的真谛。娃哈哈通过渠道链条所传达出的信息，主要来自渠道商和产品本身，属于计划外和产品服务信息。可以说，正是这些信息有效地传达了娃哈哈的积极信息，产生了良好的品牌宣传效果。

1. 保证了渠道商的利益，厂商与渠道商建立起良好的合作伙伴关系

与渠道商保持良好的合作伙伴关系一直是优秀厂商所共有的特征。来自渠道商的信息是排除了物质和技术媒体中介之后，在人们之间所发生的传播活动，可以归为口碑传播。其中不可忽视的问题是，这种小众形态的传播由于具有某种一对一的倾向，其影响力和杀伤力远远大于大众形态的媒体传播；与此同时，人际传播还具有某种加速扩散的效应，在不同的口碑之间不断转述，转述过程中又不断改变甚至放大。因此，只有用合理的制度确保渠道商的利益，才能有效地减少来自渠道商的消极信息，而扩大其积极信息。娃哈哈的“联销体”模式是以利益机制为纽带建立的新型厂商关系，协调了厂商矛盾，而其针对渠道商所设立的优惠制度更是保证了渠道商的工作积极性。同时，娃哈哈的“卖不掉的货我负责”的原则，更是解决了经销商的后顾之忧。如此一来，来自渠道商的“计划外信息”就可在最大程度上传达娃哈哈的正面信息，在消费者中产生良好的反响。

2. 秉承诚信原则，在有效维护老顾客的同时，树立企业良好形象

一个企业要想获得长远的利益，就必须以诚信赢得合作伙伴及消费者的长期信任。娃哈哈对诚信的理解以及对协议的重视不仅能给企业带来良好的长远利益回报，更重要的是可以在维护企业老顾客的同时传达企业“讲诚信”的正面信息，最终美化娃哈哈的品牌形象。广告学家威廉·阿伦斯认为，生产商的利润90%都来自于回头客，只有10%来自于零散顾客。顾客与公司关系越长久，也就越愿意付出高价或向朋友推荐，同时也越不需要商家关怀备至，而且每年的购买量还会增加。因此，包括娃哈哈在内的大部分企业而言，首要的市场任务就是维护目前现有的顾客。娃哈哈讲诚信的工作态度必然能够与下游渠

道商建立起稳定、长久的合作关系，与此同时也获得这些忠实渠道商的良好口碑的传达效果，最终树立起娃哈哈的正面企业形象。

3. 对终端市场的占有传递了娃哈哈的品牌信息

按照整合营销传播理论，对消费者和相关利益者形成传播影响的接触点几乎是无处不在的，一切可能的接触状态都能使产品或品牌得以延续。处于渠道链条末端的终端展示直接面对消费者，无疑是各种接触点中最为重要的一个环节。娃哈哈遍布全国城乡的强势销售网络使顾客无论是在城镇还是乡村，无论是在商场还是超市，都能看到娃哈哈整齐而有气势的柜台陈列、醒目的POP广告海报，这些展示对娃哈哈的品牌塑造起到了重要的作用。品牌的终端形象是无处不在的，娃哈哈通过千变万化的终端传播手段，使其品牌的外观形象得以良好传达，这些手段在潜移默化中影响着人们的认知。娃哈哈通过对终端建设的强化管理，在提高了经销商对市场的控制力的同时有效地传达了娃哈哈的积极信息，获得了良好的宣传效果。

案例来源：卫军英：《整合营销传播典例》，浙江大学出版社，2008年版。

思考题

1. 为什么说渠道不仅是营销渠道也是传播渠道？
2. 营销渠道的品牌传播功能主要体现在哪里？
3. 具体分析渠道与品牌之间是怎样达成互动的。
4. 对于沃尔玛这样的公司渠道和品牌哪个更为重要？
5. 如何看待渠道营销中的利益平衡？
6. 品牌对渠道的促进是如何体现的？
7. 娃哈哈渠道营销中有什么特别之处？
8. 思考品牌延伸和渠道把控的关系。

第九章 品牌广告策略

第一节 广告的品牌传播策略

一个品牌的成功取决于多种因素的合力，但无疑，广告对品牌的贡献是不可取代的。消费者对品牌的接触、感受和认知，大多数情况下是通过广告获得的。广告帮助品牌向目标受众传达定位、形象、性格等方面的信息，并使品牌与特定的受众紧密联系在一起，一旦失去广告的支持，品牌就会失去消费者的信任，从而无法维持一个较高的知名度，更无法维持消费者的忠诚度。

一、广告在品牌建设中的重要作用

对于品牌的定义有很多种说法，但归根结底，品牌是其带给消费者的全部情感、情绪和体验的集合，是其在消费者心智中留下的符号、形象和图形的统一，由此我们可以看出信息传播对品牌建设的重大意义，而广告就是信息传播最强有力的工具。品牌能否被消费者所认同，在一定程度上取决于广告运作是否切实有效。广告在品牌成长的最初阶段可以使其在消费者中快速建立知名度，在品牌的成长和成熟期，广告能够使品牌形成差异化，培养并维持顾客对品牌的忠诚。

（一）广告有助于品牌在短时间内获得较高的知名度

知名度是品牌资产的第一个层级，没有知名度就无所谓品牌，知名度是品牌的基础。通常来讲，消费者是不会购买连名字都没听说过的品牌的。因为对消费者来说，购买一个不熟悉的品牌将会冒很大的风险，例如，对商品质量、安全性的担心，对假冒伪劣商品的警惕心理等等，尤其是对那些价格稍高，消费者投入很多关注度的产品，他们轻易不会选择陌生的品牌。在消费者那里，品牌即是一种识别和象征，更是一种承诺和保证，品牌没有知名度，其产品的承诺和保证都将失去意义。

知名度对于处于导入期和成长期的品牌来说十分重要，如果能够在较短时间内以较低成本快速建立比较理想的知名度，品牌成功的可能性就增加了。广告在帮助品牌建立知名度方面作用十分强大。广告的传播方式在传播速度方面远远胜于其他传播方式，它借助大众传播媒介，实现信息传输的广泛覆盖，可以瞬间将信息传达至消费者。广告可以通过有计划、有目的的强调和重复，使品牌的关键信息如品牌名称、品牌标识、品牌口号等被消费者所识别、所记忆，品牌知名度的提高正是在广告中逐渐积累的一个过程。

（二）广告有助于建立品牌认知度

消费者对品牌的认知，包括他们对商品的功能、特点、材质、款式、可靠性及耐用度等属性的了解，还包括他们对品牌所体现的文化及情感的认同。广告从消费者的需求出发，通过创意和表现向消费者展示商品和品牌的各种属性，传达品牌所凝聚的情感、情绪和体验，增进了消费者对品牌的认知。

（三）广告有助于建立品牌忠诚度

培养顾客对品牌的忠诚是品牌建设的终极目标，忠诚顾客对一个品牌的发展至关重要，他们对某个品牌十分偏爱，有着特殊的感情依赖，会经常性地重复消费品牌的商品；忠诚顾客对品牌满意度较高，会主动向身边的消费者传播他们对品牌的好感，有利于形成品牌的良好口碑效应，能够带动其他消费者购买、试用等行为；品牌忠诚者是最为稳定的消费群，他们通常不会更换品牌和产品，对同类竞争者具有很强的抵制力。

成功的广告能够极大地增强顾客的品牌忠诚度，广告倾向于已经存在的消费者与品牌的关系，使他们更加忠诚。有研究表明，广告引起的销售量增加中，有30%来自于新的消费者，而70%的销量增加来自于现有的消费者，这表明广告的作用在于使消费者变得更加忠诚。广告促进品牌忠诚的模式可以概括为：认知—试用—态度—强化—信任—忠诚。广告虽然不能改变产品本身，但是却能够使消费体验更加愉快，能够带来更多的心理价值的满足，从而增强品牌的信任感。

（四）品牌形象、品牌性格和品牌定位等策略的执行有赖于广告作用的实现

品牌的成功离不开独特的品牌形象、鲜明的品牌性格、准确的品牌定位，这一点对于每个品牌来讲都是十分重要的。但是，消费者对品牌的感触和理解并不是直接的，品牌的形象、性格以及定位不能直接被消费者所感知，品牌内涵是隐性的、内在的，需要通过一定的信息传播来塑造和传达。广告的造型、色彩、音效、画面、情节、场景和人物等元素，可以描述一个受众能够感知的形象，塑造出鲜明、立体的品牌性格；广告还能够传递情感、情绪和观念，将品牌准确地定位于消费者心智之中，在他们的头脑中占据一席之地。

二、广告的品牌传播策略

成功的品牌依赖于精确、有效的广告传播，好的广告传播能够使品牌塑造

获得事半功倍的效果。品牌经营者越来越注意到广告传播策略的两个趋势：首先是广告运作越来越规范化、程序化和系统化，广告决策摆脱了过度以品牌领导人意志的状况，决策过程更加合理、科学；其次是广告运作逐渐向产品上游延伸，在产品生产之前、品牌建立之初就介入了广告传播活动。例如，企业利用广告调查手段来发现、检验市场需求，推测市场潜量，品牌设计的名称、标识如何利用广告传播原理使其更加个性化、更加易于识别和易于传播等。

（一）广告调查

了解市场情况是广告传播策略的第一步，通过广告调查了解产品、认识消费者、确定竞争对手和搜集市场竞争情况。这一阶段主要完成的任务包括确定调查目标、调查范围、调查对象、调查方法和抽样方法，拟订调查计划，实施调查行为，分析、整理调查结果，撰写提交调查报告。广告调查的目的在于帮助营销人员熟悉市场状况，搜集基本的市场信息，做到知己知彼，为广告策略的制定提供依据。

（二）营销环境分析

营销环境既包括政治、经济、文化和法律等各种宏观因素，又包括品牌发展所必须面对的各种微观因素。营销环境分析是在市场调查的基础上进一步深化而成的，分析过程是品牌衡量、比较自身优势与劣势，发现机会与威胁的过程，营销环境分析是广告传播决策的基础。营销环境分析的重点内容是产品分析、消费者分析和竞争分析。其中，产品分析帮助我们明确品牌的物质利益优势所在，包括产品的价格、包装、款式、材质、技术、功能、特点和工艺等要素，与同类竞争者、替代者进行横向比较，发现自身的优势和不足及消费者分析帮助我们了解。不同消费者的职业、收入、年龄、性别、性格特征、文化程度和生活习惯等方面存在着诸多差异，而这些差异将会促使消费者产生个性化的品牌需求；消费者分析可以帮助我们明白他们对待广告的兴趣和态度，了解他们与不同媒体接触的习惯、接触时间、接触动机等内容，认识他们的消费行为和消费决策过程。竞争分析通过一系列的定性、定量分析，为企业提供市场份额、竞争对手比较等方面的信息。

上述对营销环境的分析清晰地勾勒出品牌在制定广告传播策略时所遇到的内外隐私、优劣条件、机会与威胁，可以使广告做到有的放矢，获得比较理想的传播效果。

（三）广告目标策略

确定广告目标是品牌传播的一项重要工作，目标策略为广告活动提供了一个明确的指向，这一指向引导所有的营销因素朝着共同的方向发挥作用。目标策略还使广告任务具体化，它为广告活动描述了一个清晰的图景，广告活动由此更加具有可执行性。目标策略还为广告效果的评估提供了依据，帮助企业强化在营销推广中的成本意识。广告目标的描述应尽量清晰、量化、可评估，制定目标的同时也应考虑效果评估的可行性。

广告目标的分类方法有很多，例如，从时间上可以分为长期、中期、短期目标；从对品牌的影响力方面可以分为提高知名度、品牌市场占有率、品牌利润率、消除品牌误解等。一般来讲，广告目标策略的制定应围绕两个维度：一是传播目标；二是销售目标。传播目标是指广告传播活动所带来的品牌知名度、认知度、受众对品牌的态度、情感、情绪等方面带来的变化；销售目标是指广告活动对于品牌产品销售额、利润率和市场占有率方面的促进作用。

（四）广告定位策略

广告定位即是为品牌在消费者心智中找到一个合适的位置，使它占有一席之地。广告定位需要品牌考虑消费者的实际需求，为他们提供在产品质量、品质、功能、材质、工艺、安全性和耐用性等方面的担保和承诺，还需要审视消费者对品牌形象、品牌个性方面的心理需求。广告定位策略必须能够树立品牌的差异化形象，为品牌建立鲜明、独特的品牌性格，使品牌能够在市场上独树一帜、不可取代。广告定位策略的制定要有预见性和稳定性，不能频繁地变动和更换。奥格威指出："市场上的广告95%在创作时是缺乏长远打算、仓促推出的。年复一年，始终没有为产品树立具体的形象。"[①]稳定的品牌定位、品牌形象、品牌个性有助于消费者建立与品牌的情感联系，培养他们对品牌的好感与偏爱。

（五）广告诉求与表现策略

广告诉求与广告表现是广告的执行层面，是广告创作中需要解决的核心问题。

所谓广告诉求（Appeal）即广告进行劝服的方式、方法。广告诉求策略包括诉求内容、诉求对象和诉求方式。诉求内容解决的是"说什么"的问题，即品牌在哪个方面对消费者最具吸引力，消费者之所以购买品牌和商品所希望获得的是什么；诉求对象指的是广告的传播对象，回答的是"广告做给谁看"的问题；诉求方式可以分为理性诉求、感性诉求、情理结合诉求。理性诉求采用理性说服方法的广告形式，例如，列举事实、引用数据、使用专家和权威人士形象等，通过诉求消费者的理智来传达广告内容，从而达到促进销售的目的；感性诉求借助消费者的感情或情绪来达到宣传商品和促进销售的目的；情理结合诉求则是指感性和理性两种诉求方式的综合。

所谓广告表现即广告借助什么样的符号、通过何种形式来表现、传递品牌

① 余明阳，等. 品牌传播学[M]. 上海：上海交通大学出版社，2005：102.

信息，包括确定广告主题，创意广告形象、广告设计，创作广告画面和广告文案。广告创意是广告表现策略的核心，创意是广告作品和活动的灵魂，没有创意的广告很难吸引市场上消费者的注意，更谈不上进一步劝服受众来购买商品了。广告大师伯恩巴克认为，广告创意是“将广告赋予精神和生命”；广告大师大卫·奥格威则说：“没有好的创意，广告充其量是二流作品”，“若是你的广告的基础不是上乘的创意，它必遭失败”；美国总统富兰克林·罗斯福更是以深切的感情夸赞创意：“如果让我重新选择生活，我将考虑以广告创意作为我的终身职业，因为它能把真正的想象力付诸实现。”[①]毫无疑问，广告创意是广告运作中最富有创造性、艺术性，难度最大、最具挑战性的一个环节。

（六）广告媒介策略

在广告活动发动之前，对选择何种广告媒体，如何确定广告发布时间和时机，广告媒体的组合方式，广告量在不同媒体的分布以及如何决定媒介载体的到达率和频次，如何决定媒介发布的连续性，如何决定广告信息的传达力度和重复水平等问题，需要作出全盘的统筹规划，编制具体、科学和可执行的媒体计划，这就是广告的媒介策略。媒介策略是广告活动的重要组成部分，不同的广告媒介具有不同的传播属性，广告的创意和表现必须能够有效地利用这些属性，使不同的媒介传递出统一的品牌形象和一致的广告信息。

（七）广告预算管理

广告预算是广告运作得以实施的根本保证，它规定了广告运作实施的可能性，是广告策划的一项重要内容。在大多数情况下，广告被看做是一种支出，由于多种原因的限制，广告支出的收益很难被清晰地测量出来，编制广告预算也是一件十分棘手的事。广告预算过大，会造成浪费，而过小，又无法实现广告传播的效果和营销广告目标的实现。在早期的广告运作中，广告费的管理存在很大的随意性和主观性，企业的领导者对广告支出掌握决定性的控制权，广告费的分配和监控方面的工作做得较少。广告界盛传的一句名言表明了这种情况的广泛性——“我知道我的广告费有一半是浪费的，但却不知道是哪一半”。

影响广告预算的因素有很多，科学地编制广告预算需要明确的问题为：广告运作的目标战略，广告品牌是新品牌还是既有品牌，广告商品和品牌面对的竞争状况和信息干扰程度，品牌的消费者基础和市场占有率，广告媒介的发布频次，产品的生命周期，产品的风险和可替代性。

（八）广告计划的执行

将已经确定的广告策略编制成具体、详细和可操作的广告计划，按照这一

---

① 王中义，等. 广告创新思维[M]. 合肥：合肥工业大学出版社，2005：2.

计划明确分工、细化任务，系统地展开广告运作，这就是广告执行。广告执行要求所执行的计划和方案明确具体，不能模棱两可，否则执行的效果就会大打折扣。广告执行既要有充足的广告费用支持，又需要经验丰富的执行人员协同努力。一旦广告传播方案被确定，广告执行就要坚持到底，最忌讳半途而废。同时，广告方案要尽量避免大范围的改动。“执行力”是衡量一个品牌团队、传播团队素质高低的最重要标准，“执行力”是决定品牌能否成功的一个重要因素。

（九）效果检测与评估

广告活动实施的同时，应当对广告运作的过程进行实时监控，根据广告的目标体系对广告效果进行测定，并将实施情况及时反映给相关部门，以采取必要的调整措施。广告效果检测分为事前检测、事中监控、事后测评。在广告运作之前要检测广告方案的可执行性；在广告运作过程中需要对广告运作的各环节进行监控；在广告活动结束后要适时对广告效果进行测定、总结和评价。

案例 9-1

纯净水广告战：乐百氏与娃哈哈

乐百氏与娃哈哈是中国饮料行业的两个著名品牌。乐百氏的起家产品是乳酸饮料果奶，这和娃哈哈当年的主力产品一样，而且乐百氏这个产品的推出时间略早于娃哈哈。那时，这两家企业是中国配置型乳酸奶的领头羊，广告做得一样有名气，娃哈哈广告是“妈妈我要喝——娃哈哈果奶！”乐百氏则是“今天你喝了吗——乐百氏果奶？”连续几年，两个企业齐头并进，在中国市场上好不热闹。一直到1996年，在市场占有和销售总量上两家都不分上下，后来两家企业所走的路子也大致相同，在果奶这个主导产品之外，又开始生产瓶装纯净水。

纯净水的市场在当时还刚刚出现，五花八门、各种品牌的纯净水纷至沓来，这两家具有影响性的企业进入这个市场，无疑十分受人关注。但是在进入市场之初，他们的招数并没有什么过人之处，两家也不只生产纯净水，还有矿泉水等。同时，其他生产厂家也各显身手，在市场上割据一方。最初，娃哈哈的广告是遵循着它一贯的路子，好像很有功能感的样子，强调水来自地下多少米，含有什么矿物质等；倒是乐百氏以纯净水作为主要推广对象，它的广告很成功。据说那是一部投资200多万元制作的广告片：

宁静蓝色的基调，万籁俱寂。一滴晶莹的水珠铮然而下，流利而又透明地穿过一层层过滤，最终净化成乐百氏纯净水，至纯至净。一个强有力的利益承诺随之推出——乐百氏纯净水，27层净化！

这真是一个堪称经典的伟大创意。它的成功不仅仅是在于对纯净水概念的强调和突出，而且以其高雅的基调与消费者内心对纯净的感性理解相吻合。尤其是在当时各种“水”充斥市场的情况下，别出心裁地为纯净水作了一个很好的定位。也许在今天瓶装水的市场上，纯净水能够占据绝对优势，很大意义上要归功于这个广告的功劳。那个时候，水的市场还没有像后来那么分明，各种各样的水和各种各样的品牌令人眼花缭乱，真正意义上的市场领袖还没有出现。当所有纯净水品牌的广告都在说自己的纯净水纯净时，消费者并不知道哪个品牌的水是真的纯净，或者更纯净。此时，乐百氏纯净水在各种媒介推出这种诉求点十分统一的广告，以理性的冷静突出了乐百氏纯净水经过27层净化，毫无疑问是对其纯净水的纯净提出了一个有力的支持点，或者说是对其纯净的程度作出了一个具体的说明。千万不要小看这个简单的数字，还有那个寂静无比的过滤过程，消费者的心弦就是被这种微妙的组合给拨动了。这个广告在诸多同类产品的广告中迅速脱颖而出，乐百氏纯净水的纯净给受众留下了深刻印象，“乐百氏纯净水经过27层净化”很快家喻户晓。纯净水本来是一种很难说明的低参与度产品，消费者对它的认识并没有那么理性，当时之所以能够有很多品牌烽烟四起，一个很重要的原因是没有一家是站在制高点上的。所以，“27层净化”广告一推出，用理性说明给消费者很强的安全感，不仅塑造了一种“很纯净可以信赖”的形象，而且它的冷静和优雅，高水准的制作也大大拔高了乐百氏的品牌形象。

应该说，在这一轮的广告策划中，乐百氏拔得了头筹。它的竞争对手——娃哈哈调整策略相对要迟一些。娃哈哈在经过一番徘徊后，广告上也另辟蹊径，与乐百氏所不同的是，它一反昔日的功能诉求传统，着力于感情诉求，大搞明星策略：“我的眼中只有你！”用一个很养眼的二线明星——井岗山作为形象代言人，这是一个很了不起的举动。这是一个很成功的明星与产品的组合，正因为是井岗山，产品、品牌、明星三者之间才达到了完美的统一。这比后来“非常柠檬”用红得发紫的李纹和茶饮料用香港笑星周星驰都要成功。

其实还有一点不为人知的是，井岗山作为形象代言人，娃哈哈根本不需要付费，因为它的大规模播出量同时也给这位二线明星带来了更多的露脸机会。相比之下，500万元请周星驰作形象代言人其投入产出比要相差很多。“我的眼中只有你”这个创意与乐百氏的“27层净化”相比一点也不逊色。因为娃哈哈知道，在经过了“27层净化”之后，再多加两层对消费者根本无所谓，所以它要换一种方式提高市场知名度。纯净水所能道出的信息毕竟不需要很多，明显的情感引导再加上娃哈哈高密度的广告播出，很快便使得它成为纯净水市场上的第一品牌。娃哈哈与乐百氏的差距就从这个时候开始渐渐地拉大了。也许，就是在这个时候乐百氏开始乱了阵脚。拿破仑·波拿巴有句名言:“当你的敌人在犯错误的时候,千万不要去打搅他。”娃哈哈冷眼注视着乐百氏,一如既往地大搞明星路线,井岗山用过后是毛宁,毛宁之后又是王力宏,好像没完没了。终于,乐百氏沉不住气了,它开始学习娃哈哈,也要搞明星策略。乐百氏请的是香港天王巨星黎明,这一次无论从重量级上还是号召力上,抑或是明星出场费上都大大地盖过了娃哈哈。然而,这一切却并没有给乐百氏纯净水带来新的辉煌,相反却打乱了原来所确立的品牌认同,黎明的出场标志着乐百氏广告由“27层净化”的理性诉求转向情感诉求,但是广告从创意和信息表达上却没有什么新意。从形象推广的角度说,它是换乱了品牌形象。

当初,乐百氏纯净水在各种媒介推出卖点统一的广告,突出乐百氏纯净水经过27层净化,给受众留下了深刻印象,“乐百氏纯净水经过27层净化”几乎成了这个产品的基本特征,现在,乐百氏纯净水让“27层净化”退居二线,代之以天王巨星黎明为形象代表,在电视、海报、包装等媒介的推介中强调的是“现代、时尚”的乐百氏,而不是“很纯净、可以信赖”的乐百氏,这是乐百氏纯净水广告策略的重大改变,这个改变有可能导致消费者对乐百氏纯净水品牌形象的认知混乱,造成已经建立的品牌资产的流失。改用黎明做广告,首先是广告策略上的失误,它是在抛弃自己转而向娃哈哈学习,但是学习中又有所脱节。新的电视广告创意也很失策,整个广告虽富有动感,在视觉上有一定冲击力,但广告内容却显得格外空洞,几乎谈不上有什么主题。在明星表演了一番后,末了似乎想用一句广告语来点题,但“纯净你我”与前面的广告内容没有任何关联,显得十分牵强。这个广告的失败之处在于,在创意策略上只注意发挥名人的广告效应,却没有使原有的广告主题得到顺理成章的延伸,明星与产品之间也有喧宾夺主的感觉。

当然,也有对这个广告倍加赞赏者,认为乐百氏请黎明演绎的情感诉求广告显示了对目标消费者群的精确定位、高超不凡的创意和匠心独具的艺术魅力。瓶装纯净水的主要消费场所是户外,而年轻人是户外活动最多的。黎明的歌迷很大一部分是年轻人、少男少女,再加上黎明在香港歌坛四大天王中相对比较年轻,有一个较好的国际形象。而黎明当年主打歌曲“自动的爱情”中的“爱像水一样的纯净、情像水一样的透明”能引起渴望纯真情感的青少年的强烈共鸣,且与水有天造地设之合,似乎就是专为纯净水广告而作词谱曲的;镜头中黎明潇洒转水的动作给广告平添了强烈的记忆点,黎明在街头教一群小朋友转水,友好、亲切、其乐融融,此时,乐百氏水已不仅仅是一瓶单纯的水,而是“沟通你我”的情感载体。

然而,不论怎么说,对广告效果的衡量都不能脱离注意、记忆、认同等因素,以及最根本的对市场的促动效果。当这些广告都成为过去，市场以事实做出结论时再回头反思，至少有一点很明白，“27层净化”作为乐百氏纯净水的独特概念，至今仍旧具有相当的魅力。而在它之后所推出的天王巨星黎明版广告，早已被人们忘却，即便是残留着记忆，也不清楚黎明推荐的理由了。任何一个广告，不论是理性诉求还是感性诉求，都必须遵循一定的理由或情感逻辑。也许在这点上，乐百氏恰恰犯了一个错误。

案例来源：卫军英：《现代广告策划》，首都经济贸易大学出版社，2006年版。

第二节　促销广告与品牌广告

广告的基本目的有两个：一是销售产品；二是树立形象。前者称之为促销广告；后者称之为品牌广告。促销广告，顾名思义，即是以销售产品为直接目的的广告，通过发掘产品对顾客有吸引力的利益点，刺激消费需求，激发购买欲望，使产品在短时间内实现销售量的上升；品牌广告不以短期的销售刺激为目标，而是追求长期的传播积累效果，致力于构建品牌与消费者稳定的品牌关系，塑造、完善适合消费者心理需求的品牌形象，提高品牌美誉度，培育顾客对品牌的忠诚。促销广告与品牌广告虽然侧重点不同，但对于品牌的成长同样都是不可或缺的，二者在品牌的不同发展阶段扮演着重要的角色。

一、促销广告

促销广告对于初创期的品牌有十分重要的意义，它能够使消费者快速知晓品牌和产品，了解产品的功能和特性，鼓励消费者选购本品牌的产品。促销广告中商品被置于核心的地位，商品的各种功能和特性以及带给消费者的利益和价值被反复地强调，这样可以帮助消费者更好地了解品牌与商品的相关信息。消费者只会购买自己认为熟悉的品牌，陌生的品牌可能潜伏着很多危险与陷阱，促销广告可以使消费者对品牌和产品产生熟悉感。

促销广告使品牌和商品在渠道方面也会获得一定的有利因素。代理商、批发商、零售商希望商品能够尽快流通出去，销售量越大、流通越快，意味着可以节约的运营成本越多，带来的利润越丰厚。在超市里，最畅销的产品往往被摆在最显眼、最容易被注意到的位置，越是知名度不高、不畅销的产品在渠道商那里越会受到冷遇。促销广告迎合了渠道商的需要，能够强化渠道商对品牌的信心，帮助企业顺利完成铺货的任务。

促销广告的运作应当注意几个方面的问题。

（一）突出产品利益点

促销广告以推荐产品为重点，关键是为品牌和产品挖掘出有吸引力的卖点。促销广告的卖点设计往往来源于产品的各种属性，例如，产品的功能、特性、款式、材质、包装、工艺、品质、价格和服务等，从这些基本属性中找到消费者感兴趣的内容，在广告中加以强化传播。按照USP（独特销售主张）理论的要求，促销广告中的利益点必须是独特的，是其他品牌不能够提供的，否则它就没有足够的吸引力。促销广告中的利益点还必须能够令消费者动心，必须是消费者所看重的利益，否则它就不具备很好的诱惑力。

虽然促销广告中会出现品牌的元素，但品牌并不是诉求的重点，产品的核心利益点是广告的重心。例如，阿迪达斯推出的德怀德·霍华德御用战靴广告，鞋子反复地出现，独创的Bounce技术被突出强调，阿迪达斯的品牌元素为战靴提供了识别，但不是广告主要推荐的内容。

（二）刺激消费需求，激发购买欲望

促销广告通过创意表现品牌和产品的功能和性能，展示的具体细节是，把商品最有价值、最具戏剧性、最富吸引力的一面展现给消费者，借此激发消费者的需求和购买欲望，实现产品销售量的增长。在肯德基"口水鸡汉堡"的电视广告中，一个青年模样的男子在大街小巷里穿梭寻找"正宗的口水鸡"，每一个被他问到的人听到"口水鸡"三个字，都大咽一口唾液，露出一副垂涎三尺的样子。消费者的食欲也随着"口水鸡"这三个字的频频出现被激发出来，对这一美食充满了期待。随后，肯德基展示了"口水鸡汉堡"的制作画面：嫩黄的鸡腿肉从红红的辣椒油中捞出，先蒸后烤，再配上碧绿的生菜，看到这里，相信每位观众的味蕾都在拼命分泌唾液，每个人都不免产生去肯德基店里品尝"口水鸡汉堡"的冲动。

消费者的有些需求是模糊的、潜在的，可能消费者自己都意识不到；或者消费者对产品的需求非常微弱，并没有达到切实采取行动的程度；或者消费者虽然意识到了需求，但是并不愿意承认，更不愿意采取相应的措施给予满足。此时，促销广告可以通过描述、展现消费者的某一问题或困境，对其需求进行告知和暗示，从而刺激其产生购买欲望。例如，对补钙产品，早期的中国消费者并没有认识到补钙的必要性，甚至对"补钙"这一概念都不知晓，在此情况下促销广告就要告知消费者"补钙"的重要性，指出人体缺钙会引发多种疾病和不适。一旦消费者确认了"补钙"的需求，他们的购买行为即会随之而来。

促销广告还可以借助企业推出的促销活动的支持来刺激消费者购买产品，例如，借助赠品、赠券和折扣等让利活动增强促销广告的效果，通过特定的刺激物和捆绑销售等手段吸引他们作出购买决策。

促销广告经常会使用恐怖诉求的手法，向消费者传达一定的危机感、紧张感、焦虑感和压迫感，如果消费者没有采取广告中倡导的行为、使用广告中的产品，消费者会因此产生各种各样的问题。促销广告会向消费者提供解决危机和问题的办法——产品。例如，清洁用品“威猛先生”的广告中，厨房内的油烟污垢难倒了妈妈，使用了多种方法都没能彻底清除。“威猛先生”解决了妈妈的难题——“看我全新威猛先生厨房多用清洁剂，科学配方，轻轻一喷，顽固污垢轻易瓦解”。这样的广告使消费者确信，对付多种油污，有威猛先生可轻易搞定。

促销广告展示产品使用后的效果，使消费者对自己使用产品的效果产生美好的联想与期待，消费者会将广告中的效果等同于自己所期待的效果产生晕轮效应。在化妆品、洗发水、保健品等产品的广告中这一策略比较常见，广告中的模特多是俊男美女，产品同这些美好的形象捆绑在一起，对消费者进行心理感召和暗示。

（三）促销广告提供“行动导向”

促销广告为消费者提供了解决问题和困难的行动方案，当消费者处于类似的情况下和场景中的时候，他们会按照广告的提示采取相应的购买行为。例如，曾志伟代言的“康恩贝肠炎宁”广告中，曾志伟提示消费者使用“康恩贝肠炎宁”的三个场景：“吃辣椒拉肚子”、“吃油腻拉肚子”、“喝酒吃海鲜拉肚子”。很多保健品同样采取了这样的策略：脑白金在广告中传播了“孝敬爸妈脑白金”；“黄金搭档”是“春节送礼黄金搭档”、“中秋送礼黄金搭档”；“黄金酒”则是“黄金酒送长辈”。脑白金、黄金搭档、黄金酒一脉相承，虽然它们的广告轰炸方式不令人欣赏，但它们在短促的广告语中融合产品使用场景的促销策略确实比较高明。

促销广告暗示、提示并号召消费者采取消费行动，广告中的场景、情节、人物和广告语都在引导消费者做出购买行为。“可口可乐”2009年春节期间推出了新的促销广告，刘翔在广告中与爸爸分享了新年第一瓶可口可乐，广告向消费者进行暗示：“你想与谁分享新年第一瓶可口可乐？”可口可乐直接为消费者提供了一个消费理由——过新年，并且在这个理由上附加了情感意义——与特别的人分享第一瓶，“喝可乐”这个简单的行为一下子变得有特殊意义了。

（四）选择恰当的投放时机

消费者需要一个令他们满意的理由才会有所行动，促销广告负责提供这一理由，并努力使它显得恰当、合适、不可替代。对于一些季节性的产品来说，促销广告要选择合适的投放时机，因为特定的时机就是这类产品的消费理由。例如，元旦、春节、元宵节、端午节、中秋节、圣诞节和情人节等节假日往往是最“天然”、最完美的消费借口，顾客在节假日内倾向于做出平时较少的消费行为。

促销广告的投放时机通常在消费旺季来临前的一个月左右，此时期投放能够增强消费者对品牌和产品的熟悉感，增强他们对品牌和产品的识别力，同时也能够抵消竞争对手的营销攻势，提高产品被消费者选中的机会。在旺季来临前的促销广告还能够增强渠道商的销售热情，为渠道商提供了比较有利的竞争地位。例如，春节期间是“旺旺”系列产品的销售高峰期，每年12月前后，“旺旺”就会加大促销广告的投入，使“旺旺”品牌保持较高的曝光频次。“旺旺”除了投放针对消费者的广告之外，还同时投放针对渠道商的促销广告，鼓励、提示渠道商加大进货力度。

（五）掌握好促销广告的投放力度

促销广告的目的即是加强对消费者的劝服，尽可能多地销售产品，它对构建品牌方面的贡献并不是很大，因此，对促销广告的投放要控制在一个合适的度上，避免过多的广告费用。

促销广告以推荐产品为目的，强调产品给消费者提供的物质利益，这种策略有一定的适用范围，如在竞争不太激烈的市场状况下非常有效，但在同质化非常严重的时期，促销广告的效果就会大打折扣。在品牌初创期，促销广告能够提高品牌和产品的知名度，使消费者加深对产品属性的了解，有利于扩大市场份额。随着品牌的成长和产品技术的成熟，需要更多的品牌广告来提高品牌的美誉度，增强消费者对品牌和产品的好感与偏爱，培育稳定、长期的品牌关系。

二、品牌广告

品牌广告诉求品牌，贩卖形象，它并不以直接的增加销售为目的，这是它与促销广告的最大区别。品牌广告中，品牌是广告的主角，产品居于次要地位，很多品牌广告中甚至找不到产品的影子。例如，在烟草行业，由于烟草企业被禁止在大众传媒上做产品广告，因此它们不约而同地采用了品牌广告的方式，在这些广告中看不到任何具体的产品，但品牌的名称得到反复地强调与突出。归根到底，品牌不能脱离于产品存在，虽然品牌广告可能不涉及具体的产品名称，但品牌广告的根本目的仍然是为了销售品牌所依附的产品或服务，这一点必须明确。

（一）品牌广告的独特利益点

品牌广告同样需要向消费者提供一个利益点，这个利益点必须具有吸引力、具有独特性。与产品广告不同的是，品牌广告的利益点主要是心理利益，而不是具体的物质利益。品牌带来的是消费者情感和心理的满足，提高品牌的心理附加值是品牌广告的功能之一。品牌广告多诉求与品牌有关的某种情绪、情感和体验，期望在消费者那里得到认同和共鸣。例如，红蜻蜓皮鞋的形象广告将消费者的诸多第一次与红蜻蜓品牌联系在一起：第一次登台、第一次邂逅，“每个第一次都以为拥有了全世界，但继续前行就能发现更美丽的风景。在路上，因你更美”。

（二）品牌广告传播的内容

品牌广告表达了企业和品牌的价值观，传达了企业、品牌所独有的文化、哲学、传统和理念，向消费者阐述着它们对世界的理解和认知。如格力的品牌广告描述了这样的哲学和理念：“坚持就是格力，过程就是品质；坚持就是格力，过程就是科技；坚持就是格力，过程就是享受。”坚持、过程、品质、科技和享受五个关键词对格力的品牌内涵作出了概括，在品牌信念的基础上，格力恰到好处地提出“好空调，格力造”的概念。GE 在其“绿色创新”的系列广告中传达了自己的经营重心和经营哲学：为人类提供清洁、可再生的能源技术。

品牌广告对目标消费群的价值观、生活方式、情感或情绪等进行鼓励和确认，迎合消费者的心理需求，以获取消费者的信任和好感。每个人都不愿被否定，品牌要建立与消费者的友好关系就不能悖逆目标群体的价值观，品牌虽然需要有自己的定位和个性，但它的定位和性格塑造必须以目标群体的价值观为基础。例如，以年轻人为消费群的美特斯邦威服饰形象广告中提出“不走寻常路”的生存哲学，迎合了年轻人崇尚独立、追逐个性的心理需求；才子西服“观心知天下，不露也锋芒”的广告语是中青年成功人士的写照。

（三）品牌广告与消费者的关系

品牌广告致力于使品牌更富亲和力，消除消费者对品牌的陌生感和距离感。品牌广告配合相应的公关、营销活动能够增进消费者对品牌的认知，拉近消费者与品牌的距离，使消费者感受到品牌的关爱，相信品牌就在自己的身边。强生关注中国婴儿的健康成长，它的品牌广告中传达了这一点：“强生相信妈妈的手。过去 6 年，通过强生婴儿付出项目，我们帮助中国 500 万个母亲，用专业的付出手法，让宝宝茁壮成长。因爱而生，强生。”另一则强生的品牌广告将镜头对准生活中的平凡巨人：“强生相信，在我们的身边存在着一些巨人。他们以巨大的爱做细小的事，让心灵获得慰藉，让创伤得到安抚，让人们得到关爱。强生以医疗卫生和个人护理的经验和智慧，与这些巨人并肩，用爱推动人与人的关爱。”强生品牌广告中所折射的平凡与伟大、智慧与质朴使消费者感受到强生的爱与关怀。

（四）品牌广告的戏剧性

品牌广告能够增加品牌和产品的戏剧性，使品牌和产品更具有感染力和号召力。2005 年 8 月，可口可乐以“要爽由自己”为主题推出的由刘翔、余文乐、潘玮柏、S. H. E 主演的系列品牌广告，几位当红明星演绎了“缘起篇”、“初吻篇”、“电梯篇”、“冰火暴风城篇”和大结局“智救篇”五则广告短片，使可口可乐在中国更加受到青年人的追捧。2006 年，伊利优酸乳推出了由刘亦菲、易建联、道 Taew 主演的系列广告获得了同样的效果，伊利优酸乳借助系列广告片迅速在青年群体中占据一席之地，成为乳制品市场的领跑子品牌。

（五）危机公关中的品牌广告

当企业和品牌处于突如其来的危机之中时，品牌广告能够帮助品牌消除误解、化解危机，挽回品牌信誉，重新建立品牌与消费者之间的信任关系。品牌广告在这种情况下被称之为公关广告，在危机公关中，品牌广告发挥着十分重要的作用，此时的品牌广告重点在于突出企业的责任，确认品牌的承诺与保证，争取公众的支持和信任。2008 年 9 月初，三鹿奶粉的三聚氰胺事件引爆了中国奶制品行业的信任危机，伊利、蒙牛等一线品牌也纷纷被检测出一些批次的产品含有三聚氰胺。三聚氰胺在公众中引起巨大的恐慌，奶制品的销售量大幅下滑，整个行业遭受严重的质疑与批判。蒙牛在这一危机时刻推出了品牌广告，提出六大举措，努力挽回蒙牛的品牌信誉：

“蒙牛六大举措，确保每一包产品合格。第一，三盯制度——盯奶牛：一次一人，实时监控原奶采集；盯奶站：一站一人，全天跟踪奶站操作；盯奶车：一车一人，铅封保障全程封闭。第二，严把检测关——科学方法检测，确保原奶合格。第三，严把原料关。第四，严把生产关，多项管理体系认证。第五，严把出厂关，产品批批检测。第六，第三方权威机构驻厂，全方位第三方独立检测。新标准，新开始，敬请放心饮用。”

“好奶，就要从源头抓起。精选全球高蛋白优质牧草，精挑国际优良奶牛，制定专属健康档案，精心营造优越环境，让奶牛快乐产奶；全封闭运输，GPS 定位跟踪，从源头确保高品质牛奶。层层监管，只为这一管。”（见图 9 - 1）

图 9 - 1 “三聚氰胺”事件后，蒙牛推出的品牌广告

案例 9-2

酷儿超越传统广告，塑造品牌宠儿

1999 年 11 月，在可口可乐日本总部的研发室里诞生了一种全新的果汁饮料。这是可口可乐经过多年的市场调研后，专门针对孩子开发的一种果汁饮料，它别出心裁地被命名为“Qoo 酷儿”，其创意的灵感来自日本男人喝酒喝到满足时，会发出 Qoo 这样的声音。孩子们虽然不喝酒，却爱模仿大人那种满足的神情和好玩的“Qoo”，对于他们来说，喝饮料喝到 Qoo 是件神秘而美好的事情。当然，他们不能喝酒，所以期待喝饮料喝到 Qoo 出来。可口可乐敏锐地抓住了孩子们这一心理特征，将新果汁饮料命名为“Qoo 酷儿”。

日本可口可乐公司聘请了漫画大师为 Qoo 酷儿设计了卡通形象——一个蓝色的大头娃娃，他会不自觉地摇头晃脑，然后用满足的表情大吸一口果汁，一旦喝下果汁，圆圆的脸上就会出现两个红晕，然后嗲声嗲气地发出“Q-o-o”。“Qoo 酷儿”的名字和卡通形象一经推出就受到了空前的欢迎。推出不到两年时间，Qoo 酷儿就成为继可乐和芬达之后可口可乐公司在日本的第三大品牌；2001 年 4 月，Qoo 酷儿进军韩国，迅速跃升为当地果汁饮料第一品牌及饮料第三品牌，销售量超过预计的 6 倍；2001 年 6 月，Qoo 酷儿在新加坡上市，蓝色的大头娃娃迅速成为当地第一果汁品牌；2001 年 10 月，Qoo 酷儿在我国台湾地区上市，更是获得了空前的成功，上市仅 3 个多月，Qoo 酷儿的单一产品销售量就超过了韩国、日本市场的 2 倍，并且还曾出现供不应求的缺货窘境，成为当地消费者最喜爱的果汁饮料。

2001 年底，Qoo 酷儿进入我国内地。它首先在西安、郑州、杭州上市，结果仅 3 个月就完成了全年预计销售额；随后又在广州、青岛、上海等城市进行推广，最后辐射到全国，成为目前内地市场最受小朋友欢迎的果汁饮料品牌。与 Qoo 酷儿饮料同时获得成功的还有 Qoo 酷儿的蓝色大头娃娃，或者应当说，Qoo 酷儿饮料的成功首先归功于蓝色大头酷儿形象塑造的成功。正是这个具体可感的卡通代言人让全亚洲的孩子都迷上了 Qoo 酷儿饮料。与其说他们喝 Qoo 酷儿饮料是因为口味，不如说他们是为了 Qoo 酷儿娃娃。可口可乐公司明白，在孩子的眼中，不同品牌果汁饮料之间的差别微乎其微。既然新果汁的目标市场是孩子，则必须让果汁具有孩子喜欢的品牌性格，这是其一。其二，决定购买的是家长，所以新果汁的卡通形象和个性也应当让家长接受。于是，除了可爱的外形，公司又进一步为大头酷儿娃娃设计了以下个性特征：

尊姓大名：酷儿（Qoo）

出身：某日现身森林，后被一对好心夫妇领走，收养为家中独子

身高、体重、三围:重大机密

今年贵庚:秘密

血型:不详(但行为似B型)

特征:只会说“Qoo”,一喝Qoo,脸上的红晕就会扩大

个性:喜爱打扮;好动,喜欢到处捣乱。想做就去做,所以有时会惹麻烦

外表:简单,但其实很有内涵

技能:跳舞、滑板

爱好:洗澡、晒太阳、喝好味道的饮料(最喜欢Qoo)、和孩子一块玩、旅游

最喜欢的人:听话的小朋友

最好的朋友:白鸽(除人以外酷儿还可以和其他动物沟通)

最喜欢玩的地方:公园

平时做的事情:家务

从这个形象设计中我们不难发现,酷儿娃娃具备让孩子喜欢的特征,也具有诸如“听话的小朋友”、“做家务”等令家长满意的个性。此外,酷儿娃娃还有属于自己的Qoo歌和Qoo舞。这样,抽象的品牌就具象成一个具有外形、有动作、有性格的大头娃娃,他有名有姓,有自己喜欢的人和事,具备了与小朋友沟通的前提。随之而来的是可口可乐大规模地围绕酷儿娃娃展开的营销攻势——让酷儿娃娃独特的品牌形象——快乐、乐于助人、更爱模仿大人等真性情进入孩子们的世界,成为孩子们的好朋友。为了更广泛地接触小朋友,让酷儿更加贴近小朋友,可口可乐开展了一系列互动活动。以台湾地区为例,可口可乐选择深受小朋友喜欢的木栅动物园开展“Qoo全民运动”。然后,酷儿又策划了“校园走透透”的酷儿面对面接触——酷儿娃娃走进学校与孩子们面对面互动。这些活动瞬间成为孩子们议论的热门话题。除了让可爱的Qoo酷儿给消费者留下深刻的印象之外,台湾地区可口可乐还举办了Qoo酷儿赠品活动,提高小朋友对饮料的认同度。从贴纸、文具,到手提袋、钥匙圈等26种印有Qoo酷儿图案只送不卖的赠品,让小朋友从课堂到在家写作业,随处都有心爱的Qoo酷儿陪伴着。小朋友会因为喜好Qoo酷儿随罐附赠的各种小赠品而不断购买Qoo果汁,为搜集到Qoo酷儿最完整的系列赠品,小朋友会与同学互通有无、彼此通报在哪里可以买到有不一样赠品的Qoo果汁。于是,在台湾地区引起了更狂热的采购风,平均每人饮用Qoo果汁的数量是日本与韩国的两倍。可口可乐运用赠品策略,让Qoo酷儿迷为了收集到不同颜色、不同种类的相关产品而不断地购买Qoo果汁,直接提高了果汁的销售量。

内地的酷儿营销活动也仿照了台湾地区的互动模式:每到一处就开展酷儿大头娃娃见面会,将参观酷儿生产基地列为小学生春游的去处,组织“酷儿”主

题活动,设计各种诱人的纪念品配合产品销售,以及强大的产品终端陈列攻势。相比而言,在Qoo酷儿的营销推广中,传统广告的投放似乎不多,但定位很精准,也很独特——Qoo酷儿广告几乎脱离了对产品本身的诉求,而将所有精力都放在了Qoo酷儿娃娃的故事上。可口可乐为Qoo酷儿编了一个又一个富有童趣的故事,比如,Qoo酷儿娃娃打破了盘子、与大猩猩分享果汁等。这些故事本身与产品没有多大联系,却极大地激发了孩子们的兴趣,增加了他们对Qoo酷儿娃娃的好感,自然也将这种好感转移到了产品上。此外,为了让真正掏钱的顾客——孩子的父母也喜欢Qoo酷儿,可口可乐没有放弃传统的广告信息运用——强调Qoo酷儿富含维生素C、钙,适合孩子饮用。

纵观Qoo酷儿饮料的营销战略,我们发现,传统大众媒体广告已经不再占据支配地位,即便有,也以更加"软性"的方式出现,其方向也由"产品怎么样就怎么说"转化为"消费者喜欢什么样就怎么说"。但是我们又不得不承认,在传统大众媒体广告之外的诸多营销措施,诸如配套的Qoo酷儿娃娃赠品,Qoo酷儿见面会、主题游戏等,又无一不具有广义上的广告特征。如何将诸多的促销形式凝聚成强有力的泛广告,进而进行有效的整合营销传播,Qoo酷儿饮料至少有两点为我们提供了学习和参考的模式。

首先,找准目标市场,运用最佳沟通组合,寻求有目的、有互动的营销对话。

在果汁饮料市场上,大部分的厂家都将目标市场锁定在青年一代,为此展开的营销攻势也强调时尚、青春和活力。相对而言,专业的儿童果汁市场还是一个空白,然而,较之青年,儿童果汁市场显然更加具有挑战性。因为,Qoo酷儿的沟通对象是一群没有实际购买能力、心智尚不成熟的孩子,以往针对成人的销售手段固然不行,但完全从孩子的心理角度出发进行营销传播设计也不行,因为购买的决定权掌握在他们的父母手中。所以,Qoo酷儿在明确的儿童目标市场之外还有一个潜在的沟通对象——孩子们的父母,尤其是母亲。任何整合营销传播首先都应当确立明确而精准的沟通对象,Qoo酷儿显然做到了这一点。找准了目标市场,下一步Qoo酷儿要做的就是寻求与潜在顾客有目的、有互动的对话。上面已经提及,儿童市场具有相当的特殊性,因此,传统营销的不二法门——媒体广告的有效性就要受到考验了。事实上,Qoo酷儿在中国内地的推广过程中的确有过电视广告投放,但是跟踪数据显示,电视广告的传播效果并不理想:Qoo酷儿在北京地方台少儿频道投放的广告只有25%的儿童看过三次以上。因此,单纯的电视广告明显不具备拉动儿童饮料市场的能力,更加难以与儿童建立起良好的互动关系。什么才是儿童乐于接受的营销形式?可口可乐找到了答案:与孩子一起玩儿,就这么简单。比起电视广告,招人喜欢的产品形象设计、精致的系列赠品、Qoo酷儿娃娃主题活动等更加适合儿童营销的载体。在这些营销活动中，品牌可以和孩子深度互动，从而与儿童建立起良好的朋友关系。细看这些终端活动，其实并不需要太多的资金投入，至少肯定比电视广告节约费用，而且操作起来也不是特别繁琐，大人们穿上 Qoo 酷儿娃娃的衣服，做几个滑稽的动作就能让孩子们深深爱上这个形象。即便是不多的电视广告，可口可乐也以儿童所喜欢的内容和形式出现，力争将孩子带到广告的故事中来，形成专属于孩子的共鸣。同时，在说服父母的沟通中，Qoo 酷儿又理性地提出饮料中含有丰富的维生素 C 以及钙质，强调产品形象的积极健康和适宜模仿。其实，父母的心理防线已经被孩子的喜好打破了一大半，剩下的也仅仅是需要确定这个产品在品质上也值得孩子饮用。

其次，从视觉形象到感觉形象达到完全一致，以此塑造品牌个性。

Qoo 酷儿在其整体营销的过程中，不得不说其对 Qoo 酷儿娃娃形象塑造的独到之处。从最开始 Qoo 酷儿娃娃的名字、形象、动作、性格等的设计中，可口可乐就显露出了极佳的整合信息、传播信息的才能。尤其值得一提的是，Qoo 酷儿的形象塑造开阔了我们建树品牌的视野，因为以往承担品牌特色建造的往往是传统大众媒体广告，但在这个案例中，我们更多地看到了产品视觉设计、终端配合等对品牌形象的促进，而不是大众媒体广告。当其他果汁饮料品牌都采用大明星做电视广告代言人的时候，可口可乐却选择了简单明了的卡通形象。不管明星的气质与产品吻合程度有多高，总会存在着不和谐的信息，但是 Qoo 酷儿娃娃却可以与产品形象做到百分之百的契合。由 Qoo 酷儿娃娃代言酷儿饮料所传达出来的信息简单明了，正好符合孩子天真的思维模式。同时，不论是 Qoo 酷儿的哪个特征，都透露出让小朋友喜爱的气息，他顽皮、好动，但又富有爱心、勤劳。这些单纯的品性正是单纯的孩子们所喜欢的。这样的品牌代言人自然极易消除产品与孩子之间的隔阂，建立起朋友关系。另外，可口可乐还为 Qoo 酷儿娃娃推出了能够传达其性格的诸多 flash 和网络游戏以及互动游戏，并吸引孩子们参加。这些游戏都围绕着 Qoo 酷儿娃娃的性格特征展开，绝不增加冗余信息。这使孩子对 Qoo 酷儿娃娃的认识从单纯的文字描述过渡到图像、视频和现实活动中，增加了 Qoo 酷儿娃娃带给孩子们的乐趣，也大大增加了孩子们选择 Qoo 酷儿饮料的可能。

鲜明品牌特征对销售的促动就是如此巨大。

案例来源：卫军英：《整合营销传播典例》，浙江大学出版社，2008 年版。

第三节　广告的局限性及媒体的延伸

广告的威力是巨大的，品牌的成功离不开有效的广告策略，完全摒弃广告的品牌很难维持一个长时间的知名度和忠诚度，广告的魔力甚至被“神秘化”了，市场上依靠广告之力挽救濒临危机品牌的例子屡见不鲜。因此，广告在整个营销体系中的功能倾向于膨胀，广告的功能有被夸大的成分。广告不是包治百病的万能药，广告的不正当使用同样会给品牌带来伤害。

一、广告的局限性

美国早期知名的广告人阿尔伯特·拉斯克尔（Albert Lasker）认为：“广告是一种非常难以驾驭的力量。它有点像放射疗法：用对了，它能治某些看起来是不治之症的病症；用错了，它会灼伤人、留下终身的伤疤。广告的危险性就在于它很有可能使用不当，即便是使用得当，但如果我们不懂得自我保护的话，也经常会被人误解。”①

（一）广告功能的实现受多种营销因素的制约

广告是信息传播的工具，它的优势在于信息的告知功能，品牌不是单纯依靠广告就可以建立起来的，品牌的成功是多种营销工具合力的结果。产品（Product）、价格（Price）、渠道（Place）和促销（Promotion）是影响企业经营的四个基本因素。这四个因素相互影响、相互制约，忽视任何一个因素都会造成品牌的失败。以产品策略为例，产品是品牌的物质基础，只有杰出的产品才可能成为杰出的品牌，广告做得再好，如果没有产品质量、品质的保证，广告也不会取得理想的效果。广告大师伯恩巴克（Bull Ber back）曾说：“为拙劣的产品做广告，只会加速它的一败涂地”，奢望只通过广告就可以将品牌大厦建立起来，最后的结果会是品牌快速被竞争者取代。美国一位现实主义研究者曾经通过多年对产品和广告攻势情况的分析指出：“广告刺激优质产品的销售，加速次质产品的毁灭，”②他的结论和伯恩巴克的观点不谋而合。

（二）广告的成本过高

广告是付费的大众传播，虽然它在信息传播方面威力巨大，但是广告的传播成本同样也是惊人的。电视、广播、报纸、杂志、户外和网络等大众传媒的价格不菲，对于实力弱小、处于成长期的中小企业来说，广告费是市场推广成本中最大的部分，一旦广告投入得不到很好的约束，企业和品牌就很容易陷入资金短缺的陷阱。以央视为例，每年一度的央视广告招标会已成为大广告主的“烧钱”大比拼，尤其是“标王”的争夺更为激烈。从 1995 年开始，央视已经催生出

① 【美】阿尔伯特·拉斯克尔. 对广告局限性的认识[J]. 市场观察广告主，2008(9)：108.

② 【美】罗瑟·瑞夫斯. 实效的广告[M]. 呼和浩特：内蒙古出版社，1999：102.

十多位“标王”,“标王”的广告价格已经从1995年的3 100万元飙升到2007年的4.2亿元(见表9-1)。2012年的央视黄金资源广告招标会,招标总额更是达到了142亿元,比2011年增长15.32亿元,增幅超过12%。“羊毛出在羊身上”,高额的广告费不会由广告主承担,最终必然会转嫁到消费者身上。

表9-1 央视历年“标王”品牌的广告价格

年 份	广告主	夺标价格(亿元)
1995	孔府宴酒	0.31
1996	秦池酒	0.67
1997	秦池酒	3.2
1998	爱多VCD	2.1
1999	步步高	1.59
2000	步步高	1.26
2001	娃哈哈	0.221 1
2002	娃哈哈	0.201 5
2003	熊猫手机	1.088 9
2004	蒙牛	3.1
2005	宝洁	3.8
2006	宝洁	3.94
2007	宝洁	4.2
2008	伊利	3.78
2009	纳爱斯	3.05
2010	蒙牛	2.039
2011	蒙牛	2.305
2012	茅台	4.43

广告费用过高,一方面会拉升产品的价格,将部分消费者拒之门外;另一方面会制约品牌在产品创新、渠道管理和促销等方面的投入。对广告的使用应当是有限度的,不能过度依赖,否则等于将品牌置于悬崖边上,品牌时刻都会面临从高处摔落的危险。“标王”中虽然有鼎鼎大名、依然很成功的品牌,如宝洁、娃哈哈、蒙牛,但更多的是孔府、秦池、爱多、步步高、熊猫这些曾名噪一时,而现在要么销声匿迹,要么在为生存苦苦支撑着的品牌。虽然它们的现状是多种原因造成的,但广告的无节制投入无疑要负很大一部分责任。

(三)广告的可信度在降低

企业用于广告的支出越来越多,然而广告效果却越来越难以令人满意,消费者对广告的信任度正在降低。定位理论的提出者之一艾尔·里斯在其所著《广告的衰落与公关的崛起》一书中对广告的可信度进行了探讨。他认为,与公关相比,广告缺乏可信度:“近年来,几乎所有成功建立起来的国际品牌都主要是公共关系的胜利,而不是广告的成功”,“广告缺乏创建品牌的关键要素——可信度,只有公共关系才能提供这种可信度。”事实上,公共关系更具有隐蔽性,比起纯粹的商业广告,公关活动传递的信息显得更加令人信服。

造成广告可信度下滑的原因,一方面是因为大众传媒本身的公信力在降低,使借助大众传媒传播信息的广告受到了“牵连”。现代社会中的人们享受到了大众传媒技术发达带来的诸多好处,人们有了更多机会接近、使用大众媒介,大众传媒的神秘感和权威感不复存在了,广告也很难再像以往那样起到“一呼百应”的作用。

低劣的广告手段也是造成可信度降低的另一个原因。电视台大肆增加广告时段,在节目中不停地插播广告,将电视节目“肢解”得七零八落,观众对节目失去兴趣;我们还可以看到许多名人在为各式各样的产品代言,不负责任地向消费者推销他们自己从没有用过的产品;电视购物广告更是长篇累牍地吹捧根本没有听说过的品牌,严重歪曲、夸大产品的功能、品质,用各种各样的虚假、欺诈信息来误导观众;部分广告用丝毫没有创意的手段对受众进行轰炸,为电视屏幕和报纸版面带来严重的视听污染;还有一些营销人员热衷于品牌制造概念,将品牌定位于不切实际的利益点上,煞有介事地向消费者售卖无中生有的“利益”。

广告大师大卫·奥格威说过:“消费者非常有头脑,永远不要以为消费者是傻子,他们比我们要聪明得多,商品摆在商店里买不买是他们的事,如果你说得有道理,他们就会相信你;如果你说的牵强附会,于理不通,他们就会毫不犹豫地把你抛开。”低劣的广告手段侮辱了消费者的智商,结果只能使整个广告行业陷入严重的信任危机。净化广告环境、重塑广告在消费者心目中的形象是当前广告业的当务之急。

(四)不正确的广告策略损害原来的品牌形象

品牌建设不是一朝一夕的事情,需要长期的投入与维护,成功、成熟的品牌形象的确立来之不易,更是无数个成功广告不断积累的结果。正确的广告策略能够帮助品牌一夜成名,而错误的广告决策则可能会对品牌造成损害,并且直接影响产品的销售。1961 年,宝洁公司推出了儿童纸尿裤 Pampers(帮宝适),相比传统的尿片,Pampers 使用起来非常方便,省去了妈妈很多的麻烦,并且价格适中,普通家庭能够承受,通常来讲这样的产品将会十分畅销。Pampers 在最初的广告传播中强调新型的纸尿片“用后即可丢弃”,极大地方便了妈妈,然而市场的销售情况却并不理想。宝洁公司通过大量的消费者调查发现,由于

Pampers的方便性导致消费者形成一种偏见，使用 Pampers 的妈妈不是好妈妈，是懒惰的不肯关爱子女的不称职的妈妈形象。宝洁公司改变了原来的广告策略，重新为 Pampers 进行定位，向消费者诉求 Pampers 是“能使母亲更显爱心的，优于传统尿布的现代化尿布”，“不是对婴儿不好，而是对宝宝更好，使他们更舒适的尿片”。新的广告传播一举改变了 Pampers 的糟糕形象，重新赢得了消费者的认可。

成功的广告策略立足于消费者的需求，根据不同地区、不同民族、不同文化背景、年龄、收入和职业的消费者发出不同的广告诉求，能够将品牌塑造成消费者心目中理想的形象；不正确的广告策略不仅不能够对品牌有所帮助，反而会连累品牌建设其他方面的努力，使品牌形象遭受损害。

二、媒体的延伸

广告的一个先天性“缺陷”在于它对媒体的依赖性太强，特别是大众传媒极度发达之后，这种依赖性就更加明显了。毫不夸张地说，广告能否收到理想的效果，很大程度上取决于所使用的广告媒体。广告媒体制约着广告传播功能的实现，也正是由于这种原因，造成了广告业利益结构分配的不平衡。在广告的总体成本中，用于购买媒体时段或版面的费用占去了多半，而作为广告核心业务的创意、策划、设计环节的费用却被压缩得很小，不平衡的利益分配格局损害了广告业的发展动力。

传统的广告媒体本质上不是为广告而生的，受众购买、消费电视、广播、杂志、报纸和网络等媒体的目的不是为了接触广告，而是为了获取媒介所提供的信息内容，广告只是被作为媒介的一种附加功能。大多数广告媒体都不是“纯”广告媒介，更多的被认为是“内容媒介”，受众对广告的注意和接收是被动的而非主动的。广告固然不可能离开媒体的支持，但广告同样需要通过创意更好地发挥媒体的功效，尽可能地减少媒体对广告的制约，打破对某类媒体的过度依赖。

在广告的推动之下，近年来媒体市场也发生了翻天覆地的变化。媒体技术日新月异，新的媒介形式不断出现，部分传统媒体也将新的媒介技术嫁接到自己身上，媒介的兼容性、整合性得到加强。虽然传统媒体依然在广告市场中占有举足轻重的地位，但网络博客、论坛推广、电子邮件、网游广告、楼宇液晶电视、车载电视、卖场液晶电视、数字互动电视、手机广告和环境媒体等新的广告传播形式已然崛起，以迅猛的发展势头冲击着传统的媒介格局。

（一）传媒技术的进步将催生更多的传播工具

传媒技术的进步使更多的传播工具，如 3G 网络、数字电视、条形码传输和 3D 电视等技术趋于成熟并得到快速普及，将极大地丰富广告的创意和表现形式，为广告提供更广阔的生产空间。

（二）传播工具的网络化趋势进一步增强

伴随着媒介数量的急剧增加，受众呈现“碎片化”的现象，受众的媒介接触习惯发生了变化，他们的注意力资源在不同时段、不同场景被不同的媒介瓜分，没有任何一家媒介可以垄断受众的注意力资源，单一的媒介已经无法对受众进行有效的覆盖。因此，对媒介资源的整合十分必要，传播工具必须实现网络化才有广告价值。

以楼宇液晶电视为例，占据某个楼宇或社区的液晶电视没有太大的意义，只有形成庞大网络才可能创造出理想的广告到达率，媒介才能真正获得广告商的认可。分众传媒的首席执行官江南春显然意识到了这一点，分众传媒不仅实现了楼宇液晶电视的网络化，还向其他媒介形式进行延伸，2004 年，分众传媒进入卖场广告网络领域，2005 年并购中国最大的公寓电梯海报公司框架传媒，2006 年进军手机广告、户外 LED 彩屏和电影院线媒体。江南春认为，受众的生活是有一定规律的：他晚上可能的广告接触点是电视广告；第二天出门会看见公寓电梯；去写字楼会看见楼宇电视；到办公室打开电脑会看见 Internet 广告；晚上去 KTV、酒吧、商厦又会看见分众的娱乐场所联播的广告；周六、周日去大卖场、超市买东西则会看见分众传媒卖场联播网①等。

（三）终端媒介的兴起

销售终端包括超市、卖场、商场、便利店、社区服务店、专卖店和专业店等，它是销售渠道的末梢，直接面对消费者，就产品和品牌向消费者进行展示、介绍、解释、说明和劝服等活动。终端媒介主要指卖场电视、店内广播、卖场海报、卖场墙贴、卖场内宣传单，店内挂旗、横幅、包柱、货架平面广告，卖场地贴广告，卖场易拉宝，灯箱、橱窗、产品堆列等形式的媒介。消费者对终端媒介的注意程度有所差别，其中液晶电视是最容易让人注意到的沟通形式②（见图 9－2）。

终端媒介的地位越来越重要，它的受众具有很强的针对性，受众本身有强烈的需求和购买欲望，在终端向消费者展开诱导和劝服能够收到事半功倍的效果。相关统计显示，在北京、上海、广州、深圳、南京、杭州、成都和重庆 8 个城市中，卖场消费者一个月平均进场 6 次，每次平均停留 1 小时，这每月 6 小时全面处于“预备消费、积极寻找产品”的状态，消费者处在卖场的这 6 个小时无疑是接受广告的最佳时机。

终端媒介上的广告具有即时性的效果，能够感染消费者的情绪，改变他们对产品和品牌的态度，影响到他们的购买决策。很多消费者去卖场之前原本并

① 中国传媒大学广告主研究所编．新媒体激变［M］．北京：中信出版社，2008：96．

② 中国传媒大学广告主研究所编．新媒体激变［M］．北京：中信出版社，2008：215．

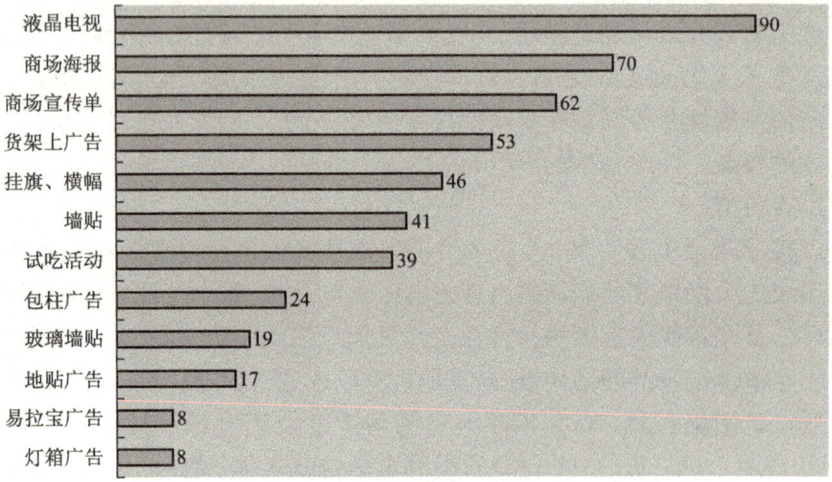

图 9－2　被访者在卖场内最留意的媒介沟通

没有计划购买某个产品，但在销售终端看到广告之后决定增加购买。有调查显示，52% 的采购是计划外的，6% 的消费者会增加某个品牌的消费量，总的来看，消费者在卖场中 58% 的采购是临时决定的（见图 9－3）。而这 58% 的非计划购买，终端媒介的广告起到了很大的作用，尤其是卖场的液晶电视更是计划外购买的主要因素①。

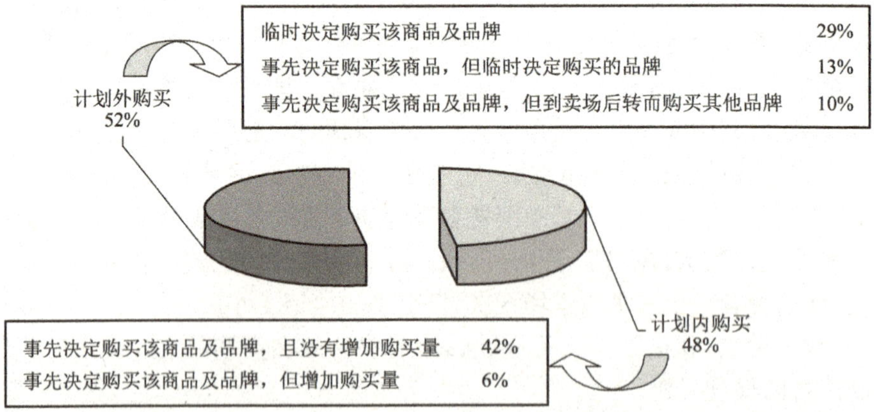

图 9－3　消费者在卖场中的购买行为调查②

① 中国传媒大学广告主研究所. 新媒体激变[M]. 北京：中信出版社，2008：215.

② 数据来源：CTR2006 年分众传媒卖场媒体第一季度调研。

（四）手机无线平台的媒介整合

手机是现代人必备的随身通讯工具，一度被誉为电视、广播、报纸和杂志之外的“第五媒体”，手机带来的不仅仅是一种媒体传播方式，而是人类整体生活方式的变革。虽然目前手机还不是主流的广告媒体，但随着通信政策的放开和技术的进一步突破，手机本身的巨大优势将得到发挥，手机可能成为未来几年内最值得期待的广告媒体新势力。

手机媒体的受众群体庞大，而且这一群体的数量还处在一个急剧增长的阶段。据国际电信联盟发表的报告显示，截至 2012 年年底，全球手机用户总量已经超过 60 亿台，手机的普及率为 72.1%，全球手机用户的平均年增长率达到 22%①。有资料显示，截至 2013 年 3 月，中国手机用户超过 11.46 亿，成为世界上最大的移动通讯国家。手机用户可能是任何一个商品或品牌的潜在消费群，通过手机发送广告能够达到最大限度的受众覆盖。

除了受众群庞大之外，手机媒体还有很多其他媒体不具备的优势。手机媒体集分众性、交互性、即时性、定向性、移动性、随身性和私密性于一身。在手机用户许可和自主定制的前提下，可以通过用户的基本属性——手机品牌及型号、消费习惯、兴趣爱好、地域、性别和收入水平等条件，对用户进行识别分类，向用户传送量身订制的信息内容，精准到达广告受众；用户可以通过手机对广告内容作出即时的反馈，表达其意向和态度，商家能够快捷、准确地了解到其营销策略是否有效。不仅如此，精心设计的广告信息和营销活动能够激发手机用户的再传播热情，降低品牌的传播成本，增加广告传播的可信性和劝服力。

由于带宽和技术限制以及智能手机的普及程度不高等原因，目前的手机广告形式主要是短信 Push、彩信 Push、Wap 展示三种形式，随着条件的成熟，这种状况正在发生改变。用手机无线平台来整合其他线上、线下媒介是未来媒介发展的一大趋势，手机媒体面临着 3G 网络和蓝牙通讯技术两大机遇。3G 是第三代数字通信（3rd Generation）的简称，3G 网络在传输声音和数据的速度上获得了飞跃性的提升，它能够在全球范围内更好地实现无缝漫游，并处理图像、音乐、视频流等多种媒体形式，提供包括网页浏览、手机电视、视频通话、无线搜索、手机音乐、手机购物和手机网游等多种信息服务。3G 为手机的广告应用开辟了巨大的空间，广告的创意和表现能够通过手机得到完美的展示和传播，手机将会成为随身携带的无线多媒体终端。

所谓蓝牙（Blue tooth）技术，实际上是一种短距离无线电技术，利用蓝牙技

① 数据来源：中国互联网络信息中心《中国移动互联网发展状况调查报告》（2012）。

术，能够有效地简化掌上电脑、笔记本电脑和移动电话、手机等移动通信终端设备之间的通信，也能够成功地简化以上这些设备与因特网 Internet 之间的通信，从而使这些现代通信设备与因特网之间的数据传输变得更加迅速高效，为无线通信拓宽道路。据统计，中国市场上已有超过 16 000 万个手机配备蓝牙技术，而且正以每年 38% 的市场增长率上升，这为蓝牙技术的市场应用提供了较好的受众基础。

蓝牙能够实现短距离的无成本传输，能够锁定距离范围内的目标用户，并即时获得消费者的信息反馈。例如，在咖啡馆，所有的咖啡爱好者都可以将手机蓝牙打开进行蓝牙互动，不仅可以下载精美的创意作品，还能够接收促销信息，获得意外的奖品。在人流量集中的地区如会展、影院、会议和庆典等现场，设置蓝牙触摸屏，用户不仅可以通过蓝牙接收或上传图片、视频、文字等信息，还可以对广告品牌屏幕图像或视频进行远程操作，让受众在游戏和娱乐中接受广告内容（见表 9－2）。

表 9－2　蓝牙传媒互动营销案例

案例 1：绝对伏特加 1879	
背　景	创　意
绝对伏特加邀请 250 位 VIP 会员参加 1879 主题派对，以古典场景完美展现“偷窥 1879”的主题	通过蓝牙服务器向所有会员发送手机互动地图以及现场精美照片，互动交友，让记忆持久，让品牌永恒
案例 2：新天地	
目　的	解决方案
1. 宣传新天地新年倒计时晚会 2. 用新鲜的体验为新天地吸引更多的游客	在 2006 年 12 月整整一个月内，在新天地摆放了多个 pose，提醒游人打开蓝牙，通过设在新天地两边入口的蓝牙服务器向路过的人发送电子优惠券，刺激消费，赢取晚会入场券，最终达到吸引人气的目的
案例 3：福特汽车	
目　的	解决方案
在地铁站人群集中的地方，对福特汽车进行品牌宣传和产品推广，让更多的人关注福特	通过成像技术，展示人机合一，将拍照与蓝牙完美结合，用户通过手机蓝牙接收其本人驾驶福特汽车的超酷照片。该活动吸引了地铁附近大批群众，现场人头攒动

续表

案例4:耐克	
目　的	解决方案
在耐克AF125周年活动纪念仪式上,通过创新宣传,扩大耐克品牌效应	运用蓝牙传输技术向游人发送电子邀请卡,并在北京798艺术区的耐克博物馆活动现场向观众提供限量版突破下载服务。通过此项举措,与现场观众进行快乐互动

(五)互联网平台的传播创新

互联网媒体的优势十分突出,首先,覆盖面非常广泛,不受时间和空间的限制,广告信息可以24小时不间断地传播到世界各地,任何具备上网条件的人都可以接触到广告信息;其次,网络广告交互性很强,接收者可以对广告信息作出即时反馈,实现广告信息的双向传播;互联网广告针对性强,能够根据网站受众实现针对性的投放,直接命中潜在顾客;互联网广告效果评估十分方便,能够精确核算出广告的传播成本;网络广告创意的承载和表现能力强,通过多媒体和超文本格式文件,带给受众强烈的体验感,广告效果显著;网络广告成本较低,相比传统媒体的投放费用,互联网广告显得"物超所值"。

互联网广告形式多样,常见的形式包括网幅广告——静态、动态或交互式的Banner、Button、通栏、竖边和巨幅等,文本链接广告、电子邮件广告、企业网站广告、赞助冠名广告、插播弹出式广告、Rich Media(富媒体)广告、搜索广告、网络口碑广告以及网络游戏广告等形式。随着网络技术的进一步发展,网络进入了更加自由、交互性更强的Web2.0时代,新的营销思维与互联网传播工具的结合将会催生出更多的广告传播方式。

1. 富媒体广告(Rich Media):富媒体不是一种真正的媒体,实际上是指由2D及3D的Video,Audio,JAVA和动画等组成的整体效果,它是目前网络上最为常见的一种高频宽技术。富媒体广告是不需要受众安装任何插件就可以播放整合视频、音频、动画形象、双向信息通信和用户交互功能的新一代网络广告解决方案。富媒体技术可将大容量的广告文件投放在大流量的网络媒体上流畅播放,甚至不需要受众点击就可以接触到广告信息。富媒体广告还可以通过程序语言设计实现游戏、调查、竞赛等相对复杂的用户交互功能,可以在广告主与受众之间搭建一个沟通交流的平台。

富媒体技术对其他互联网广告形式进行优化,扩大了广告文件的容量,丰富了广告创意的表现力,使广告的播放和呈现更加流畅、新颖,广告的交互性也实质性地得到加强，更重要的是富媒体广告的传播效果也令广告商比较满意。权威机构 Market Norms 2003 年对北美市场的调研结果显示，富媒体在品牌宣传上比一般简单的 Flash 广告效果高出 67%，比一般的非富媒体广告效果高出 153%；在直接反馈上，富媒体广告的平均点击率为 1.57%，而非富媒体广告的点击率为 0.29%，富媒体广告是非富媒体广告的客户转化率的 4 倍。

2. 网络无线广告：无线广告是以手机用户为营销对象，以手机短信、彩信和 Wap 作为信息载体，利用手机的即时性、随身性、个人性和私密性等特点，进行精确、互动广告创造传播的营销模式。随着 3G 网络时代的到来，网络无线广告的市场会进一步扩大。2009 年 1 月 13 日，中国互联网络信息中心发布的报告显示，截至 2008 年年底，中国网民总数达到 2.98 亿，其中手机上网的用户达到 1.17亿，比 2007 年翻了一番还多（见图9 –4），手机上网逐渐成为一种主流的网络接入方式。据艾瑞发布的研究报告，2007 年中国无线广告市场规模达到 7.8 亿元，比上年猛增 56%，2010 年中国无线营销市场规模将达到创纪录的 22 亿元。

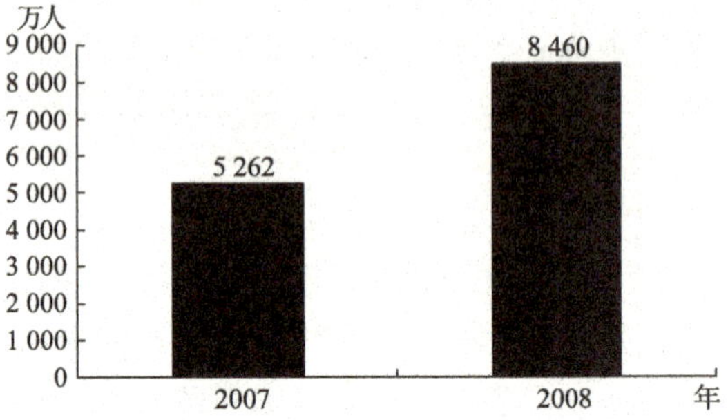

图 9 –4　2007 年和 2008 年中国手机上网用户数量

据市场调研公司 Marketing Sherpa Inc 的一份关于 10 万美元广告经费投放意向性研究报告显示，在各类网络新兴广告形式中，无线广告的受选率最高，达到 9.6%，即受访者（广告主）在拥有 10 万美元广告预算的情况下，与互联网各种新型广告形式相比，接近 10% 的广告主会投放无线广告。网络无线营销传播模式将手机和网络平台的优势结合起来，实现了二者之间的无缝连接，手机和网络两大媒体之间的整合显示了这种广告传播方式的美好市场前景。

3. 电子刊物广告：2007 年 4 月 16 日，新浪名人博客徐静蕾推出双周刊《开啦》电子杂志（见图 9 –5），聚集了王朔、韩寒等人气明星，通过 ZCOM 电子杂志平台发布，仅创刊号就有包括长虹、AMD、红叶伞等 10 家广告主投放广告，预计年收入在 2 000 万元以上。电子刊物是利用计算机技术和设计软件如 Photoshop，Flash，Aftereffects，Premiere 等进行设计、制作，综合数码图片、视频、音频等多媒体电子手段，以杂志的形式或者风格呈现出来，借助电子杂志阅读软件和浏览器，通过互联网进行传播的新型媒体介质。电子杂志等出版物具有很强的时效性，内容编辑、修改、发布十分方便快捷，可读性强、交互性广，电子杂志与电子邮件相比更加贴近受众的兴趣和需要，比纯粹的硬广告更容易被消费者接受，很多电子杂志通过受众定制的方式发行，表明受众对这种新媒介形式的接受和喜爱。

图 9－5 徐静蕾电子杂志《开啦》创刊号与第 4 期

4. 博客与播客广告：博客和播客是 Web2.0 时代的重要的互联网应用技术。美国著名的互联网调查机构皮尤网络和美国生活项目（Pew Internet & American Life Project）公布的数据表明，8% 的美国网民拥有自己的博客，占网民总数的 39%；2009 年 1 月公布的《中国互联网络发展状况统计报告》显示，中国目前拥有个人博客或个人空间的网民比例达到42.3%，用户规模已经突破 1 亿，达到 1.07 亿人。半年内更新过博客或个人空间的网民比例为 28%，半年内更新过的用户规模超过 7 000 万人，半年更新用户增长率高达 43.7%。有调查表明，截至 2008 年 7 月 10 日，全世界博客数量大约为 7 000 万人，所有博客文章的总数已经达到惊人的 13.5 亿篇，相当于数百万本书籍的内容。

博客和播客在自己的空间、网页上发布对产品、品牌的看法、观点，讲述自己与品牌之间的接触经验和体验，表明对品牌的态度和情感，这些都能够影响到登录、浏览此信息的网民受众，使他们产生关于品牌的正面或负面认知。著名咨询公司益索普莫里的调查报告指出，约有30%的人在看到网上其他用户发布的产品负面消息时会打消购买念头，52%的人称自己受到了博客上关于产品的正面消息的影响而购买产品。博客和播客的信息传播带有很大的隐蔽性，由于发布者以个人亲身经历或体验的角度发布信息，消费者通常难以辨别信息的真假，这种形式的营销传播更容易让人相信。

5. 网络口碑营销：口碑是消费者之间关于品牌、产品、服务的特性、试用过程以及消费体验等信息的交流与传播，网络口碑营销是营销者以网友、使用者、体验者、编辑、版主和专家等身份在博客、论坛、社区和TM群进行口碑信息传播的营销方式。据国内知名网络咨询公司IResearch的统计显示，60%的社区网民通过社区寻找问题的解决方案，33.5%的网民消费行为受到社区经验的影响，由此可以看到网络口碑对消费者的巨大影响力。

网络口碑营销传播具有网络传播与人际传播的共性。网络口碑传播是双向的、互动的，传播者与接受者之间能够进行及时的互动反馈；网络口碑在“熟人”社区之间进行传播，很多评价者以中立的面目出现，可信度较高；网络口碑借助相关网络工具可以实现病毒式传播，其影响规模和传播速度都是现实口碑传播所不能比的；网络口碑传播具有匿名性，真实与虚假信息混淆在一起，受众很难进行清晰的识别。按照参与程度，口碑营销可以分为以下几类（如表9－3所示）。

表9－3　口碑营销的种类

类　别	典　型	特　点
垂直类门户网站	太平洋电脑网、IT168、瑞丽女性网、新浪网汽车频道等	参与程度弱，内容权威，融合了专业人士和民间的观点，更新速度快，资料翔实丰富
UGC（用户自创内容）	博客、播客，百度空间和腾讯空间等	通过人际关系建立起来的口碑传播，可信度高
点评类网站	口碑网、大众点评网和豆瓣网等	鼓励网民自发评论，分享消费体验和经历
产品测试网站	大旗网	网友、意见领袖、专业人士对产品使用情况进行描述、评价
数据研究网站	奇酷、CIC	专业的数据和报告提供

6. 网络游戏广告（In－Game Advertising）：艾瑞咨询机构的数据显示，2007年全球网络游戏市场规模约为86亿美元，同比增长32%。自2003年以

来，网络游戏以每年超过30%的速度增长。2012年全球网络游戏市场规模大约为200亿美元，而中国网络游戏市场收入达601.2亿元人民币。[①] 网络游戏的迅猛发展使得广告植入游戏成为可能。网游媒体广告是指以网络游戏为平台，将广告信息植入游戏中传播给受众的广告形式。网游广告的特点为：受众高度集中，针对性强；地域性强，投放灵活；到达率高，隐性传播，广告信息在娱乐、互动中被接受。常见的网游广告的形式有以下几种（如表9－4所示）。

表9－4　网游广告的主要形式

植入方式	描　述	案　例
产品内置	在游戏场景中直接把产品嵌入道具、场景、情节或服饰中去，给产品充分的曝光机会	韩国“街头篮球”游戏将游戏人物穿着的篮球鞋设置为Nike品牌；“QQ幻想”游戏将“娃哈哈营养快线”作为游戏角色补充能量的道具
场景布置	在虚拟场景中模拟现实，把现实场景中的广告内容还原到虚拟场景中去	“实况足球”游戏中的Nike，Adidas广告牌；“极品飞车”中的路牌广告；“游戏人生”中的惠普大楼，空中的麦当劳热气球等
高级道具	将产品作为道具植入游戏，或者以品牌、产品命名道具名称等	“大唐风云”中一款可以为玩家增加能量的食物被命名为“绿盛QQ能量枣”
线下配合活动	将线上游戏和线下的其他营销活动配合推出	“剑侠世界”植入道具“王老吉”，使用后可以获得江湖防上火积分；打怪时随机获得“王老吉道具卡”，使用后打怪经验将获得一定加成；王老吉与游戏方联手举办“王老吉－江湖防上火行动”，参与该活动的用户可获得“笔记本大奖”、“时尚MP3”、“《剑侠世界》版王老吉”以及极品游戏装备等豪华大奖

（六）事件媒介、娱乐媒介和体验媒介

整合营销传播概念的提出使我们对媒介内涵的认识产生了重大改变，媒介不再被局限于传播技术和物质载体，媒介可能是任何能够带来信息传播的行为、现象、活动和事件等。广告媒体之所以被称之为“广告媒体”，其根本原因就在于所谓的媒体凝聚了受众的注意力资源，受众首先会注意、关注“媒体”，“媒体”才能够成为广告媒体。广告媒体的本质是注意力资源，而不是传播技术和物质载体。当今营销发展的一个趋势是“营销活动泛广告化”、“广告媒体非物质化”。我们可以这样认为，一切接触都意味着品牌信息和商品信息的传播，任

---

① 数据来源：据文化部《2012中国网络游戏市场年度报告》（2013年5月）。

何能够带来信息传播的手段都是广告媒介。

1. 事件媒介传播是指以影响重大、社会广泛关注的热点事件、热点问题和热点现象为媒介进行营销信息的传播。例如，温家宝总理2006年4月23日在重庆江北区光大奶牛科技园养殖基地考察时表示："我有一个梦，让每个中国人，首先是孩子，每天都能喝上一斤奶。"蒙牛以此为切入点，发动了"每天一斤奶，强壮中国人"送奶工程；蒙牛以奥运会为契机发动了赞助体育项目和运动员的体育营销；蒙牛以神舟五号飞天为契机开展广告传播活动等。

2. 娱乐媒介是以娱乐事件、活动、游戏等为传播载体的媒介。同样是蒙牛，借助"超级女声"活动进行的娱乐推广，使蒙牛酸酸乳品牌快速崛起，在年轻人群体中迅速占领一席之地。

3. 体验媒介是指能够给受众带来体验感、价值感的载体，通过受众感官和情感体验传递品牌信息。例如，Sony Ericsson 推出的一款使用时会发出淡淡清香，让人闻了可以平静的手机，韩国 LG"巧克力"手机则散发出巧克力香味；卡夫食品（Kraft Foods）在杂志广告中利用了读者的嗅觉，只要对杂志广告中的某几个点进行摩擦，就会散发出广告产品的味道。

（七）环境媒体

环境媒体，英文为 Ambient Media，直译为"周围环境媒体"。所谓环境媒体广告是指广告的创意和表现以广告作品所处的环境为载体，创意、表现与周围的环境融为一体，环境承担着传达广告信息的功能，受众只有以特定的环境为背景才能够获取完整的广告信息。在戛纳、莫比、克里奥等世界各大广告赛事上，环境媒体传统地被归入"户外媒介"（Outdoor），环境媒体被视为户外媒介的一种创新设计。实际上，环境媒体并不仅限于户外的概念，它可以出现在任何地方、任何场景，只要它能够与周围的环境融合为一体，都可以称之为环境媒体。

环境媒体广告的创意往往十分巧妙，能够给受众创造不同寻常的接受体验，甚至需要受众的情感、行为参与才能完成信息的传达。例如，瑜伽馆的广告做在了吸管上，在吸管可弯、可扭曲的部位印上了瑜伽练习者的身体，受众在折弯吸管的过程中体验到了瑜伽的功能——强身健体，增强身体柔韧（见图9－6）。世界野生动物基金会的招贴与电源开关巧妙结合在一起（见图9－7），提醒受众节约用电——因为每次开灯就意味着电力消耗，而发电厂就会向大气中排放更多的污染。

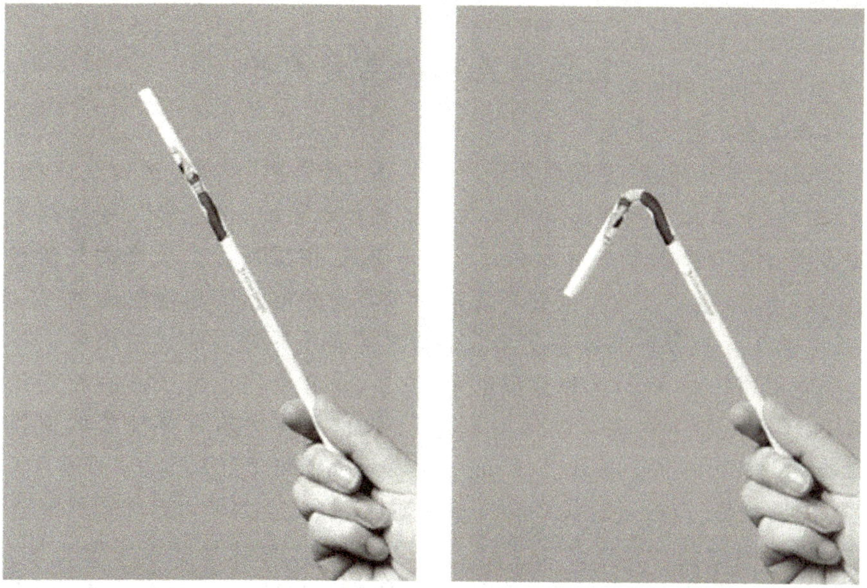

图 9－6　瑜伽馆的吸管广告

图 9－7　野生动物保护基金会的招贴贴在电源开关上

案例9-3

凯迪拉克的微电影广告

1. 微电影广告的兴起

从2010年开始，中国互联网涌现出一股“微电影”热潮，诸如凯迪拉克、雪佛兰、佳能、七喜和三星等品牌纷纷推出了制作精良的“微电影”，不少演艺界明星作为主演或导演也参与到微电影的创作中来，中国网民以极大的热情利用论坛、社区、博客、微博和即时通讯等互联网工具为微电影营销推波助澜，还以“草根”之名为各大视频网站提供了无数个质量参差不齐的原创视频短片。

微电影（Micro film）又称微型电影、微影，是指专门运用于各种新媒体平台上播放，适合短时间内移动和休闲状态下观看，具有完整故事情节的视频短片和短剧。微电影在国外被称为Video marketing（视频营销），它把“广告”变成了“内容”，把品牌、产品通过故事和流动影像来包装、传达①。新浪销售策略中心总监艾勇对微视频和微电影作了进一步区分，认为微电影特指专业性制作，以电影手法讲述故事，消费者主要通过以微博为代表的社交平台收看、分享和传播的短片②。

国内微电影的缘起大致可以归纳为两点。

第一，电影植入广告启发了微电影的诞生，并直接提供了运作经验。电影植入广告的历史较为悠久，积累了非常成熟的运作模式和广告植入手法。微电影完全借鉴了电影植入广告的运作经验，品牌的名称、符号和广告语同样被植入于微电影的场景、台词、形象、道具和情节中。

第二，微电影承袭了恶搞热潮的风头。2000年前后兴起的恶搞热潮一时风头强劲，《大史记》、《一个馒头引发的血案》等视频短片以拼贴、讽刺和戏谑的手法在亿万网民中热传。微电影继承了恶搞视频的基本形式：短故事、热话题、免费性。不仅如此，经历过恶搞的洗礼，受众对微电影的接受变得非常容易，几乎没有什么抵触和抗拒，当年恶搞种下的热情、疯狂的种子，被微电影轻而易举地激活并据为己有。从受众对微电影的追捧乃至后续的网民创作风潮中，都可以看到当年恶搞遗留下的影响和痕迹。

2.《一触即发》和《66号公路》

凯迪拉克被认为是微电影概念的开创者。有人认为，微电影这一概念最早由凯迪拉克品牌提出，其联手中影集团和吴彦祖打造的广告《一触即发》被称为

---

① 参考百度百科“微电影”词条，2013年3月17日。

② 周再宇. 新浪：定义微电影的标准与方向[J]. 新营销，2012(1).

中国首部微电影①。著名华语广告界名人莫康孙也将国内微电影概念的诞生归功于凯迪拉克，认为凯迪拉克的《一触即发》和《66号公路》两部短片最早将微电影的概念运用到了商业广告中②。

2010年12月，凯迪拉克推出了号称“广受期待的首部‘微电影’巨制”《一触即发》。该短片由吴彦祖主演，长度为90秒，脱胎于同名微小说。片中吴彦祖驾驶凯迪拉克SLS赛威2.0TSIDI轿车，同歹徒展开殊死搏斗，最终化险为夷，完成交易任务（见图9－8）。2010年12月27日，凯迪拉克在中央电视台投放了《一触即发》，在此之前，各种铺天盖地的广告宣传围绕着《一触即发》展开，吊足了观众的胃口。在凯迪拉克强大的广告攻势之下，预告片在短短一周内点击量便超过6 000万次，全国首映日凯迪拉克的官方网站浏览次数过亿。《一触即发》不仅普及了微电影的概念，还为凯迪拉克带来了“首部微电影”的美称。

图9－8 《一触即发》

2011年5月20日，莫文蔚主演的凯迪拉克微电影《66号公路》全国首映。66号公路是美国第一条横跨东西的公路，被称为“梦想之路”、“开拓之路”、“公路之母”，承载着美国自由、开拓的精神意境。《66号公路》讲述了一个自由、梦想和自我实现的公路故事。片中莫文蔚用她独特空灵的嗓音演绎着“没有围墙的世界”，驾驶着凯迪拉克SRX穿梭于美国中西部的砂石、土丘、浅滩和洼地（见图9－9），最终回归于真实的自我。

① 康初莹.“微”传播时代的微电影营销模式解读[J].新闻界，2011(7).
② 莫康孙.从“电影植入广告”到微电影[J].中国广告，2011(8).

图 9-9 《66 号公路》

3. 凯迪拉克的微电影广告操作

凯迪拉克的微电影广告开辟了中国微电影的新纪元。《一触即发》网络点击量破亿，微博转发约 8.7 万次；《66 号公路》累计点击量超过 2 亿次，整体视频播放近 1.5 亿次，微博转发突破 26 万次。凯迪拉克官方微博的粉丝量也超过了 32 万①。

虽然很难确切地评估微电影对凯迪拉克的市场贡献有多大，但毫无疑问，微电影对凯迪拉克品牌理念的推广作出了巨大的贡献。凯迪拉克的微电影营销创新之处，归纳起来有以下方面。

第一，清晰明确的制作理念。凯迪拉克两部微电影的成功，与其清晰明确的制作理念是分不开的。其品牌总监刘震认为，微电影必须具备三个要素：完整的电影叙述结构，要有故事；与品牌形象相契合的明星主角，制造话题；强大的制作班底，也就是品质②。

在凯迪拉克强大的品牌声誉和充足经费的支持下，这一制作理念能够实实在在地贯彻到微电影的创作中。《一触即发》从酝酿到最后杀青持续了 3 个多月，制作团队包括戛纳金狮奖得主、世界级导演 FrankVroegop、在业内有广告教父之称的莫康孙等；为追求拍摄效果，不仅封桥、封隧道进行拍摄，还邀请到世界顶尖的专业航拍团队；不惜动用几十部车辆做“群众演员”，一切都堪称国际

① 李会娜. 微电影：凯迪拉克的广告新尝试[J]. 中国广告，2011(8).

② 李会娜. 微电影：凯迪拉克的广告新尝试[J]. 中国广告，2011(8).

大片的规模[①]。《66号公路》则由戛纳广告节金狮奖得主 Antony Hoffman 担任影片的导演及摄影。

在国际知名4A公司麦肯广告的操刀下，吴彦祖的《一触即发》充满着好莱坞悬疑动作电影的国际风，莫文蔚的《66号公路》氤氲着个性而不乏清新的文艺范儿，两种风格都让消费者眼前一亮[②]。

第二，围绕品牌形象的微表达。麦肯光明创意副总监周征宇认为，它（微电影）毕竟是一个广告，所以首先要服务于品牌。微电影只不过是一种方法，它只是一个壳，精髓还是广告。要让消费者感到影片和你的品牌主张是一致的[③]。

《一触即发》营造的紧张故事和火爆场面，彰显了凯迪拉克SLS赛威品牌的个性——“瞩目风范、震撼表现”；《66号公路》取意于美国66号公路本身所具有的冒险、开拓、自由的精神，表现出凯迪拉克SRX尊贵、动感、自由、开拓的品牌个性，试图引起消费者对于独立、梦想的共鸣。

《一触即发》改变了65%的观众对凯迪拉克赛威的品牌印象以及79%的观众对凯迪拉克品牌的印象，赛威“傲然科技”、“操纵性佳”的形象更加深入人心；《66号公路》投放后，凯迪拉克品牌所倡导的“自由、创造、梦想”在消费者心中引起了一定的共鸣和震撼，让凯迪拉克的品牌与消费者产生了更紧密的感性联系[④]。

第三，微电影的大片式推广。尽管号称“微电影”，但凯迪拉克对这两个广告短片的推广堪称业界大手笔。凯迪拉克将传统的广告传播用电影上映的架构和节奏推出，分为预告片、正式片及花絮分别推出，致力于打造“好莱坞大片上映”式的传播包装方式。凯迪拉克尽可能多地运用综合媒体形式，并合理分配了传播资源，使整个传播效应最大化。利用名人微博、凯迪拉克官方微博、《66号公路》的话题和咨询前导，拉长了整个预热阶段，更有效地烘托了市场热度和消费者的关注[⑤]。

《一触即发》在投放央视之前，通过社交网站、视频网站、论坛、社区、微博及博客在网络上已形成了很好的预热；《66号公路》则全程以电影营销的模式，通过明星竞猜、海报发布、片场探班、预告片发布、影评人抢先热议和全网首映等方式引发了网友关注。

第四，明星凝聚的注意力资源。麦肯广告的莫康孙认为，微电影的制作要

---

① 万珺之. 凯迪拉克巨制首部微电影[J]. 电影，2012(5).
② 莫康孙. 从“电影植入广告”到微电影[J]. 中国广告，2011(8).
③ 李会娜. 微电影：凯迪拉克的广告新尝试[J]. 中国广告. 2011(8).
④ 盖雄雄. 凯迪拉克：微电影营销的开启者[J]. 广告主市场观察，2011(3).
⑤ 盖雄雄. 凯迪拉克：微电影营销的开启者[J]. 广告主市场观察，2011(3).

坚持3C原则，即Celebrity（演艺界名人）、Content（精彩内容）和Contact（受众接触点）[1]。凯迪拉克品牌总监刘震也指出，作为一个微电影，必须有一个名人，因为名人本身就具有话题性，使用名人会引起一定的关注，形成广泛的关注和讨论，这是微电影取得成功的重要环节，也是提高品牌传播有效性的最好保障[2]。

吴彦祖和莫文蔚的加盟为两部短片凝聚了强势的注意力资源，他们的一举一动都是媒体的焦点，在媒体的版面上增加了凯迪拉克的曝光度；他们拥有的数量众多的歌迷、影迷和微博粉丝，为后续的传播增加了生力军，贡献了网络点击量和转载率。

5. 线下的推广配合。除了积极利用网络平台宣传两部短片外，凯迪拉克还将推广活动延伸至线下，两条战线共同发力，在短时间内创作市场热点。

在《一触即发》登陆央视的前几天，12月20日第八届中国（广州）国际汽车展上，吴彦祖亮相凯迪拉克展台，现场曝光了《一触即发》的制作花絮；2011年3月，凯迪拉克在各地4S店开展“一触即发”试驾活动，邀请观众体验赛威SLS“一触即发”的动力。

《66号公路》中莫文蔚宣言：“如果你想知道什么是自由，那么就把凯迪拉克开上66号公路！”由此拉开了一场“SRX大使”招募活动，“把SRX开上66号公路”成为很多凯迪拉克车主的梦想。此后，凯迪拉克继续推出“66号公路之旅”，将线下的公关延伸活动进行到底。2012年8月，凯迪拉克又推出了“SRX 66号公路开拓版”，进一步将人气优势嫁接到产品设计中。

思考题

1. 相较于其他传播手段，广告对品牌建设有何独特作用？
2. 广告的品牌传播策略包括哪些内容？
3. 促销广告与品牌广告有哪些区别？
4. 促销广告的运用应注意什么问题？
5. 如何理解奥格威“广告是对品牌的长程投资”的观点？
6. 广告的局限性有哪些？如何扬长避短？
7. 终端媒体有什么重要性？
8. 请寻找更多的广告新媒体。

---

① 莫康孙. 从“电影植入广告”到微电影[J]. 中国广告，2011(8).

② 李会娜. 微电影：凯迪拉克的广告新尝试[J]. 中国广告，2011(8).

第十章　品牌促销策略

第一节　促销的概念及其方式

我们这里所谈的促销是指销售促进(Sales Promotion)。促销对于品牌营销者来讲是一个令人警惕的字眼,大多数文献资料和教科书对于促销的评价都会提到一个观点,即频繁的促销行为是危险的,它会降低品牌的价值感,对品牌的长期发展不利。事实上,促销是品牌建设中的一个关键因素,长期以来一直在营销传播中扮演着主要角色。美国有关资料显示,在开拓市场的种种方式中,用于销售促进的费用已超过广告,促销是一个投入更大、应用更广的营销工具,促销在消费者的现实生活中随处可见。

一、促销的概念

"销售促进"和"促销"这两个词经常相互替代。从学术上的界定来看,市场营销中"促销"的概念更为宽泛,它被认为是营销组合的4P之一,市场营销的促销(Promotion)包括广告、宣传、公共关系、人员推广和销售促进。在业界的实际操作中,"促销"这个词经常会被用来替代"销售促进",提到"促销"往往指的是"促销"的一部分——"销售促进"。"促销"一词比"销售促进"传播得更广,更为人们所熟知,在消费者那里,"促销"也往往被等同于学术上的"销售促进"概念。因此,我们习惯用"促销"来指代"销售促进",这里也延续了这一传统的定义方法。

我们所指的促销(销售促进)又称营业推广,英文为"Sales Promotion",简写为"SP",是以创造即时销售为目的,对同业(指中间商)或消费者提供短程激励,以诱使其购买某一特定产品的活动①。美国市场营销协会(AMA)的定义为:"除了人员推销、广告和宣传报道以外的、刺激消费者购买和经销效益的各种企业市场营销活动,例如,陈列、演出、展览会、示范表演以及各种非经常发生的、不规则的销售努力。"这一概念指出促销的目的是为了刺激销售,并对部分促销形式加以概括,AMA的定义被广泛熟悉和接受。我们可以从以下方面进

---

① 卫军英.现代广告策划[M].北京:首都经济贸易大学出版社,2004:250.

一步认识促销的概念。

第一，促销的目的很明确，就是为了在短时间内增加产品的销售量。

第二，促销的对象不仅包括消费者，还包括经销商，甚至促销可以针对企业的销售人员展开。促销可以刺激市场需求，扩大市场份额，增加消费者的购买量，还可以激发中间渠道商的销售热情，激励渠道商做出更多的营销努力。企业内部人员的促销除了激励之外还附带培训的功能。

第三，促销通常在一个较短的周期内完成。促销是为了获取即时反应而设计的，所以常常会有限定的时间和空间。

第四，促销的形式多样，但关键在于激励因素的设计。

第五，促销具有很强的针对性，一般是在特定的营销意图下针对特定的产品、特定的市场区域、特定的消费群、特定的时间并在特定的销售环境中实施的，执行过程需要有严格的监控和管理。

第六，促销需要其他营销手段如广告、公共关系、宣传报道等的支援和配合。

近年来，随着促销形式的不断创新，促销的功能不断扩大，特别是整合营销传播观念的出现为我们提供了审视“促销”概念的新视角。品牌理论和整合营销传播理论认为，促销不单纯是一种促进交易完成的工具，促销也是一种信息传播的渠道，促销过程伴随着信息传播的过程。促销必须在整合营销传播思维的支配下进行设计，企业的促销行为要能够为品牌资产积累作贡献，而不能对品牌形象带来负面的影响。因此，对销售促进概念的理解不应仅仅局限于单纯的短程激励，应当上升到品牌形象和品牌关系的价值高度。

整合营销传播专家和学者对促销概念作出了新的解释。特伦斯·辛普（Terence A. Shimp）认为，“这种激励手段是对品牌基本利益的补充，并在短时间内改变了这种产品在消费者心目中的价格或者价值。”①虽然他的解释仍旧没有摆脱传统促销的观念，但是在这个定义中毕竟已经涉及品牌形象和品牌关系这些价值要素。而与传统观点迥然不同的是汤姆·邓肯，他认为，“促销作为营销传播的功能是使品牌信息增值。当客户或者潜在客户处在购买或者使用阶段，促销信息能够强化品牌接触，尤其是在评价品牌和作出最终选择的时候起关键作用。”②他认为，虽然促销的主要任务仅仅是对消费者的购买行为施加影响，但它还有助于建立品牌认知和巩固品牌形象。整合营销传播理论和品牌理论视野下的促销功能趋向于更加多样化，促销具有长期的战略意义而非限于纯

① 【美】特伦斯·A.辛普.整合营销沟通[M].北京：中信出版社，2003：494.

② 【美】汤姆·邓肯.整合营销传播：利用广告和促销建树品牌[M].北京：中国财政经济出版社，2004：537.

粹的短程战术。

二、促销的方式

促销的实施基本上涉及三个环节：制造商、渠道商、消费者；五个方面：制造商、制造商销售人员、渠道商、渠道商业务人员和消费者。针对不同的促销对象所采用的促销方式应当有所差异，我们以促销对象为标准对促销的方式加以划分。

（一）对大众消费者的促销

消费者是产品流通的最后一个环节，消费者决定了市场的实际需求量，同时也影响到渠道对产品的保有量。直接面对消费者的促销是品牌信息传播的一个接触点，促销刺激了市场需求，减少了流通环节，使产品在极短的时间内流向消费者。针对消费者的促销设计通常有十种形式。

1. 折价券。折价券是一种消费凭证，它使持有者在购买某些特定商品时享受到折扣优惠，或者直接替代一部分款项。折价券实际上是一种变相的降价工具，它可以使消费者享受到价格降低的实惠，作为一种强力的推销策略对抗竞争对手的推广活动。折价券还可以用于日常促销，鼓励消费者再次购买或扩展购买，如商场发行“满 400 送 150”的折价券，并规定折价券必须用于特定的商品，这使得消费者为了实现折价券的价值而购买商场的其他许多商品。

折价券的劣势在于必须进行其他扩展消费，容易引发消费者的抵触心理，因此，折价券的发行逐渐在减少。折价券的制作和发行花样繁多，例如，肯德基、麦当劳施行过很多的免费派送（见图 10 - 1），其他形式的还有“定量返券”、“售点赠券”，通过媒体发行的广告刊出折价券，邮递渠道发行的折价券，还有通过网络发行、消费者自行打印的电子折价券，以及以手机为载体的手机折价券和彩信折价券。

2. 样品赠送。样品赠送的最大诱惑就是可以免费获取。样品赠送的优点为：第一，非常适合新产品的推广，能够消除顾客的抵触心理，鼓励消费者试用新品，进而形成经常性购买；第二，在赠送样品的同时可以向顾客进行介绍、解释和展示，赠送样品与广告传播同时进行；第三，样品赠送能够与市场调查手段相配合，及时获得消费者的信息反馈；第四，样品赠送能够吸引潜在顾客群转变为现实的消费者；第五，样品赠送适合低值品的营销推广。

样品赠送有四种渠道。

（1）邮送样品——通过邮政和快递系统派送样品，优势在于节约了企业的人力成本，但受样品种类别和包装的限制。

（2）上门发送——直接送样品到潜在顾客的家门口，优势在于适合任何一

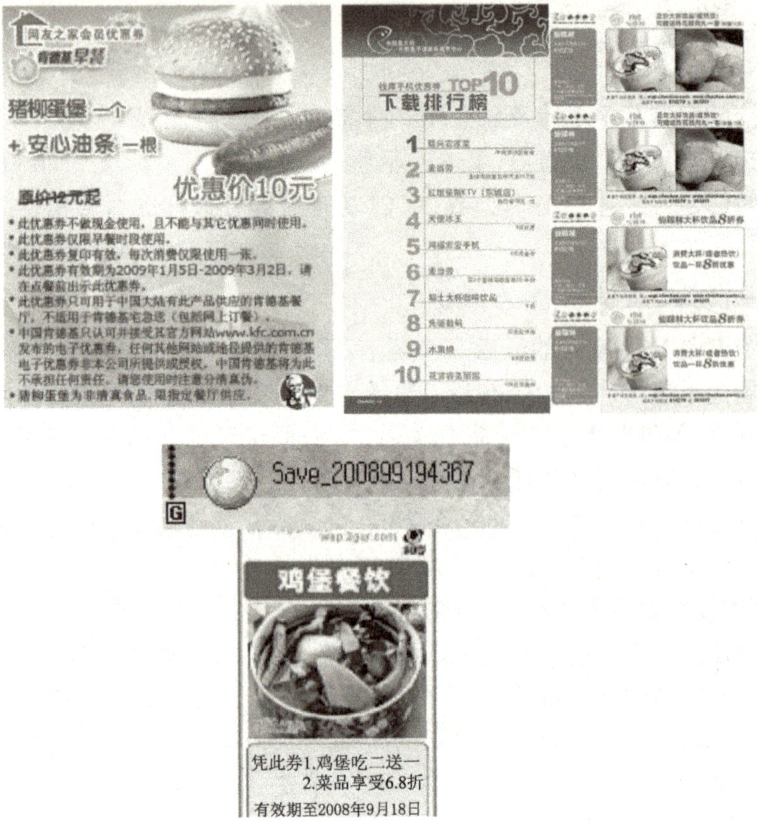

图 10－1　肯德基电子折价券、钱库网手机折价券、彩信折价券

种产品，能够获得即时反馈，缺点是人力、财力耗费巨大。

（3）包装附赠——在产品包装上附赠另一种产品，如在牙膏包装上附赠小包装的新口味牙膏。它的优势是成本较低，缺点是赠送对象只能是那些原来的顾客。

（4）售点赠送。在销售现场设置派送点向光顾的消费者提供样品，如食品柜台的免费品尝、化妆品柜台的免费试用等。它的优点在于能够吸引情绪型、冲动型购买者，同时可以进行产品的展示和宣传。

3. 包装变化。利用产品包装酬谢消费者，或者通过包装规格的变化来激发购买。包装促销的常见方式有四种。

（1）酬谢包装。采用比原标准包装更大的包装，或在原标准包装之外附送其他产品，而包装售价维持不变，并且一定注明价格不变。

（2）赠品包装。在包装上或包装内附加赠品。

(3)造型容器包装。将包装制作成引人注意的非常规形状,如饭盒、茶杯、卡通造型等。这种包装融合了广告的元素,美观、实用,广告效果持久。

(4)礼品包、纪念包、节庆包。礼品包装满足了送礼型购买者的需求,包装高档、美观;纪念包装和节庆包装也是针对不同消费者的心理在包装上做出的改进。

4. 减价销售。减价销售是指在约定时间内消费者购买某些商品享受的价格优惠措施,如现金返还、节日减价、季节性减价、最后销售减价、旧款折价、数量折价和每日特定产品减价等。减价促销策略是一种极具杀伤力、极为短促的突击手段,能够在较短的时间内快速增加销售量、回笼资金,提高市场占有份额。减价销售的缺点是可能使消费者对品牌丧失信任,造成品牌价值感降低,损害品牌形象和信誉;应用不当的减价销售还可能引发行业的价格战,摊薄全行业利润,造成不良竞争的恶性循环。

5. 抽奖活动。抽奖利用了消费者的博彩心理,以奖品、奖金为促销诱因,是一项颇具刺激性、能引起消费者参与兴趣的促销方式。抽奖的形式可以加深消费者对品牌的认知和记忆,增强消费者对品牌的体验感,在游戏和娱乐中传播了品牌信息。

6. 商业贴花和集卡兑换。消费者购买一定单位的商品可以获赠或在包装中获取商业贴花和兑换卡片、兑换点数券,当商业贴花和兑换卡片达到一定数量或系列的要求时便可以兑换相应的奖项,或者达到相应的兑换点数就可以领取不同等级的奖品。

这一促销形式的优点一是经济性,制作和发行成本较低;二是便利性,无论是消费者获取还是厂家发放都很简便;三是合理性,以顾客购买商品的贡献率赠送兑券,以这种方式促销,也是一种比较持久的广告方式;四是机会均等,每个消费者都有相同的几率。

7. 竞赛和游戏。竞赛和游戏促销是通过顾客知识、技术或能力的竞争来获得奖品的促销形式。它的优势一是具有参与性和体验性,引导消费者参与到竞赛和游戏的环节中;二是广告传播效果好,竞赛和游戏可以围绕企业、品牌和商品知识进行。

8. 参观展示。企业为了更好地让消费者认识产品,通常运用参观、展示等方法,以此拉近与消费者之间的距离。展示有四种类型:一是作为样品宣传的展示,仅陈列样品,提供消费者有关的咨询和服务,并接受消费者的建议;二是在常规的销售现场开展销售活动,把产品宣传、示范和直接销售结合起来;三是参加各种展销会、展览会、博览会、订货会和洽谈会进行展示;四是邀请公众、媒体、团体直接进入企业内部参观。

9. 讲习推广。讲习推广是通过有组织、有计划地集中讲解，使消费者进一步增加商品知识，并向其他消费者进行推荐。如美容护肤讲习班，向学员传授有关美容和护肤的知识，在讲解中宣传产品独到的美容护肤效果，顺利地实现产品的销售。曾经流行一时的传销，在操作技术上也是利用讲习推广的形式，帮助其组织销售。

10. 会员俱乐部。以某产品或品牌的爱好者、忠诚消费者为对象，设立消费者俱乐部或联谊会，定期或不定期地组织会员开展活动。会员制的最大功能在于掌握了一批稳定的、高端的消费群，能够通过俱乐部、联谊会的活动进行产品推广和品牌忠诚度的维护。

（二）对渠道商促销的实施目标

渠道商即中间商，产品实现规模化的销售离不开渠道商的合作，针对渠道商开展促销活动的目的在于激发经销商、代理商、零售商和其他分销机构的营销热情。具体实施目标不外乎以下五项。

1. 获得中间商的支持，提高他们的积极性和主动性。渠道商承担着将产品输送到消费者手中的重大任务，渠道不畅将影响企业的整体销售业绩，严重的渠道危机能够直接导致企业的破产。通过对中间商的让利活动，平衡利润的分配格局，可以充分调动中间商的经营热情，保证渠道的通畅和稳定。

2. 实现顺利铺货，扩展销售网络。中间商通常选择那些对自己能提供最大利润和周转率最快的产品，所以，用于扩张销售网络的促销，往往具有对中间商折让品、对消费者推广的包装、作为号召的产品项目等内容，因为这样往往可以直接增加中间商的获利，特别是对于新产品显得尤为重要。

3. 分担风险，建立中间商库存。规模较大、实力较强的中间商具有储存商品的能力，以促销鼓励中间商增加进货量，可以减轻企业的库存压力，降低经营成本，分摊经营风险。一旦中间商手中有大量存货，在客观上就迫使其不得不努力推销该产品。

4. 补偿中间商的追加投入，稳定、改善与中间商的关系。中间商还负担着存储、运输、包装、分销、提供咨询和维修等服务，通过促销对其进行补偿可以改善供货商与中间商双方的关系。

5. 建立战略联盟，保持渠道稳定，抵御来自竞争对手的营销压力。大多数情况下，企业无法独占渠道，这时，稳定、友好的中间商关系将会压缩竞争对手的生存空间，从而增加了竞争对手的经营成本。

（三）对渠道商促销的形式

通常，针对渠道商的促销有以下七种形式。

1. 优惠折扣。优惠折扣是指在中间商正常的批发折扣之外的进一步折让。

这种折扣一般只用于短期行为，中间商可能要因此受到某种特定的约束，例如，要求比平常多进货、在销售淡季仍保持一定的销售量、对新规格产品试销等。优惠折扣通常有减价、津贴、返利、赠货和数量折扣等形式。优惠折扣一方面可以密切与中间商的关系，调动他们的积极性；另一方面也有可能造成中间商的依赖，以消极行为为要挟，期望获得更多的折扣。

2. 合作广告。合作广告是基于这样一种考虑：生产商所运作的广告一般在较大的区域进行，中间商则需要依据当地市场开展一些小规模的广告活动，因此，对中间商的广告投入进行一定的补偿是有必要的。但在实际操作中，有可能会滋生出许多复杂的纠葛，中间商可能会将广告资助挪作他用，中间商的广告活动可能会与整体的广告运作不相融。

3. 店内宣传。店内宣传是生产商利用各经销网点所进行的一种产品宣传活动，包括 POP 及陈列用具、店面装潢布置及店内示范表演等。

4. 销售竞赛。生产商提供价值昂贵的奖励品，以刺激参与销售的中间商和零售商展开销售竞赛。公司制定出各种目的的竞赛条件，鼓励中间商和零售商参与竞赛，在竞赛条件中，根据不同序列设定获奖比例，借以激发其销售热情。

5. 订货会。订货会也是制造商常用的一种促销方式。这种会议由生产商主办，或由生产商与当地主要批发商联办，参加者除了生产商方面的代表外，还有中间商和零售商人员，还可能再邀请有关管理部门和媒介方面人士。会议一般介绍企业及产品情况，说明公司营销及宣传计划，并进行一定的产品示范或专业展示。生产商为鼓励大家，时常在会议中组织旅游、娱乐等活动。会议最后结果，是同与会的中间商签订订货意向。

6. 业务会议。邀请中间商参加定期举办的行业年会、技术交流会和产品展销会等，对中间商进行业务培训。

7. 发行企业内刊（又称为内部通信）。企业内刊是联系中间商、传播企业文化的重要工具。

（四）针对内部营销人员的促销

对推销人员的促销是公司内部行为，其目的是使销售活动可以顺利进行，明确销售重点所在，制定出最佳的销售促进方案，妥善协调销售各方的关系。主要工作是对推销人员作好商品特性的介绍，使其明了整个销售促进计划，并能有效地开展销售活动，为销售活动提供有力的支援。对内部营销人员的促销一般采取以下三种形式。

1. 销售会议。销售会议有与推广会相近似的内容，主要是向推销人员介绍公司及产品的营销计划，详细解释公司有关广告运作的一些基本策略，以求达到认识统一，密切配合。

2. 人员培训。对推销人员的教育和培训,基本内容不外乎三方面:培养其敬业的奉献精神;强化其推销意识;增进有关商品和服务的知识。常见的培训形式有五种:课堂讲授、集体讨论、个案研究、角色扮演和素质拓展。

3. 宣传资料。销售宣传资料是专为销售人员进行推销而设计的,如产品手册、广告招贴和价目资讯等。推销人员通过这些资料,一方面使自己熟悉和掌握有关产品、企业和营销方面的知识;另一方面也可以向推销对象进行推介和宣传。

案例 10-1

宝洁以促销达成营销创新

始创于1837年的宝洁公司,是世界上最大的日用消费品公司之一,2006年宝洁公司全年销售额近682亿美元,在全球"财富500强"中排名81位。宝洁公司在全球80多个国家设有工厂或分公司,拥有雇员近140 000人。其所经营的300多个品牌的产品畅销160多个国家和地区,其中包括帮宝适、佳洁士、汰渍、碧浪、舒肤佳、飘柔、潘婷、海飞丝、威娜、玉兰油、欧乐-B、金霸王、吉列和博朗等。

宝洁的成功,不仅依赖其领先全球的产品品质,而且在很大程度上更归功于宝洁每年对广告的巨大投资和创新的促销策略。如果说,在产品同质化时代还未来临之时,富有宝洁特色的三步式(提出问题→分析问题→解决问题)专家型和比较型广告塑造了一个令世人瞩目的品牌神话的话,那么在产品同质化的今天,宝洁公司则用创新促销延续了这个神话。为了适应新的需要,宝洁创新性地提出了促销测试理念。大多数国内日化企业的促销流程还局限于建立目标→选择工具→制订方案→实施和控制方案→评估结果时,宝洁在运作一个促销活动时的流程已经是建立目标→选择工具→制订方案→预试方案→改进、完善方案→实施和控制方案→评估结果。由此不难发现其中的差异:宝洁始终坚持宁愿把更多的成本和时间放在促销方案的测试和改进上,也不愿意花少量的钱做一个失败的促销。为了避免盲目实施一个不合理的促销方案而带来的风险,宝洁在其实践中已形成了一个科学而周密的测试机制,使其能够及时改进促销方案中的缺陷与不足,将最能有效刺激消费者购买的促销呈现在目标消费者面前。宝洁的创新促销需要对四个问题进行严格把关。

首先是进行测试时间和地点的确定。宝洁一般选择在促销活动全面开始前一个月进行测试,以便于测试之后有充分的时间调整和准备。促销活动测试的持续时间则根据具体情况确定,但要求能够恰到好处地接触到尽量多的目标消费者，一般情况下为7～15天。选择促销测试地点的时候，宝洁公司一般分为大点和小点两个层面进行统筹把握：大点是指促销测试所在的城市，小点则是指促销测试所在的具体地点，如超市、电影院等。

其次是促销测试人员的确定。测试人员一般分为执行组、调查组，分别由不同的公司担任。为了防止舞弊现象出现，宝洁要求两组人员是素未谋面的，而且事先宝洁不会透露任何消息给任何一方。无论是对于执行组还是调查组，宝洁要求所有人员必须按正式方案配齐。虽然是测试，所有人员也必须经过专门、严格的培训才能上岗，以避免由于人员问题而导致工作出现误差，从而保证促销测试效果的收集、处理以及最终结果的准确率。

再次是设定促销测试的工作流程。通常情况下，宝洁公司对促销执行组采取的是“确定促销方案→准备促销用品→确定促销场地、培训促销人员→促销活动执行→促销活动结束→提交报告”的促销测试工作流程；对促销调查组实行“熟悉促销方案→培训调查人员→确认促销场地→促销活动执行前调查→促销活动执行中调查→促销活动结束后调查→集中数据→分析数据→提交报告”的促销测试工作流程。

最后是对促销测试结果进行检验和评估。宝洁公司通常采用对比法、体验法和单位成本法三种方法对促销测试结果进行周密检验。在一个促销活动执行完毕之后，立即对其进行效果评估，这是宝洁在促销中一直恪守的一个准则。销量浮动评估法、随机抽样评估法和数据综合分析评估法是宝洁常用的三种促销事后评估方法。在实际检验和评估操作中，宝洁通常不会单一地采用某种方法，而是根据实际情况，同时运用几种方法来评估一个促销活动的效果。但不管怎样，宝洁的目的只有一个，那就是为促销的成功抑或失败找到理由，为下一次的促销树立一个可以参照的标杆。

宝洁公司在促销方面始终谋求与顾客建立良好的互动关系。多年来，宝洁向中国的各项公益事业捐款的总额已超过5 400万元人民币，用于教育、卫生及救灾等各个方面。例如，宝洁在1996～2005年期间向希望工程累计捐款2 400万元人民币，在全国27个省、自治区兴建了100所希望小学，是在华跨国公司中兴建希望小学数目最多的公司。宝洁公司不仅在赠品促销、价格促销等促销方式上驾轻就熟，同时还将联合促销发挥到了极致。宝洁和小天鹅都是各自行业里的佼佼者，在宝洁和小天鹅长达12年的战略合作过程中，宝洁与小天鹅也创造了联合促销的一个典范。在促销层面上，小天鹅一年要卖350万台洗衣机，每台搭售定量的宝洁洗衣粉，对宝洁洗衣粉的销量是一个促进；宝洁年销售洗衣粉中的20万袋，包装上印有小天鹅洗衣机的标志，也为小天鹅制造了20万次与顾客的沟通机会。

宝洁的成功有目共睹,然而对于宝洁的成功,绝大多数人将功劳归结于富有宝洁特色的三步式(提出问题→分析问题→解决问题)专家型和比较型广告,但却往往忽略了宝洁市场营销活动中最关键的一步:促销。菲利普·科特勒曾经说过,“如果广告提供了购买的理由,那么促销则提供了购买的刺激”。其实,对于宝洁来说,三步式专家型和对比型广告的投放就有如踢足球时球被传到栏框边,而此时最关键的临门一脚还得靠促销来完成。因此,宝洁的三步式专家型和对比型广告只是制造了氛围和条件,而实际意义上,真正令宝洁成功的是高效的促销。毫无疑问,创新的促销推广是宝洁公司成功的另一秘籍。

1. 基于对消费者需求确认基础上的创新促销

宝洁公司将促销方案正式付诸实施之前进行不厌其烦的测试,并根据测试结果进行适当的改进和完善,其战略核心就在于使每次促销都能够在对消费者需求进行确认的基础上展开,从而保证促销内容和形式都是消费者能够并且乐意接受的,进而保证促销结果达到企业的预期。促销活动如果不经测试和评估,盲目地将一个效果不理想的促销活动全面实施的话,由于2/3的促销费用在活动前期就基本上已经投完,到发现其效果不理想打算刹车的时候却为时已晚了。通过促销测试,找出促销方案中的不足和疏漏之处,并对方案中的促销方法和方式进行适当的修改和调整,提前与消费者就促销的内容和形式达成一致,企业就可以进行全面控制,用合理的费用达到最佳的促销效果,这样才能制定真正能有效刺激消费者的最佳方案。

2. 促销中着力强化消费者对品牌的偏好

促销与品牌传播是否能做到良性互动,关键在于确定促销手段的标准时考虑品牌资产的因素,并且不允许采用可能会损害品牌关系建立的促销手段。整合营销传播要求企业开展有利于建立消费者品牌偏好的促销,通过富于创新的促销沟通,建立有利的品牌形象。随着社会的发展,宝洁公司认识到,如果只追求企业的经济效益,把对社会公众的义务和责任只限于有偿地提供一些可以满足他们需要的产品,那么企业在社会公众心目中的形象就会是残缺不全的,从而导致经济效益上的负效应。社会赞助是宝洁公司承担社会责任的具体表现。18年来,宝洁在教育、卫生及救灾等各个方面向中国公益事业捐款的总额已超过5 400万元人民币,获得了良好的社会效应。通过赞助促销的方式,宝洁公司获得了较高的品牌美誉度。在进行联合促销时,宝洁公司同样没有忘记对消费者品牌偏好的强化。通过与本土一线品牌在高度相关的产品领域内进行合作,使消费者在品牌情感、品牌品质上产生有利于宝洁公司的迁移,培养消费者的品牌忠诚。

3. 形式多样的促销方法和娴熟的促销技巧

赞助促销、价格促销、赠品促销以及联合促销等不一而足，宝洁使用了形式最为多样的促销组合方案，与此同时，宝洁公司还掌握了一整套行之有效的促销技巧。比如，在赞助促销过程中，宝洁公司能充分平衡社会效益和经济效益的关系，根据不同的情况采取不同的策略，既有直接捐助，也有以物代资等各种方式。如2001年4月28日到6月30日，河北、福建、贵州、陕西和甘肃等15个省的邮政邮购公司与宝洁公司联手，共同开发了以宝洁商品为主的促销活动，在促销期间，消费者在邮政邮购网点购买任何一件宝洁产品即可获得一张精美的奥运书签，附刮刮卡，作为支持北京申奥捐赠0.5元的纪念（即宝洁公司让利0.5元，用于支持北京申办奥运），这次活动使邮政邮购宝洁产品的销售额超过1 000万元，取得了良好的社会效益和经济效益。

在整合营销传播视角下，促销所立足的并不是简单地完成交易，而是把建立品牌关系所创造的品牌资产作为自己追求的终极目标。这样就要求促销的每一步都需要与消费者进行沟通和确认，以维持良好的品牌互动关系。宝洁公司通过促销测试的方式，对这一动态关系不断进行确认和修正，从而保证了促销效果，同时也为品牌增值。相反，如果企业在促销中无视消费者的需要，那么，对于品牌来说，极有可能演变成一场灾难。2002年康师傅在全国实施“再来一瓶”的促销活动，由于兑奖具体操作中的种种问题，致使许多消费者在兑奖过程中满腹怨言，严重削弱了促销效果及品牌影响力。如果说，20世纪90年代初宝洁依赖其广告在日化领域占据了一席之地，那么，在如今这个连广告也同质化的时代，宝洁则用创新的促销策略进一步阐释了宝洁“亲近生活，美化生活”的品牌内涵，努力向消费者提供更多、更好的品牌产品及服务，使他们的生活日臻完美，从而延续了日化领域内不朽品牌的童话。

案例来源：卫军英：《整合营销传播典例》，浙江大学出版社，2008年版。

第二节　忠诚度促销的运用

面对越来越激烈的市场竞争，促销活动的短程刺激可以带来立竿见影的效果，销售量迅速上升是企业无法拒绝的诱惑，消费者也难以拒绝促销，因为它可以带给人们比平时更多的优惠。虽然促销不仅仅是一种促进交易达成的工具，对它的运用还可以有更深层次的战略意图，但我们的印象还是更多地停留在赠品、降价和打折等最简单的认知层面上。促销的价值究竟有多大？它对品牌营销具有什么样的影响？一个严峻的问题摆在我们面前。

一、促销对品牌忠诚度的“副作用”

促销的好处是显而易见的。促销能够鼓励消费者尝试新产品，以微小的代价建立消费者对新产品的熟悉感；促销诱使潜在顾客向现实顾客转换，在促销激励因素的刺激下，原本需求不是太强烈或者没有需求的顾客，可能会强化消费需求，采取购买行为；促销通过让渡给中间商一些利益或权益，能够让品牌和产品在中间商那里获得更多的优势地位，激发他们的营销热情，这对产品销售是很有好处的；促销活动在短期内形成的强大销售攻势，可以排挤竞争产品的生存空间，给竞争对手带来巨大的压力。

近年来市场的促销活动实在太频繁了，即便是不常逛街的消费者每天也会“遭遇”到五花八门的促销活动，促销已经成为一种营销常态。与之相对应的是促销的效果正在减弱，促销之后的长时间销售颓势也抵消了促销的部分成果。更加危险的是，运用不当的促销还会给品牌带来伤害——促销是一剂猛药，起效快、药性烈，但副作用也比较明显。

在20世纪80~90年代，企业界和学术界开始反思促销活动对企业长期利益的消极影响，有学者提出了“品牌权益”(Brand Equity)的概念并用以研究促销对品牌资产的负面影响。1993年，凯勒(Keller)提出了基于消费者的品牌权益概念，认为品牌之所以对企业有价值，根本原因在于品牌对消费者有价值。品牌权益是消费者对不同品牌的差别化反应，是由消费者头脑中已有的品牌知识产生的。品牌权益可以看做是过去营销活动实施的结果，品牌权益可以提高销售费用的成本效益，改善销售效果。2000年，Boohghee Yoo、Naveen Donthu 和 Sungho Lee 提出，品牌权益由感知质量、品牌忠诚度、品牌认知或品牌联想三大维度构成，营销活动影响品牌权益维度，进而影响品牌权益。Yoo等人选取六大品牌的运动鞋、四大品牌的胶卷、两大品牌的彩电作为被研究品牌，在某公立大学进行抽样调查。结果表明，长期来看，频繁使用降价促销措施将会损害品牌权益。另外有研究表明，频繁的降价促销对感知质量、购买意向和品牌忠诚度均有负面影响，从而会损害品牌资产；深度折扣的降价促销对消费者的购买意向有正面影响，但对感知质量和品牌忠诚度有负面影响，最终对品牌资产的影响仍然是负面的①。

概括来说，不恰当的促销对品牌的负面影响主要集中在以下方面。

(一)促销使品牌贬值

名牌之所以是名牌，是因为名牌能给消费者带来价值感，这种价值不是产

---

① 张小雨，赵平. 浅谈促销对品牌权益的影响[J]. 商场现代化，2005(7)：63~64.

品本身所能赋予的，是超出产品本身的心理附加利益。如果品牌的价格不稳定，那么品牌在消费者心目中的价值就不能“坚挺”，品牌就会失去价值感，就丧失了对消费者的溢价能力。

(二)促销会引起消费者对品牌的质疑

在普通消费者的思维中，正常的产品和品牌不会促销，而促销使消费者产生的第一反应往往是产品会不会有瑕疵，还可能联想到品牌会不会有什么经营问题。在这种心理下购买的产品很可能会令消费者不满意。

(三)促销可能使品牌失去信任，打击了品牌忠诚者的热情

我们可以假设这样的情况：一个消费者以正常的价格购买了某品牌的商品，几天之后他发现自己购买的品牌正在搞促销活动，这对他来讲是一种打击，随之而来的是他对品牌的不信任。

(四)促销不能提供一个持续购买的理由

忠诚的消费者购买某一商品是因为他们对该商品的满意，而不是因为促销活动的诱惑。而在促销活动的激励下购买产品的消费者，往往不是品牌的目标消费群。因此很难相信，促销带动的那股销售热潮会持续下去，一旦促销停止，就会经常出现销售回落的情况。

(五)促销加剧了持币观望的态势

促销有可能导致这样的恶性循环：商家期望用促销刺激消费，而顾客期望促销力度更大一些，这样反而抑制了正常的购买行为。“就像消费者抗拒广告一样，促销使用率的增加造成了消费者开始抗拒促销。这使得促销能带来的立刻购买的效果越来越不明显”①。

(六)促销造成品牌认知的混乱

我们知道，促销带来的消费者多半不是品牌的目标消费群，例如，一些中年消费者购买了定位于年轻人的品牌，这样会造成品牌认知的混乱。品牌的原有定位会因促销而变得不清晰、失去个性，很可能使品牌既丧失原有的消费者，又没有讨好新的消费者。

大多数关于促销的批评都是针对降价性促销行为而言的，回顾上面所谈到的各种促销优势我们也可知道，促销并非一无是处，相反却是不可或缺的，关键在于对促销的运用应当在有助于品牌发展的层面上进行，在现实的操作中尽量避免促销的各种负面影响，品牌经营者必须充分认识到这一点。

① 【美】加里·阿姆斯特朗，菲利普·科特勒. 科特勒的市场营销教程[M]. 北京：华夏出版社，2004：554.

二、忠诚度促销计划

菲利普·科特勒认为，促销应当成为一种建立与消费者关系的手段。它们应当有助于巩固产品的地位，并建立与消费者的长期关系，而不能仅仅是创造短期的销售量或是暂时改变品牌。促销作为整合营销传播的一个组成部分，出于建立品牌关系的要求，很重要的一个任务就是保留现有的客户。为不流失现有客户而专门设计的促销活动被称之为忠诚度营销或频繁营销，其目的是降低客户损失并增加品牌市场份额。过去，一般的忠诚计划都是建立在折扣和礼品之上的，但是随着消费者消费观念的转变，很多消费者所看重的已经不再是更多的物质利益，而是个人体验的满足。所以，能够恰当地运用顾客参与，增加其在消费过程中的个人体验和美好记忆，对保留现有顾客意义重大。

忠诚度营销最能够发生作用的，是在品牌商品具有高固定成本和低可变成本的时候。比如，娱乐场所、信用卡公司、电话公司等都是一些高固定成本和低变动成本的公司，当这些公司具有多余空间或者过剩生产能力时，如果将其自己的产品作为对顾客的一种奖励，诸如移动电话公司对高端客户实施话费奖励，这对品牌几乎没有任何不利影响，且其费用支出也小到可以忽略不计，但是它对客户的意义却非同小可，客户会将其当做具有很高价值的奖励，所产生的激励作用也非同寻常。事实上，这种促销方式只是把那些未被使用的或者浪费的商品或服务转化为“促销费用”，将其支付给客户，以换取客户对品牌的忠诚度。这种促销形式每当客户在竞争品牌之间抉择时，往往发挥重要的作用。比如，一家宾馆其通常客房入住率只有 70%，这就是说，有 30% 的客房实际上是处于闲置状态的。这些闲置客房即使不出租同样也需要维护和管理，事实上这就是资源的浪费。但是如果把这些闲置客房奖励给经常性的客户，那么就可以大幅度提高促销活动的影响，而且有利于保持客户的忠诚度。

促销中的忠诚计划是一个战略性的整合营销传播方案，在策划中要为其设定一定的目标，并进行精心的技术设计，制定具体的可实施性方案。在策划中首要的任务就是要弄清楚客户为什么会放弃选择它们的产品，从这点出发找到维持客户的办法。所以，确切的忠诚度营销目标必须明确地界定，比如，可以这样表述：“将客户平均生命周期从 3 年提升到 5 年”，或者是“将客户的流失率减少到 10% 以下”。只有目标明确才可能制订出有效的计划。

由于忠诚度计划可以提高客户保有水平，这意味着可以分摊销售成本。而且，忠诚计划要求客户填写一系列相关信息的资料表，这也有利于建立客户数据库。另外，忠诚度计划对于实现品牌差异化非常重要，因为同类产品在功能和价格上已经很少差别，通过对忠诚顾客的奖励可以使该品牌从竞争品牌中凸显出来。进一步说，忠诚计划主要是向老顾客销售产品，这比向新顾客销售的营销成本要低很多，与此同时它还向这些顾客提供愉快的品牌体验经历，具有更多的感染力。这种影响和优势心态，经过演变可以促成这些老顾客成为品牌的形象大使，通过二级传播再影响其他消费者。当然，忠诚计划也有局限，这就是它有可能使品牌传播陷入误区，从而导致比其他品牌传播方式在管理和执行中更加占用资源。另外，在竞争品牌也实行同样计划时，很难保证其是否真的会节约促销成本。

因此，在策划和管理忠诚计划时，有必要尊重顾客的意愿，让其选择成为忠诚顾客的方式。对于那些已成为忠诚的顾客要建立完整的档案，及时保持交流和反馈。在计划执行中，必须合理控制向忠诚顾客发布信息的数量，以免产生不必要的负面影响。同时，公司应注意计划成本的控制，应注意发放的奖励要有一个设定期限，以免造成财务上的负债。在计划中还需要考虑相应的“退出机制”，以保证公司在无利可图或者是计划与整个营销战略不相匹配或者发生冲突时可以中止计划。

案例 10－2

惠普的品牌忠诚计划

惠普(Hewlett－Packard)公司是世界上最大的电脑公司之一，成立于1939年。早在1997年，其计算机产品的营业收入就占其总收入的80%以上，仅次于蓝色巨人IBM，无可争议地位居电脑行业第二名。作为一家全球领先的计算机、成像解决方案与服务的供应商，2002年，惠普与康柏成功合并，实现了规模效应，令业界期待。惠普公司也是全球著名的电子测试测量仪器公司，它拥有超过29 000种各类电子产品；此外，公司也经营网络产品、医疗电子设备、化学分析系统、袖珍计算器和电子元件，工厂和销售部门分布于美国28座城市，以及欧洲、加拿大、拉丁美洲和亚太地区。2006年，惠普以867亿美元的营业收入位居财富500强第33名。

惠普虽然也在追求富有竞争力的产品价格，但是与其他的IT企业不同，惠普促销的重点并不是直接的降价促销，而是在惠普之道的经营理念下，采用了忠诚度营销策略，创新性地开展了一系列的促销活动，以最大限度维护老顾客的利益，获取品牌忠诚利润。IT产品作为科技含量高的复杂商品，消费者购买时考虑最多的两个问题，一是产品质量，或者说是一旦发生故障后售后服务的质量；二是产品的升级抑或是更新如何得到保证。惠普深入把握消费者的心理，展开富有针对性的促销活动。惠普针对主产品的促销策略主要从两个方面展开。

第一，赠送惠普金牌服务（质保促销）。对于一个品牌而言，其过人之处不仅仅体现在产品优良的品质上，高效、专业的售后服务无疑是更为重要的内涵之一，而惠普赫赫有名的金牌服务几乎成为IT企业服务的一个标杆。惠普提供送修金牌服务、第二个工作日现场服务、5×9×4现场金牌服务、7×24×4现场金牌服务、x小时修复服务等不同级别的金牌服务。此外，惠普还提供800免费电话技术支持和网络聊天室与即时技术支持。惠普将金牌服务分为保内金牌服务和保外金牌服务两种，对于惠普产品的用户，均可以受赠超过普通“三包”待遇的保内金牌服务，针对不同顾客的需求，惠普还会在产品销售的同时以促销价格赠送保外金牌服务，可以获得长达3年的惠普金牌服务。惠普金牌服务的赠送促销，构建了惠普产品的市场声誉，极大地提高了惠普老顾客的消费安全感和再次消费的信心。

第二，以旧换新震撼市场（折价促销）。从针对惠普打印机老顾客为开端，惠普全面展开以旧换新的促销。如今，惠普的折旧换新活动已经拓展到可以用任何品牌、任何型号的旧打印机以折价的方式购得惠普最新款的产品。由于没有任何限制，可以说，惠普的折价促销的“打击”面异常广泛。以旧换新活动的开展，使得惠普产品的老顾客忠诚度大大增强，同时也吸引了大量新顾客。

除了主产品之外，值得一说的是惠普在打印耗材上的促销。惠普打印机如今成为世界第一品牌，离不开其耗材的成功营销。打印机购买是一次性投入，耗材的投入则是持续不断的，这对惠普来说是一个巨大的利润源，而对消费者来说因为事关使用成本，所以也格外关注耗材。可以说，促销是否到位，不仅影响着耗材的销量，而且反过来也会影响主产品的销售。惠普在耗材经营方面采用了会员俱乐部、积分换奖两种促销方式。

其一，会员俱乐部促销。为了吸引更多的惠普产品用户成为惠普耗材的会员，惠普通常采用上网注册会员就可以获得耗材赠品的方式，以此加强与惠普产品用户的联系。每一位惠普积分换奖计划正式会员都有机会享受不同级别的独享奖励计划。

其二，积分换奖促销。惠普积分换奖计划是惠普公司为答谢用户对惠普打印耗材产品的支持而特别设立的一项长期活动，凡购买和使用惠普指定原装耗材的用户均可参加。每一位惠普积分换奖计划正式会员都有机会享受不同级别的独享奖励计划，惠普为用户设计了形式多样的活动和优惠，以耗材的优越品质以及超值奖励的双重礼遇留住老顾客。

惠普公司自威廉·休利特（William Hewlett）和戴维·帕卡德（David Packard）于1939年创立至今，公司从538美元的资产发展成为拥有500多亿美元资产、867亿美元年营业额的新惠普,并保持着基业常青,主要在于著名的惠普之道(HP Way)。在惠普打印机成为世界领袖品牌的过程中,这一点在公司的每一个事业领域都得到了印证,其中惠普独特的忠诚度促销传播更是取得了前所未有的成功。惠普文化在中国常常被称为"HP Way"(惠普之道)。惠普之道的五个核心价值观是:①相信、尊重个人,尊重员工;②追求最高的成就,追求最好;③做事情一定要非常正直,不能欺骗用户,也不能欺骗员工,不能做不道德的事;④公司的成功是靠大家的力量完成的,并不是靠某个个人的力量来完成;⑤相信不断的创新,做事情要有一定的灵活性。从惠普在促销上的策略来看,其高效的经营策略和管理方式已然成为惠普参与全球竞争的制胜法宝。

1. 通过卓越品质塑造品牌忠诚

自1939年惠普公司成立以来,市场环境的不断变化,促使惠普不断追求更高的境界,日益完善它们的产品和服务,以此牢牢抓住客户的心。无论是主产品还是耗材,惠普都坚持精益求精的品质追求,在售后服务上不断强化这种品质保证。之后,惠普在其营销活动中将这些卓越品质进行"打包贩卖",无论是折价换新活动的展开,还是惠普金牌服务的赠送,无一不给新顾客以强烈的品牌印象。更为重要的是,在产品和服务上的优异表现,构建了消费者与惠普品牌之间的深度关系,并激发了消费者深刻的、独特的品牌联想,从而大大增强了老顾客的消费信心,培养了其对品牌的初步忠诚。

2. 基于忠诚度培养的品牌接触

在惠普所有的促销活动中,无一不体现着惠普对消费者忠诚度培养的良苦用心。IT业产品因为产品相对复杂、技术含量高、更新速度快,因此售后维修和产品升级换代一直是消费者最关心的两个问题。针对消费者的担心和顾虑,公司果断将惠普金牌服务全面推广,并大胆开展"以旧换新"的促销。就打印机产品促销这一项,在市场上打印质量趋于同质同量的时候,惠普就充分认识到比服务才是取胜的重要途径。如果客户被殷勤的服务所吸引,他们终其一生在更新打印机的优先选择上,都将忠于其一手所打造的品牌,同时也延伸了消费者对产品需求的时间表。惠普"以旧换新"活动正是惠普主动与客户建立和保持良好关系的表现,不但牢牢抓住了老客户,还吸引了不少新客户,使他们成为惠普永远的老客户。

惠普新颖而又实惠的品牌接触方式,一方面回馈了广大消费者长期以来对惠普产品的信赖;另一方面使那些以前没有使用过惠普产品的用户也能体会到惠普产品所承诺的卓越产品品质;同时也再次印证了惠普专业、优质、全面的服务承诺。在与品牌接触的过程中,惠普始终能够想消费者之所想,急消费者之所急,通过换位思考来确定最佳的与消费者接触的方案,从而获得消费者的高度响应与支持。惠普对消费者切实需要的灵敏关注和量体裁衣式的贴心服务，都极大地促进了与惠普新老顾客的品牌情感交流，在建立消费者的品牌忠诚上发挥关键的作用。

3. 精细科学的顾客管理关系

惠普的消费者因为对产品、品牌的信任走到了一起，并与品牌建立了良好的情感关系。那么，对这种关系的维护将是惠普面临的重要问题。在建立关系时期，需要惠普处于主动地位，而在发展关系阶段要让消费者成为关系管理的主动者，这样才能让消费者真正说出自己的真实想法和意愿，而惠普则应当为此提供大量的机会和条件。惠普网上会员俱乐部的成立可谓是惠普老顾客聚会和交流的大好平台。通过会员积分换奖的方式，让老顾客充分享受惠普的“特别关照”：惠普为不同级别的正式会员准备了各级别专享的优质奖品，或精致时尚，或轻巧实用，会员只要在丰富的奖品目录中选中心仪的产品，轻点鼠标，惠普就会将它送至消费者手中。惠普与消费者的关系对于惠普而言是一笔潜力巨大的顾客资产。IT 行业较为特殊，产品连带消费明显，更新换代更是常事，企业如拥有一批稳定的忠实老顾客，将会给企业带来丰厚的回报。惠普需要时刻注意维护好消费者与品牌之间的关系，不断争取把潜在消费者和尝试消费者变成忠实消费者，为企业面对更残酷的市场环境积累竞争力资源。

通过卓越品质塑造品牌忠诚，基于忠诚度培养品牌接触，精细科学的顾客关系管理，这些基于消费者建立品牌个性的手段，使惠普获得了较高的品牌情感忠诚度，增加了顾客品牌资产。在建立品牌忠诚的过程中，惠普能够始终站在消费者的立场展开营销传播，与目标群体进行深层次的情感沟通，从而建立了良好的品牌忠诚度。

案例来源：卫军英：《整合营销传播典例》，浙江大学出版社，2008 年版。

第三节　品牌促销战略规划

现代营销传播中，促销不再是一种简单孤立的营业推广方法，当整合营销传播上升为一种综合性营销战略时，促销已经成为整合营销传播的一个组成部分。从营销传播的角度，站在企业长期发展战略和品牌建设工程的高度对企业的每次促销活动进行战略规划是非常必要的，促销需要与其他营销传播工具整合起来、协同作战，促销不仅要实现交易量的上升，还要承担信息传播、品牌建设方面的重要任务。因此，现代促销活动需要从“围绕产品为中心进行设计”转变为“以品牌为中心进行设计”。产品依然是促销活动的重要元素，不过，产品应当被视为品牌信息的载体，产品成为接触传播的一个界面。品牌促销战略规划需要遵循一定的程序和原则，一般可以分为六个步骤。

一、促销调查和研究

在促销活动发起之前进行充分、详细的市场调查是必需的。市场调查和研究围绕将要开展的促销活动展开，通过对营销企业促销活动的有关资料搜集、整理和分析，了解企业促销的历史和现状，认识企业促销活动所面临的市场状况和竞争形式的变化，为促销决策提供依据。可以从几个方面入手实施促销调查和研究。

（一）客户资料调查

客户资料调查主要包括对品牌战略合作伙伴的业务情况进行调查，了解渠道商、供应商、其他合作客户营销状况和发展动态，了解客户的营销能力、赢利能力、发展能力、经营理念、经营策略以及客户的形象、声誉和资信状况。

（二）消费者调查

对消费者调查主要包括消费者的购买动机、购买行为；现实需求、潜在需求的内容、需求特点，市场需求潜量、需求时机；消费者对本品牌和产品的满意度、信任度；消费者对促销活动的期待，如促销时机、促销产品、促销奖励以及促销形式。

（三）竞争对手调查

对竞争对手的调查包括竞争对手的界定、竞争品牌的市场占有情况、竞争品牌的消费者满意度；竞争品牌的供货情况、渠道占有情况和渠道合作情况；竞争品牌的促销情况、促销方式、促销内容、促销时间和促销效果等。

（四）促销环境和条件的调查

对促销环境和条件的调查主要包括促销活动所面临的机会和威胁，包括经济、政治、法律、人口、技术和文化环境；促销活动条件的成熟度如何，如促销人员的数量、素质、努力程度，渠道商的配合愿望，促销工具和奖励品的筹备能力，企业的促销投入愿望、企业的促销传统等。

（五）广告传播环境的调查

促销决策者还必须明确品牌的总体战略目标，近期的广告传播目标，区域市场的广告目标以及可资利用的促销媒介情况。

二、确定促销目标

在市场调查和研究的基础上，结合品牌的战略发展规划，进而确定促销目标的实现。促销目标通常可以分为市场目标和财务目标。

(一)市场目标

市场目标用于明确促销活动对品牌市场发展的贡献,涉及销售业绩、销售增长、市场规模、市场相对规模、市场地位、消费者购买情况、市场网络普及程度,以及品牌价值、品牌形象、品牌文化、品牌观念、品牌定位、品牌个性被消费者的认知度、理解度和接受度。

品牌在不同的发展阶段、不同的市场区域、面临的不同问题,促销的市场目标都应当有相应的体现。制定市场目标需要注意四个问题:

第一,促销的市场目标与品牌战略目标的一致性。

第二,促销的市场目标必须具有高度的针对性。促销活动不能盲目展开,它需要针对特定的市场问题,提出相应的解决方案,促销活动的销售效果和传播效果应当同时得到重视。例如,针对新产品上市进行的促销活动,针对某区域市场遭遇竞争进行的促销活动,针对渠道铺货不畅进行的促销活动,针对危机公关进行的促销活动等。

第三,促销的市场目标必须明确。为了后续的促销活动效果评估顺利,需要对促销目标量化,如销量增长、网络普及率、市场占有率和知名度提高目标等;不能量化的目标也要尽力做到描述清晰、明确,避免含糊、模棱两可。

第四,促销市场目标与产品生命周期、特定的产品类别、特定的市场区域相对应,市场目标要具有一定的竞争性和挑战性。

(二)财务目标

促销的财务目标主要包括销售额、销售利润额、利润率、销售费用额、销售费用率、投资收益率以及按照不同时段、不同产品、不同区域、不同细分市场确定的分类核算指标。财务目标的制定一方面要保证财务目标与市场目标的一致性;另一方面要考虑到各种目标的相互制约,设定财务目标应维持一个合适的度,既要具有一定的挑战性,又要能够顺利完成,以免挫伤销售人员和渠道商的积极性。

三、制定促销策略

企业需要根据不同的促销目标和销售环境、销售动态制定促销策略,包括确定产品范围、市场范围、促销周期、促销形式和刺激力度等,只有对这些问题进行了科学决策之后,才会有成功的促销活动。

(一)产品范围

促销活动不可能针对所有的产品,企业往往会选择特定的子品牌、特定的产品类型进行促销,这一点取决于企业的战略规划和营销目标。产品范围涉及产品的规格、型号以及系列相关产品等方面。如今，消费者对价格的比较越来越频繁，同一品牌下的延伸产品也种类繁多，因此对产品范围的促销决策越来越重要了。产品范围的确定需要考虑企业产品组合中不同产品的销售状况，考虑企业产品组合中不同产品的影响力状况，往往选择具有带动力的龙头产品和主打产品进行促销。

产品范围的确定还需要考虑企业产品组合中产品发展目标的要求，例如，在特定阶段，为了使某项产品达到预定的销售目标，或者使新产品达到一定的销售预期，就需要对这些产品进行促销。除此之外，为了防范和对抗竞争，还需要考虑不同的产品面临的竞争形势。例如，企业预计竞争对手会推出同类的产品上市，企业可以选择在其上市之前进行同类产品的促销活动，以巩固已有的市场地位，控制竞争产品的市场空间，使竞争对手在上市之初就面临着严峻的市场形势。

（二）市场范围

促销活动可能会在一个较大的市场范围内开展，但不同的区域市场有其特殊性，各市场面临的竞争形势、市场份额、渠道状况、零售环境和消费需求模式均有所不同，这就需要对促销的市场范围进行一个合理的决策，区别对待不同的市场。为此需要考虑四个方面的问题。

第一，企业的市场范围。对于企业而言，市场范围是指产品的销售区域；对于中间商而言，市场范围是指批发环节的市场覆盖范围，以及零售环节的零售终端辐射区域。

第二，企业的主要目标市场和次要目标市场。这将决定企业的促销密度。企业往往根据市场的重要程度来决定促销的频次，考虑到促销的费用问题，需要对重要程度不同的市场加以区分。

第三，市场成熟程度。对于处于开拓阶段的市场，企业需要加大营销投入，促销的机会就会多一些，投入也会大一些；对于相对成熟、稳定的市场，企业只需进行维护层面的促销，除非发生较大的市场变化，否则力度自然会弱一些。

第四，市场竞争状况。竞争形势严峻的地区，服从于竞争的需要，促销的力度需要加大，以不断给竞争对手以冲击，保持一个较高的市场份额。

（三）促销周期

促销时间的设定包括何时促销、何时宣布、何时结束以及维持的频率等问题。

促销的时机选择受产品的存货水平、消费者需求的季节性以及节假日、企业公关活动的影响，一些具有特殊意义的事件也会影响促销的时机。例如，中国移动每年在高校学生春季、秋季入学时都会针对学生开展一些优惠活动，特别是秋季，高校新生入学更是十分重要的一个时间段，新生往往在这个阶段决定选择哪个通信服务商，此时进行针对性的促销活动意义重大。

促销必须有一个既定的截止日期，促销活动不可能无限制进行下去。这一方面便于企业考核评估的需要，更为重要的是，截止日期给消费者以紧迫感，促使他们在既定的时间内购买商品。促销周期主要依据促销目标确定，对于难度较大的促销目标需要加大促销力度、延长促销时间。

（四）促销形式

促销形式是促销策略中至关重要的环节，直接决定了促销的效果。我们在本章第一节所列举的促销形式有很多，从消费者所获得的价值角度分类可以划分为四种价值形式。

第一，即时价值（Immediate Value）——消费者在购买商品的当时就可以获得利益，如赠品附送、数量折扣等。

第二，延时价值（Delayed Value）——消费者在第二次、甚至多次购买商品之后可以获利，如赠券、点数兑换、积分兑换和抽奖等。

第三，降低价格（Price Cut）——消费者直接在价格上享受到优惠，例如，折扣价、买就减等。

第四，附加价值（Added Value）——如会员制的各种优惠，为消费者提供相关的保养、维修服务等。

短程的价值诱惑最具威力，能够刺激消费量立即上升，但缺乏持久信息传播的效果。选择何种促销形式需要充分考虑促销目标和消费者的需求，达到既能提高销售量，又能满足消费者需要的目的，维持一个较长时期的品牌信息传播。

（五）刺激力度

对消费者的让利幅度决定了促销活动的刺激力度，每项促销计划无论是直接的减价还是间接的增值，都涉及商品相对价格的折扣率，如何确定一个合理的折扣率需要考虑以下问题。

第一，最低百分率的确定应当以吸引中间商和目标消费者为主要目的，促使其潜在的需求转变为实际的购买行为。

第二，根据以一般价格向中间商出售商品的比率，这一数据越小，折扣率相应越高。简单地说，即畅销的商品没有必要进行大力度的促销，滞销的商品需要进行一定力度的促销。

第三，考虑同一价格档次的竞争产品的促销情况。

第四，考虑到新旧产品、新旧款式的替代情况确定刺激力度。

第五，考虑消费者的需求强度确定刺激力度，当需求较为刚性时，促销刺激作用较小;反之,作用则大。

第六,考虑消费者对促销的心理预期,以此决定促销刺激力度。例如,消费者对特定节日的促销力度期盼是不同的,圣诞、元旦、春节、中秋、情人节等节日应依据产品的类别施行不同比率的折扣进行刺激。

四、设计促销方案

促销方案是促销活动实施的详细步骤及具体规则,制订方案的原则是可行性、可操作性、调适性和灵活性。促销方案要尽可能地具体详细,充分考虑促销活动可能出现的各种情况,还要设计好预备方案,以应对突发的各种问题。为此要做出以下决策。

(一)确定激励规模

通过研究过去各种促销活动的成本与收益,考查销售和成本增加的相对比率,科学计算激励规模,制定最佳的激励模式。

(二)确定激励对象及参与条件

需要明确的问题是:促销的激励是针对每一个目标受众还是有选择的部分人?激励的范围有多大?激励的主要人群是哪些?激励对象是忠诚客户还是随机型客户?激励是否有应对竞争方面的意图?激励对象的选择对销售效果会产生怎样的影响?如何过滤非激励对象?如何制定可行的激励参与条件?如何制定参与促销的规则?诸多此类问题需要促销方案设计者加以明确。

(三)选择送达方式

送达方式意味着消费者如何获得激励,送达方式是否合适、送达成本是否控制得当也决定着促销活动参与者的多寡、促销活动的成功与否。促销方案制定者需要尽可能地调动消费者的参与热情,最大限度地控制送达成本,在送达方式上进行创新,以获得理想的促销效果。例如,优惠渠道的发行就可以有很多种:售点派发、街道随机派发、邮递派发、入户派发、媒体派发、随商品派发、互联网派发和手机彩信派发等。

(四)决定促销的持续时间

具体的促销活动时间需要考虑商品的特点、消费者购买习惯、促销目标、竞争者策略及其他因素,按照实际需求制定合理的持续时间。

(五)促销预算的分配

促销预算要根据促销活动的具体设计而确定,通常必须考虑到促销中间样品、折扣、媒体和场地等费用,还要涉及人员以及不可预计等方面的费用。

（六）营销工具的配合

企业的促销活动往往不是孤立的，很多的促销是配合公关活动进行的。为了获得理想的促销效果，促销活动还要有广告的支持，通过媒介工具将促销活动的信息发送出去，以被更多的消费者知晓。促销还需要渠道的配合，渠道商对人力、物力、财力的支持是促销成功的保证。同时，促销活动还需要企业在产品的规格、价格和包装上做出相应的改变。

五、促销实施与控制

在大规模的促销活动启动之前，可以选择相对较小的区域市场对促销方案进行测试。通过测试及时了解促销方案中存在的问题并作出相应的调整，同时可以就测试结果对后续的大规模促销进行结果预测。方案测试适合于那些实力强、规模大的企业所做的大范围的促销活动，对于小型的促销活动没必要进行测试，在实施的过程中加强监控就可以了。

促销活动的实施需要有一个长期的筹备过程，具体工作包括制订计划、设计广告、包装的改进及批准、资料的邮寄和分送；准备相关广告和销售现场材料；销售人员的培训；分销商的配额；购买或印刷赠品及包装材料；相关产品的预先生产、存放和配送等。在促销实施过程中需要有监控机制作保障，应有专人负责控制事态的发展，一旦出现偏差和意外情况及时给予纠正和解决。

六、促销效果评估

促销活动结束时，应着手促销效果的评估，以发现此次促销活动的缺陷和不足，对经验教训进行及时总结。促销效果可以通过销售绩效分析来评估，这是最普通、最普遍的一种评估方法。对促销活动前、活动期间、活动后的销售额或市场占有率进行比较，在其他条件不变的情况下，根据销售数据的变动来判断促销效果，这就是销售绩效分析的评估方法。

企业还可以通过对消费者进行调查来评估促销效果，这种方法主要用于对促销的品牌传播效果进行评估。通过调查我们可以获知大约参与的消费者数量、消费者对促销活动的参与情况、消费者对促销活动的评价，还可以了解到消费者对品牌的认知是否获得提高等情况。

案例 10－3

三星实施赞助　重塑品牌形象

在电子行业中，提及在近几年品牌价值提升最快的公司，人们无疑会想到韩国三星。这家公司成立于1969年,早期业务主要以生产廉价产品为主,在西方人心目中,三星曾经是代表着“低价位,低质量、仿制品”的二三流公司。1993年三星宣布“新经营”,这是一场旨在通过从员工到整个企业的积极变化来实现从“数量经营”到品质经营的转变,并由此开展世界一流的企业经营革新运动。在“新经营”10年后的2003年,三星旗下3家企业进入世界500强行列,有近20种产品市场占有率居世界首位。2005年三星集团品牌价值高达150亿美元,在世界百大品牌中排名第20位,连续5年被评为“成长最快的5个品牌”之一。三星是如何摆脱低价劣质的困境,迅速提升其品牌价值的?它成功的秘诀非常具有启示意义。

以“新经营”为契机,三星开始了全方位品质经营和世界顶级战略,并实施了“选择和集中”的业务发展策略,对发展不顺利或前景不看好的业务及时进行清理,对前景乐观的业务进行集中投资,加强研发的力度。在强化品质方面,三星电子、三星电机等实行了“停线”机制:在生产流程中发现不合格产品,整个生产线会被停下来,直到问题得到解决。为了提高三星服务的质量,三星人力开发院为所有的三星客户服务人员提供客户服务讲座;三星旗下的新罗饭店还为三星生命、三星证券和三星信用卡等机构的雇员提供礼仪培训课程。在业务结构、人才培养、产品设计生产和流程控制等多方面成功变革的基础上,为了全面塑造世界一流的企业品牌形象,提升三星的知名度,使全球更多的人知道三星、了解三星,三星集团执行以奥运会TOP计划为中心的多种体育赞助活动,增加三星品牌的“曝光率”。

从1986年开始,三星开展了持续不断的体育赞助活动:1986年赞助汉城亚运会,1988年首次赞助冬奥会,成为冬季奥运会在无线通信设备领域的世界级伙伴,1990年赞助北京亚运会,1994年赞助广岛亚运会,1996年赞助亚特兰大奥运会期间的展示会,1998年赞助曼谷亚运会和长野冬季奥运会,2000年三星成为悉尼夏季奥运会的顶级赞助商,2002年赞助盐城冬季奥运会和釜山亚运会,2003年赞助第22届世界大学生运动会,2004年赞助雅典奥运会,2006年赞助都灵冬奥会。三星用最简单的方式将自己融入了奥运。WOW(Wirless Olympic Works)是无线奥林匹克工程的简称,也是三星在奥运会的展示平台。三星将其数字通讯技术与手机移动装置相结合,专门为奥运会研发了专用的无线信息系统,并向参加奥运会的运动员、官员、媒体、组织人员和志愿者提供了22 000台这种设备,它可以查找距离某一比赛场所最近的洗手间、宾馆、饭店等设施;显示比赛场地地图、帮助组委会总部向工作人员传送信息;随时通报比赛结果甚至获取正在进行的赛事信息,为奥运会庞大机器的运行提供了润滑剂。

三星以奥运会TOP计划为中心的多种体育赞助活动的成功,还在于三星电子的体育营销并不仅仅局限于体育赞助这一形式，他们结合广告、公关活动等多种手段进行整合营销。例如，在2000年悉尼奥运会上，三星推出了与三星的奥林匹克之约计划——在奥林匹克公园内建造了一座名为“相约奥林匹克”的运动员活动中心，利用三星尖端的通讯产品和因特网、卫星及无线技术为运动员提供与家人和朋友交流的场所。另外，三星还推出了“共享三星快乐时刻”的特别服务，即三星为运动员和观众提供最新的三星手机，运动员使用新款三星手机可以给他们在世界各地的家人和朋友打3分钟的免费电话来分享他们的奥运经历和感受。三星成功地利用这一高科技的公共展示平台展示了三星电子今天和未来的产品。该项目吸引了许多人的注意，并因其广泛的影响力在盐湖城再次推出。正是这种简单、直接的工作，将三星塑造成一个“奥运品牌”。

在亚运会上，三星为组委会免费独家提供影音设备、家用电器及手机产品，其中包括电视机、摄像机、DVD和录像一体机等影音设备以及手机和冰箱、洗衣机、微波炉等家用电器。这些设备被应用在亚运会的各个场馆，确保亚运会的顺利进行。三星承办亚运会最有价值运动员(Most Valuable Player)评选活动，并将为该运动员颁发“三星最有价值运动员奖”，由著名人士组成的委员会提供推荐名单，权威媒体通过投票评选出一名最有价值的运动员和除此之外的四名运动员。同时，三星在赞助亚运会中还筹备了其他一些互动式的赞助活动，包括开设数字体验馆，在主媒体中心开辟三星专区。三星数字体验馆展示世界上一些最尖端的科技产品；展区包括数字媒体、生活和移动通讯等三星专长的领域；展品包括三星的高新视频液晶电视冰箱；此外，全球手机市场上领先的新款手机也出现在三星数字体验馆。同时，三星还举办多种趣味推广活动，使参观者充分体验三星的创意产品。三星专区是一个媒体中心，为记者提供信息共享，并协调专访。三星专区内有一个餐饮区和产品展示区，提供免费上网，三星最新款手机在此区提供免费电话。观众可以通过液晶电视观看比赛，还可随着展厅的背景音乐放松身心。在进行体育赞助时，三星充分利用新型媒体进行大规模的户外广告宣传，同时也不遗漏比赛场馆内可利用的广告媒体以及赛事期间举办国的电视媒体和主要出版物等。

三星抓住时尚人士热爱体育赛事的心理，通过赞助重大的体育赛事，成功地提高了三星品牌的“曝光率”，也提高了三星品牌的知名度，吸引了大量新消费者的尝试购买；与此同时，顶级赛事的品牌联想也使三星品牌的价值迅速上升。作为韩国电子企业的代表，三星在中国的市场上一直保持高端的形象，很少采用这个行业常用的降价促销方式。但是，这并没有影响时尚的年轻人对三星这个品牌的青睐，更不能阻挡三星电子在动态存储器、静态存储器、CDMA手机、电脑显示器、液晶电视和彩色电视机等近20种产品中占据世界市场占有率第一位置的趋势。三星“新经营”给市场带来的启示无疑是全方位的，以奥运会TOP计划为中心的多种体育赞助促销活动，毫无疑问是三星赢得新顾客、塑造新品牌的重要手段。

1. 力求卓越的产品品质与品牌定位

三星的目标是成为世界超一流企业、全世界最受尊敬的企业，勤恳、上进、胸怀全球和永远追求第一是企业的行动指南。“新经营”计划给三星带来全新品质的产品和引领全球的研发能力，卓越的产品品质为三星不断赢得新的消费者奠定了坚实的物质基础。而在新的品牌定位上，三星不断强调“个性”、“与众不同”，一贯坚守“拷贝别人、模仿别人永远不可能做到第一”的经营理念。体育赞助特别是以赞助奥运会为中心的营销传播活动为三星的品牌赋予了独特的个性，使其成功地树立了领先全球的品牌定位。

2. 赞助赛事带来的品牌知名和品牌美誉

正如三星电子副会长兼CEO尹钟龙所说：“三星热衷于支持体育赛事，因为体育如同科技和产品一样，在民族和文化融合过程中扮演着至关重要的角色。”通过赞助奥运会和亚运会，三星品牌知名度在全球范围内得到迅速提高。奥运会是人类四年一度的最大盛会，全世界的人们高度关注，毫无疑问这是一笔巨大的注意力资源。在注意力不断被干扰和分散的信息环境中，奥运会的注意力资源显得尤为宝贵。体育赞助的效果突出、易于受众接受，其沟通对象针对性强，数量庞大，非常有利于企业与目标群体的有效沟通。通过免费提供场馆设备，赞助官员、组织人员、教练员、运动员、记者以及志愿者信息设备，三星有效地的“俘获”了奥运会这种独特的资源。免费赠送的产品，在奥运会结束后随着教练员、运动员回到本国，在一定范围内进一步扩大了品牌知名度。

与此同时，通过持久赞助奥运会和亚运会，无形中使人们把奥运会以及各种体育项目的特征自然而然地转化到三星品牌上，从而极大地提高和巩固了三星在人们心目中的形象和地位。三星就是通过赞助顶级赛事使人们产生联想，把赞助对象独特的、美好的形象特征转移到品牌和产品的形象上来，获得了高附加值的品牌联想，促进了三星品牌美誉度的提高。

3. 全方位的促销活动丰富了品牌体验

通过向场馆提供影音设备、通讯设备和家用电器，通过向教练员、运动员、志愿者等免费提供各种三星电子产品，通过为运动员提供与家人和朋友交流的场所，通过开设数字体验馆，通过在主媒体中心开辟三星专区，三星提供了一个全方位的深度品牌接触和品牌体验，使教练员、运动员等相关人群对三星的产品品质、三星的科技实力有了切身感受。诸多的促销活动，使得体验参与者得到了极大的便利，加上赛事期间的品牌接触基本都是免费的，这些促销活动毫无疑问会极大地提高消费者的品牌偏好，而这正是面向新顾客促销中最为核心的地方。只有建立在消费者品牌偏好基础上的促销行为，在短暂的促销之后才能获得长久的品牌收益。三星不断攀升的营销业绩表明，其体育赞助计划取得了空前的成功。

4. 基于多样化接触的整合营销传播

体育赞助与广告、促销和公关等其他营销沟通手段相比虽然有许多优势，如观众多、影响大、见效快和价廉物美等，但毋庸讳言也具有一个致命弱点，那就是它能直接提供的信息太少。绝大多数赞助产品能够直接展现在公众面前的回报只能是企业、商品或品牌的名称和标志。这些信息虽然至关重要，但是仅仅凭借这些一鳞半爪的信息，还不足以令人们对企业、商品和品牌产生全面、完整、详细的印象和认识。因而，企业赞助应以体育赞助为龙头，与其他各种沟通手段密切配合，优势互补。

如果说，面向参赛相关人员进行营销传播主要是免费赠送、样品赠送和参观展示等促销活动的话，那么，面向全球消费者，三星则采取了整合的方式展开营销传播攻势：在赛事举办地的各种户外广告，在举办国以及全球主要媒体上的全面广告投放，大量围绕赛事开展的公关宣传和配合奥运会、亚运会开展的主题促销活动（如奥运抽奖、组合购买价等），无一不借助对奥运会、亚运会的赞助而获得巨大的成功。

营销沟通是品牌的“声音”，是与消费者对话和联系的手段。在以消费者为中心的市场环境中，营销沟通可以通过建立品牌意识，使消费者在头脑中产生强大、有力和独特的品牌联想，从而积累品牌资产。正如三星重塑品牌中所做的一样，设计全面综合的营销沟通方案，并使各种沟通手段“匹配”起来，使他们彼此增强作用，达到使消费者通过营销沟通中得到的信息提高购买动机，增加消费者获取品牌信息的机会，从而形成强大、良好、独特的品牌联想，这对积累品牌资产，提升品牌价值是非常重要的。三星在执行品牌重塑计划时，把体育赞助作为提高品牌知名度和建立优秀企业公民声誉的一个平台。三星秉持的推动和平，鼓励友好竞赛，促进所有文化、种族团结的企业价值观，将体育融入事业，以事业促进体育，用真爱来促销的经营理念预示了三星不断成功的必然。

案例来源：卫军英：《整合营销传播典例》，浙江大学出版社，2008 年版。

思考题

1. 辨析广义促销和狭义促销之间的关系。
2. 对消费者的促销方式各有何优劣？其分别适合于什么营销背景？

3. 针对渠道商的促销有哪些？其意义何在？
4. 你认为内部促销的意义有多大？
5. 频繁的促销行为会对品牌的哪些方面产生伤害？
6. 谈谈如何在促销中培育品牌的忠诚。
7. 进行促销战略规划设计需要经过哪些步骤？
8. 促销方案的设计需要注意哪些问题？

第十一章 品牌公关策略

第一节 公共关系与品牌建设

公共关系是品牌建设中最常用的工具之一。在现代社会中，随着广告、促销等传播方式的可信度日益受到公众怀疑，它们的传播效果也大打折扣。在此情况下，公共关系作为一种可信度较高的传播方式，对品牌建设的功能正日益突出。企业面临的情况复杂多变，品牌的发展也始终处于一个难以预料的环境中，稍有不慎，企业和品牌即会步入低谷，甚至就此崩溃。公共关系可以帮助企业建立危机的日常检测、警示和处理系统，为品牌的成长保驾护航。

一、公共关系的概念

公共关系（中文简称公关），英文为 Public Relations（简称 PR）。通俗地说，公关是一种机构与各种公众之间培育好感的活动。公共关系作为一种客观的社会存在由来已久，从人类社会诞生的那一刻起就有了公共关系。人类早期的公关活动大多是无意识的、自发的；现代意义上的公共关系是 20 世纪初期发展起来的。商品经济的发达和传媒技术的革新为现代公共关系的兴起提供了条件。

现代公共关系的概念是在美国诞生的。1882 年，美国律师多尔曼·伊顿在耶鲁大学法学院发表了题为《公共关系与法律职业的责任》的演讲，首次使用了“公共关系”一词。此后，公共关系逐渐被认为是一种管理的方法和艺术，专业的公共关系组织开始出现，公共关系实现了职业化。在公共关系发展的历史中，美国人艾维·李（Ivyl. Lee）作出了极为突出的贡献。1903 年艾维·李创办的“新闻宣传事务所”是当时最有影响力的公关组织，他被公认为公共关系的第一个从业者。1906 年在解决美国无烟煤矿业罢工问题期间，艾维·李发表了《共同原则宣言》，现代公共关系即以此为标志宣告诞生。艾维·李通过自己的公共关系实践，使公共关系工作在社会上产生了巨大的影响并获得了承认，他被后人誉为“现代公共关系之父”。

公共关系所涉及的范围非常广泛，它的定义也是五花八门、包罗万象。美国的公共关系学者雷克思·哈罗(Rex F. Harlow)曾对公共关系的定义进行了总结,他翻阅了大量的书籍资料,访问了83位公共关系组织的领导人,列举出的公共关系定义达472条之多①,可见公共关系的概念是多么的宽泛。甚至有人戏称,有多少公共关系学者就有多少条公共关系的定义。对公共关系定义的表述大致上可以分为三类。

第一,从管理职能角度的定义。此类定义认为,公共关系是社会组织对社会公众一种有目的、有意识的调整和控制行为,强调了公共关系是一种社会组织的管理功能。例如,美国《公共关系新闻》杂志的定义为:“公共关系是一项管理职能,它评估公众的态度,检验个人或组织的政策、活动是否与公众的利益相一致,并负责设计与执行旨在争取公众理解与认可的行动计划。”

国际公关协会的定义为:“公共关系是一种管理职能,它具有连续性和计划性。通过公共关系,公立的和私人的组织、机构试图赢得同他们有关的人们的理解、同情和支持——借助对舆论的影响,以尽可能地协调它们自己的政策和做法,依据计划的、广泛的信息传播赢得更有效的合作,更好地实现它们的共同利益。”

第二,从传播沟通角度的定义。此类定义主要是从公共关系的运作特点和作用机制方面来考察公共关系概念,认为公共关系是一种有意识、有目的的传播沟通行为,强调了公共关系的手段是传播。例如,《大英百科全书》认为:“公共关系是在传递关于个人、公司、政府或者其他组织的信息,以改善公众对他们的态度的政策和活动。”

第三,从社会关系角度的定义。此类定义强调了公共关系的社会属性,认为公共关系是社会关系的一种。例如,美国普林斯顿大学希尔兹(H. L Chils)教授认为:“公共关系是我们所从事的各种活动、所发生的各种关系的统称。这些活动与关系都是公众性的,并且都有其社会意义。”

相对来讲,我们认为美国《公共关系新闻》杂志的定义较为全面、准确。这一定义将公共关系界定为一项管理职能。也就是说,它并不限于商业机构,还包括其他非营利组织。按照这个定义,公共关系包含了几层含义:判断与评估公众态度;制定符合公众利益的组织策略与程序;推出与实施旨在获得公众理解和接受的沟通活动。我们可以借助公共关系的三个要素,即公共关系的主体、客体和中介,来进一步认识公共关系的内涵。

(一)公共关系的主体——社会组织

社会组织是公共关系活动的发起者、组织者、调控者和承担者,它在公共关

① 单东,王政栋.公共关系通论[M].北京:人民出版社,1992:12.

系过程中起主导作用。公共关系的主体包括四类:公共性组织,如政府机构、公用事业部门、公共安全机关、军事机构以及科研机构等;非公益性互利组织,如政党、工会、协会、俱乐部和其他群众团体;营利性组织,如工矿企业、商业贸易企业、金融机构和旅游服务等;服务性组织,如学校、公立医院、社会福利机构和慈善机构等。

(二)公共关系的客体——公众

公众是具有"合群意识"的社会群体,是在共同利益、共同文化心理驱使下结合而成的社会群体。公众是公关活动的对象,不同公共关系主体所面对的公众是不同的,公众不仅包括与社会组织相关的一般大众,还包括与社会组织相关的组织、团体的社会群体。也就是说,公众不仅是人,还可以是一定的组织、机关、机构和团体。公关活动不仅要考虑它所直接面对的社会大众,同时还要正确处理与之相关的各种组织和群体之间的关系,公关活动能否取得成功与它们有很大的关系。

公众在公关活动中不是被动的,公众随时有可能表达自己的意志和要求,它们会对公关主体的政策和行为作出积极的反应,通过各种渠道、以各种手段向主体传达自己的意愿,对主体形成强大的舆论压力和外部动力。因此,每一项公关活动都需要对其公众进行仔细的研究,认识他们的特点、满足他们的需求,充分考虑公关活动所引发的公众反应,依据公众态度和意愿调整公关部署和行动。

(三)公共关系的中介——传播

传播沟通是公共关系活动的过程和手段。公关活动的实质就是运用现代信息社会的各种传播媒介和沟通手段,以传播为中介,在社会组织和公众之间建立起有效的对话和沟通,使双方在某些问题上消除误会和分歧,达成共识和一致的态度。

公共关系是一种普遍的社会存在,在任何领域、任何方面都可以看到它的影子,小到一个人、一件商品,大到一个地区、一个民族、一个国家,公共关系能够找到用武之地。社会个体可以利用公共关系和语言、礼仪技巧来协调与他人的关系,培养与他人友好的人际关系;社会组织和机构可以利用公关帮助自己谋求更多的发展条件,为组织目标的实现争取更多的积极因素;地区和国家可以借助公共关系树立良好的形象,提高国际地位和声誉,营造对自身发展有利的周边环境。在商业领域,公共关系同样得到重视,它是营销推广和品牌建设的工具,不仅有助于提高产品的销售业绩,在加强品牌信息传播、塑造品牌形象、培育品牌关系方面也具有强大的功能。

二、公共关系与品牌建设

（一）品牌公共关系

品牌建设是一项重大工程，涉及的关系层面很复杂，公共关系是品牌发展过程中必不可少的工具之一。品牌公共关系传播的主体是企业，也可以说是品牌的拥有者、持有者、经营者和管理者，这是一种营利性组织的公共关系。企业进行公关活动的目的虽然不是为了直接的销售效果，但从长远来看仍然是为了产品的最终销售。品牌公关活动对企业内部来讲，是为了统一员工思想，达成共识，调动一切积极因素，为实现组织的品牌战略而努力；对企业外部来讲，品牌公关活动的目的在于树立良好的品牌形象，建立并维护与公众之间的稳定、友好的品牌关系。

品牌公关活动所面对的公众范围很广，既包括内部的员工公众，又包括外部的社会公众，两类公众对企业和品牌的意义各不相同。品牌公共关系可以细分成六种类型。

1. 员工公众关系。员工是企业组织内部的公众，是品牌生存的组织细胞。品牌内涵、品牌价值、品牌形象和品牌定位首先要在员工内部达成普遍的共识，虽然员工并不是品牌决策者，但他们的态度和意见对品牌发展有很重要的影响。面向员工公众的品牌公关需要与企业的管理文化结合起来，将品牌思想融入每个员工的思想和行动之中。

2. 政府公众关系。政府公众是企业组织的外部公众，包括各级政府机构和公务员，即工商、税务、财政、市政、环保、卫检、治安、消防、法院、海关和人力资源等政府职能部门及公务员。品牌的健康发展离不开政府公众的支持，它们为品牌创造了良好的政治、经济、文化和市场环境。任何一个企业都需要和政府公众保持融洽的关系，企业和品牌的发展战略要符合政府公众所代表的民众利益，要及时向政府部门通报信息，保持沟通和接触，不断加深政府公众对组织的了解、理解和支持。

3. 媒介公众关系。媒介公众是指新闻出版机构及其从业人员。媒介被称为无冕之王。在西方国家，新闻媒介被视为行政、立法、司法之外的第四种权力，它们是品牌公共关系中最敏感、最重要的一部分。媒介的威力主要是通过舆论监督功能来实现的。媒介对品牌和企业的报道、评价、批评和监督能够在社会公众中产生巨大的影响，公众对品牌的印象很大程度上是从媒体那里获得的。特别是品牌处于突发性危机的关键时刻，利用大众媒介传播澄清事实、消除误解，争取媒介公众的理解和支持是十分重要的。

4. 顾客公众关系。顾客就是消费者，品牌的价值最终需要通过他们来实现,因此,顾客关系对于品牌的重要性是不言而喻的。品牌需要向顾客传播它的理念,塑造鲜明的品牌形象,在消费者心智中确立与众不同的定位;品牌需要和消费者建立稳定、稳固、经常性的消费关系,通过各种各样的营销努力培育与消费者的情感,讨好、迎合消费者的现实需求和心理需求。顾客关系是品牌公共关系最核心的部分,企业的一切营销行为都是为了建设并维持良好的顾客关系。顾客关系的基础是信任,赢得顾客的信任,品牌才可能有附加价值。

5. 社区公众关系。社区公众是指企业组织所处的地理区域的关系对象,包括企业组织所处环境中相关的政府机关、社会团体,工厂、商店、银行、宾馆以及学校等企事业单位。企业组织与社区公众必然会发生种种联系,一些公众直接与企业组织发生业务、经济或文化往来,一些公众可能与组织发生间接的物质、能量和信息交换。企业组织需要为品牌的发展创造一个良好的社区环境,尽可能地获得所在社区的支持与配合。这就要求企业能够遵守社区的行为规范,充分尊重社区公众的利益和要求。

6. 国际公众关系。走向国际化的品牌将会受到国际公众的影响与制约,国外消费者、国外经销商、国外供应商、国外新闻媒介、国外公共关系机构以及国外政府部门等公众集合成国际公众。品牌的国际公众关系具有跨国性、跨文化性,除了遵守一般的公共关系准则之外,还需要考虑到各地区、各国家的特殊性以及不同文化、民族背景的特殊性。既要遵守相关的法律规定,又要尊重其各自的文化和民族风俗。

(二)公共关系对品牌的意义

当今,即便是一些比较小的企业也认识到了公共关系对品牌的重要性。一些企业设立了自己的公关部门,专门筹划公关活动,解决品牌发展中的形象问题,定期推出公关活动,以增强公众对品牌的接触和认知。一些企业还聘请专业的公共关系机构,以获得专业的公关服务,更好地塑造本企业的品牌形象。大部分营销策划咨询公司、媒介公司和广告公司都提供相应的公关服务,在它们制定的营销策划推广计划中也都经常有具体的公关执行方案。特别是遇到突发性品牌危机时,公关手段更是能够大显身手,挽救企业和品牌于千钧一发之际。

定位理论的提出者艾尔·里斯在其著作中指出,与广告相比前者更加适合于做品牌维护,而公共关系则具有塑造品牌的优势,并有利于打造一个新品牌①。在某种意义上,他所说的是一个事实。仔细观察世界上的著名品牌,在公关宣传上运用最充分的也许是微软。根据美国 Carmr 媒体公司的调查,微软是

---

① 【美】艾尔·里斯,劳拉·里斯. 公关第一,广告第二[M]. 上海:上海人民出版社,2004:253,262.

全世界媒体报道最多的公司，而25年来微软的广告却很少在大众媒体上出现，但是这并不妨碍它成为仅次于可口可乐的世界第二位最有价值的品牌。根据英国国际品牌集团的评估，微软的品牌价值为650亿美元。许多人都关注微软的事迹和比尔·盖茨的动向，对微软的各种产品如数家珍，诸如Windows，XP，Word，Powerpoint等，但是所有这些信息几乎没有一个是从广告中得来的，没有人记得微软的广告。可以说，正是大量的公共关系塑造了微软这个品牌，而这个品牌的声誉以及公众对它的认同也证明了公共关系在品牌塑造方面所独有的优势。

具体来说，公共关系至少能够在以下四个方面为品牌建设作出贡献。

第一，公共关系有助于增强企业组织内部的凝聚力。将企业员工视为企业的公众是公共关系的一项创举。品牌概念首先要在内部员工公众意识中达成一致，品牌公关活动可以协调各部门之间的关系，统一思想、统一行动，增强员工对企业、对品牌的忠诚感。

第二，公共关系为品牌的发展创造了良好、和谐的外部环境。品牌不是处于真空环境之中的，它需要面对的环境庞大而复杂，稍有不慎，环境中的任何力量都会减缓品牌发展的步伐，甚至将其拖入毁灭的深渊。公共关系是企业和品牌与外部环境打交道的一个工具，简单地说，它能够优化企业外部的各种发展条件，减少企业和品牌发展的成本和阻力。

第三，公关活动有助于品牌资产的增加。现在，公关活动往往与广告活动合二为一，整合营销传播时代，任何营销行为都是一种传播行为。一些公关活动利用了大众传媒，甚至还获得了免费报道的机会，在事实上增加了品牌展示的机会，有利于品牌知名度的传播。很多的公关活动具有公益性质，例如，围绕奥运、体育、教育、环保、节约、慈善、社会伦理和灾难性事件等设计的公关活动本身有很高的社会关注度，同时也具有公益性质，品牌参与其中，能够提高自身的美誉度。公关活动在培育顾客的忠诚度方面也有独特优势。公关行为因为没有明确的销售指向，所以它的可信度较高，消费者也愿意参与公关活动。一些公关活动会专门围绕品牌的经常性消费者来设计，使消费者在活动中体验到更多的品牌乐趣，获得一些其他品牌消费者难以获得的利益和体验，这对提高消费者的忠诚度是有利的。

第四，危机公关对品牌的特殊贡献。由于企业的管理不善、同行竞争甚至遭遇恶意破坏或者是外界特殊事件的影响，会给企业或品牌带来危机。企业针对危机所采取的一系列自救行动，包括消除影响、恢复形象就是危机公关。品牌所遭遇的危机通常有意外性、聚焦性、破坏性和紧迫性，其他营销工具在危机关头往往会失去效力，企业不得不求助于危机公关来挽救品牌。危机公关本着承担责任、坦诚沟通的原则，可以消除危机对品牌造成的不利影响，重塑品牌在公众心目中的形象，挽救品牌于危机边缘。

案例11-1

《财富》公关创造品牌神话

《财富》《商业周刊》和《福布斯》被认为是目前世界上最有影响力的三大财经杂志。《财富》杂志诞生于1930年2月，在那个金棕色封面上印着标价："单期1美元，1年10美元"。在此后3/4个世纪的时间中，这本杂志始终保持了作为商业社会精英读物的地位，当然，它早已突破了平面印刷媒体的传统赢利模式：今天的《财富》在北美地区零售价也仅为每本1.43美元。作为《财富》杂志唯一的"外语"版本，《财富》中文版引进中国已有十个年头，虽然杂志目前在中国的发行量只有14万份，且绝大多数采用免费赠阅的方式，但它对广告主的吸引力远比很多国内知名财经杂志大。来自慧聪国际的资料显示，在所有针对中国市场的商业和财经杂志中，《财富》（中文版）2004年的广告收入名列前茅，在所有的9 000种杂志中位居第五。《财富》杂志之所以能够在商业上取得巨大成功，很大程度上在于其对杂志品牌的成功运作，尤其是长期以来依托"财富500强"和"财富全球论坛"制造的公关效应。

1954年，《财富》杂志开始以严谨的评估推出全球最大500家企业的名单，"全球500强排行榜"从此产生了巨大影响，以至于超越了国家、民族和文化而成为全球经济的一个标准。迄今为止，就影响力而言，没有任何一种媒体的"排行榜"能望其项背。这一排名已成为世界知名企业用来判断自身实力、规模和国际竞争力的重要指标，也是世界经济状况极具权威性的晴雨表。进入世界经济500强，对企业来说不仅仅是一种莫大的荣耀，同时也意味着企业的无形资产在一夜之间得到了数以亿计的增长。可以说，500强奠定了《财富》在同行中的特殊地位，从"世界500强"到"中国500强"，他们一直随着环境的变化和外界受众的需求在不断地调整和完善，从而奠定自己的权威地位。财富500强排行榜对于《财富》杂志来说的最大意义在于其品牌象征的作用。作为杂志品牌营销最关键的一点就是可信度，《财富》杂志通过"500强"排行榜成功地建立其品牌可靠权威的形象，并且在杂志的运作中坚持每年推选500强，同时根据企业工商界的要求，陆续推出"卓越雇主排行榜"、"最受赞赏的公司"、"美国十大最受尊敬公司"等各种各样的排行榜，丰富了对企业综合实力和能力的评估标准，也进一步巩固了自己专业权威的财经杂志品牌形象。各种排行榜之所以能够吸引人们的注意力，一方面由于选题把握市场脉搏，另一方面是由于排名方法科学公开，具有相对的独立性。

翔实的资料与科学的方法树立了排行榜的权威，也带来了滚滚财源。此外，借助排行榜的深入人心，《财富》又推出了另一个强势品牌——"财富全球论坛"，再次吸引了众多的眼球和巨额的美元。财富全球论坛自1995年创办以来，已经在新加坡、布达佩斯、曼谷、巴黎、华盛顿、上海、香港和北京等多个城市举办过。它凭借《财富》杂志的多元影响力，通过邀请方式组织，参会者只限各大跨国企业的董事长、总裁、首席执行官和高级管理人士。它以召开地首要政要打头阵，以来自政界、学界、商界的显赫名流为招牌，以国际重大焦点问题为核心，组成一个超豪华的阵容。论坛不仅受到商业人士的一致追捧，也得到了举办地政府的关注。这是因为，财经杂志虽然没有权力决定经理人的投资意向，但是将论坛设在某地举办意味着将全球金融大亨的目标聚焦于该地，重视该地的经济环境及其变化，关注投资动向以及与该地相关的政治、经济话题。世界各地政府都把在本地举办论坛当做了解国际趋势、展示本国经济环境、捕捉商机的重要营销机会。可以说，从开幕到闭幕，从开会到散会，政府的支持、媒体的热捧和知名企业的参与成就了财富全球论坛的公关神话。

以99'上海财富全球论坛为例，200多位国内企业家首获良机与全球商界巨子交流，吸引了500多位中外记者参与报道，其中包括基辛格、李光耀以及通用电器的杰克·威尔奇、时代华纳的李文在内的300多位国际政界、商界名流参与了该次论坛。对于《财富》杂志来说，且不说论坛期间收获的可观的经济效应，单是论坛制造的眼球效应就已经是一笔无形的财富。虽然论坛只进行短短的几天，但是在论坛结束后的很长一段时间内，关于财富全球论坛的话题始终是各大媒体关注的焦点。各大报纸、杂志、电视台多角度、全方位地对论坛进行报道，成就了《财富》的品牌效应。此外，利用杂志的影响力，《财富》还举办了其他一系列的论坛，如《财富》500强论坛、《财富》首席金融官论坛等，成为《财富》论坛风景线的重要组成部分。

在信息技术的发展和新媒体不断涌现的背景下，杂志可以说是目前生存状态最为险要的媒体形态之一。杂志的存在形态短暂，受众尚未养成杂志阅读习惯，杂志广告市场开发不足，以及杂志运营环境的良莠不齐造成了杂志在夹缝中生存的窘境。面对这样的现状，花费更多的时间和精力进行品牌策划几乎成为杂志界的共识。"杂志的诞生之路是一生下来就开始策划。杂志人从来不只是Reporter（报道者），他还应当是Maker（设计者），懂得Mastermind（策划）的高手①。"《财富》的成功来源于典型意义上的公关策划：正是通过精彩纷呈的品牌

① 令狐磊.杂志策划——一种原罪抑或一场创新[J].新周刊，2004(4).

公关活动,在公众心中创造了一次次的高潮,从而使杂志的品牌内涵和品牌价值得到强化和提升。

1. 出色的目标定位

对于成功的公共关系运作来说要抓住两个环节:一个是目标受众;一个是落实手段。前者主要要求找准公共关系的对象,清楚需要解决的问题;后者则是提出具体的活动执行手段,着重于具体的策划内容。只有找准目标,公关运作才能有的放矢,取得圆满的结果。公共关系的总体战略目标是立足于建立企业和社会各个层面的正面关系,而企业的一切公关活动只有服务于品牌建设,从产品定位和品牌的核心价值出发,才有可能真正抓住目标受众的注意力,赢得他们的好感和认同。《财富》杂志自创刊以来,一直对这个问题有所思考。1929年,《财富》创刊人亨利·卢斯在一次公开演讲中说:"基本上,商业就是我们的文化,因为它就是我们时代的特征,控制我们的生活……简而言之就是现代企业,企业就是我们的生命,它是艺术家、牧师、哲学家、医生的生活必要条件……普通人更是随时都必须与企业发生关系。"卢斯的话很好地揭示了商业在社会生活中的核心作用。事实上,《财富》在全球定位上强调企业对社会、对经济的影响力,侧重对大企业和大新闻的报道,其推出的财富500强排行榜和财富论坛等都着眼于企业全球范围内的影响力和知名度,关注世界经济热点。可以说,从一开始《财富》就把自己和"资本主义的商业成功联系在一起",因此,在见证美国经济巨大变迁的同时,它也凭着自己准确的办刊定位和对商业价值的独特理解,创造着属于自己的财富王国。依托于实力雄厚的时代集团,《财富》的价值通过一系列的公关策划得到了有效延伸,而所有的公关活动都牢牢抓住杂志的定位和特色,不随领导人的变更而改变或丧失固有的风格,由此成就了《财富》在财经杂志界傲视群雄的领先地位。

2. 持续有力的公关运作

《财富》认识到,吸引消费者的注意力并不是公关的最终目的,与目标受众和相关利益者达成长期共赢的关系,以提升公司的组织形象才是《财富》的终极公关追求。因此,短时的关注只利于受众对品牌引起注意,如果不对获得的注意力善加有效管理,受众终究会在越来越多的信息冲击中将这一品牌遗忘。对于《财富》而言,通过一时一地耸人听闻的报道来吸引受众的注意力并不是难事,难的是要使自己的新闻报道以及开展的公关活动都能够和杂志的总体定位相吻合,并且在对杂志的长久关注中逐渐培养品牌忠诚度。要做到这一点,离不开对公关营销的长期、整体、系统的战略把握。

《财富》作为财经杂志,其本身是重要的传播阵地,公关活动配合版面内容,可以直指品牌要影响的核心受众,形成更加立体综合的传播效果。比如,每年的世界500强排行榜专题策划，为《财富》创造了绝好的公关新闻题材，每次评选都能引起世界媒体的争相报道和关注，弥补了杂志因出版周期造成的内容上的滞后性，形成一环套一环的长效公关宣传期。以中国为例，每次《财富》一公布500强的评选结果，一些更新速度快的报纸和网络就预先发表文章进行相关评论。随后，针对中国入选企业的文章以及对评选结果进行深入分析的报道在各大报纸、杂志、网站上成为炙手可热的话题。与此同时，《财富》杂志的专家和编辑们适时发表的评论和演讲推波助澜，使《财富》的知名度、曝光率和关注度达到顶峰。可以说，每年《财富》各种各样的排行榜策划利用媒介各层面进行传播，是对业内资源的有效聚合和强化。如果说，排行榜是《财富》杂志具有标志性的一项创举的话，那么每年根据世界经济热点举办财富全球论坛则超越杂志的"单向度"信息传播，利用社会各界的关注将杂志的媒介公关运作推向极致。《财富》深知，公共关系的成功，依靠的不是一时一刻的波澜壮阔，而是对品牌价值长久一致的追求。因此，不管是财富排行榜，还是财富全球论坛，《财富》杂志始终围绕着杂志的目标读者群——中高级经理人及其全球定位的核心——"大新闻、大企业、大人物"，进行杂志关于排行榜以及论坛的一系列公关营销运作。

可以说，《财富》的成功不仅在于它记录了美国以及全球财经变迁与发展的历程，报道了一个又一个的商业奇迹，更重要的是它持之以恒地利用公关活动作为媒介传播的利益点，塑造自身良好的品牌形象，使自己成为期刊品牌运作的典范。

案例来源：卫军英：《整合营销传播典例》，浙江大学出版社，2008年版。

第二节　公共关系的传播特性

品牌的公共关系既是管理手段，更是传播工具。品牌要与内外部公众进行交流与沟通，获取他们的支持和理解，必须通过传播来实现。公关活动是品牌信息传播活动，它需要借助一定的媒介，特别是大众传播媒介，还需要一定的传播技巧来塑造品牌形象，对受众进行形象诉求。公共关系与其他品牌传播工具，如广告、促销和推销等相比，有自身的独特之处，在需要解决一些特定的问题、完成特定的沟通任务时，公共关系有时候更具有优势。

公共关系的传播具有效果的间接性、受众的广泛性、传播的双向性、互利性、公益性和真实性的特点。

一、公共关系传播效果的间接性

公共关系传播通常不能带来直接的产品销售，它更多地被用来塑造品牌形象，建立品牌与消费者之间的好感和信任，虽然最终的结果仍然是帮助产品销售，但公共关系一般不被当做直接的促销工具，而是一个品牌建设和品牌管理的工具。

许多知名企业每年在公共关系方面投入了巨大的人力、物力和财力，这些公关活动并不能使公司的产品销量马上得到提升，但却为品牌的成长营造了良好的环境，使品牌形象更加深入人心，公众对品牌的满意度和忠诚度得到提高，这比提高销量更加难以办到。美国参议院公共档案办公室网站的资料显示，美国微软（Microsoft）花费了900万美元用于政府公关。微软投入了420万美元来游说联邦政府，游说内容主要是政府采购计划，涵盖了电子健康产品、网络安全和关键基础构架、高速互联网议题、网络广告和自由贸易协定等。比尔·盖茨多次敦促国会加大对数学和科学教育方面的预算开支，并呼吁放松对外国高素质人员的签证控制，还呼吁政府对核心科研领域的税收减免政策能够延续。除国会以外，微软游说的对象还包括联邦通信委员会、联邦贸易委员会、国防部、商务部及其他联邦机构①。微软政府公关使其获得了政策、财政和贸易等方面的支持，甚至还帮助其增加了销售——政府的采购计划。

一些公司的公关活动展示了自己的品牌文化、经营理念、企业精神和价值观念，增进了消费者对品牌的认知，这些同样间接地有助于消费者选购本品牌的商品。企业还可以通过公关活动展现自己在本行业相关领域的优势，例如，科研优势、创新能力、新产品开发和服务等，这些优势也能促使消费者青睐于本品牌。

IBM两次异想天开“人机大战”就是一个绝佳的公关案例。1996年2月10日至17日，美国费城连续12年保持国际象棋世界冠军头衔的棋王卡尔波夫（Anatoly Karpov）与一台名为“深蓝”（Deep Blue）的机器人展开了一场史无前例的对弈。虽然“深蓝”最终以一胜两平三负的战绩败北，但却成功地使“深蓝”和IBM的名字传遍了全世界。1997年5月3~11日，卡尔波夫与“深蓝”二代在纽约曼哈顿再次对阵，结果卡尔波夫以两胜一平三负的成绩败给每秒钟可计算200万步棋的“深蓝”。一时间，“深蓝”与其设计者IBM成为世界媒体的焦点，IBM在全球的知名度和美誉度空前高涨。比赛结束的第二天，纽约证券交易所IBM公司的股票价格上扬了3.6个百分点。按照当时的价格计算，仅仅股票价格的上涨就为IBM带来多达2亿美元的收益。

二、公共关系传播受众的广泛性

公共关系的传播对象是公众，公众的概念非常广泛，基本上包括了所有的

---

① 品牌中国网站：http://www.brandcn.com/ppgg/gongguananli/200804/127277.html.

人群。一般来说，广告、促销和推销等品牌传播形式都是针对特定人群设计的，通常是品牌和产品的目标消费群、潜在消费群或者是实际的购买者，并且考虑到营销成本的限制，要求这些传播工具尽可能地聚焦于目标消费群，以追求销售效果的最大化。例如，在儿童用品广告中出现的往往是儿童，保健品广告中最多的是老人，化妆品广告中是漂亮的女模特。之所以是这样的情况，就是因为这些产品的现实消费者就是这些人，广告看起来才会真实可信。

公关活动的对象是公众，包括政府公众、媒介公众、顾客公众和社区公众，甚至还包括企业内部的员工公众。我们可以看到，消费者只是公关活动对象的一部分。这与公共关系的目的有关。公共关系不以直接的产品销售为目的，而是着眼于长期的品牌建设，为品牌的发展创造一个良好的内外部环境，这就决定了公共关系涉及的层面会更广。

2007 年 3 月 28 日，广州《新快报》爆出了洋快餐企业涉嫌非法用工的爆炸性消息，该报的一名记者和三名实习生通过卧底麦当劳、肯德基、必胜客，发现这些快餐企业发给他们的时薪低于广州市规定的非全日制用工的最低标准。由于这则新闻将“非法用工”的关注点与当时国人高涨的民族情绪结合在一起，迅速获得了社会各界的广泛关注，不仅各大电视台、主流报纸、门户网站、热门的网络论坛及社区跟进报道、关注了解此事，广州劳动保障部门和监察部门等政府部门也介入了对事件的调查。麦当劳、肯德基在这次危机中面对的不只是它们的目标消费者，还包括政府和媒介，那些不是麦当劳、肯德基的目标消费者的其他公众所形成的舆论压力也对其经营产生了极其不利的影响。

需要注意的是，公关对象的广泛性并不是说公关活动没有一个明确的指向，具体到每一次公关活动，都应当有一些具体的传播受众，公关的公众应当依据具体活动的目标来使公关受众具体化、明确化。

三、公共关系传播的双向性

公共关系传播鼓励社会公众尽可能多地注意、参与到公关活动中来。品牌是以一个比较开放的姿态与公众发生接触的，公共关系的信息传播不是单向的，而是双向的、互动的。公共关系需要及时了解社会公众的情感、情绪、需求以及观念、态度、意见和看法，在这些信息的基础上制定可行的公关传播方案，公关活动的执行也需要依据这些信息不断作出调整和改变。

大众传播媒介在公共关系中仍然十分重要，公共关系需要使用大众传播媒介为公关活动造势，利用大众传媒引发舆论，将公众的注意力引向指定的公关目标。企业的一些市场营销行为有时候会与社会公众的部分利益相冲突，这时社会公众会产生比较抵触的情绪，企业不能让公众的情绪进一步蔓延，应当及时采取公关措施，调整自己的营销行为，对公众的态度和意见作出必要的反应。

2008年10月，微软在中国发起了一场旨在打击盗版Windows XP的公关活动。微软的公关部证实了一个消息，微软将在10月20日针对中国用户启动Windows XP专业版及Office的正版验证计划，对于安装了盗版Windows XP专业版的电脑将被强行每小时“黑屏”（桌面背景变为纯黑色）一次（参见图11－1），Office的菜单栏将被添加“不是正版”的标记。“黑屏”的消息立即引起了轩然大波，特别是在网络上关于微软“黑屏”的讨论成了各大论坛、社区的热门话题。许多网民认为，虽然微软打击盗版的行为无可非议，但强制黑屏的做法却损害了中国消费者的利益，甚至有网友认为微软的“黑屏”计划是最大规模的黑客行为。10月20日，北京中银律师事务所律师董正伟向公安部举报微软“黑屏”计划侵犯用户隐私、危害信息安全，要求公安部展开侦查并追究微软公司的刑事责任。

社会公众的反应如此强烈可能是微软始料未及的，大量媒体报道和博客的讨论将微软“黑屏”计划的争议推向顶峰，网络上甚至传来了“抵制微软，自觉黑屏”带有强烈的民族意识的反微软呼声，竞争对手金山软件CEO求伯君借机发表致用户的一封公开信，呼吁用户使用国产软件WPS，而奇虎360则顺势推出了相关保护下载。10月27日，国家版权局副局长阎晓宏就微软“黑屏”事件作出公开表态：理解并支持各类权利人机构的正当维权行为，但同时也表示“黑屏”做法是否得当有待商榷。微软品牌在中国遭遇了空前严重的形象危机。

社会公众和媒体的强大舆论压力迫使微软对“黑屏”计划作出了重新解释，微软公关部推出了紧急的公关活动，希望缓解公众的抵触情绪，挽回微软受损的声誉。10月23日，微软发表了致用户的公开信，承诺不会收集用户的隐私，用户可以自由选择是否参加验证计划，并表示“黑屏”计划不会影响计算机的正常使用。公开信还特别强调了反盗版验证是微软的全球性计划，并非只针对中国市场。10月27日，微软公关部召集相关媒体紧急沟通，再次就“黑屏”事件听取用户的意见。有资料显示，微软通过网络博客作出了公关努力。业界一名博客透漏了一份“微软WGA&OGA计划博文写作”计划书，该计划书邀请博客参与对微软“黑屏”事件进行点评，请求博客写手为微软“说好话”。

“黑屏”事件的影响不可能马上消除，微软为其仓促、草率的公关计划付出了一定的代价。通过“黑屏”事件我们可以认识到及时倾听公众的意见是多么的重要，品牌公关传播的双向性得到了展示。

四、公共关系传播的互利性

公关活动的策划者、合作者、参与者和执行者都应当能够从公关活动中受

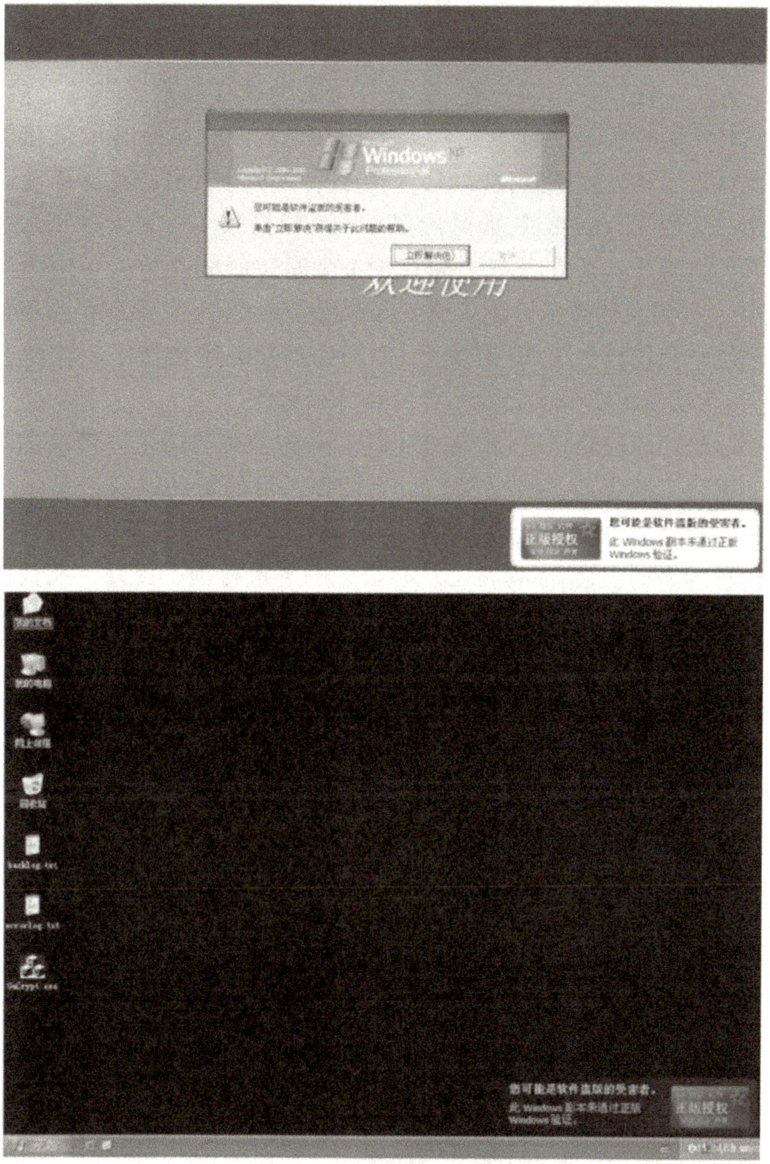

图 11－1　微软黑屏示例

益，公关活动不能损害任何一方的利益，实现多方共赢是公共关系的一项目标和职能。公关活动首先应当能够满足消费者的需求，保证消费者的利益得到实现，在条件允许的情况下尽可能地为消费者提供更多的价值感，尤其是在消费者的利益受损时，公关活动应当对消费者进行相应的补偿，以抵消他们因不愉快经历产生的不满情绪。

英国航空公司曾经为一名客人动用了一架波音 747，这成为至今仍令人津津乐道的一次著名的公关活动。1998 年 10 月 25 日，英国航空公司波音 747 客机 008 号班机准备从英国伦敦飞往日本东京，因机械故障飞机被迫推迟了 20 个小时。为了不使乘客耽误行程，航空公司帮助乘客换乘了其他公司的飞机，除了一位名叫大竹秀子的日本老太太之外其他的 190 名乘客欣然接受了这一安排。大竹秀子不肯换乘其他班机，坚持要乘 008 号班机。英国航空公司并没有拒绝这一看似无理的要求，而是让 008 号班机搭载大竹秀子一个人从伦敦飞往东京。大竹秀子一个人独享了拥有 353 个席位的波音 747，6 位机组人员和 15 位服务人员为大竹秀子提供了周到的服务。这趟航程 13 000 公里的飞行至少让英国航空公司损失了 10 万美元，但却为英航品牌创造了一次绝佳的公关传播机会，英航借此赢得了无数乘客的赞许和青睐。

公关活动还应使合作者、参与者受益。一些公关活动是以赞助的形式出现的，例如，奥运会的赞助、运动员赞助、节目和栏目的赞助以及公益事件的赞助等，此类公关活动需要多方实现共赢。品牌借助赞助获得了公众的关注，增加了品牌信息传播的机会，品牌在公众心目中的形象得到了提高。而被赞助者也从企业的商业活动中获得了实际的利益，相关的合作组织和参与组织的活动得到了企业的支持。

品牌的公关活动还帮助合作者、参与者实现了它们的职能。例如，一些政府部门、公益组织、非政府组织和社会团体在品牌的公关活动中部分地实现了自己的价值，履行了部分职责，完成了相关的任务。例如，联通对可可西里科学考察的赞助，红塔集团对珠峰重测的赞助等。2006 年 6 月，蒙牛乳业联合中国奶业协会、中国教育发展基金会、国家学生饮用奶计划部协调小组办公室、国家发改委公众营养与发展中心、中央电视台和人民日报联合发起了“每天一斤奶，强壮中国人”——蒙牛为全国 500 所小学送奶大型公益行动，蒙牛负责为这项计划提供全部的产品和物流服务。蒙牛的送奶计划之所以能够顺利实施，得益于它联合了多个政府职能部门和公益性团体、组织，送奶计划也使这些部门和组织的美誉度得到了提升(参见图 11 - 2)。

五、公共关系传播的公益性

从品牌公共关系传播的社会效果来看，许多公关活动带有明显的公益性。企业热衷于支持公益性事业，是因为公益活动的社会关注度较高，能够带来很好的传播效益。赞助、支持公益性事业是增加品牌美誉度、传播品牌形象最有效的一个办法，除了直接赞助一些公益性组织、团体，企业还可以发起以自己为主导的公益活动。例如，农夫山泉的“一分钱”赞助奥运、失学儿童、运动员公益活动，东芝集团发起的认养大熊猫公益活动等。

图 11－2　蒙牛聘任老红军担任“送奶大使”

一些突发性的灾难事件也为品牌公益性公关传播提供了机会。重大的突发性灾难涉及的范围较广，影响大，关注度高，企业对灾难性事件的救援、重建工作进行赞助、援助，以自己的行动履行了企业的社会责任，同时增加了公众对品牌的好感。2008 年 5 月 12 日，中国四川汶川地区发生 8 级特大地震，史无前例的大地震造成了 8 451 亿元人民币的直接损失，近 7 万人的生命瞬间殒灭，一时间全世界的目光聚焦在了汶川。许多企业向灾区伸出了援助之手，纷纷捐钱捐物，帮助灾区人民渡过难关。5 月 18 日晚，在多个部委和中央电视台联合举办的赈灾募捐晚会上，加多宝集团（罐装王老吉品牌的拥有者）捐出了 1 亿元人民币，成为国内单笔捐款额最高的企业。1 亿元的巨额捐款获得了轰动效应，媒体争相报道，王老吉品牌成为国人心目中的英雄。1 亿元巨额捐款并不是王老吉地震公关活动的结束，而是开始，王老吉以亿元捐款的举动赚足了公众的眼球，品牌的声誉一夜之间达到顶峰；随后，王老吉将公关活动在网络上进行扩展（参见图 11－3）。

5 月 19 日，一篇名为《封杀王老吉》的帖子在网络上迅速“蹿红”，该帖正话反说，号召国人购买王老吉饮料来回馈王老吉的慷慨捐款：“王老吉，你够狠！捐一个亿，胆敢比王石捐得还多！为了整治这个嚣张的企业，买光超市的王老吉！上一罐买一罐！”王老吉在百度的搜索排名迅速上升，各地也传来王老吉断货的消息，不少网友开始在 MSN、QQ 签名上号召大家购买王老吉。王老吉在地震的特殊时刻，借助高涨的民族情感和爱国热情，通过公关活动在极短的时间内提高了品牌的美誉度，在公众心目中树立起了负责、爱国、有爱心、关键时刻挺身而出的品牌形象。这一切都得益于王老吉亿元捐款的公益性举措。

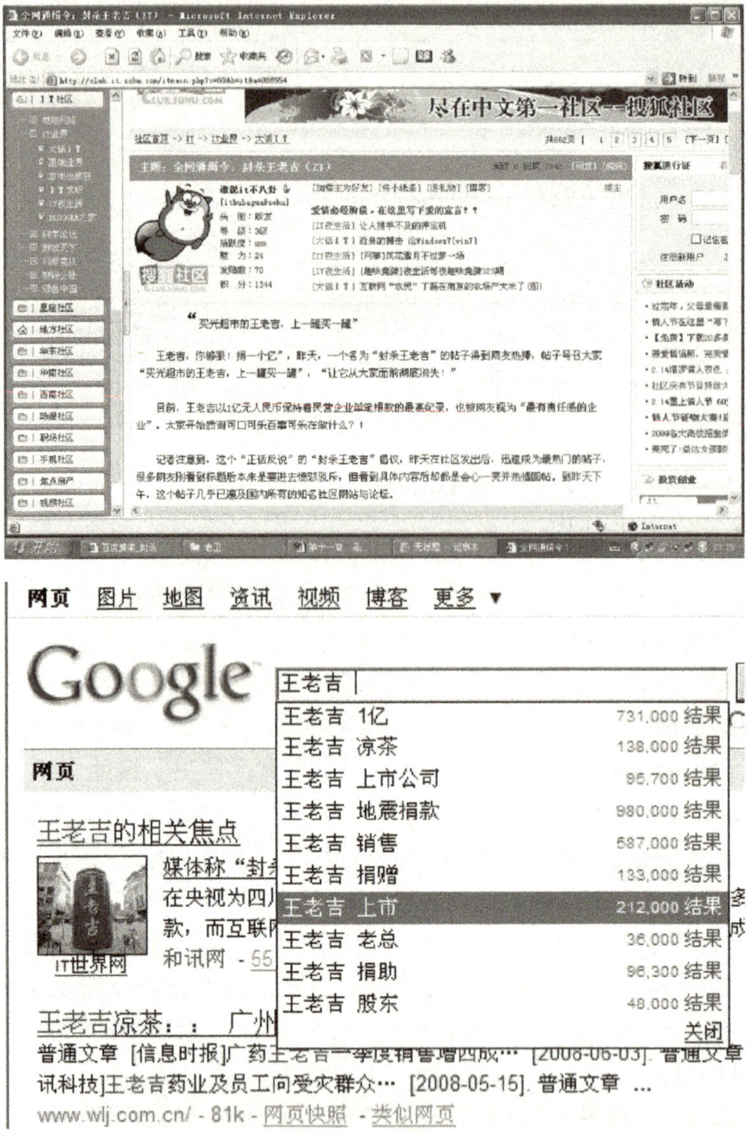

图 11－3 网络公关促使王老吉搜索量猛增

六、公共关系传播的真实性

品牌公共关系传播的信息必须是真实的，这既是公共关系的传播特性，也是公关活动的实施原则之一。品牌公关传播应建立在真实信息的基础上，向公众传播真实、可信的信息，只有这样才能与公众进行真诚的沟通，取得公众的信任。弄虚作假、夸张失实、欺诈性的信息只会使公关活动归于失败，一旦事实与真相被公布、揭露，品牌形象就会一落千丈。

品牌在遭遇突发性危机事件时尤其应当注意公关传播的真实性原则。许多企业并不是不明白这个道理，但是往往在进行危机公关时出于种种担忧和其他考虑，会在一定程度上掩盖事件的真相。危机公关中控制信息的传播以避免影响范围的扩大是必要的，但通过不正当渠道封锁信息，或者向公众传播不完全真实、刻意歪曲的信息来误导公众和舆论，这种做法是极其危险的。因为在传媒技术如此发达的今天，信息不可能被完全封锁，或早或晚真相都会被公众知晓。

品牌公关传播应当尽可能地公开事情的真相，向公众展示事实，争取获得公众的理解、支持和信任。2008 年 9 月爆发的三鹿“三聚氰胺”事件将一批知名的奶业品牌推到了悬崖的边缘，各品牌都在尝试危机公关，消除“三聚氰胺”对自己的不利影响。始作俑者“三鹿”受到公众批评最激烈之处，是它在“三聚氰胺”事件初期试图封锁消息、掩盖真相。有资料显示，“三鹿”的公关代理公司致电百度大客户部，希望能协助屏蔽最近“三鹿”的负面新闻，愿意以 300 万元的广告投入换取百度删除、屏蔽对“三鹿”的负面新闻。这一举措不仅加剧了公众的愤怒情绪，使“三鹿”彻底失去了挽回品牌重生的机会，还连累了百度深陷“竞价门”的品牌危机之中。由此可见品牌公关传播中信息真实的重要性。

案例 11－2

蓝色巨人精心策划人机大战

从 20 世纪 50 年代到 80 年代初期，世界计算机发展的历史经历了大型电脑和小型电脑阶段。IBM 在这段时期一直毫无争议地雄居龙头老大的宝座。可是，20 世纪 80 年代初期到 90 年代中期，随着个人电脑时代和网络时代的来临，尽管 IBM 公司率先推出了个人电脑，不过由于外部的激烈竞争与内部的管理机制问题，IBM 还是逐渐褪去了从前的光环，IBM 的主要产品市场占有率和公司的股票价格也出现下跌趋势。痛定思痛，从 1992 年开始，IBM 开始动大手术。1994 年，IBM 与奥美合作，进行蓝色巨人的全新打造。1996 年，作为 IBM 的公关代理公司，纽约的 Technology Solutions 专门策划了“深蓝”和棋王卡尔波夫的象棋比赛，而到 1997 年再度进行比赛时，这场比赛成了全球各类媒体关注的焦点。

“深蓝”是谁？深蓝是 IBM 公司生产的世界上第一台超级国际象棋电脑。这是一台 RS6000SP2 超级并行处理计算机，计算能力惊人，每秒可计算棋局变化200万步。而卡尔波夫从6岁开始下国际象棋,22岁就成为历史上最年轻的棋王,在长达12年的比赛生涯中,他从未输过任何一场正式比赛。“这是一部像人的机器和一个像机器的人之间的决斗”,印度人阿南德这样评价自己的同行——被誉为“有史以来最伟大的国际象棋棋手”的卡尔波夫——与一台超级计算机之间的较量。

对于这场比赛,IBM对外宣称只是希望通过“深蓝”与卡尔波夫这样的国际象棋顶级高手的对弈来取得人工智能方面的发展。如果事实真是如此,IBM大可不必如此大费周折,只需聘请卡尔波夫为企业的技术顾问即可。关键在于他们意在策动这样一场轰动全世界的人机大战,达到公司的广告宣传效应。无论这场比赛的结果如何,IBM都是最后的大赢家,都可达到推广“深蓝”电脑,为公司品牌造势的目的。因为即便是不太明白国际象棋交战法则的门外汉,也会对20世纪结束之前,电脑能否打败人脑这样一个话题非常感兴趣。

1997年5月11日凌晨4时50分,当“深蓝”将棋盘上的一个“兵”走到了C4的位置时,人类最伟大的象棋大师以2.5∶3.5的比分,在超级电脑面前俯首称臣。这场举世瞩目的比赛以一个令人大跌眼镜的结果而告终。胜负判定的那一刻,新华社、美联社、路透社、共同社……几乎所有的传媒机构都把同一则消息发往世界各地。这场比赛的策划取得了空前的成功,仅在互联网上就有2 700万人络绎不绝地前往有关站点探究,全球有超过30亿人了解了这场赛事。随之而来的是人们对电脑智能发展的各种推测和担忧,纷纷探讨“人和机器谁更聪明”,“机器是否会产生思维”,“‘深蓝’战胜的是一个人还是全人类”。至于传媒对此事的报道、分析更是连篇累牍,经年不绝。此后,只要有类似的人机大战,传媒总是不期然地拿“深蓝”战胜棋王的典故对比说事。“深蓝”从此名声大振。当时,由于IBM“深蓝”电脑名气太响亮了,以至有些家长打电话给IBM想购买“深蓝”电脑给小孩,但IBM“深蓝”电脑只是商用电脑,并不适合家庭使用。在9天的比赛过程中,IBM的“深蓝”网站点击率超过了7 400万次,由于《今日美国》、《华尔街日报》等媒介的报道,IBM的股票在比赛期间大幅度上涨。

对于IBM来说,他们已经成功了。这场比赛完全切合人们的兴趣关注点,配合完美的公关宣传,让IBM又重新回到了大众的视野。更重要的是,“深蓝”的成功给他们带来了崭新的企业形象。一个可以制造战胜棋王的电脑的企业,又有谁会怀疑它的电脑制造、软件研发和综合解决问题的能力呢?据悉,当时IBM为比赛创建了专门的媒介中心,用不同颜色显示传媒的不同兴趣,同时不断地修改新闻稿件;和IBM的互联网部门建立紧密联系,使媒介报道、门票出售都可以在网上进行;同时,关于比赛的新闻在网上也有追踪报道,还为“深蓝”专门成立了互联网站。在全世界的瞩目之下,IBM选择了国际象棋这样一个大众通晓的领域作为展现舞台，体现了自己领先的研发和技术能力。通过这样一次精心策划的公关活动的操作，大大提升了IBM“深蓝”电脑的美誉度和信赖度，深刻地展示了产品的性能和特点，红火的销售也是水到渠成。此后，“深蓝”又成功地预测了1998年世界杯的结果，进一步巩固了IBM公司高科技公司的形象定位。一场比赛，轻松成就了IBM造名造势的目的。

IBM策划的“深蓝”电脑与世界棋王的人机大战是一种典型的借媒体造势的公关宣传手段。很明显，如果只是运用传统的广告营销传播手法，就算投入了大量的金钱和人力，也未必能造成如此全球轰动的关注度和美誉度。IBM公司利用自身高科技公司的独特形象定位，将“深蓝”电脑和象棋大师对弈这样绝好的创意制造成了一件典型的新闻事件，并且将其策划成一次全球传媒界的盛典，利用各种不同的媒体组合，吸引公众的好奇心和注意力，最大限度地达到了提高知名度、扩大社会影响力的目的。一次成功的新闻策划固然能用最经济实惠的方式达到为企业和品牌宣传推广的目的，但是并非所有的传媒炒作都能真正实现公关追求的知名度和美誉度的目标。从IBM公司的成功案例中我们可以发现，一次成功的公关新闻策划必须考虑的因素和实施的基本技巧。

首先，新闻事件主题新颖，能突出公关活动的新闻价值。IBM的聪明之处在于选择了人机大战这样一个具有新闻轰动效应的话题。一方面，国际象棋对于大多数人来说，并不像电子高科技领域有那么多的深奥术语，是大众普及率较高的体育项目；另一方面，不管人们是否通晓国际象棋的游戏规则，恐怕都会愿意花点儿时间了解电脑和人脑究竟谁更厉害，在这点上，再也没有比人机大战更具有新闻价值的话题了。对于IBM来说，这场比赛无论输赢自己都是最后的大赢家：如果输了，得到的结论是电脑终究无法战胜人脑，对公司品牌并无大的影响，而“深蓝”仍然能通过这场比赛获得关注度并名扬世界；如果赢了，则不仅有效推广了“深蓝”这个电脑品牌，而且还能一扫公司之前外界表现颓靡不振的状态，重塑公司科技领先、服务周到，能为客户提供解决方案并解决问题的品牌形象。

其次，策划的新闻事件必须符合本公司的组织形象。从整合营销传播的角度看，其实，无论是新闻事件的策划还是公关广告的直接传播都围绕一个共同的目标，即与顾客和相关利益者建立可获利的良性品牌关系，塑造组织独特的品牌形象。因此，新闻事件的公关宣传应当能够让观众感受到组织形象的一种延续性。在策划人机大战之前，IBM公司已经着力改善多年来的品牌与公司整体形象，通过与奥美广告公司合作，以“IBM已经卷土重来”作为信息主题，在消费者心中重塑IBM以客为尊、科技至上的形象。1996年作为亚特兰大奥运会的唯一供货商且提供信息服务，也着力表现出公司的完美服务和高科技水准。而1997年“深蓝”在全世界的瞩目下打败棋王卡尔波夫，无疑宣告了科技巨人的重新崛起。整个新闻事件无论是表现的思想、主题,还是网络传播手段的运用,都与自身电脑公司的品牌形象配合密切。

再次,善于借力借势,建立全方位的媒介信息通路。借助于媒体的公共关系运作,通常要考虑到媒体的独立性比较强,很少受到公司或者品牌的影响,尤其是有关品牌信息的报道,需要经过媒体的“把关人”的过滤,有时不可避免地会遇到品牌信息被删去或者是不能采用的情况。这就需要公司有足够的新闻嗅觉,能够把目前的选题与公司的传播重点结合起来,从而创造更多的传播机会。IBM 公司将市场营销的重点放在为“深蓝”建立独特个性上,基础来源于系统的设计者和 IBM 聘请的来自象棋界的顾问。各种媒体的热炒都把“深蓝”和“棋王”作为关键字眼,“深蓝”的曝光率自然是一路攀高。IBM 的媒体传播手段具有两大特点:一是有的放矢,适应不同媒体的需求。IBM 为比赛创建了一个专门的媒体中心,用不同的颜色来表明媒体对自己的不同兴趣,同时不断地根据需要来修改新闻稿件。二是善于利用最先进的传播手段。IBM 巧妙地利用了网络平台,使媒介报道、门票出售等都在网上进行,同时建立了专门的“深蓝”网站,关于比赛的相关信息都在网上进行跟踪报道。如果这一事件发生在今天,对互联网的利用似乎已经成为顺理成章的事情,但在 1997 年就能如此纯熟地运用网络传播,不能不说是一种传播手段的创新。可以说,良好的媒介信息通路是在营销公关中新闻策划成功与否的关键。

当然,仅仅通过以上三点并不能保证一次传媒炒作的成功。作为整合营销传播的重要组成部分,任何公关活动的推出都必须经过周密的计划和综合性的战略考虑,IBM 的人机大战新闻炒作大获成功也不例外。纵观这场精心策划的人机大战,新闻主题的新颖、组织形象的一致性追求、社会舆论的介入和媒介信息通路的畅通可谓是成功的三大要诀。

案例来源:卫军英:《整合营销传播典例》,浙江大学出版社,2008 年版。

第三节　品牌公关活动的策划

制定一份切实可行的品牌公关传播方案需要认真研究品牌对于社会公众的核心价值,即品牌究竟能满足社会公众什么样的需求、提供什么样的利益。品牌公关活动应当能够赋予品牌更多的价值,在社会公众那里得到更多的支持和信任。品牌既要有长期的公共关系战略规划,也要有中短期的公共关系活动,在特定的市场环境中和竞争形势下,针对特定的市场问题和事件,还可以制定独立的公关活动方案。品牌公关活动策划通常有以下三个环节。

一、确定并评估公众态度

公共关系面对的是公众，不是单纯的消费者，它不以产品销售为直接目的，而是以与公众进行沟通、建立融洽的品牌关系为目标。因此，尽可能搞清楚公众对品牌的态度很重要，这是公关策划的必要环节，通常由市场部门、公关部和咨询机构提供关于公众品牌态度的报告。

公共关系所关心的主要是人们对公司或者一个特定事件的态度，而不是像广告或者其他促销形式那样，注重于人们对具体产品、品牌或者服务的态度。之所以这样，一个很重要的原因是这些态度可能会影响到企业形象或者产品的销售。很明显，当消费者具有某种抵触情绪时，就会导致销售额下降，许多公司都有过这种经历，但并不是所有公司都能够有效地对这种压力作出反应。

企业重视公众态度的另一个原因，是谁都希望被看做是一个良好公民。企业与社会具有密切的关联，如果社会对其持否定态度，必然要通过各种渠道传递给企业的员工，并影响员工士气，进而对建立企业内部以及社区最佳工作环境产生不利影响。因此，出于对公众感受的关心，许多公司都很重视公众态度调查研究，通过这种研究实现多方面的目的。

（一）为公关策划提供信息

一旦组织确定了公众态度，就可以此为依据，着手制订计划，维持满意地位或者改变不满意地位。

（二）发挥早期预警的作用

公关问题一旦出现就有一定的处理难度，并要花费相当的时间和财力，如果通过调查评估可以发现潜在问题，就有可能在事态恶化之前进行有效处理。

（三）可以保证内部支持力度

如果研究表明存在问题或者是有潜在问题，公关部门或者相关部门就可以更加容易地获得解决问题所需要的支持。

（四）便于改善沟通效果

对问题的分析越透彻，就越是能够找准问题的关键点所在，并由此获得解决问题的途径和方法。

二、制订公共关系计划

相对于营销计划和广告计划，公共关系计划所受到的关注程度显然要小很多。这不是因为公共关系不重要，而是因为公共关系在很多企业管理层看来并非一项持续性工作，而是以完成阶段性任务为主。同时，对于公共关系的工作内容，很多企业也没有明确的界定，在对传播领域100名高层和中层管理人员的有关调查中，60%以上的人认为他们的公共关系计划只包括新闻报道、与商业展览有关的信息和新产品的宣传等①。而且这些工具本身也不是为公共关系的目的而正式设计的，大多是出于一种势不得已的临时需要。也就是说，绝大部分公关活动在企业中并没有得到相应的制度保障。

事实上，对于企业而言，公共关系活动是一个持之以恒的过程，需要一系列完整的政策和程序，才能够对各种问题和机会应付自如。这就涉及对公共关系工作目标的认识问题，即什么是公共关系活动的追求目标。回答这个问题必须着眼于战略和战术两个层面：在战略上公共关系与其他营销传播形式一样，是企业营销战略的一个组成部分，它担负着实现企业整个营销沟通战略的任务，而且由于公共关系本身的沟通特征，它对于塑造公司或者品牌形象，为公司创造良好的运营环境，保持公司与顾客以及相关利益者的良性沟通具有十分重要的意义。可以说，公共关系的战略目的就体现在这里，这个战略目的就是公共关系持之以恒的长期追求。在战术层面上，公共关系是一个有效的营销传播手段，尤其是在整合营销传播视野里，公共关系所承担的角色一点儿也不比广告和其他营销沟通手段逊色。所以，每一次具体的公共关系活动也都承担了相应的营销传播目标，这种目标也就是公关策划和实施中所要解决的具体问题。正是从这个意义上说，任何公共关系活动的推出，都必须经过周密的计划和综合性的考虑，换言之就是说，公关活动必须有严格的计划。表11－1列举的是在确定营销公关计划是否可行时所要考虑的一些主要问题。

表11－1 评价公共关系计划的十个问题

1	公共关系计划是否建立在对公司经营态势的全面理解基础之上？
2	计划是否充分利用了市场调研结果和其他背景资料？
3	计划建立时是否对近期的新闻报道作了全方位的深入分析？
4	公共关系人员对产品的优缺点是否有充分的了解？
5	公共关系计划是否描述了相关研究所得出的中肯结论？
6	计划目标是否足够明确而且可以具体衡量？
7	计划是否清楚地描述了将进行哪些公关工作并给公司带来什么帮助？
8	计划是否确定了活动效果的测量方法？
9	研究、目标、活动及评价是否联系在一起？
10	在计划的制订过程中公关部门是否时刻与营销部门保持沟通？

① 【美】乔治·E.贝尔齐，麦克尔·A.贝尔齐.广告与促销：整合营销传播展望[M].大连：东北财经大学出版社，2000：751.这个数据来自美国，中国企业虽然还没有确切的数据，但是基本状况并不乐观，很多方面的表现甚至更加欠缺。

显然，在这个计划评价框架中，涉及的问题主要有三个大的方面：其一是资料和背景分析，只有明确地洞察现实，才可能找到问题症结所在；其二是公共关系的工作目标，这是所要进行的公关工作的具体任务，它代表了公关活动的发展方向；其三是计划执行的可行性分析，即衡量计划是否切实可行，它与整个营销活动必须形成有机联系。只有在公关计划切实可行的基础上，公关活动的展开和实施才具有必然的意义。

三、实施公共关系活动

公共关系活动的运作要抓住两个环节：一个是目标对象；一个是落实手段。前者要求找准公关的对象，并清楚所要解决的问题；后者则是提出解决问题的具体手段，着重于落实方法。对象明确、方法正确，公关活动才可能取得圆满结果。只有确定了相关的目标受众才可能结合公共关系活动的目的，根据目标受众的情况制定具体措施。

（一）确定相关的目标公众

公关活动面对的公众非常广泛，任何人都可能是公关活动的对象，具体到某一特定的公关活动的公关对象，其公众应当具体化。目标公众指的是具体的公关活动所面对的公众，不同的公关目的决定了目标公众有所不同。我们可以大致将公众分为组织内部公众和组织外部公众，对两者都可以再加以详细的细分。

1. 内部公众。内部公众一般是指与社会组织有着直接的归属关系，且关系最为密切的一类公众，包括员工、股东以及员工家属。员工是社会组织直接面对而又最接近的公众，是社会组织赖以生存和发展的细胞，是社会组织内部公众的主体；股东是股份制经济组织的投资人和财产拥有者，是股份制经济组织活动最积极的赞助者；员工家属本来与社会组织没有直接的归属关系，但通过他们的亲属与社会组织发生关系，成为社会组织的“后院”，可以起到稳定或涣散员工军心、强化或损坏社会组织向心力的作用。

内部公众的公关手段不外乎两个：一是物质奖励；二是精神激励。二者都是必需的，最好的内部公关需要将二者结合起来。日本松下电器公司的内部公众公关工作非常值得人称道。松下十分强调“人情味”管理，重视对员工的“感情投资”和“感情激励”。松下建立了“提案奖金制度”，由员工选举成立了一个推动提供建议的委员会，鼓励员工随时向公司提出建议。公司对每一项提案都认真对待，视其价值大小、可行与否给予不同形式的奖励。

松下公司还设计了身体语言，以这些语言的运用增强员工之间的亲近感。当一个员工兢兢业业、一丝不苟进行作业时，前来巡视的经理、领班们会拿起零件仔细瞧瞧,除了说上几句“不错”、“干得好”之类的赞扬话以外,还会拍拍员工的肩膀给予鼓励。当员工完成一项重大技术革新,当员工的建议为企业带来重大效益时,老板会送上“红包”进行奖励。凡是逢年过节,或厂庆、员工婚嫁,厂长、经理们都会请员工赴宴或上门贺喜、慰问。松下经过多年的观察发现,按时计酬的员工仅能发挥工作效能的20%~30%,而如果受到充分激励后则可发挥80%~90%的效能。

2. 外部公众。

(1)媒体。在外部公众中媒体堪称是最重要的外部公众。这是因为,媒体作为大众沟通工具,可以决定更加广泛的受众将看到或听到什么,而且这种信息以新闻报道的形式呈现出来,对受众具有显著的影响力。有鉴于此,企业的公关对媒体的工作是重中之重。一般情况下,企业除了与新闻机构保持良好的关系之外,还经常举行新闻发布会和记者招待会,并利用会议、采访以及特别事件与之形成各种交流,以便新闻机构能够及时了解企业的相关活动。通常这些活动只要操作得体,一般都会受到媒体的欢迎,只要是具有价值的新闻素材媒体都会感兴趣。

(2)教育部门。许多企业都对教育部门提供其活动信息,尤其是一些有关技术革新、科研发展以及其他相关信息。教育部门之所以成为目标受众,是因为它们也像媒体一样,控制着对特定群体的信息指向,而这些群体往往又把教育部门发布的信息作为最具有信任价值的信息,并进一步传播开来。

(3)政府。对政府的公关也是一项十分重要的任务。有时,一些来自政府的管制很可能使企业受到极大的牵制,利用相应的沟通和游说可能在举手之间改变某种不利形势。比如,企业因其产品受到假冒伪劣品的侵害,于是借助于工商管理和质量监督部门的协同努力,其效果比企业单枪匹马要显著得多。企业的一项成果如果能够得到政府的肯定和推广,那么市场扩展的速度也是一般商业行为所无法比拟的。

(4)其他组织和商业团体。各种社会组织和商业团体,有时虽然与企业没有直接关系,但是它们在信息传递中却拥有自己的优势,比如,青年联合会、足球协会等,而且其中有一些也可能是企业的潜在利益者,如金融机构等。保持与这些组织的良好关系,可以帮助企业在相关条件下获得优势。

(二)采取适当的公关措施

按照公关策划程序,在调研工作完成、目标受众确定之后,接下来就是开展公关活动,并将公关活动的内容传播给相应的接受者。所以,公关实施主要是采取什么方法。可以运用的公关工具很多,关键是要找到合适的。所谓合适的就是指可以如期向目标对象传达公关内容并解决公关问题,同时又在公司公关能力允许的范围之内具有切实可行的操作价值。通常，主要的公关工具不外乎以下三个方面。

1. 媒介公关宣传。新闻是最重要的公关手段，在对公众的影响力和辐射范围上堪称是首屈一指，所以，在公关措施中，如何处理好媒介公关意义重大。运用新闻媒介发布信息进行公关宣传通常有新闻报道、记者招待会、独家新闻以及采访等。在操作中要注意三方面的问题：一是处理好与新闻媒体的关系，通过媒体进行广泛传播；二是努力将具有新闻价值的信息提供给新闻机构，信息必须具有社会意义才可能引起公众的关注；三是在新闻报道设计中要有针对性的受众，这样才可使效果更佳。

2. 社会参与。社会参与能够帮助企业迅速获得社会认可，塑造其公众形象，其内容表现得十分广泛，已经不局限于社区事务和社区建设，而是更广泛意义上的企业与社会联系。赞助是企业社会参与的一条主要途径，在选择赞助和社会参与中，企业可以根据自己的性质选择适当的项目，既要对社会和公众有明显的帮助作用，又要产生一定的影响，对提升企业形象有较大力度。比如，一个民营企业在 2000 年的长江抗洪中，带头向灾区捐献就赢得了社会的一致好评，而有些企业在选择社会参与时，由于选择不当也可能效果适得其反。比如，一家医药企业以某著名影星的名义向贫困地区儿童捐赠保健品，但是，由于捐赠只是出于宣传和作秀的需要，最后闹得纷纷扬扬，使企业备受责难。

3. 公司广告。公司广告是一种延伸的公关职能，与一般商业广告所不同的是，这种广告并不直接推销任何产品或品牌，而是通过改善公司形象、对某一社会事件或者公益事业表明立场或直接参与推销整个公司。公司广告包括三种形式：一是形象广告：促销公司整体形象的广告形式，通常注重于宣传企业理念和企业定位。比如，海尔“真诚到永远”、诺基亚“科技以人为本”等。二是倡导广告：以社会热点、商业动态或环境问题为主题，通过宣传一种社会理念宣传公司的观点。倡导型广告本质上仍旧是在描述企业形象，只是并不那么直接而已。比如，宝洁公司的广告“今天你洗头了吗?”三是公益广告：通常，公司以社会代言人的形式出现，或者与有关慈善和公益组织合作，通过宣传和赞助社会公益事业获得形象支持。比如，有企业在城市社区建立了许多公众免费阅报栏，以便于人们方便阅读各种报纸。

必须指出的是，公共关系在实施过程中可以运用的手法和工具非常广泛，相对于其他促销形式而言，公共关系可能在资金投入上相对较小而效果却更大。但是公关活动并不能代替其他营销传播形式，而且其实际操作难度和对公关人员的要求，也许比一般广告和促销人员要高。目前在企业中擅长于公关操作的人员，较之于一般广告和营销专家更加难寻。公关专家不仅必须熟悉营销策略，了解公司的整体面貌，而且必须善于和雇员、官员、媒体人员以及社会公众等各方面公众打交道。更重要的是，必须具有一种职业敏感性，能够有技巧地从一些事件中发现有价值的材料，并将其策划成具有社会效应的信息。与此同时，还要具有处理各种突发事件的能力。

（三）对公共关系活动的效果进行评价

公共关系执行与其他促销活动一样，必须考虑执行效果。对公共关系活动进行效果评估，一方面是评价这一沟通要素对实现营销传播目标的贡献，另一方面也是对公共关系活动和营销传播整合中的一种管理需要。就管理而言，它的好处可以体现在三个方面。

1. 可以对管理层明确企业通过公共关系活动所得到的收获。

2. 可以向管理层提供衡量公共关系效果的方法。

3. 可以为管理层提供一种判断公共关系成果和公关活动本身质量的方法。

衡量公共关系活动效果的具体标准有很多，既有指标性的要素测量，也有其他的方向性评价。表 11 －2 是由美国公共关系研究专家雷蒙德 · 西蒙（Raymond Simon）提出的公共关系活动效果衡量标准[①]，这个标准主要是针对公关宣传中媒体报道设计的。

表 11 －2　公共关系活动效果衡量标准

1	整个活动期间内形成印象的数量
2	在目标受众中形成印象的数量
3	在特定的目标受众中形成印象的数量
4	整个活动期间正面报道文章的比例
5	整个活动期间负面报道文章的比例
6	正面报道文章对负面报道文章的比例
7	正面/负面文章的比率（按主题划分）
8	正面/负面文章的比率（按出版物或作者划分）
9	正面/负面文章的比率（按目标受众划分）

为了真正确认公共关系活动的效果，在评价中还需注意把认知评价与数据调查相结合，提出一系列的评价依据。这些评价依据为如下三项。

（1）个人评价和反应。这是上级领导对公共关系操作部门的评价。就是说，在公关操作中，整个机构的每一个层次都应当有上级领导的个人判断和评价。

① Raymond Simon. Public Relations ，Concepts and Practices，3rd ed. （New York：John Wiley & Son' s 1984），p. 291

(2)目标与结果评价。为实现整体沟通目标，公关活动中的每个具体措施都应当设定相应的细分目标。比如，在某些特定媒体刊发一定数量的正面报道，这就是一个可以具体测量的量化目标。

(3)有关民意调查。通过收集公共关系活动期间的公众态度变化的情况，作为对活动实施效果的评价依据，这种调查最好采取数据形式加以量化。

公共关系活动效果评价的方法很多，不论采取什么方法，根本的目的都是为了确认公共关系在实施中是否如期达到自己所设定的目标。由于公共关系在营销传播中的角色不断变化，尤其是在整合营销传播中，公关活动也成为一种整合导向性追求，因此评价标准也在不断变化和日趋深化。

案例 11－3

加多宝的"悲情公关"

一、"王老吉"的品牌之争

2010 年 11 月，在北京人民大会堂举办的"中国知识产权(驰名商标)高峰论坛暨广药集团王老吉'大健康'产业发展规划新闻发布会"上，北京名牌资产评估有限公司宣布，广药集团旗下"王老吉"品牌价值评估为 1 080.15 亿元，超越之前中国最高价值品牌"海尔"的 855 亿元，成为中国目前的第一品牌①。

但令人没有想到的是，一年多之后，伴随着这个上千亿元价值的品牌在中国饮料市场获得巨大成功的同时，品牌归属权和经营权的争执却越来越为激烈，并时时见诸于报端，成为媒体争相报道的焦点。最终，凉茶饮料市场的两大巨头"王老吉"、"加多宝"为此各执一词、对簿公堂；同时，他们也并没有忘记利用各种广告、公关手段向消费者展开攻势，努力获得消费者和普通公众的理解、支持和认同，也都试图把自己的品牌与"王老吉"建立继承关系，最大化保留或转嫁其巨大的品牌价值。

王老吉凉茶发明于清道光年间(1828 年)，被公认为凉茶始祖，素有"凉茶王"之称。1949 年以后王老吉一分为二：香港王老吉和广州王老吉。香港王老吉为王氏家族后人控制，王氏家族第五代传人拥有包括中国香港及海外"王老吉"的商标注册权；广州王老吉被归入广州羊城药厂，隶属于广药集团，2002 年广州王老吉向香港王老吉租借海外商标使用权②。

1956 年，中国政府以赎买形式购得王老吉的祖业，广药集团成为王老吉凉茶在内地唯一的合法传承实体，并在 1992 年开始生产出盒装和罐装王老吉凉

① 牛思远. 1 080 亿！"王老吉"夺得中国第一品牌[N]. 南方日报，2010－11－11.

② 根据搜狐网资料整理：http://business.sohu.com/s2012/wlj/.

茶，成为国内最早的凉茶植物饮料①。港资企业加多宝集团于1995年创立，1997年与广药集团签署商标使用许可合同，代理红罐王老吉在内地的生产和销售。加多宝成功地将“王老吉”品牌推向了全国，2010年加多宝生产的红罐王老吉凉茶饮料的销量在150亿元左右，大约占整个包装凉茶市场份额的70%，成为销售额超越了可口可乐和百事可乐的中国罐装饮料市场第一品牌。

“王老吉”的品牌争夺战被称为“中国第一商标案”。这场颇为引人关注的事件可追溯至1995年的“王老吉”品牌授权，大致的主要经过如图11－4所述。

1995年	广药集团将红罐王老吉的生产销售权租给了加多宝的投资方——香港鸿道集团，广药集团自己生产绿盒王老吉凉茶
1997年	广药集团与加多宝的投资方香港鸿道集团签订了商标许可使用合同
2000年	双方第二次签署合同，约定租赁时限至2010年5月
2001~2012年	鸿道集团行贿广药集团原副董事长李益民100万港币，双方签署第一份补充协议，将租赁合同延期
2003年	广药集团原副董事长李益民再收100万港币贿赂，双方签署第二份补充协议，将租赁合同延期至2020年
2008年	广药集团认为补充协议无效，商标租赁期限于2010年5月到期，并就此事和鸿道集团展开交涉
2010年8月	广药集团向鸿道集团发出律师涵，申诉李益民签署的两个补充协议无效
2011年4月	广药集团向中国国际经济贸易仲裁委员会提出仲裁请求，5月正式立案
2011年5月~2012年5月	开庭时间因鸿道集团未应诉而推迟，之后双方补充所有材料：考虑到王老吉的商标价值，建议双方调解
2012年5月11日	广药集团收到中国国际经济贸易仲裁委员会5月9日的裁决书，商标案胜诉
2012年6月21日	广州市检察院发布《关于陈鸿道涉嫌行贿犯罪案件和相关情况的说明》
2013年1月31日	广州市中级人民法院裁定加多宝立即停止使用“王老吉更名为加多宝”等广告宣传的行为

图11－4 “王老吉”商标案的经过

① 王老吉官方网站：http://wljhealth.com/news/info.aspx? id=205.

双方争论的焦点是两个补充协议是否有效,这牵涉到王老吉商标租用期限的问题,进而可能引出巨额的商标使用费用和赔偿问题。广药集团副董事长李益民在接受鸿道集团贿赂的情况下签署了两个补充协议,致使租赁合同延长至2020年。广药集团以法律判决的形式获得了法理的胜利。

二、加多宝的"悲情公关"

显然,加多宝并不是没有考虑到商标租赁合同到期的情况,仓促之间更换商标是其不愿意面对的处境,更何况这还将使其面对一个自己苦心经营多年、一手促成其凉茶巨头地位的对手——回归广药集团后的"王老吉"。但2012年5月中国国际经济贸易仲裁委员会裁决加多宝败诉,继续使用"王老吉"商标已失去了法律的基础。对于加多宝而言,将"王老吉"所积累下的品牌财富转移到新的"加多宝"身上,是其更名行为能否获得成功的关键。为了实现这一目标,加多宝采取了多种营销和公关手段。

1. 改名广告

2013年1月,广州市中级人民法院裁定加多宝立即停止使用"王老吉改名为加多宝"(见图11－5)等广告宣传的行为。在此之前,加多宝投入巨资推广其更名活动,有媒体称仅2012年4月即投入了4亿元人民币的广告费①。

图11－5　加多宝的平面更名广告②

① 转引自搜狐网:http://business.sohu.com/20120510/n344466056.shtml.

② 图片来自Tom网:http://post.news.tom.com/c7001dba175.html.

加多宝在广告中强调了“全国销量领先的红罐凉茶改名为加多宝”、“怕上火”、“正宗凉茶”、“加多宝出品”，配方、口感、包装都不变等信息。奥芬多网络公司营销总监杨德昭认为，加多宝所为出于四种想法：①目的是使消费者联想“原来的王老吉，改名为加多宝了”；②怕大家没有联想，扯到“红罐”；③强调“原来的配方，熟悉的味道”；④“现在”隐含的一个意思是把“王老吉”划为过去，告诉消费者，现在、当下、以后都喝加多宝[①]。

在更名广告被叫停之后，2013 年 3 月加多宝推出了新的广告语——“中国每卖出 10 罐凉茶，7 罐是加多宝”。

2. 包装上的“去王老吉化”

2012 年 5 月，部分地区的超市卖场出现了三种包装形式的“王老吉”：第一种包装上标有“王老吉”；第二种标有“正宗凉茶加多宝”；第三种包装一面印着“加多宝”，一面印着“王老吉”[②]（见图 11－6）。

图 11－6　部分市场上的“两面红罐”[③]

营销业界人士孔繁任认为，在市场投放“两面红罐”（一面印有“王老吉”，一面印有“加多宝”）产品，提前把货压给渠道，既抢占了终端仓库，又通过产品本身做了宣传，间接暗示消费者“加多宝就是王老吉”[④]。“两面红罐”的策略在终端向消费者暗示“加多宝”与“王老吉”之间的关系，使消费者认识到确认了“更名”活动的真实性。

---

① 转引自华龙网：http://news.cqnews.net/html/2012－09/13/content_19647740.htm.

② 转引自人民网：http://hn.people.com.cn/n/2012/0522/c336293－17064186.html.

③ 红罐包装上一面是“王老吉”，一面则将过去并不显眼的“加多宝”字样印得硕大。图片转引自网易：http://money.163.com/12/0509/10/812ABP5100252603.html.

④ 转引自华龙网：http://news.cqnews.net/html/2012－09/13/content_19647740.htm.

3. 独家冠名“中国好声音”

2012 年 6 月，加多宝集团宣布独家冠名浙江卫视“中国好声音”栏目（见图 11－7）。《加多宝中国好声音》开播以来，收视率节节攀升。首期节目收视率超过 1.5，第二期节目的收视率达到 2.8，位列同时段节目榜首，第三期节目更是以 3.093 创下收视新高，位列同时段第一，总决赛收视率则超过了 6.0[①]。

图 11－7　第一季“中国好声音”启动新闻发布会（图片选自新浪网）

加多宝并没有给出冠名费的具体数字，外界猜测加多宝为此付出了 6 000 万元。2012 年 11 月，加多宝以 2 亿元人民币取得了第二季“中国好声音”的独家冠名权。加多宝充分利用了第一季“中国好声音”的影响力，先后在西安、武汉、广州、北京等地，与浙江卫视一起开展了 10 余场推介会活动，并将“加多宝中国好声音”的宣传海报贴到了终端销售渠道；同时，利用电视、平面、网络及微博等媒体手段，不断强化“加多宝中国好声音”的传播[②]。

4. “对不起”系列“悲情”微博

2013 年 1 月，广州市中级人民法院裁定加多宝立即停止使用“王老吉改名为加多宝”等广告宣传的行为，不久之后，2 月 4 日 13 点 18 分，加多宝官方微博以“对不起”为主题，连发 4 条微博，每条微博都配以幼儿哭泣的照片（见图 11－8）。微博发布后短短数小时，转发量已超过 25 万，覆盖粉丝数逾 3 亿[③]。4

① 转引自凤凰网：http://finance.ifeng.com/roll/20121012/7140973.shtml.

② 转引自凤凰网：http://finance.ifeng.com/roll/20121012/7140973.shtml.

③ 新浪网：http://finance.sina.com.cn/chanjing/b/20130206/000014513623.shtml.

条微博的文案分别是：

(1)“对不起，是我们太笨，用了17年的时间才把中国的凉茶做成唯一可以比肩可口可乐的品牌。”

(2)“对不起，是我们太自私，连续6年全国销量领先，没有帮助竞争队友修建工厂、完善渠道、快速成长……”

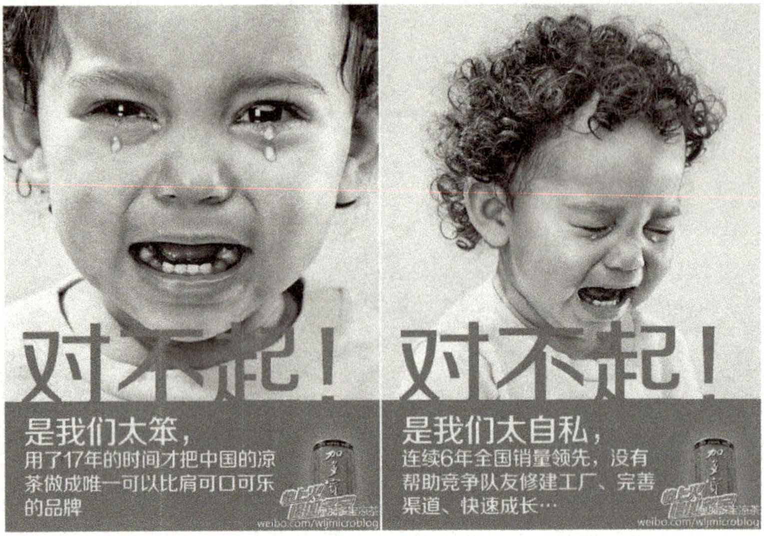

图11－8 加多宝“对不起”系列微博(1)、(2)

(3)“对不起，是我们无能，卖凉茶可以，打官司不行。”

(4)“对不起，是我们出身草根，彻彻底底是民企的基因。”

“对不起”系列用一个哭泣的儿童配上悲情的文字，正话反说地“控诉”对手的“步步紧逼”，试图将“忘恩负义”、“仗势欺人”这样的社会标签贴到对手身上，而将自己塑造成一个出身于草根、缺乏背景，被自己养大的“孩子”欲置之于死地而后快的体制受害者。

5.“悲情”微博万言书

2013年“两会”之际，加多宝在3月12日发布了《让“非公经济”同样成为党的执政基础——加多宝集团致两会代表委员的一封信》(见图11－9)。该信被称为“加多宝万言书”并在微博上被广泛转载，该万言书猛烈抨击广药向其追讨10亿元“天价索赔”的合理性，并痛陈其作为民营企业在凉茶大战中遭遇的种种不公。

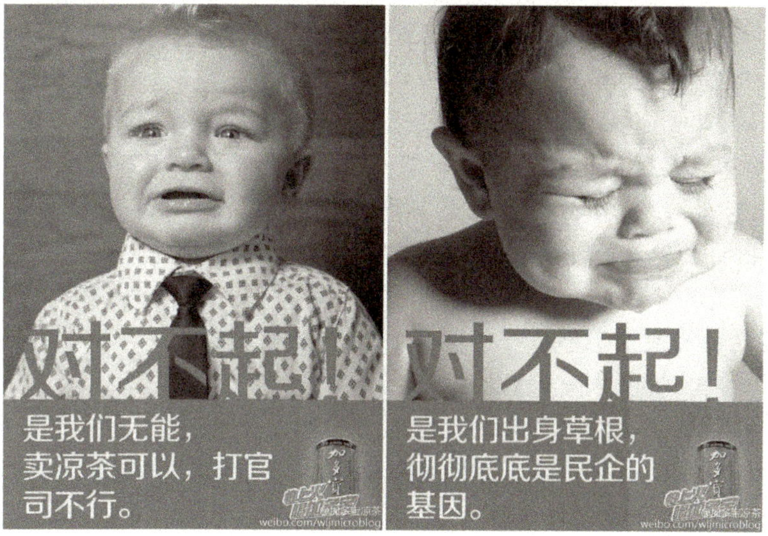

图 11-8　加多宝“对不起”系列微博(3)、(4)

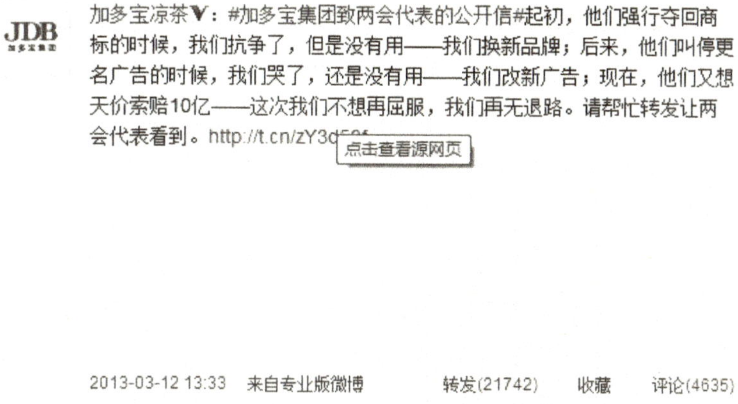
JDB

加多宝凉茶V：#加多宝集团致两会代表的公开信#起初，他们强行夺回商标的时候，我们抗争了，但是没有用——我们换新品牌；后来，他们叫停更名广告的时候，我们哭了，还是没有用——我们改新广告；现在，他们又想天价索赔10亿——这次我们不想再屈服，我们再无退路。请帮忙转发让两会代表看到。http://t.cn/zY3d 点击查看源网页

2013-03-12 13:33　来自专业版微博　　转发(21742)　收藏　评论(4635)

图 11-9　加多宝公开信微博的截图①

加多宝在公开信中表示，经过 17 年，加多宝才将“红罐王老吉”苦心培育为无形资产价值超千亿元，在国内有望与可口可乐比肩的知名品牌。然而，2012 年，“红罐王老吉”被广药集团通过一系列饱受争议的法律行动“收回”，17 年心血所系的商标一夜之间被无条件夺走。在公开信中，加多宝呼吁两会委员研究、制定国家大政方针时，从加多宝的案例中得到借鉴，找到促进“非公经济”生

① 图片来自新浪网：http://finance.sina.com.cn/chanjing/b/20130312/195014807294.shtml.

存环境改善的具体办法并落到实处，希望“非公企业”加多宝能与国有企业广药集团平等地站在法庭上，接受公正的裁决①。

三、加多宝“悲情公关”的基础

加多宝之所以在后期能够实施“悲情公关”，主要基于以下四方面的基础。

1. 加多宝经营“王老吉”品牌时期积累下的良好形象

“王老吉”品牌的良好形象与其积极参与公益活动有密切联系，尤其是2008年四川汶川地震时，加多宝代表“王老吉”捐款1亿元人民币，这个举动让“王老吉”及其背后的加多宝成为国人心目中的真正有责任、有爱心的民企典范，甚至为二者涂上了不容侵犯和亵渎的“神圣性”色彩。

2. 加多宝对“王老吉”成功的巨大贡献

不可否认，正是在加多宝的运作下，“王老吉”才完成了从一个地方品牌到行业翘楚的蜕变，这使它很容易博取公众对“创业者”或“缔造者”的同情。

3. 巧妙借助于民众的微妙情感

整个“王老吉”品牌争论中有一个很关键的问题，即香港鸿道集团以贿赂的方式取得了两个补充协议，这两个补充协议最终被宣布为无效。但遗憾的是，民众的情感似乎并不对行贿的方式表示出太大的异议。从加多宝的广告和公关中，我们可以注意到民众情感的微妙变化，其中不仅有对国企的某种不满情绪，还夹杂着一些对流落海外的老字号品牌的同情，甚至还包括了民众对部分法律程序的不信任和社会不公平现象的批判。加多宝的弱者、受害者形象获得了网民很大程度上的支持和同情，也成功地将自己的诉求转变成民企对公平市场规则的集体呼吁。

4. 广药集团的公关落后于法律维权

广药集团在不断成功地取得法律的支持后，没有辅以有效的公关手段加以配合，尤其是鸿道集团通过行贿获得两个补充协议的违法事实，以及“王老吉”品牌租赁合同中广药的利益没有得到充分考虑这一情况，广药集团都没能很好地运用，反而，不断成功的正当法律诉求将自己置于一个极为不利的地位。

在这场“中国商标第一案”的争议中，广药集团收回“王老吉”商标的行为得到了法理的支持，但回归后的“王老吉”肯定会面临着重新寻求市场认可的严酷考验；加多宝的悲情公关使它渡过了可能出现的“更名危机”，并达到了与“王老吉”同等的知名度，但行贿丑闻和苏州、南昌的暴力事件也彻底撕掉了其汶川地震以来获得的“神圣性”色彩的公益形象。如果双方都不保持克制而任由其

① 人民网：http://finance.people.com.cn/n/2013/0319/c70846-20835666.html.

无限制地发展下去,这场消费公众注意力的争夺战很可能会可能成为一出“双输”的闹剧。

思考题

1. 对公共关系的概念有哪几种理解?
2. 公共关系的三要素是什么?
3. 品牌公共关系有哪几种?试举例说明。
4. 公共关系对于品牌建设有何重要意义?
5. 举例说明公共关系的传播特性。
6. 品牌公共关系活动策划的环节有哪些?
7. 公关活动策划如何针对不同对象,确定不同的公关方式?
8. 如何理解公共关系活动效果评估的重要意义?

第十二章　品牌网络传播

第一节　网络营销与品牌传播

网络已经成为信息化社会的一种基本生存形态，网络营销也随着网络的发展，正在逐步地普及和延伸。网络不仅仅只是作为一个新型媒体存在，它还是一个具有极大的包容性和无限延伸空间的新型集聚社区。网络不仅被用来实现相应的营销目标，而且也被作为建立品牌的一个有效途径。

一、网络营销的基本概念

互联网从1994年开始商用到现在，已经走过十几年的历程。现代商务的核心是营销，网络经济时代的商务核心便在于网络营销。作为以网络和IT为核心的产业形态，硅谷起源于美国的斯坦福大学，互联网技术也起源于斯坦福大学，因此他们对网络营销的认识是最早的，也对我们更好地把握网络营销具有启迪式的指引作用。斯坦福大学教授沃德·汉森（Ward Manson）早在1996年便开设网上营销课程，他所著的《网络营销原理》一书也是全球最早的网络营销教材之一。

汉森认为，在网络时代，网络技术正在创造新的营销手段，事实正是如此。在网络商业化发展的十几年间，网络营销的形式和内容已经发生了很大的变化，各种营销模式、营销理论层出不穷，网络营销的不断发展，也推动了网络经济的不断成熟和深化，因此，有关对网络营销的概念的认识也在不断发展。在现行教科书上，常见的几种网络营销定义有如下几种①：

杨坚争（2002）：网络营销是借助于互联网完成一系列营销环节，以达到营销目标的过程。

孔伟成（2002）：网络营销是企业整体营销战略的一个组成部分，是建立在互联网基础之上，借助于互联网特性来实现一定营销目标的一种营销手段。

冯英健（2003）：网络营销是企业整体营销战略的一个部分，是为

① 参见刘向晖．网络营销导论［M］．北京：清华大学出版社，2005：26.

实现企业总体经营目标所进行的，以互联网为基本手段营造网上经营环境的各种活动。

刘向晖(2005)：网络营销是依托网络工具和网上资源开展的市场营销活动，是将传统的营销原理和互联网特有的互动能力相结合的营销方式，它既包括在网上针对网络虚拟市场开展的营销活动，也包括在网上开展的服务于传统有形市场的营销活动，还包括在网下以传统手段开展的服务于网络虚拟市场的营销活动。

从概念的理解上可以看出，各种认识也是随着网络营销的发展而发展的。事实上，随着网络的发展，新的网络模式已经在不断介入，比如，手机作为一种终端形态也在融入网络。这些都对网络营销提出了新的理解。因此，网络营销实际上是在网络技术的发展之上所形成的营销的一种类型。它既包括传统商业利用网络实现赢利目的，也包括网络自身特有的一些营销模式。通过网络营销，既可以实现实体经济的资本流动，也能够实现虚拟经济向实体经济的资本转变①。从营销观念上来讲，网络营销在带来新的技术变革的同时也带来了营销思想的转化，比如，长尾理论对传统营销思想就具有一种颠覆意义。沃德·汉森在他的著作中提出了一种网络营销方法论(见图 12－1)，对我们认识网络营销有着极大的帮助。网络营销在某种意义上是新的经济形态与网络技术和营销模式的一种叠合与共生，随着网络技术的发展，互联网具备的数字化、网络化和个人化特质也在不断地发展变化，因此，网络营销也会随之而发生变革。这一认识既体现了对网络营销作为一种经济形态的理解，也指出了其依赖技术发展的背景对营销手段和营销观念的创新。在这种创新中，作为核心营销要素的人(主要是营销者与营销对象)，其重要性有了前所未有的凸显。因此，网络营销的本质趋向也就是数字化、网络化和个人化。

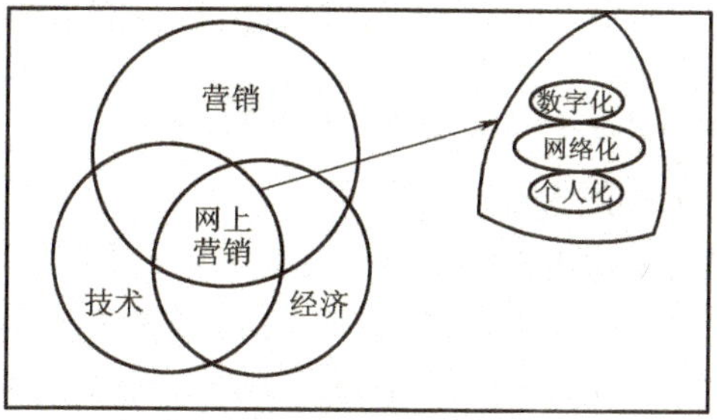

图 12－1 汉森的网络营销方法论

① 参见黄琛. 趋向 Web3.0：网络营销的变革及可能[D]. 杭州：浙江大学，2009.

二、网络营销的发展阶段

微软创始人比尔·盖茨认为,互联网有三个发展阶段:第一阶段是公司设立网站;第二阶段是开展电子商务;第三阶段是信息量身定做。他认为,从公司角度来看,第一阶段公司最关心是否设立了网站,网站浏览人数多不多,点击率如何等;第二阶段公司觉得必须开展电子商务,经营者开始重视来自网上交易的营业额。从个人角度来看,第一阶段用户只上网浏览及阅读,从网上获得信息;第二阶段用户开始使用网上信息,互联网成为理想的资料库;第三阶段的互联网时代,从技术上来说,来自各方面的信息都是个人化的,不是杂乱无章的,而是为用户量身定做的,呈现方式更是完全根据个人需要①。此时,我们已经初步可见网络经济发展经历的几个阶段及每个阶段的特征。从以往的历程来看,网络营销的发展演变大致可以分为三个阶段:第一阶段为早期萌芽:1994~2000年;第二阶段为逐渐发展:2001~2004年;第三阶段为新的变革:2005~2008年。2008年以来,网络技术的革新主要围绕云计算以及数据挖掘进一步延展。当然,网络技术的革新过程与网络营销的发展并不同步(见图12-2),因此,我们对网络营销发展的论述主要是对应于网络技术变革。同样,网络技术和网络经济的发展也在不断地把网络营销推向新的高度。

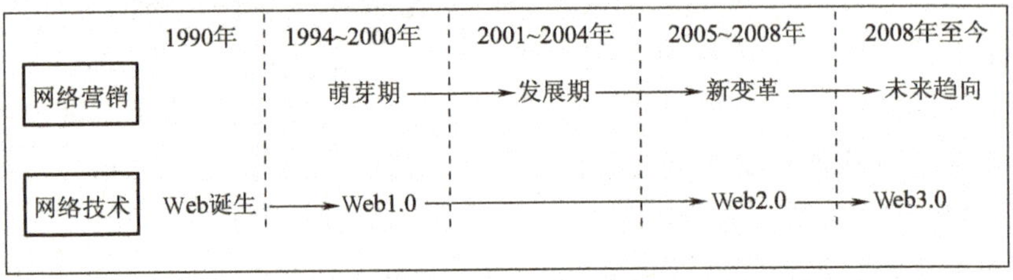

图12-2　网络技术与网络营销的发展趋势

(一)第一阶段:网络成为新的营销领域

网络经济发展的初期是网络投入商用一直到20世纪末,这一时期网络成为一种新的营销领域。在网络经济的发源地美国,网络自投入商业应用之后为20世纪90年代美国经济的高增长、低通胀和低失业率作出了很大贡献。至1999年底,美国网络经济增长68%,达到5 070亿美元,成为美国第一大产业。在这期间,中国的网络经济也在不断成长。据中国互联网络信息中心(CNNIC)第一次进行的《中国互联网络发展状况调查统计报告(1997年10月)》的调查

① 盛晓白.网络经济通论[M].南京:东南大学出版社,2003:5.

结果，到1997年10月底，我国上网人数为62万人，WWW站点数约为1 500个。然而不到3年时间，截至2000年6月30日，我国的上网计算机数已经达到650万台，上网用户人数1 690万人，WWW站点数约为27 289个①。在这一时期，人们已经开始认识到网络经济的无限可能，并且对其未来的发展前景作出了预测。Web是Internet上最广泛的应用架构，而且Web技术的发展路径也正是技术发展与人类需求不断接近、不断融合的过程。因此，Web的发展之路可以代表网络技术的发展演变过程。从Web的发展历程来说，网络技术在这个时期表现为Web诞生至Web1.0时期。

这是网络营销诞生的萌芽期，随着网络技术的发展，一种新的营销平台正在逐步搭建起来，它预示着传统的营销模式和营销观念正在面临着创新和突破。Web技术为网络营销搭建了广阔的虚拟空间，企业可以利用信息自由联通的Web网络发布信息、获取反馈。而电子邮件、网站建设等应用技术则为网络营销带来了多样化的实现形式，让网络营销这种新型的营销类型逐步展现它的经济价值，并开始孕育出属于网络时代的网络经济。网络营销在此时主要体现为：利用网络这种新型的传播途径，为企业传递商业信息，发布广告，并借此获得经济效益。换言之，在网络营销的萌芽期，网络属于营销界人士眼中一个新开发的营销空间，具有一定的商业价值，网络营销实质上是传统营销在新领域的实现。在该阶段，网络对企业来说属于一种跨越时空、高效率的竞争手段。企业通过互联网加强与其他企业及客户的联系，提供更有针对性的服务，而且借助网络开展电子商务也为企业提供了新的机遇。这一阶段突出的网络营销模式包括网络广告、Email营销以及早期的网站营销。

（二）第二阶段：网络成为重要的赢利渠道

2000年是网络经济发生重要转折的一年。一方面，随着纳斯达克股票市场的震荡导致网络经济泡沫的破灭；另一方面，网络泡沫的破裂也使得网络经济开始表现出稳健而理性的发展态势。网络营销服务市场的初步形成正是网络经济从疲软走向复兴的重要转折。这个阶段通过与传统企业相结合，为传统企业提供网络服务，使互联网找到了实现自身功能的赢利模式。以静态网页为主要呈现形态的Web1.0网络在这个阶段开始朝着更具交互性，更符合用户需求的Web2.0方向演化。其中最明显的一个趋势是从单一的互联网络演变成了以互联网为基础的综合网络环境②。在这一阶段，网络营销开始跳出了可以神话般致富的不实名号，逐步展现出连接实体经济和虚拟经济的渠道性功能。这一

① 中国互联网络发展状况统计报告（2000/7）[OL]. http://it.sohu.com/58/25/article205072558.shtml.

② 姜旭平. 网络整合营销传播（第2版）[M]. 北京：清华大学出版社，2007：15.

阶段突出的网络营销模式包括网络游戏和网络销售平台。

1. 网络游戏。网络游戏不仅仅是一种单纯的线上游戏，它集合了网络技术的应用、人们娱乐需求的满足以及互联网企业赢利模式的实现。网络游戏赢利主要通过两种模式：其一是搭建起游戏平台，吸引大量网络用户参与到互联网游戏中来，比如，"联众"就是其中一个典型代表；其二是构建大型网游的产业链。比如，2000年6月，华彩公司正式发行中国内地第一款大型多人在线RPG《万王之王》；2001年2月，由亚联游戏代理的《千年》开始测试，4月开始正式收费。2002年，一款称为《传奇》的游戏更是把陈天桥推上了中国首富的宝座，让网络游戏的狂热淘金潮达到巅峰。

2. 网络销售平台。中国传统企业运用互联网和电子商务的不断深化和发展，表明了互联网商业的渐趋成熟。电子商务实质上是网络作为销售渠道功能的具体实现，经过几年的发展、创新和淘汰，主要形成了B2C、B2B等类型。

B2C(Business To Customer)是电子商务按交易对象分类中的一种，即表示商业机构对消费者的电子商务。这种形式的电子商务一般以网络零售业为主，主要借助于Internet开展在线销售活动。B2C模式是我国最早产生的电子商务模式，以8848网上商城正式运营为标志。B2C实际上就是打造"网上商店"，是企业通过互联网为消费者提供一个新型的购物环境，消费者只要通过网络就可以实现购物和支付。

B2B (Business to Business)是企业对企业的电子商务，除了在线交易和产品展示，B2B业务更重要的意义在于，将企业内部网通过B2B网站与客户紧密结合起来，通过网络的快速反应，为客户提供更好的服务，从而促进企业的业务发展①。B2B为国内中小企业提供了一个低费用参与全球商务活动、分享全球大市场的机会。阿里巴巴是目前国内B2B电子商务市场中最具实力的企业。在2001年初期，阿里巴巴就已经拥有来自202个国家的42万个商人会员。

（三）第三阶段：网络可以生产价值

网络经济逐步走向成熟。一方面，之前出现的网络营销方式如网络广告、电子商务、网络游戏等继续为网络经济的发展贡献力量；另一方面，伴随Web 2.0营销思想被逐渐认识，博客营销、RSS营销等一些为网络所特有的新型的营销模式产生赢利，网络开始真正转变为可以生产价值的主体。

所谓Web2.0技术主要包括博客(BLOG)、RSS、百科全书(Wiki)、网摘、社会网络(SNS)、P2P、即时信息(IM)等。在这一时期，无论是之前的电子商

① 百度百科"B2B"词条[EB/OL]. http://baike.baidu.com/view/672.htm.

务还是最新的 Web2.0 都有着良好的赢利表现。由于 Web2.0 的出现，用户可以参与到网站设计、网络内容制造中去，网络开始体现出用户作为创造者的生产性功能。此外，各种网络圈子、博客等网络应用功能也使得网络的交互性变得更为人性化，从“人—机”交互向“人—机—人”交互方向发展，这些全新的网络技术发展趋势也给网络营销带来全新的理念。与此同时，传统的网络营销平台也在 Web2.0 潮流的驱动之下重新洗牌，C2C 开始展现出强劲的发展势头。

和 B2C，B2B 以企业为销售方的营销模式不同，C2C（Customer to Customer）为消费者实现了个人进行网络销售的可能。在网络技术平台的支持下，私人经营者能够从线下转移至线上进行货品销售，网络成为实力较弱的经销商接触消费者的有效途径。因此，C2C 充分实现了个体利用网络实现赢利的目的，帮助普通人参与到网络经济的生产过程中来，也让人们享受到全新的消费方式，促进了网络营销的快速发展。比如，阿里巴巴旗下的淘宝网是目前我国最著名的 C2C 购物网站，2012 年阿里巴巴旗下的淘宝和天猫年交易量超过 10 000 亿元。

自 2002 年博客的概念被引入中国后博客营销得到快速发展。在 CNNIC 第 16 次网上调查问卷中，首次将博客列入用户“常使用的网络服务”项目之一。近年来继博客之后，新的自媒体和互动营销形态不断出现，储如微博、微信等。这些新的信息技术形态日益形成一条以网络为核心的价值链条。其营销实质上表现为两条途径：一是企业利用互动媒体形式进行营销；二是网站利用互动媒体形式衍生经济价值。

随着网络技术的发展，一种新的网络营销趋势正在形成。可以说，Web3.0 正在引导网络营销走向新的时代。Web3.0 是近两年来出现的新概念，并迅速为人们所关注。在网络的变革时期，网络经济已经开始朝着两种方向发展：其一是将网络作为赢利的渠道，实现实体经济的增长；其二是将网络作为生产的空间，实现虚拟经济向实体经济的转变。在互联网未来的发展中，更值得我们期待的是第二种网络经济的构成。因为和 Web2.0 相比，Web3.0 将更加充分地展现网络自身的生产功能，满足人们追求自我劳动价值的需要。2007 年 9 月，国内互联网企业中推出了新一代个人门户产品 IG3.0；2008 年之初，搜狐推出搜狐 3.1，这些“个人门户”以满足用户个性化的信息需求为契机，将概念中的 Web3.0 变为现实。在 2007 年美国圣何塞举办的语义技术大会上，微软以及 IBM，Oracle，Sun，Google 和雅虎等巨头几乎倾巢出动，甚至波音、福特和沃尔玛这样的非 IT 企业也兴致盎然地前来参会，足见各界对 Web3.0 的重视。这一切都显示着人们对 Web3.0 这一全新互联网时代的到来充满希望。

从技术发展的特点来看,Web1.0 是“精英”文化,开创了聚众时代,只有部分具备相关技术和知识,并有一定经济实力的人才能够使用网络;Web2.0 是“草根”文化,开创了分众时代,人人都可以平等地使用网络,享受网络带来的乐趣;Web3.0 则是个性文化,开创的是一个全新的个性时代。Web3.0 时代的网络是每个人根据自己的兴趣、爱好、需求、性格和知识等组合单元,构建出的个性化的信息平台。

三、网络品牌传播

网络营销成为一个新的营销途径,这无疑也为品牌传播开创了新的领域。所谓品牌传播是指企业为了获取更多的品牌利益,运用诸如公关、广告、促销和人际传播等各种有效的传播手段,增加品牌识别和品牌认同并进而实现品牌忠诚的营销模式。而网络品牌传播是指企业依靠网络平台和网络沟通手段,实施品牌传播和营销,品牌传播在网络营销中占有十分重要的地位。这是因为,在网络营销中,不论营销的对象是产品或者服务,还是人物、组织和理念等,具体对象可以不同,但是其中心任务却只有一个,这就是建立品牌。

对网络品牌可以有两种理解:一方面,网络品牌是指网络资源自身的品牌,诸如一个著名的网站、一个网络营运空间,或者是一个著名的网络社区,比如,淘宝网是阿里巴巴旗下的一个著名 B2C 网站,也是一个著名的网络运营空间,淘宝网本身就是一个具有很高附加值的网络品牌;另一方面,网络品牌又是指营销传播者运用网络资源所实现的品牌营销和品牌传播影响。这大多是实体品牌以网络作为营销传播途径,以便形成更大和更多的品牌辐射。比如,蒙牛为了更好地实现品牌传播,充分挖掘各种网络资源,通过网站建设、网络广告以及网络公关等多种形式,多元化、立体地传播蒙牛品牌。

在网络营销中虽然也有不少企业把网络销售作为一个重要指标,但是更多的企业已经认识到网络营销传播的核心已经不在于销售,而在于如何更加有效地建立品牌。因为,对于任何从事电子商务或者网络营销的品牌而言,建设并完成一个网络营销平台并不是一个艰巨的任务,而如何让顾客和消费者认可这个网络品牌却是最为严峻的工作。顾客和消费者对网络品牌的认识,通常除了来自于其网络营销传播的技术途径外,更多的还是来自于这个品牌的网上印象,比如,它的网络视觉信息、网络交流方式、网络口碑效应和网络服务手段等,所有这些都可归入网络传播范畴之中。因此,对于网络品牌传播而言,建设并提升品牌价值,其主要工作就在于下述四个方面。

第一,建立明确易于识别和信息集中的网络认同体系。不论是企业网站还是有关的网络宣传,都要展示明确简洁的网络品牌认知,既能凸显网络品牌特征，易于顾客和消费者辨别，又具有一定的黏性和亲和力，不仅让消费者容易识别它，记住它，而且吸引顾客和消费者去浏览它，光顾它。这不仅仅涉及视觉传达，而且也涉及品牌信息的基本整合。

第二，建立方便顾客交流的、便捷可靠的网络操作体系。顾客和消费者对网络品牌的进一步认识和深化，往往来自于品牌的初次使用和重复使用。一个网络品牌如果在使用和交流中过于复杂，就会在一定程度上降低顾客的使用频率。比如，很多服务品牌虽然都有相应的网络服务系统，但是在使用中却设置了重重认可层级，顾客在消费过程中必须经过一次次验证，这实际上已经成为某种交流障碍，也不利于网络品牌的建设。

第三，通过有价值的网络传播提升品牌的正向影响。很多品牌在运用网络营销传播时，大都借助于传统营销的传播手段，诸如广告、公关、促销等，仅仅把网络看做一种新的媒体形态。事实上，这些传统的营销传播方式，在进入网络传播之后都发生了很大的变化。比如，广告在传统媒体中具有强制性特点，但是在网络媒体中则随时可以被潜在消费者所屏蔽，而传统广告和公关大多是品牌的自我宣传，但是在网络中这种宣传却有可能被消费者否定。另外，在网络传播中，口碑传播往往具有病毒营销的特点，就像是一个品牌在某个网络社区中受到高度关注后，很可能就会形成巨大的雪球效应。

第四，强化网络服务以增加顾客和消费者的忠诚度。网络营销传播使顾客与消费者能够更全面地认识品牌信息，并且使品牌与消费者具有更多交流的可能，这些都使顾客对品牌有进一步的认同和理解。但是，如果没有建立良好的品牌服务体系，这种网络品牌效应很可能无法持续。只有良好的网络服务，才能保持顾客与消费者对网络品牌的重复联系，并且在建立消费者忠诚度的同时也形成一定的网络口碑。

案例 12－1

超级女声助推蒙牛酸酸乳网络营销

2005 年，蒙牛乳业集团借助与湖南卫视合作，共同打造"2005 快乐中国蒙牛酸酸乳超级女声"年度赛事，随着"超级女声"节目的热播，"蒙牛酸酸乳"响遍全国。这是近年来商业经营和媒体炒作结合比较完美的范例，其间，蒙牛强力推行的网络互动营销功不可没。

蒙牛乳业集团为了突破在纯牛奶市场的价格竞争，推出"蒙牛酸酸乳"系列新品时，不遗余力地打造"蒙牛酸酸乳"品牌，这一品牌定位于青少年消费群，塑造年轻而又充满活力的品牌形象，而青少年消费价格因素并非是第一位的，且潜在市场也非常庞大，这也是蒙牛花巨资打造“蒙牛酸酸乳”品牌的原因。“超级女声”是湖南卫视和上海天娱文化联合推出的一档“大型无门槛音乐选秀活动”。该活动以一种不分唱法、不论外形、不问地域的互动性、参与性超强的“海选”为主要特征，只要喜爱唱歌并年满16周岁的女性均可报名参加。通过层层淘汰选拔，征选出真正具备培养前途与明星潜质的歌手。“超级女声”曾被《新周刊》评选为“年度创意TV秀”，在观众特别是青少年观众中收视率和参与度都非常高。

在互联网大大普及的时代，网络毫无疑问成为最大而且最有效的互动平台。蒙牛也是在这种情况下选择了利用网络进行酸酸乳和超级女声的互动营销。为此，蒙牛专门建立了“蒙牛超级女声”网站，进行互动宣传。但是，互联网营销不像传统媒体做广告。在传统的媒体广告中，受众是被动接受，很容易就达到广泛的覆盖面(并非有效传播率)。而互联网广告需要受众点击才能达到理想的传播效果。而新建一个网站，在没有强大的平台支撑的情况下，仅仅宣传网站就需要一笔不菲的费用，若是建立网站但宣传工作不到位则网站几乎是形同虚设。因为，面对互联网的海量信息，一般的用户不会为了一个节目，费尽心机、百转千回地去寻找某个特定的网站。

根据对网络资源的考察，蒙牛决定在中国第一门户网站——新浪网大规模投放广告并进行内容合作，以更好地进行网络互动营销。对于新网站的影响，一个流行的说法是：中国城镇人口50%上网，中国上网人群50%上新浪。作为中国门户网站的第一品牌，新浪访问量已在全球排名第三。网站每天独立访问量达3 000多万人次，浏览网页近3亿次。如此强大的网络平台，数以千万计的独立用户，蒙牛当然不用再为传播效果担心。超级女声是一个参与性很强的节目，提倡“想唱就唱”。通过整合超级女声，蒙牛酸酸乳运用了多种互动性很强的宣传手段。在“联姻”新浪之后，借助互联网这一全球最强大的互动平台，蒙牛酸酸乳和消费者的互动使“蒙牛酸酸乳”的传播效果得到了质的提升。这次网络营销被蒙牛内部称为“完美的互动整合”。从网络营销的角度看以下几点值得重视。

1. 选择良好的网络平台，直达目标消费者终端

互联网的互动性具有其他媒体无可比拟的优势。无论是电视还是报刊，主要都是一种“我说你看(听)”的传播形式，即使实行了反馈机制和问卷调查的形式，滞后性也相当明显。但是互联网一开始就是以互动的形式出现的，网络平台更是绝佳的互动广告平台。

网络广告的互动性体现在两方面：其一是给消费者发言的机会；其二是为特定的目标消费者量身定做个性化的信息。通过聆听消费者的回应，从而获得

大量关于消费者的个人信息，连同网络广告的网上监测机制所提供的数据、网络浏览路径及点击后行为等分析，可勾勒出较清晰的个别消费者图像，将这些宝贵的关于目标消费者的个人信息集成资料库，这使得个性化的"一对一"的传播成为可能。

作为中国第一网络门户和互联网发展的领导者，新浪的网络平台优势更是明显。除了每天近3亿的访问量，在新浪网全球1亿多注册用户中，各种付费常用用户超过1 200万，通过和国内外1 000多家内容供应商达成合作关系，新浪提供了40多个在线频道和100多个子频道，在门户网站中内容最为丰富，而且各个频道已经渗透到大众生活当中。新浪从整体到新闻、体育、娱乐、生活及时尚等频道的竞争力和网民的忠诚度都占有明显的优势。

据权威机构的调查显示，新浪网民的学历结构、平均收入以及上网首选率都明显地高于中国网民的整体水平。由于具备丰富的频道内容和诸多优势，新浪几乎囊括了中国网民各个阶层中的精英。对于蒙牛品牌及其产品而言，在新浪进行互动行销，就相当于直接面对目标消费群，从而直达终端。

2. 进行科学效果评估，合理选择广告形式

根据详细的调查和新浪的建议，蒙牛为"超级女声"在新浪投放的广告主要包括首页、新闻中心、娱乐频道、娱乐新闻内页、聊天首页、视频频道、短信频道和星座频道等；投放的内容，主要采用通栏和视频广告的形式，辅助以浮标、对联和全屏广告等。显然，这是经过深思熟虑的投放方式。

在广告形式中，蒙牛超级女声几乎全部采用的是图片广告形式，根据艾瑞市场咨询公司的调查，图片广告是网络广告中最受欢迎的形式，支持率达到64%。而在图片广告中，最吸引人的是视频广告，支持率超过30%；通栏广告页也非常受欢迎，而且由于被浏览量大，传播效果明显。蒙牛在新浪投放的网络广告中，新闻中心和娱乐频道都采用了视频广告的形式，在娱乐频道甚至投放了三种不同的视频广告。在首页、聊天、短信和视频等频道都采用了不同的通栏广告形式。此外，娱乐频道的画中画、首页的全屏广告和对联广告以及适当的浮标广告，都起到了争夺眼球和吸引人气的作用。科学的广告形式搭配，自然达到了理想的传播效果。

3. 精心选择投放频道，进行有效互动营销

首先，借助新浪的优势进行广域性传播。新浪首页每天数以千万计的访问量，对于蒙牛来说无疑是一个巨大的诱惑，是蒙牛超级女声的最佳推广平台。新浪新闻中心则是在国内门户网站中流量最大、用户最多、独立访问数量最多的新闻网页，"看新闻上新浪"已经成为网民和媒体从业者的共识。通过首页和新闻中心的全屏广告、浮标广告和通栏等形式结合，蒙牛超级女声很容易就让

自己进入了无数政府官员、专家学者、企业家、白领和普通网民的生活当中,传播效果可以说是事半功倍。

其次,找准目标消费群,进行直达终端的互动营销。经过分析蒙牛发现,娱乐、星座、聊天、视频和短信等网络页面是蒙牛酸酸乳目标消费群最感兴趣的,而新浪的相关频道在门户网站中占据的优势十分明显。AC尼尔森2004年12月的统计表明,新浪娱乐频道日独立访问量达到250万次,是第二名的1.6倍,覆盖率是第二名的1.8倍;新浪宽频是中国第一个获得互联网络视听节目传播许可授权的商业网站;新浪聊天频道的日流量近3 000万人次,是新浪流量最大的频道,也是用户停留时间最长的频道;新浪星座频道更是无数少男少女的精神家园,每天必看的网页;新浪短信频道的覆盖率已经是中国全部SP的第一名,全年仅短信收入就接近5 000万美元。而这几个频道除了覆盖率的优势之外,其用户也是互动性和参与性最强的。

案例来源:卫军英:《整合营销传播典例》,浙江大学出版社,2008年版。

第二节　网络广告与网络公关

虽然实现网络品牌传播的方式很多,但是作为一种基本的品牌营销传播方式,网络广告和网络公关仍然受到了相应的重视。当然,作为一种新型的媒体形态和传播平台,网络广告和网络公关也发生了一些根本性的变化,这些变化不仅体现在形式上,而且体现在观念上,它在给品牌带来机遇的同时也带来了挑战。

一、网络广告形态的发展

传统广告应用于网络媒体时,主要表现为企业单纯投放的网络广告,如旗帜、按钮、浮标和对联等。这类广告与传统的大众传媒广告一样,仅仅是通过单向的信息传递以引起受众注意,并没有与消费者形成互动沟通,因此只是网络广告的初级形式。这些广告的基本形式无非是传统广告在网络上的呈现,主要有这样一些形态:旗帜广告、按钮广告、浮动图标广告、对联广告、全屏广告、插入式广告和背投广告等。但是由于网络是一种区别于传统媒体的新兴媒体,受众在和媒体接触中具有更多的自主权和选择权,因此,这些广告形式所取得的效果并不显著。于是,越来越多的企业开始认识到,在网络时代仅仅靠传统的广告和促销手段塑造品牌和企业形象是很难成功的,必须重新定义品牌价值并寻找品牌塑造的新途径。西方学者提出了网络经济中体现顾客价值和利益的

"4C"理论：内容（Content）、社区（Community）、商务（Commerce）和定制（Customization）。只有当一个新事物至少满足以上四个标准之一时（理想情况是同时满足四个标准），它才能为顾客创造真正的价值①。与此相对应的是，体现网络传播优势的新型网络广告形态也因此有了进一步的发展。

（一）电子邮件广告

我们一般把电子邮件式的广告分成两类：一类是新闻或信息等内容网站所发出的、以新闻咨询为主的新闻信件（Newsletter），这类邮件往往是由收件人主动加入邮件列表（Mail List）而收到的，以新闻咨询类信息为主，附带有广告内容；另一类则是只含有商业广告的电子邮件。由于所谓"垃圾邮件"的不断增加，商业广告的电子邮件逐渐受到社会各方尤其是互联网管理部门的重视，电子邮件广告的未来发展必须走整合之路。

随着各国政府反垃圾邮件活动的开展，电子邮件广告的未来整合将以第一类"信息附加型"的电子邮件广告为主，纯粹的商业电子邮件广告将越来越少。而且，在整合过程中必须了解受众的真实需求，一旦顾客不再需要信息提供服务，那么电子邮件广告的终止必须更加简便、迅速。

（二）搜索引擎广告

搜索引擎在广告营销领域已经成为发展最快的一种方式，代替原有的传统广告，成为新型的付费、排名推广方式，为商家带来大量客户。搜索引擎广告业涉及多种方式，但基本原则都是广告商付费，换取搜索结果页面上的优先排名和（或）显示位置。搜索引擎广告通常有三种方式：付费排名、付费收录以及最近新增加的一种上下文广告。

搜索引擎广告发展迅速，一方面归因于搜索引擎范围的广泛及普遍的应用；另一方面在于搜索引擎广告比传统的媒体广告更具针对性。任何广泛销售的产品都不及网络搜索的范围，搜索引擎广告立时可见。同时，搜索引擎广告帮助大众分清良莠，直接向正在搜索的购物者实现营销，使商家能够向正在搜索相应产品或服务的人们销售。与传统广告最大的不同在于，搜索广告不是让客户知道他们要什么或应当要什么，而是用户提问能够从哪里买到产品。由于一些著名品牌的参与，搜索引擎广告正变得越来越明朗化，相信仍有很多广告商会看到这一系统的效果而参与进来，因为他们越来越意识到，采用搜索引擎广告就无须作树立品牌的工作了。

---

① 【美】Stephen P. Bradley and Richard L. Nolan. 感测与响应：网络营销战略革命[M]. 成栋，译，北京：新华出版社，2000：256.

（三）博客广告

博客(blog)作为近年来势头最猛的新兴媒体，不仅吸引了众多风险投资商的目光，也让许多企业纷纷把博客当作营销的工具。目前博客上有四种营销推广的方式：第一种方式是直接在博客网上做广告，这种形式固然简单，但在做广告设计时就要把博客考虑进去，让博客成为广告对话的一部分。第二种方式是博客发表专业文章，以自己的产品作为文章的主角，用来和公众沟通，并树立权威感，如耐克就曾经在一个叫做GawkerMedia的博客网站（关于文化和政治方面的内容）上做了一个专题，主题是"速度的艺术"。耐克对这一专题具体内容细节的干涉不多，所有版面设计、注释、链接和其他功能都是由这个博客网站完成的，目的是树立自己的品牌形象——是追求速度艺术的专家。第三种方式是通过公关公司发布博客日记，以影响主流媒体的报道。第四种方式是通过检测博客网站，及时发现当前谈论最多的公司或时下民众最关注的话题，为潜在的公关危机做好准备。

（四）窄告与即时通讯窗口广告

"窄告"是一种新型的网络广告形式，是指客户投放的窄告直接投放到与之内容相关的网络媒体的文章周围，同时窄告还会根据浏览者的偏好、使用习性、地理位置和访问历史等信息，有针对性地将窄告投放到真正感兴趣的浏览者面前。相比广告传播覆盖面的广泛性，窄告更强调传播的精准性，即在合适的时间和地点，把合适的信息传递给合适的人。尽管目前窄告还处于起步阶段，但从窄告的发布特点来看，虚拟社区无疑是其投放平台的最佳选择。在广阔的互联网上，只有虚拟社区才能真正做到"物以类聚，人以群分"，不同名目和主题的虚拟社区可以为网民提供不同的选择，使其成为获得恣意伸展个性的地方。

在即时通讯窗口上做广告也可谓是一种新型的方法，以目前国内经营最好的即时通讯软件——QQ和MSN为例，它们各自在自己的聊天窗口推出了广告服务。由于网络媒体的交互性、及时性，网民可以通过即时通讯（IM），迅速便捷地对感兴趣的资讯、交易及时进行交流，且进行交流的网民一般都是熟知的或是通过网络建立起某种关系的人群。因此，企业在聊天窗口提供广告服务，容易引起网民对企业或产品的讨论。

二、网络公关传播

相对于网络广告而言，网络公关对于品牌传播具有更大的创新价值。所谓网络公关就是运用网络实现品牌与顾客以及品牌与消费者的良好互动，借以建立和维护品牌形象的品牌传播行为。通常情况下，网络公关的主要任务，就是运用网络资源进行品牌宣传和新闻发布，帮助品牌实现与客户的互动与沟通，运用网络实施事件营销，在网络上赢得客户的信任与尊重，从而为品牌建立良好的声誉与价值等。网络公关的传播形态虽然与广告有很多不同，但是在把网络作为一种媒体的传播途径上，二者显示了很大的共性。在新的品牌传播环境中，网络公关与网络广告甚至很难加以区分，比如，网络上常见的一些品牌传播方式，就是既有广告性质又有公关特点。

（一）网络新闻与品牌宣传

企业通过网络媒体平台发布相应的品牌消息，并进行一定的品牌宣传，是网络公关的重要内容。网络新闻宣传通常运用一些门户网站和专业网站，或者在相应的网络频道上进行，这样既可以保证品牌信息的广泛覆盖，也可以有针对性地对目标受众实施品牌传播。

与传统公关中品牌新闻的一个很大不同是，网络品牌新闻的宣传具有更多的纵深度和信息全面性。任何一个品牌信息在网络传播中，除了其本身的新闻网页外，还有可能得到详尽的挖掘，其中最简单的形式就是相关信息的链接或超链接，它使得一个即时的品牌新闻有可能超越目前所陈述的事实，走向更加广阔的背景。所谓超链接，按照“百度百科”的解释：“它是一种允许我们同其他网页或站点之间进行链接的元素。各个网页链接在一起后，才能真正构成一个网站。”

网络所特有的这种传播形式，改变了传统品牌传播中消费者与品牌之间信息不对称的状态，它使得品牌信息有可能更加全面地被消费者所认识。也正因为如此，网络公关对新闻和品牌宣传提出了进一步的要求。首先，要求网络新闻和品牌宣传必须尽可能地激发顾客与消费者的关注热情，吸引客户关注品牌；其次，在相关新闻和品牌信息的策划中，必须尊重消费者的思考判断和保持诚恳态度，减少品牌自我宣传中的夸大和不实之词；再次，要尽量保证信息的一致性，因为客户可以通过相应的链接很方便地寻找到各种相关信息。只有这样，品牌宣传才会得到消费者的认可，在提升品牌知名度的同时为品牌赢得尊重和信任。

（二）网络群体与虚拟社区

网络使得以往相互分离的三大传播方式——人际传播、组织传播和大众传播正在向兼容方向发展，网络使人们可以在虚拟空间里与人和信息进行自由交往。在这些交往的过程中，具有共同需求和兴趣的人就很容易主动建立或寻找到一个属于他们的“领土”，即一种新型的“公共领域”——虚拟社区（Virtual Community），或称网络社区。虚拟社区有着鲜明的人际传播特征，其社区传播的强大力量也逐渐显现出来。

美国学者 W. J. 马丁认为，构成社区的要素是一定的空间（地域）、一定的人群以及相应的组织或团体，公众的参与和某些共同的意识与文化。这些在虚拟社区中都得到了相应的表现①。由于“虚拟社区”常常用来指代因特网上某一类人群的集合以及其所表现出来的总体特征，因此，从品牌传播的角度看，它正好构成了一个很有特征性的网络消费群体。在品牌传播中，网络虚拟社区具有巨大且潜在的商业意义。与其他传统媒体相比，网络虚拟社区不仅具备了网络媒体的传播优势，而且避免了网络传媒的一些不足之处。由于虚拟社区消费者集中度较高，在以消费者为主导的营销背景下，企业运用虚拟社区实现营销传播具有某种必然的意义，虚拟社区的营销传播价值至少体现在以下三个方面。

1. 虚拟社区内信息开发的透明度高，成员之间容易产生信任机制，便于品牌公关传播公信力的导入。虚拟社区成员之间通常具有共同兴趣爱好或者目的，在日常交流中逐渐熟悉并产生一种信任机制，他们在虚拟社区内的信息交流相当透明，这一优势在传统广告公信力日益丧失的今天显得格外珍贵。因此，企业选择虚拟社区这个平台进行品牌传播，可以说是一种极具公关效果的营销传播，便于消费者产生信任感。

2. 虚拟社区强大的说服场效应使得它具有广泛的影响力，便于企业培养忠实消费群。虚拟社区里兴旺的人气能使其对成员产生高度的“黏性”，这种“高黏性”使虚拟社区具有一种强大的说服场效应，这不仅反映在成员与成员之间的互相影响上，还表现在虚拟社区能够为成员提供这样一种“场”效应，使其在一种特定的交流环境中产生与平时不同的消费观或文化认同观。

3. 虚拟社区的共同性特点使企业在实施品牌宣传时，能有效地锁定目标对象，还可以利用虚拟社区积累顾客资料，有效地进行数据库营销，提高顾客定制水平。虚拟社区成员在加入社区时留下的个人资料，几乎可以成为企业建立消费者数据库的天然来源，企业可将这些信息全部输入顾客数据库中，对其进行汇总、分类、综合和分析，得出企业目标顾客的一些基本属性，从而精确地实现和自己目标消费者的接触与沟通。

（三）网站共建和冠名赞助

网站共建和冠名赞助也是一种具有公关性质的品牌传播方式，很多时候这种公关方式具有一定的事件营销特点。比如，可口可乐与方正电脑联手进行的“动感互联你我他”活动就选择了以搜狐体育频道作为活动阵地；李宁公司甚至与网易合作，将网易体育频道冠以“李宁网易体育频道”。通过网络这个平台实现无限制的交流，让品牌传播更具推广力度。

与此同时，开办专栏则是另一种品牌推广模式，也可称之为“品牌专区”，其

① 【美】W. J. 马丁. 信息社会[M]. 武汉：武汉大学出版社，1992：179.

操作方式是把社区内容与商业信息巧妙地融合在一起，网民可以将由社区提供的信息，直接链接到相关商品的网站，查看具体的更为详细的信息，也可以登录第三方网站，如在线期刊，在相关的文章中获得更多关于此类商品的信息或通过第三方消息来判断此商品的性价比情况等。如国际知名护肤品牌妮维雅就在网易女性频道开设了一个“女性护肤专栏”，通过这个专栏，妮维雅品牌能够与女性用户长期沟通，栏目直接链接妮维雅独立站点，招徕爱美之人驻足。另外，妮维雅还开办了“NIVEA 护肤信箱”，并通过网易女性频道的“婀娜俱乐部”与用户进行深度交流。除此之外，妮维雅还在专栏里进行每月一款新产品的“月度推广活动”，介绍妮维雅产品线，强调其“专业护肤解决方案”提供商的身份。这些合作，不仅提升了广大消费者对妮维雅的品牌认知与信任度，还提升了妮维雅的国际护肤品牌专家形象。

传统品牌推广中的冠名赞助，在网络品牌传播中也常常得到运用。实际上，在虚拟社区里，企业冠名某个虚拟社区或社区内某个活跃的场所，抑或为社区内的一些活动提供奖品赞助都已经是不新鲜的事实了。如在联众世界（www. ourgame. com）中，就有许多棋牌室以企业的名称命名，而其中的每一位玩家的位置又用企业的产品命名，这样，企业的品牌与产品信息就会进入玩家的交流之中，产生类似于人际传播中口口相传的特点。而游戏结束后，玩家还会对游戏进行进一步的讨论，交流彼此的感受。在这个交流中，企业和产品的名称会被重复提示，在潜移默化中对消费者产生影响。

案例 12－2

世界杯赛 Lenovo 网络推广

2004 年，联想公司正式从“Legend”更名为“Lenovo”。2005 年在经历了收购事件之后，新联想正在成长为一个国际化的公司，它的视角也发生了显著的变化，“创新的生活乐趣，创新的商业价值”成为其首推的宣传主张。为此，联想在 2004 年末成为国际奥委会全球合作伙伴后，正式建立了 www. Lenovo2008. com 网站。Lenovo2008 和联想官方网站（www. lenovo. com. cn）从内容到机制进行了全面整合。这次推广的由头来自于都灵冬奥会，这也是联想作为 2008 年奥运会 TOP 赞助商，第一次正式使用体育营销资源。本次推广在营销策略上将网络广告、网络公关专题、在线商城等网络资源全部打通。有数据显示，一项消费者调研表明，能够准确说出此次联想赞助冬奥会 5 745 台电脑的被访者占调查总人口的 70%，这是一个令联想非常欣慰的数字。2006 年年初，在第五届艾瑞网民行为调研中的数据显示，2005 年用户印象最深的网络广告中，联想是最深入人心的网络广告主，在第一提及、第二提及以及第三提及网络广告主中得票率始终领先。尤其是第一提及中联想以9.14%的百分比，既远远高于第二名诺基亚的5.53%，又远远高于2004年网民行为调研数据显示的第一名三星的5.5%。

这样优异的成绩来自于联想对网络广告投放的重视以及网络整合传播策略的运用。2005年的联想，可以说领跑者的地位已很稳固，但如何在2006年将联想的品牌与已有的联想产品结合起来，如何使联想的品牌更上一层楼，这是摆在联想面前的一个课题。2006年的互联网，新兴媒体增多、媒体多元化趋势发展明显，搜索引擎、网站联盟、行业网站成为新兴媒体的生力军，这些网站具有分众传媒的特性，目标受众针对性强。继续保持网民心中的第一品牌，仍是新联想的网络新征途。选择这样一个时间，面对这样一个市场，坐拥这样一个规模，联想开始考虑如何站在更高的位置巩固品牌，提高品牌忠诚度。

2006年世界杯将是一场全球关注的重要体育赛事，如何将联想与这一重点事件密切联系起来，如何将联想新的形象代言人小罗"智慧、快乐、创新"的足球精神与联想品牌内涵相结合起来，联想中国品牌沟通部在其代理公司北京电通网络互动中心的协助下，在网络上采用了整合传播：在前台广告上，综合运用视频、彩铃、动画等富媒体广告形式以及Blog和IM等Web2.0手段进行传播推广，制造连续性话题，吸引持续关注和反复访问，增加受众黏合度。在后台网页上建立世界杯主题活动。例如，以小罗球迷的身份建立博客，播放视频花絮，发表球迷日记，提供独家彩铃下载，和偶像合影大头贴等。球迷可注册参加主题抽奖活动——"破译小罗的快乐密码"，以及联想俱乐部会员参加足球短信竞猜游戏。

联想在2006年世界杯的网络营销战役中获得圆满成功，这一点通过数据我们可以看到：本次推广充分保证了曝光率，高达7.5亿次，曝光量之大覆盖几乎所有的网络门户及IT网站。推广总独立用户数310万，平均日独立用户覆盖数高达10万。推广总点击为2 995 374次，推广活动参与量为1 005 886次。本次推广在宣传联想世界杯的同时还对其他产品事业部及Lenovo.com给予了有效的支持，品牌推广对产品事业部的进阶率平均达到了25%，品牌推广对lenovo.com的进阶率平均达到了13%。本次世界杯推广的一大考核指标为注册人数，执行结果是达到注册用户总数1 053 200人次，突破了历史注册人数纪录，是活动与内容良好配合的有力证明。可以说，联想奥运推广的成功，是综合运用新媒体实施品牌营销传播的尝试，联想的网络推广活动，充分发挥了新媒体的作用，表现出了新、全、特几大特点。

1."新"：使用全新的广告技术与全新的媒体

新的形式在采用了全新的流媒体广告的同时，还第一次采用了电子杂志、搜索置顶、群博客及QQ皮肤推广。

电子杂志作为新兴媒体越来越被用户所认可，目前电子杂志主要是通过P2P平台进行传播，本次推广选择了国内最大的电子杂志平台KURO作为合作伙伴，第一次采用电子杂志的方式进行推广，其中杂志发行量为350万份，参与“寻找小罗”活动为780 311人。本次电子杂志的用户行为转化率高达22%，成为之后吸引网民参与特定活动的有力手段之一。

世界杯期间开设了两个相关小罗信息的博客：“我爱世界杯”和“漫画小罗”。“我爱世界杯”是针对热爱世界杯的球迷博客开设的，意义在于使善于写博客的人了解联想与世界杯、与体育营销的紧密关系，借世界杯的热点，增强联想品牌的推动力；“漫画小罗”博客是为喜爱小罗的球迷开设的，为联想签约小罗事件扩大影响力。本次推广是联想第一次采用博客活动的推广方式，主要采用了群博客和漫画小罗征集活动的方式，其中世界杯群组共获得5 363个用户。

以往QQ的推广主要以客户端RICHUBUTTON广告为主，虽然该广告形式点击效果非常理想，但由于是多个广告轮播，同时广告面积较小，所以对于广告的表现张力不够。为了解决这个矛盾，联想选择了QQ的皮肤推广，为这次品牌推广提供了新的平台。QQ早已是互联网使用者的必备工具。通过与QQ的co－branding合作，可以让用户下载联想主题包，将QQ使用者的软件外观变成包含联想及小罗元素的主题外观；同时，使用这些QQ的人感染了周围的人群，使最终下载量达到了293万（QQ以往最成功的主题包推广为可口可乐和HP，用户分别为100万和60万），最终也使本次推广成为“病毒”行销的经典案例。

2.“全”：通过多个形式和多种媒体全面覆盖推广

世界杯推广期间，联想采用了多点配合的广告投放策略，门户/IT垂直/娱乐/博客/社区/即时通讯投放，覆盖了大众消费者、IT业界、球迷等几乎全部网民。在此次推广期间，广告投放形式也采用了前所未有的更替率，达到普通广告形式（通栏、画中画类），以周为单位进行更新，涉及全部投放网站。从网站反馈信息看，此次投放广告更新之快是前所未有的，有效地吸引了网站的持久关注。联想本次常规广告主要以门户的世界杯频道作为推广的主要途径。由于这些拥有世界杯报道资源的门户媒体在推广时期内有着比平时平均高出30%的流量增长，所以，整体曝光量得到了充分的保证，周覆盖网民高达28 720万人次，真正发挥了超大流媒体的聚焦作用。此次超大流媒体推广也采用了周广告形式的更新，使受众不断得到新鲜广告的刺激。大型流媒体推广采用了悬浮式流媒体广告、视频下拉式流媒体、疯狂全屏等形式，是以往推广中广告形式最多的一次。超大流媒体通过互动形式吸引了用户的眼球，而且由于规格较大，表现张力较强，吸引用户的点击，也保证了较高的点击率。

联想在世界杯期间还购买了大量搜索关键字，全面覆盖了推广需求。在品牌、产品、事件公关等方面进行了全方位的推广。本次搜索推广和以往不同。在关键字方面采用了以"事件推广关键字"+"产品推广关键字"+"品牌推广关键字"结合的方式，使网站全天的平均点击率达到了2%。另外，运用直邮向特定目标用户推广，邮件打开率接近50%，远高于平均直邮打开率20%~30%，其点入率为8%，也高于均直邮点击率3%~5%。所以，本次推广达到了预期目的。

3."特"：推广使用一些特殊的推广手段

本次推广是联想第一次采用手机的方式，联想世界杯后台站点总访问量达到882 639人次，日均访问量达到31 522.8人次，特别是在世界杯比赛密集的初期阶段访问量最大。如"寻找小罗"的特殊广告，这些广告直接进入后台活动，同时吸引用户了解活动的全过程，达到一点进入、多点开花的推广效果。世界杯推广期间，特别是在sina/sohu/163/电子杂志开设入口，寻找小罗活动。此类的广告营销手段在网络上第一次使用，得到了很好的反馈，取得了积极的效果。在寻找小罗的过程中，广告形式采用飘浮式悬念广告，从不同入口进入统一游戏页面；在活动安排中，把需要寻找的小罗图标分别放到广告及后台种子产品页面中，使受众在寻找活动中，能够浏览联想其他产品的页面，为事业部的产品页面带来269万额外流量。本次寻找小罗活动取得了圆满成功。碎片式广告作为活动入口获得了满意的参与人数，而电子杂志也体现了这种新兴媒体对网民巨大的活动黏性。

案例来源：卫军英：《整合营销传播典例》，浙江大学出版社，2008年版。

第三节　数据库对品牌的影响

品牌营销的核心问题和终极追求，就在于获取更多的品牌忠诚，而品牌忠诚在本质上取决于品牌与顾客的关系程度。网络营销依赖于现代信息技术，比之于传统营销具有更大的优势，在实现品牌价值的过程中，网络营销更加适合于精准营销、关系营销和整合营销等现代营销方式。而所有这些方式在很大程度上都与数据库有关。

一、数据库及其价值

所谓数据库(Database)是指"通过计算机收集的数据，以便迅速寻找和查询"。在营销活动中，资料库一开始只是为实施营销传播而收集的顾客和潜在顾客的姓名和地址，后来发展成为营销活动的研究工具，例如，收集人口统计资料、竞争资料以及销售趋势资料等，配合使用适当的软件，对数据资料作出相应的分析、解释与评估。

数据库的最大优势就来自其在获取顾客、维护顾客和增加可获利顾客三个方面。数据库不但提高了营销传播的效率，而且大大降低了营销传播的成本，对于网络营销和品牌传播而言，数据库正在引导着一场营销传播的革命。品牌营销传播中对数据库的定义是：实现品牌营销传播活动依赖于企业有关个人消费者的相关信息，包括订单、查询、消费服务接触、研究问卷调查表以及外部清单的信息库。企业利用这些信息来分析消费者的购买和查询模式，分析由数据库提供的研究机会，通过不同的媒介来联系、接触个人消费者，使企业可以达到许多不同的研究和营销目的。

数据库对于品牌营销的价值就在于，通过数据库可以更加迅速地进行消费者分析，确定目标市场，跟踪市场领导者以及进行销售管理等。数据库是协助规划整体营销规划和计划、控制和衡量传播活动的有力工具。数据库不仅用来为品牌对应的客户提供帮助、刺激客户需求，而且可以通过记录，将现有与潜在消费者及其所有的通讯联络方式和商务情况保存在一个电子数据库的存储器里，借以改善所有未来各种联系并确保所有的营销活动计划和整合营销传播计划的顺利实施。

二、数据库与客户关系管理

计算机和网络信息系统为数据库建设提供了可能性和方便性，因此，运用数据库进行客户管理，就是对现有客户和潜在客户的认识、了解和管理。而所谓数据库实际上就是相关信息的集合，以一种可获取和分析的方式存储和组织信息。一个顾客数据库就像是一个编制了目录索引的卡片箱，其中详细记录了顾客的姓名、地址、联系方式和相关资料。公司营销管理部门根据这些资料，不必花费很多的资金就能够制定相应的客户管理系统。建立数据库的一个突出优势在于：过去客户管理中存在着一些模糊和不能区别对待的现象，这一方面是因为对客户情况掌握得不够充分，无法做到有针对性的客户管理；另一方面是因为客户数量庞大，简单的人力管理往往力所难及。而数据库管理运用计算机和网络，可以储存和处理大量数据，客户资料在电脑数据库中得到了系统化处理，营销人员可以根据不同的客户条件，很容易就找到相应的目标客户。

以计算机和网络为依托的客户数据库，不仅是一个简单的客户储存系统，而且还是一个高效的客户资料分析系统。客户管理人员通过客户资料排列和分析，可以清楚地了解客户的相关情况，并通过对客户的明确细分，使客户不再是一个抽象意义上的消费符号，而是一个具体可感的人。每一个人或者每一类型的人都有自己的个性和特定需求，也有与之相匹配的接触方式，而这种需求个性和接触方式随着环境变化也会有所改变。基于计算机技术建立的客户数据库，可以设置不同的客户参数，根据客户需求的不同侧面使每一个客户呈现出个性化的特征。

创建客户管理系统的基本依据是数据库，这个系统除了对现有客户资料进行系统优化之外，还可以对现有客户进行追踪，以保证对客户各种需求的满足。比如，移动电话公司根据客户的资料为手机用户建立了用户档案，并通过网络系统和客户保持密切的互动联系。很多手机用户都会发现，当他们离开或者返回服务区的时候，都会收到来自移动公司的问候。为了便于有效管理，移动公司还根据用户使用情况对客户进行归类和划分，把客户分为一般客户和高端客户。高端客户是公司最为稳定的服务对象，为此，公司对高端客户分别发放贵宾卡，凭卡可以享受一系列的优惠服务，而且每一个高端客户都配备有客户经理，客户经理与客户保持一对一的沟通，可以随时解决客户的有关问题。

客户管理的明晰化和具体化还体现在，数据库可以促成营销传播信息个性化。所谓个性化信息包括三个层次：首要一步是必须发现特定的顾客，但是在发送给客户的信息上简单地标注对方的名字显然还不够，所以，必须进一步上升到与客户的信息互动，包括有关销售、顾客意见和问题咨询等。把这些信息上升到更高一个层次，就是运用数据库记录客户的具体问题，并根据客户要求提供相应的解决方案。这种具有个性化的信息传播，由于具有很强的针对性，因此也很受客户的欢迎。当一个公司的数据库服务上升到这个层次之后，它就不只是一个公司简单的用来搜集客户信息的工具，而且还成为密切联系客户的积极反馈系统。

三、数据库应用于品牌营销

并不是所有的品牌都认识到数据库的价值，有不少营销机构拥有很好的数据库，但是却没有被充分合理地利用。事实上，数据库可以应用于品牌关系管理的每一个阶段：获取阶段、保留阶段、成长阶段和再获取阶段。可以说，在数据库中，几乎包含有品牌发展战略在不同阶段所需要的全部信息。数据库不仅有利于准确定位顾客和消费者，而且便于与顾客和消费者进行双向沟通交流。尤其是对于品牌建设而言，决定品牌价值的一个重要量度，就是顾客和消费者对于品牌的忠诚度，亦即品牌对顾客和消费者的保留。

建立双向沟通系统的最佳方法是，利用许多不同形式的资料库，或策划资料库营销专案计划，即由不同的渠道为消费者传达资讯，并依靠这些个别的渠道，积极地寻求消费者回应。这些寻求消费者回应的做法，除了运用传统的广告方式外，也许还有很多促销手段，诸如寄出直邮信函、电话访问、购物卡以及其他让消费者回复的方式与做法。计算机的普遍运用大大简化了信息处理的方法，即便是对于大规模市场的消费品顾客，只需要手指的敲击便可以获得相应的信息。在数据库中，由于顾客资料的完整又使得采取一对一交流成为可能。

更进一步说，要保留顾客就必须真正考虑到顾客的利益所在，因此，听取顾客反应与交流具有同等重要的价值。有关顾客交流的信息被输入到数据库中，从而使一对一交流时可以更加方便地运用。存储顾客交流信息表现出对忠实顾客的个人尊重，不仅便于进一步交流，也有利于积极的品牌传播。在这种交流中，公司不仅是一个单纯的倾听者，它还必须对顾客给予回应，并随着问题和机会的出现作出适当的调整。比如，顾客在交流中有大量的询问，这就表明需要为顾客提供更多的有效信息，或者重新设计产品，以减少问题。又如，当顾客对某一方面的称赞超出一般数量时，公司也需要检查这些称赞是否与产品利益点相关联，考虑它们是否可以用来改变现有的营销传播信息。与此同时，也可以把顾客的称赞传递给公司内部各部门，以此激励员工更好地工作。

在网络化的品牌营销中，数据库可以承载一切能够数据化的东西。也就是说，可以把各种资料转化为数字，这些经过计算机储存的信息，有文字、图像和数字等，声音也可以从模拟形式转化为数字形式。数据库依据计算机的程序设计，可以很快地将这些形式恢复为易于识别的形式，也就是说，我们在计算机屏幕上所看到的各种信息资料都是已经被数字化的信息。数字化是融合的驱动者，它融合了不同媒介，把文字、图像和声音压缩在一个同名形式之下，让电台、电视和计算机甚至是移动电话合并成为一个简单的传播设备，实现一种网络化的信息传输。任何一个品牌如果能够比它的竞争对手更加了解顾客和消费者，洞悉其需求和欲望之所在，那么它可能留住的最佳顾客就会更多，就能够创造更大的竞争优势。由于数据库的运用，使品牌营销摆脱了传统营销传播中的模糊和简单程序，使品牌与顾客的直接接触变成了一对一的、有针对性的交流对话，而且也大大降低了不确定促销中的交易成本。

案例 12－3

大数据影响未来的营销管理[①]

1.“大数据”是什么

① 整合自多篇论述“大数据”的研究文章，具体文献来源请参阅各条脚注。

2012年可以称之为中国的“大数据元年”，继云计算、物联网之后，2012年“大数据”(Big Data)成为中国互联网最引人瞩目的词汇。尽管大家对“大数据”的概念可能还存在各种疑问，但这一点也不妨碍它成为激发各行业营销精英丰富想象力的最有号召力的词语。

同云计算一样，大数据虽然也看不见、摸不到，却与今日的信息技术发展如影随形，并潜行于当前信息的生产、加工和交换的过程之中。如同高德纳公司的报告里提到的那样，业界普遍认同所谓“大数据”具有明显的“3V”特征：量级(Volume)、速度(Velocity)和多样性(Variety)。大数据普遍具有量级大，要求处理速度快，数据本身具有丰富的多样性。在甲骨文公司和中国移动研究院的相关研究文档里都追加了第四个V——Value(价值)，而IBM在其相关文档中给出的第四个“V”则是真实性(Veracity)①。

基于此，大数据可以被定义为：以新数据处理技术为手段，在海量、结构复杂、内容多样的数据集中，以较快速度解析出规律性或根本性的判断、趋势或预见。更为简单地说，是数据集太大以至于传统数据库软件无法处理，所以称为“大数据技术”。大数据的提出是为了解决现有数据技术无法满足快速增多、日益复杂化的数据集合，因此基于大数据的技术涉及层面较广，至少包括诸多现有技术的综合运用，如关联规则学习、分类、分组分析、众包技术、数据异构与同构、机器学习、自然语言处理、神经网络、模式识别、预测模型、情态分析、信号处理、时序分析和可视化处理等②。“大数据”的数据分类如表12-1所示。

表12-1 “大数据”的数据分类③

分类标准	类别
数据生成类型区分	交易数据、交互数据和传感数据
数据来源区分	社交媒体、银行/购物网站、移动电话和平板电脑、各种传感器/物联网等
数据格式区分	文本日志、整型数据、图片、声音和视频等
数据关系区分	结构化数据(如交易流水账)和非结构化数据(如图、表和地图等)
数据所有者区分	公司尤其是巨型公司的数据、政府数据、社会数据——网络数据

① 官建文，刘振兴，刘扬．国内外主要互联网公司大数据布局与应用比较研究[J]．中国传媒科技，2012(9)．

② 官建文，刘振兴，刘扬．国内外主要互联网公司大数据布局与应用比较研究[J]．中国传媒科技，2012(9)．

③ 图表整理引自官建文，刘振兴，刘扬．国内外主要互联网公司大数据布局与应用比较研究[J]．中国传媒科技，2012(9)．

学者孟小峰、慈祥对“大数据”概念和技术的发展历史做了梳理:《Nature》早在2008年就推出了Big Data专刊;计算机社区联盟(Computing Community Consortium)在2008年发表了报告“Big data computing: Creating revolutionary breakthroughs in commerce, science, and society”,阐述了在数据驱动的研究背景下,解决大数据问题所需的技术以及面临的一些调整;《Science》在2011年2月推出了专刊“Dealing with Data”,主要围绕科学研究中大数据的问题展开论述,说明大数据对于研究的重要性。美国一些知名的数据管理领域的专家学者则从专业的研究角度出发,联合发布了一份白皮书《Challenges and Opportunities with Big Data》,该白皮书从学术的角度介绍大数据的产生,分析大数据的处理流程,并提出大数据面临的若干挑战①。

全球知名的咨询公司麦肯锡(McKinsey)2011年6月发布了一份关于大数据的详尽报告“Big data: The next frontier for innovation, competition, and productivity”,对大数据的影响、关键技术和应用领域都进行了详尽的分析。

孟小峰、慈祥认为,进入2012年以来,对大数据的关注度与日俱增:在1月的达沃斯世界经济论坛上,大数据是主题之一,该次会议还特别针对大数据发布了报告“Big data, big impact: New possibilities for international development”,探讨了在新的数据产生方式下,如何更好地利用数据产生良好的社会效益;2012年3月,奥巴马政府发布了“大数据研究和发展倡议”(Big data research and development initiative),投资2亿以上美元,正式启动“大数据发展计划”;与此同时,联合国一个名为“Global Pulse”的倡议项目在2012年5月发布报告:“Big data for development: Challenges & opportunities”,阐述大数据时代各国特别是发展中国家在面临数据洪流(Data deluge)的情况下所遇到的机遇与挑战,对大数据也进行了初步解读;《纽约时报》的文章“The age of big data”则通过主流媒体的宣传使普通民众开始意识到大数据的存在,以及大数据对于人们日常生活的影响。

根据IDC于2012年5月发布全球大数据技术以及服务预测,大数据市场规模有望从2010年的32亿美元增加到2015年的169亿美元,年复合增长率达到40%。从收入规模上来说,当前大数据市场的领导者是IBM, Intel, HP, Google和甲骨文等公司,这些公司将会面临着越发激烈的竞争②。主要大数据厂商的收入情况见表12-2。

---

① 孟小峰,慈祥.大数据管理:概念、技术与挑战[J].计算机研究与发展,2013(1).

② Jeff Kelly.解析大数据市场格局[J].通讯世界,2012(5).

表12-2 当前主要大数据厂商的收入情况

厂 商	大数据收入（百万美元）	总收入（百万美元）	大数据收入占比(%)
IBM	1 100	106 000	1
Intel	765	54 000	1
HP	550	126 000	0
Oracle	425	36 000	1
Teradata	220	2 200	10
Dell	150	61 000	0
EMC	140	19 000	1
SAP	85	17 000	0
Huawei	73	21 800	0
Siemens	69	102 000	0
Splunk	45	63	68
1010data	25	30	83
Cloudera	18	18	100
Total	5 156	866 049	1

2012年11月，IDC发布的报告《中国大数据技术与服务市场2012～2016年预测与分析》显示，该市场规模将从2011年的7 760万美元增长到2016年的6.17亿美元，未来5年的复合增长率将达到51.4%，市场规模增长近7倍①。

2.“大数据”提高营销的精确性

在互联网媒体环境中，人们的一切行为都可以被记录下来，每个人都是信息的生成者。2011年10月，麦肯锡发布的报告指出，大数据源于数据生产和收集的能力与速度的大幅提升——由于越来越多的人、设备和传感器通过数字网络连接起来，产生、传送、分享和访问数据的能力也得到彻底变革。2010年，超过40亿人（世界人口的60%）在使用手机，其中约12%拥有智能电话——其渗透率以每年20%以上的速度增长。如今，3 000多万联网传感器节点分布在交通、汽车、工业、公用事业和零售部门，其数量正以每年30%以上的速度增长②。

IDC发布的Digital Universe Study报告称，全球信息总量每两年就会增长1

① China daily网站：http://www.chinadaily.com.cn/micro-reading/dzh/2012-11-28/content_7623735.html.

② 冯利芳，麻震敏，等. Big Data，大数据重塑营销[J]. 成功营销，2012(8).

倍，仅在2011年，全球被创建和被复制的数据总量就达到1.8ZB（1.8万亿GB），比2010年同期上涨超过1ZB，到2020年这一数值将增长到35ZB①。

美国东北大学教授、著名物理学家、网络科学研究中心的创始人、《爆发：大数据时代预见未来的新思维》的作者艾伯特－拉斯洛·巴拉巴西（Albert－Laszlo Barabsi）教授认为，如果你知道一个人过去的所有社会数据，那么预测其未来行为的准确性将达到93%②。大数据的方式方法渗透到各行各业中，并正在改变从医药、交通一直到媒体的各个行业，激发各个行业的创新，甚至变革各个行业的商业模式③。

大数据对于企业战略决策和营销策略的重要性在于，它使我们能够清晰地记录、追踪消费者的消费行为和媒介接触行为，从海量的信息集中提取出高密度的价值性信息，进而提高决策的科学性和营销的精准性。大量企业积极拥抱"大数据时代"，不仅加大了在数据存储、数据挖掘和数据决策方面的成本，而且企业管理层更加重视数据分析结果对企业决策的影响。如果能充分利用好这部分数据，就能更加细分现有市场、更加准确地把握用户需求、更精准地进行营销和服务推广，从而获得更大的转化率，直接获得经济收益④。例如，IBM推出的大数据服务项目——"智慧的分析洞察"（Smarter Analytics），帮助企业与机构通过信息获得洞察力和预测能力，优化业务流程，让企业作出更快、更智慧的决策和行动；拜耳先灵制药通过IBM SPSS预测分析解决方案精准定位群体细分，在节省资源的同时提高了客户的满意度；菲亚特汽车通过IBM SPSS使营销计划的客户响应率从15%提高至20%，客户忠诚度提高了7%。在国内，大地财产保险公司构建了基于IBM企业内容管理的解决方案；汉庭酒店集团则通过实施基于IBM Cognos的全面预算解决方案，将企业财务预算周期缩短了60%，年度财务战略的规划时间缩短了90%⑤。XO Communications公司使用IBM SPSS预测性分析软件后，将客户流失率降低了将近50%，同时得以预测客户行为、发现趋势，并识别可能转移到其他运营商的客户，从而采取相应措施，稳定客户群；全球最大的广告公司之一奥美正使用IPad版IBM分析软件帮助员工分配资源、跟踪使用率⑥。

---

① 郭平．大数据就像当年发明了显微镜［N］．计算机世界，2012－05－14：44．

② 谢方．大数据时代催生计算社会科学［N］．中国社会科学报，2012－09－19：A01．

③ 郭安丽．巴拉巴西来华"告知"：大数据时代谁掌握未来？［N］．中国联合商报，2012－09－17：A02．

④ 阮京文．2012，大数据时代来临［J］．广告大观综合版，2012（9）．

⑤ 陈平．"大数据"时代来临：IBM"智慧的分析洞察"助力企业扬帆远航［N］．电脑报，2012－06－04：A10．

⑥ 硅谷编辑部．IBM：积极推进"大数据"时代革新［J］．硅谷，2011（22）．

3. “大数据”重塑营销的五个价值

冯利芳、麻震敏在《Big Data,大数据重塑营销》中提出,大数据趋势将在五个方面提供价值①。

(1)数据的高透明度及广泛的可获取性:一些制造商正试图集成多种系统的数据,甚至从外部供应商和客户处获取数据,共同制造产品。以汽车这类先进制造行业为例,全球供应商生产着成千上万的部件,集成度更高的平台将使公司及其供应链合作伙伴在设计阶段就开始协作。

(2)决策验证对竞争方式的影响:大数据可能使决策制定发生根本性的改变。利用可控实验,公司可验证假设、分析结果以指导投资决策及运作改变。

(3)应用于广泛的实时的用户定制及其对企业的影响:面向用户的企业已长期利用数据细分和定位用户。大数据实现了用户定制的质的飞跃,使实时个性化成为可能。下一代零售商通过互联网点击流可跟踪个体用户的行为,更新其偏爱,并实时模仿其可能的行为。

(4)大数据对管理的改变及替代作用:大数据能进一步提高算法和机器分析的作用。一些制造商利用算法分析来自生产线的传感数据,创建自动调节过程以减少损失,避免成本昂贵(且有时具危险性)的人工干预,最终增加产出。

(5)建立基于数据的商业模型:大数据催生了新类型的公司,能够建立由信息驱动的商业模型。许多公司都在价值链中发挥中间作用,通过商业交易创建极具价值的“排出数据”,如一家运输公司收集了大量的全球产品出货信息,并专门建立一个部门负责向经济预测方销售数据。

思考题

1. 网络传播区别于传统传播方式的特征有哪些?
2. 为什么说传统网络广告只是网络广告的初级形式?
3. 搜索引擎广告包括哪几种形式?
4. 谈谈你对博客广告的认识。
5. 结合实例,分析冠名赞助活动对企业营销传播的价值所在。
6. 简述虚拟社区的含义及特征。
7. 从企业角度看,虚拟社区广告营销的价值表现在哪些方面?
8. 虚拟社区如何帮助消费者在集体议价中获益?

① 冯利芳,麻震敏,等. Big Data,大数据重塑营销[J]. 成功营销,2012(8).

第十三章　品牌整合传播

第一节　品牌的接触点管理

品牌的建设和维护以及品牌发生影响的过程，无不是与顾客以及相关利益者发生接触的过程，所以，品牌营销和品牌管理实际上也是对品牌接触点的管理。接触点本身不仅是一个品牌信息传播问题，而且还是一个品牌管理的基本途径。通过对品牌接触点的管理，可以使品牌营销更加具有针对性和操作性，而且也更加有利于品牌关系的维护。

一、接触点及其价值

对于许多传统营销人员来说，接触点是一个全新的概念。在传统营销传播中，品牌信息通常是采用大众传媒，诸如电视、电台、报纸、杂志、邮件、展示以及其他可以受到广泛关注的传播中介传达给顾客以及相关利益者的。但是，随着品牌和相关利益者之间关系的复杂趋势，品牌信息的传播途径越来越多，顾客和关系利益人可以从多方面与品牌发生各种形式的接触，而这种接触在不同意义上都影响了他们与品牌的关系，因此这就涉及对品牌接触点的管理问题。

所谓品牌接触就是品牌与相关利益群体趋向某个具体关联点上的行为和体验过程。顾客相关利益者所接触的公司或者品牌信息，通常分为计划内信息和计划外信息，以及介于二者之间兼而有之的产品和服务信息。我们把这些信息统称为接触信息，这些信息在传递过程中与顾客以及相关利益者发生关联的界面就是信息接触点。接触本身可以说是一种固有的信息传播现象。传统营销传播是建立在以大众媒体为基本传播渠道基础之上的，营销信息与受众的接触主要是通过大众传媒来完成的。随着各种新技术的应用，各种交流互动的方式不断地得到推广，一些互动式媒体也受到了重视。但从接触的角度看，公司及其产品、品牌与客户和相关利益者之间的信息联系并不完全是通过媒体形成的。在营销传播的现实中，从接触意义上看，客户和相关利益者得到的很多关于品牌的信息并不是来自通常意义上的媒体形式，我们称之为非媒体接触。非媒体接触是指品牌与客户和相关利益者之间，通过一种非常规的甚至是偶然性的关联实现了信息接触，这种接触的中介形式往往不是固定的渠道，也不具备某种普遍性。比如,某一个品牌不经意间被其消费者的亲友提起,也许说者无意,但是听者却十分有心,往往随便一句话就很可能改变后者对品牌的态度。这种传播接触具有极大的偶然性,也不具备固定性和公众性,几乎不包含任何技术性质,但是其影响力却毋庸置疑。

二、信息的可控与不可控

从接触的角度理解品牌信息及其传播渠道我们发现,品牌信息在影响顾客和相关利益者时,很大程度上呈现为一种无序化排列。这种无序化具体表现在三个方面:即信息构成的无序化、传播渠道的无序化以及传播对象的无序化。信息构成的无序化是指影响品牌关系的信息本身呈现为多因素、多层次,有些是精心设计的品牌信息,有些是未经审查的各种信息,还有些是无法预料的偶然信息;传播渠道的无序化,通常表现为媒体形态和非媒体形态相互交错,信息传播的途径甚至难以把控;传播对象的无序化则表现为品牌关系所涉及的对象并不仅仅是顾客,相关利益群体很可能大大超越传统的传播影响范围。在这里,进一步认识品牌信息非常重要,简单地说,这些信息通常可归为计划内信息和计划外信息,以及最终确认的产品或服务信息。

所谓计划内信息和计划外信息的提法,主要是从公司以及品牌自身的信息传播方向出发所设定的信息类型。公司及其品牌在与顾客以及相关利益者接触的过程中,为了准确表达自己的产品、品牌和服务价值以及相应的理念和观点,会有意识地设计和采用一些经过精心选择的信息,并通过特定媒介向顾客和关系利益者发出这些信息。通常情况下,这些信息基本上都属于传统营销传播的信息,诸如广告、销售推广、人员推销、销售材料、新闻发布和活动赞助等。计划外信息往往来自于公司及其管理部门无法控制的各种传播途径,诸如坊间流言、小道消息、商界评论、特殊利益群体的活动、对手的评论以及重大灾害引起的各种难以预料的信息等,有时候计划内信息也可能成为计划外信息的来源。比如,某医药企业为了使自己的形象表现得更加具有社会责任感,精心策划了一项广告活动:以某著名影星的名义向贫困地区希望小学捐赠该公司生产的补钙产品,然后,企业通过各种传媒工具对此大肆宣传。这些信息从本意上是公司精心设计选择之后的有计划传播,但广告和其他宣传不但没有收到预期效果,反而产生了极大的负面影响,最后甚至使企业良好的预期演变成一场危机。

产品信息和服务信息是由产品、价格、各式服务或者各种流通元素传递出来的信息。和产品密切关联的信息包括产品设计、功能、定价和分销传递中的所有信息;服务信息则是从公司或者品牌的业务代表、人员接待、秘书、送货人员、售后维护以及其他所有的服务类接触中获得的。作为顾客以及相关利益者对公司或品牌信息的一种感性认识，比之于计划内信息和计划外信息、产品信息和服务信息的表现力度更为强烈，而且它还兼具计划内信息和计划外信息的双重特点，从信息设计和执行来说，其本身具有可控制性，但是从信息发送和接受过程来说，这些信息所引起的各种反应却往往并不完全依照预期设想。所有的各种信息，从整合营销传播的角度看，都可以简单地归结为两大类：可控性信息与不可控性信息。

可控性信息主要是指那些以计划内信息为主体的信息元素，这些信息从信息选择、设计，到信息通道、发送过程，甚至是接收对象，每一个基本要素都经过严格的筛选，所以，信息处在一种可控状态。从信息接触点管理的角度讲，这种信息接触点比较容易管理，通常由专业人员所进行的各种促销、广告、公关策划、产品包装、陈列展示以及经过专门培训的人员接触、精心设计的事件营销等，这些都属于可控性的计划内信息，一般都具有确定的目标、清晰的定位，品牌认识十分明显。所以，公司及其管理阶层为之设定了相应的管理部门，诸如市场营销、广告策划、公共关系、文秘接待和物流配送等，以保证这些部门的工作有利于整个营销目标的实现，这些在整合营销传播视野中都属于接触点管理。应当说，这种管理是行之有效的，但同时也不能回避，这种可控性的管理在整个接触点管理中只是很小的一部分，大量的管理应当属于对不可控因素的管理。通常情况下，不可控信息的主要来源是多方面的，既有来自于计划内的信息因素，又有来自于计划外的信息因素以及产品和服务的信息因素。之所以会出现这种情况，是因为即便是计划内信息，虽然由于公司及其管理部门在设定过程中已经给予了充分的考虑，但是由于噪音干扰和换位因素，对于顾客和相关利益人来讲，很可能在接受过程中出现不同的理解。比如，某大众产品在外包装上非常精美，对于公司或者品牌来说体现为精品高档的象征，但是对于注重产品实惠的顾客而言，会感觉是把金钱浪费在华而不实的产品包装上。

三、有效实施接触点管理

接触点管理为品牌营销带来了新的思路。由于品牌信息的接触点远远超出了传统意义上的媒体，其呈现形态多元化，因此，接触点管理也比通常意义上的媒体传播管理更加复杂。通常情况下，顾客以及利益相关者的品牌接触，即接受到的与企业或品牌相关联的信息可以分为三种类型：计划内信息、计划外信息以及介于两者之间的产品信息与服务信息。产品和服务信息既具有计划性信息因素，但是也不排除顾客以及相关利益者在感知过程中，由于自身原因意外生成的计划外信息。所谓接触点管理，主要是对这些信息途径的有效控制。

在接触点管理中，首要的工作便是详细列出公司及品牌相关的接触点，然后再对这些接触点加以评估，根据接触点的特征制定相应的管理措施。通常情况下，公司的信息管理部门比较重视计划内信息，公司及其管理部门力图以此表达自己的产品或品牌价值，以及经营理念与社会责任，因此，在信息的选择、设计和传播过程中，公司及其管理部门几乎拥有全部的信息主动权，它可以根据自己的需要作出一切有利于产品或者品牌的信息决定。但必须注意的是，在营销传播过程中，虽然公司及其管理部门对计划内信息投资甚多，但是大多数情况下这些信息的影响力往往很小。计划内信息通常属于可控性信息，很多的公司或品牌习惯于把管理资源投入到可控性接触点的管理之中，而有意无意地回避那些计划外信息，忽略不可控性接触点的管理。计划外信息因其不可控性往往打破日常工作程序和既定的运行惯例，具有某种突发性和不可预测性，所以，在接触点管理中尤其要引起重视。在管理这些计划外信息接触点时，主要有四方面的问题需要引起注意。

其一，员工信息。员工是公司及其品牌信息的重要来源，他们与公司及其品牌的特殊关系决定了他们所传达的信息往往比较真实可信，对于顾客和关系利益人影响力极大。这些员工的一言一行又直接关联着外在接触层面，它不仅传达正面信息，更多情况下会传达负面信息，因为顾客和关系利益者对于来自员工的正面信息往往采取当然的默认态度，但是对于负面信息却反应极为强烈。

其二，人际传播。人际传播是指传播者以单个人作为主体，通过人与人之间的语言或者行动交流，达成信息交换。在公司或者品牌信息的传播过程中，人际传播不仅包括员工信息以及人员推销、演示介绍和相互推荐等，还包括小道消息、私下议论和流言蜚语等。

其三，新闻媒体。媒体作为一种公众信息来源，可以独立报道有关公司或者品牌的各种信息。通常情况下，媒体对负面信息的热情要高于正面信息，这些信息具有接触面大和传播力强的特点，并且由于新闻媒体所特有的公信力，它们往往具有很高的可信度。

其四，突发事件。突发事件一般来说都是一些有悖于公司及其品牌良性发展的因素，在营销传播和信息管理中也属于非计划性信息。而危机、灾难以及紧急事件往往是这些突发事件的主体，也是公司及其管理部门最不愿意看到的非计划性信息，这些信息往往会对公司及其品牌造成破坏性冲击。

接触点管理是整合营销传播中的重要内容，它所涉及的已经不仅仅是信息的制作与设计因素，更重要的还是信息关联与信息控制模式。因此，在对接触点的管理中，一定要了解不同信息之间的影响和相互作用，清楚各种信息的传播渠道和交流模式，梳理出不同信息构成的基本因素及其关系脉络，以便于形成有效控制和管理。

案例 13－1

招商银行接触点管理从细节着手

相对于中国许多老牌国有银行来说，成立于 1987 年 4 月的招商银行只能说是银行业的一个新兵。然而，作为中国第一家完全由企业法人持股的股份制商业银行，它在短短 20 年的经营发展中取得了辉煌的业绩和令人瞩目的品牌成就。招商银行多年来被评为最受尊敬的中国品牌之一，如今它已经赫然居于中国最有价值品牌的前列。一个品牌的成功有多方面的因素，在招商银行的品牌建设中，通过创新和服务实现品牌价值提升，具有非常重要的借鉴意义。对此，我们从观察到的一些小细节中就可以有所理解。

一位普通消费者曾经谈到招商银行的一个细节："比如，装钱的信封，工行始终是白色的，为了统一 CI 效果，交通银行是草纸的牛皮纸信封，而招行比较个性化。快过年了，送的是红色的跟红包一样的信封。'恭贺新禧'几个字很喜庆，说明它多为用户着想了。如此小细节，让人喜欢。"招商银行的这种做法与它的经营理念有关，按照招商银行行长马蔚华的解释就是"因您而变"的服务理念："因您而变"，就是以市场为导向，不断地进行产品和服务创新，以满足客户日益增长的金融服务需求。当银行普遍高高在上时，招行却把客户视为上帝，千方百计为客户提供高效、便利、体贴、温馨的服务，用服务打造品牌和差异化优势；实行挂牌服务，接受客户监督，提供上门服务，星期日储蓄全天营业；一句亲切的问候、一杯香浓的咖啡、风雨中一把适时递送的红伞……正是这一连串的举措为招商银行赢得了不少赞誉；和其他银行相比，更是形成了营业厅服务差异化的竞争优势。当其他银行的客户在柜台前排起长龙等待办理金融业务时，招商银行率先推出叫号机，让客户休闲地坐在椅子上，享受着书报杂志、牛奶、茶水、咖啡，看着电视等着办理业务，并由此衍生出微笑站立服务、设置低柜服务，改变传统银行冷冰冰的面孔和服务模式。当多数银行的客户频繁往返银行柜台之间办理业务时，招商银行又抢先出台了一系列自助银行服务措施：国内银行业第一张多功能借记卡——"一卡通"、国内第一家成熟的网上银行——"一网通"、第一家 24 小时自助银行、第一家 24 小时炒汇厅等。随着客户金融服务需求的日益多样化，客户的选择性也明显增强。招商银行强调，要尽可能地满足客户的金融服务需求，为此又迈向了"个性化服务、专业化管理"的新阶段:分层服务、差异化服务,提供量身定制的“一对一”服务和个性化服务,配套以专业化的客户关系管理,使客户结构进一步优化。在做好传统大众客户服务的同时,招商银行着力全面提升客户价值,客户服务不断细化。招商银行率先提出了客户分层服务的概念,并在国内建立了首家财富中心,推出“金葵花”理财品牌及服务体系,全方位提升为客户服务的质量。当时国内个人业务的高端服务尚属一片处女地,“金葵花”又一次成为招商银行服务创新的代表。从个性化服务品种的推出、服务品牌的创立,到服务环境的改善、理财品种的创新和多元化等,招商银行一步步把客户引进了大门,并且凭借对高端客户的周到服务在诸多银行中脱颖而出。

服务是一项没有止境的追求,客户需要优质服务,而这种服务的内涵在不断地丰富与发展。在愈加激烈的金融服务竞争大潮中,招商银行选择了更具有挑战性的战略,开始对所有可能与客户接触的界面和接触点进行全面优化,全面改善客户体验,以确保客户每一瞬间的满意,对每一服务领域的满意,从而提升对整个招商银行的满意度。他们认为:“这是一项庞大的系统工程,不单是针对营业大厅、不光是针对高端客户,而是对招商银行所有网点、电话银行、网上银行等客户接触点,都要求提升服务品质,确保客户在任何时间、任何服务点都享受优质服务,通过所有的消费者接触点,用服务打造招商银行的核心品牌。”2006年,在《亚洲银行家》零售金融服务卓越大奖评选中,招商银行从亚洲17个国家的122家银行的竞赛中脱颖而出,一举夺得“中国最佳零售银行”的荣誉,显然,这与它注重顾客服务和服务创新理念不无关系。在银行业经营中,各种金融产品、技术条件往往都很相似甚至毫无区别,可以说,这些银行本身在硬实力上很难区分高下,只有服务创新才是“软实力”所在,而这种软实力的创新也最难以复制。分析招商银行通过服务实现接触点管理,可以发现它有自己明显的特征。

1. 服务不仅仅是业务需要,也是一种商业目的

彼得·德鲁克说过:“商业的目的只有一个站得住脚的定义,即创造顾客”,“以顾客满意为导向,无疑是在企业的传统经营上掀起了一场革命”。美国著名的智囊公司——兰德公司,曾花费20年的时间跟踪研究了世界500家大公司后发现,百年不衰的成功企业具有一个共同的特征,那就是将客户利益看得高于企业的生产利益,能够及时根据客户的需求变化及时调整自身的经营策略与经营手段。国际先进银行的经营实践也表明,在竞争日趋激烈的市场环境中,商业银行只有将自己的经营坐标轴永远指向客户,以满足客户的需求为自身的经营准则,才会赢得更多的客户,取得更佳的经营业绩,从而实现更快、更好的发展。银行业是一个服务性行业,所以,提倡服务精神似乎并不新鲜。但是在

中国，银行业是一个垄断性行业，过去由于自身的特殊地位，服务最多只是一个空洞的口号。银行与客户的关系就是服务关系，所以，各种客户接触界面实际上都属于服务界面，服务完善就可以赢得客户，而只有从客户需求出发主动为客户着想，才可能达到服务完善。

2. 注重细节服务，以保持接触点的持续管理

对于大多数公司和品牌而言，服务的模式并不难模仿，这在银行业也不例外。招商银行在发展中曾经注重借鉴花旗银行的服务模式，这在国内银行还没有把服务作为重要经营手段时，具有全新的开创意义。但是随着服务理念的不断引进，银行业普遍认识到了服务的重要性，在这样的状况下，要求银行服务向更加深入的细节延伸，做到人无我有，人有我新。比如，招商银行一项调查发现，“金葵花”客户虽然各有特点，但却有几个共性：他们的年龄处在30~45岁之间，这个年龄段的人是上有老下有小，所以，普遍对家庭和子女教育有着强烈的责任心。第二个特点是对健康的重视，这种重视甚至超越了财富和工作。同时，这些人对理财非常重视，对金融产品的价格并不敏感。于是，招商银行针对客户对家庭和子女教育重视的特点，形成了一套全新的高端客户服务营销方案。他们选择了中秋节这个对中国家庭有着特殊意义的时间开展活动，令客户十分感动，取得了非常好的效果。很多客户给招商银行的客户经理打电话表达自己的感动，因为这些人虽然家庭观念较强，但由于工作忙，他们较少和家人有这样的机会。家人的欢笑当然带给客户的是满意，同时也能极大地稳定客户，毕竟这种力量对客户是最强大的。

3. 创新来自主动追求顾客变化的服务前瞻

招商银行提出“因您而变”的理念，它所追求的服务目标本身就是中国银行业经营的一种大胆创新，当然也是提升品牌价值的一条绝佳途径。所以“因您而变”就是一种动态的、不断追随客户需求，甚至前瞻客户需求的服务思想，因此它具有一定的主动性。服务不仅是银行业务的需要，同时本身也紧紧联系着与顾客的接触。招商银行在服务中把握顾客变化，有效地把业务与接触密切结合为一体。比如，招商银行采用细分市场的方式，针对大学生推出了信用卡产品：Young卡；考虑到大学生群体对互联网的应用程度很高，Young卡的申请、使用介绍、后期服务等均通过互联网进行沟通，除了最初需要签名的申请书之外，基本上没有纸质的文件。招商银行把信用卡寄给用户以后，用户在使用过程中有任何问题，如账单查询等全部在互联网上完成。同时，招商银行有任何新举措，如促销信息等，也都是通过电子邮件与用户沟通。在女性产品的推广和应用上，招商银行也同样让互联网扮演了重要的角色。招商银行发行的Hello Kitty信用卡，目标人群相对偏重时尚、年轻的女

性。这类持卡人的观念比较先进，刷卡消费比较频繁，而互联网是她们沟通的重要渠道。因此，在 Hello Kitty 信用卡发行的同时，招商银行单独建立了专题网站，将 Hello Kitty 信用卡产品的申请、使用信息等放到网上，同时开展线下推广进行配合。从大学生到时尚女性，对于这些互联网使用频率较高的人群，招商银行通过网络与他们建立更为直接、互动性更强的沟通，在完成细分市场开拓的同时，也有效地实现了接触创新。

案例来源：卫军英：《整合营销传播典例》，浙江大学出版社，2008 年版。

第二节　可获利的品牌关系

究其实质而言，创建品牌是企业谋求长期发展的营销战略，它超越了以往市场营销的简单交易追求，更加关注于品牌所带来的长远利益。从企业的品牌追求来看，衡量品牌价值的基本前提，就是品牌必须与顾客和相关利益者形成一种稳定的关系，而这种稳定的关系在为企业带来利益的同时也给顾客带来相应的利益。也就是说，有效的品牌关系必须是一种能够获利的品牌关系。

一、有效的品牌关系必须是可获利的关系

所谓可获利的品牌关系包含着两个方面的理解：第一，这种品牌关系必须帮助企业更有效地实现经营目标，即保证企业的利润；第二，这种可获利的品牌关系不仅仅考虑到企业利益，与此同时还要考虑到顾客利益。从现实来看，任何品牌不论它如何构建自己的关系，都不可能摆脱现实中一个非常重要的前提：品牌的创建和维护需要资金，而且很大意义上创建和维护品牌的成本要大于一般性交易，所以品牌必须同时能够增加销售或者降低经营成本，我们可以从企业获利的角度对此加以分析。

简单地说，在企业的获利逻辑中价格是唯一的决定因素，与价格密切相联系的是交易成本，它不仅体现在与顾客的交易之中，而且也体现在与供应商、渠道商、企业员工以及各种层级的相关利益群体中。对于大多数公司和品牌而言，在生产和经营过程中有两个相关利益群体是不可或缺的，这就是供应商和分销商。它们分别代表公司及其品牌流转的上游与下游，直接关联到公司或者品牌存在的可能性，因此，近些年来在利益相关群体中的地位显得越来越重要。一个品牌如果无法处理好与它的供应商的关系，那么其结果不但是原材料无法得到应有的保证，而且还会受到来自下游或者终端的质疑。相反，与供应商之间的良好关系不仅可以保证供应链的通畅，而且来自供应商的美誉也会提高品

牌效应[1]。比如,在英特尔的品牌运作中,宣传的主题就是"一颗奔腾的心",这时,一个采用英特尔作为中央处理器的品牌电脑,自然会受到顾客和其他利益相关者的认同。至于处在下游的分销商则显得更加重要,这是因为,分销商不仅仅是单纯的销售渠道,更重要的是它直接联系着消费终端,是品牌和消费者实现接触的关键链条,其本身就是品牌传播沟通的主要渠道,所以,必须保证这个渠道畅通。良好的品牌关系和畅通的渠道,反过来又减少了品牌交易的难度,相应的也降低了交易成本,这就为品牌获利创造了优势。

从品牌管理的角度讲,在保持一定的价格幅度的同时,如果能够适当降低交易难度,减少交易成本,就能够获得相应的利润回报。所以,这里品牌的意义应当体现在它对交易成本的直接影响并由此创造的利润上[2]。但是很多企业对此认识并不充分,不少企业创建品牌的目的是为了提高产品价格,它们更看重品牌所带来的溢价。事实上,从整合营销传播的角度看,一个有价值的品牌所带来的不仅仅是价格的提升,相反它还可以直接促进成本的下降。一个有价值的品牌在生产流程上同样应当具有获得优势的优先权,其内部认同延伸到管理上也必然是简捷、高效,各种优势最终必然反映在它的成本上。也就是说,一个强势品牌所带来的价值,很大程度上来自于它所提供的商品成本低于一般的竞争产品。

例如,娃哈哈纯净水作为一个强势品牌,在其营销过程中由于品牌因素,不但有效地降低了供方的价格,而且有效地降低了整个生产和流通成本。其结果是每瓶纯净水的出厂价降到了 0.8 元,这样,在销售中不仅使消费者获得了实惠,而且又有力地保证了经销商的利益。由于在长期营销过程中秉承诚信而与经销商建立了密切的合作关系,经销商在一定意义上与娃哈哈形成了利益共同体,每年订货会经销商都是预先付款,而娃哈哈对这些预付款经销商不但保证销售旺季的供货,还承担了他们预付货款而产生的财务成本。这不仅有效地保证了企业的良好运行,而且在保证经销商利益的同时帮助其承担财务风险,正是这种特别的品牌关系使得娃哈哈成为中国同行业中唯一款到发货的品牌。因此我们说,这种品牌关系就是一种有效的品牌关系,在这种品牌关系中,参与营销的各方都获得了相应的利益回报。与此相比,有些品牌虽然在营销中显示出了一定的知名度和影响力,但是由于对整个品牌关系的处理不当,因而在一定意义上影响了品牌的获利。比如,与娃哈哈同一城市的农夫山泉,如果仅就广告传播策略而言,可以说农夫山泉广告在中国企业中最具品牌意义。多年来,农夫山泉凭借广告传播建立了良好的品牌形象,也得到了很多消费者的认

---

① 卫军英.广告经营与管理(第2版)[M].杭州:浙江大学出版社,2007:346.

② 卫军英.关系创造价值[M].北京:中国传媒大学出版社,2006:161.

可，但是与广告策略的成功不相匹配的是，由于渠道等多方面的因素，它的品牌优势没有得到全面提升，这使得它多年来一直徘徊在赢利的边缘线上。

二、构建可获利品牌关系必须保持相应的利益平衡

企业所有的品牌追求，归根结底都可以归结为获得或者保留，前者是就新顾客和新关系的建立而言；后者是就老顾客和老关系的维护而言。按照整合营销传播的观点，在获得与保留两者之间，保留比获得具有更为重要的意义，因为保留不仅可以使品牌关系更加提升一步，而且保留延长了关系周期，从而使获得成本也相应地降低。因此，在衡量品牌关系的基本指标中，品牌忠诚被看做是其中的最高层级。显然，按照这种理解，在当今市场背景下，绝大部分企业或品牌的营销传播追求，其侧重点并不是开发市场而是维护市场，即维护好与现有顾客和相关利益者的关系。如何维护好与现有顾客和相关利益者的关系？一个有效的办法就是建立互动沟通的整合营销传播机制，在这个机制中必须保证与各种相关利益群体，尤其是与顾客之间的平等对话。在很大意义上，这个平等的重要前提就是相互之间的利益平衡。

遗憾的是，正是在这一点上企业所做的工作并不充分，许多企业在品牌建设中忽略了与顾客之间的利益平衡。他们不仅没有与顾客形成良好的沟通，运用相应的反馈机制保证对话渠道的畅通，而且在根本上忽略了顾客和相关利益者，不适当地把企业利益放在第一位，尤其是忘记了在经营管理中对交易成本的控制，一相情愿地认为，只要通过广告等多方面的投入，就可以创造出著名品牌，而所有的投入都可以从品牌的超额效益中得到回报。这些想法在几年前那些广告标王身上已经得到了验证，喧嚣一时的广告标王所缔造的高知名度品牌神话，其生命周期都没有延续到5年。今天，用科学的眼光看待品牌的溢价现象，由于品牌消费本身不仅体现为使用价值，而且还是一种心理体验，消费者在很大程度上愿意为他们的心理满足付出更多的价钱。这种现实导致了不少处于强势状态的品牌的拥有者，往往从自我利益出发，在与消费者的关系中，过于关注品牌溢价和自身的利润获得，长此以往必然失去忠实顾客的拥戴。这一点不仅很多本土企业如此，一些具有相当品牌价值的跨国企业也曾经因为不适当的利润关注，忽略了品牌关系中与顾客利益之间的平衡，结果导致了品牌关系和整合传播中的障碍。比如，以品牌著称的宝洁公司，在进入中国市场之初曾经凭借品牌优势，不适当地提高产品价格，而正是这种对品牌与顾客之间利益平衡的忽视，导致其在与本土企业的竞争中受到极大冲击。以洗衣粉而言，在宝洁公司和联合利华的夹击之下，中国本土品牌曾经纷纷拱手市场份额甚至是改换门庭。但是2000年以来，浙江民营品牌纳爱斯以价格为主导迅速崛起，正

面和两大品牌企业形成决战姿态，其新推出的洗衣粉只用了一年时间就登上销量第一的宝座。纳爱斯的成功，很重要的一点就是它认识到，对消费者来说洗衣粉并不是一个高技术附加值的产品，而且也不具备明确的社交意义，因此，不论如何神话品牌所带给消费者的心理补偿，都不应当使其价格远远背离消费者的需求认同。就品牌与顾客的关系而言，纳爱斯在竞争中所坚持的低价策略，恰好就是保持了与消费者之间的利益平衡。

2006 年，以品牌著称的宝洁公司接连遭到市场的冲击，受到了消费者的质疑。尤其是护肤化妆品牌 SK－Ⅱ遭遇到全国性的信任风波，而宝洁在处理这起危机公关过程中的傲慢和对消费者的漠视，在一定意义上暴露出这个用传统手法创造的品牌神话，正面临着新的市场环境的考验。从整合营销传播角度看，如果一个品牌在创立或维持顾客关系的过程中，试图把自己的主要追求或者多余成本转嫁到顾客身上，那么最终结果只能是失去顾客。所以，必须注意的是，可获利的品牌关系必须与顾客保持相应的利益平衡，否则便无法持续。

案例 13－2

大宝品牌细分市场，实现利益平衡

“要想皮肤好，早晚用大宝”，这句熟悉的广告语已成为中国电视观众的记忆。在激烈竞争的化妆品市场，多年来大宝的市场占有率一直在攀升，由 1993 年的 8.91%，到 1996 年的 30.21%，再到 1998 年的34.04%。大宝能够获得如此业绩，有一点不可否认的共识是：大宝进行了明确的市场细分，而且将市场定位在蓝领消费者，这在当时是被许多比大宝强大的品牌所忽视的。

实际上，如果从价格和渠道上加以考察，在国内市场上与大宝一样定位于蓝领消费者的品牌还有很多，但是从产品的广告和品牌诉求上，却从没有像大宝这样将诉求对象明确确定为蓝领消费者的品牌。大宝品牌传播确定的目标受众是有一定的文化修养，但又属大众消费阶层的各类职业工作者，这些人对品牌的认知能力强，常常会产生品牌偏好，同时对价格又非常敏感，愿意购买质价相称的产品。在传播诉求重点上，大宝强调的是：好产品，满足大众消费需求。在传播方式上，大宝所走的路子也与其品牌定位保持一致。它的电视广告走的是亲和路线，所有出现的人物都没有西装革履、香车宝马，而是明显的蓝领消费者特征。这与它的竞争对手形成鲜明的对比。一些虽然在价格和渠道上一样是针对蓝领消费者的化妆品，但在广告诉求上，给消费者的感觉是针对白领阶层，形象代言人即便不是形形色色的明星，也是一身职业白领的打扮，这种诉求从形象上便给人一种虚假的感觉。

相对而言，大宝是一个诚实的企业，其品牌就像它的产品一样，始终透露出一种真淳。它的目标群体是蓝领和大众阶层，其诉求也从不虚伪掩饰。大宝广告的对象都是生活中司空见惯的职业人员，这些人有着一定的文化修养，但又属于大众消费阶层。他们对生活质量有着较高的追求，对品牌价值、品牌内涵以及品牌的社会影响具有特定的主见；他们不求奢华，但求心理满足，对同类产品不同价格的敏感度较强；在对一些高档产品质量满意的同时，常常对价格有抱怨情绪。因此，他们追求的购买目标是质价相称，或在心理上对某种满意产品有一个认为合适的价格预期，一旦某一品牌的市场价格超越了原有心理价格的预期值，他们就会放弃这一品牌而选择其他品牌作为替代品。但他们对品牌有着良好的忠诚度，在市场价格差距不是特别悬殊或没有太大波动的情况下，他们会钟情于原来自己所喜欢的品牌。正是由于实实在在地关注了这个阶层的心理和利益需求，大宝才可能在满足特定消费群体价值需求的同时实现了自身的价值。一个品牌只有首先考虑到顾客如何从品牌关系中获得利益，才可能保证品牌从中获得利益。从某种意义上说，大宝的成功，关键就是通过对市场的明确细分，进而实现了品牌利益与顾客利益的平衡。

1. 通过细分，实现品牌利益与顾客利益最大化

整合营销传播所认同的可获利的品牌关系，其中最重要的就是对可获利的顾客群体进行明确界定，因此，通过有效的市场细分与顾客建立密切的品牌关系就成为一个重要任务。大宝的人群定位在30~40岁的工薪一族，在我国，这个群体的生活状况绝大多数处于中等水平。随着化妆品市场竞争的加剧，市场区隔更加细化。国际知名品牌虽然通过不同品牌产品细化了目标人群，但由于在品牌特征的塑造上都不愿意降低身份，而是把自己品牌塑造成年轻白领或者是时尚青年的理想品牌。大宝就是利用了这些大品牌不愿“低就”的心态，以工薪阶层为目标人群的独有品牌概念来塑造自己，使自己在品牌利益上比其他的国产品牌有更大的塑造空间和市场机会。通常，市场细分的主要手段是按消费者的需求形态加以细分，而需求形态又是与消费者的年龄、性别、经济收入、文化程度、职业和所在环境等因素密切相关的。与此同时，由于市场细分是以消费者的需求为基础的，那么从产品点来说，创造什么概念才能与之对接就显得尤为重要；同时，此阶段也是品牌特征创造与品牌概念形成的过程。因此，这个时间段的市场细分过程已经不仅仅是为了满足消费者对产品的直接利益的渴求，这种细分还包括品牌所能带给消费者的利益。

2. 运用明确的概念，传达品牌定位与顾客价值

品牌本身就是一种概念集合，因此，大宝遵循了品牌进入市场的规律，以产品概念切入市场。大宝在它的品牌传播中明确定位于工薪一族，从而使其品牌

概念得到了普遍确认，不但为自己赢得了市场空间，也准确地体现了品牌利益中的顾客价值。从顾客价值来说，大宝在通过概念创造市场需求空间的过程中，似乎已经不是简单的产品概念创造的问题，它是包括品牌在内的综合因素问题。在中国化妆品市场，对于许多国际著名品牌来说，用概念已经成熟的品牌去创造一个新的产品概念，进而区隔市场当然是得不偿失的，或者说他们是不愿冒此风险。因此我们可以看到，宝洁的洗发水利用许多品牌的产品区隔人群，目的也是不想用一个品牌去创造两个概念，而大宝却能在这种游离之间，用SOD蜜、日霜、晚霜加以区隔，始终把自己的品牌定位在工薪阶层，这本身折射出大宝品牌集中关注的顾客群体，以及这个群体的最大利益。虽然采取这种概念其中也有国际品牌客观上不愿参与这一层面的因素，但更重要的则是大宝有效地利用了中国最大多数消费群体的心理和需求特征，不论从什么角度说，这种做法都是对顾客价值的关注，同样，品牌也因此从顾客认同中获得了自己的利益。

3. 言行一致的诉求策略赢得顾客的品牌信赖

中国化妆品市场的广告和营销推广有一个非常明显的现象，就是各种品牌往往都把自己包装成为高层次的产品，在概念推广中往往采用一些具有高端倾向的传播策略。但实际上，大多数品牌所针对的顾客未必是高端客户，这在一定意义上表现为品牌定位和传播与顾客认同的脱离。从品牌信息传播而言，顾客对品牌信息的认同有三个方面：计划内信息、计划外信息和产品服务信息。品牌本身脱离顾客所传达的高端信息，只能属于一种计划内信息，它还必须与计划外信息和产品服务信息达成一致，尤其是后者，显然属于顾客所进行的信息确认。如果产品服务信息与计划内信息出现脱节，则顾客就会认为品牌本身言行不一，并因此对品牌失去信任。对此零点调查公司的袁岳评价说，这种产品定位与传播对象分离的做法，会让消费者无所适从，虽然有部分蓝领消费者会向往针对白领阶层的产品，但根据零点公司的调查，蓝领的中坚人群，在消费习惯上还是比较倾向于购买与自己身份相一致的产品。另外，由于市场上针对白领阶层的化妆品品牌繁多，就算部分蓝领消费者会选择消费针对白领阶层的产品，那你的品牌也仅仅是诸多选择中的一个。从这个意义上说，大宝坚持面向工薪阶层的品牌策略，有利于获得顾客的认同和对品牌的信赖，这也是它品牌传播中策略整合的一个成功因素。

案例来源：卫军英：《整合营销传播典例》，浙江大学出版社，2008年版。

第三节　整合传播终极价值

整合营销传播大师汤姆·邓肯在他的著作中，把整合营销传播的终极价值归之于建立品牌资产，这意味着营销和营销传播超越了单纯的交易追求和简单的信息传递。而现代营销的一个重要目标，就是通过维护和顾客以及相关利益者的关系，进一步提升品牌价值。从长远利益来看，整合营销传播就是要通过品牌与顾客的沟通交流，强化和提升品牌关系并最终提升品牌资产。

一、终极追求创新营销的价值核心

早在1973年，现代管理之父彼得·德鲁克就说过："营销的目的就是要使推销成为多余。营销的目的在于深刻地认识和了解顾客，从而使产品和服务完全适合他的需要而形成产品的自我销售。理想的营销会产生一个已经来购买的顾客，剩下的事就是如何便于顾客得到这些产品或者服务。"①虽然德鲁克所描述的是一种理想的营销前景，但他在这里涉及了营销的真谛，营销必须从顾客的需求出发，给予其真正意义上的满足。因此，长期以来现代营销坚持把开发优良产品，制定有吸引力的价格，并且使其易于被获得作为基本追求。

在竞争多元化和信息多元化的背景下，很多公司把营销传播的重心放在了顾客注意力的追求上，然而，当公司或品牌花大力气获得了注意力之后，往往又会发现，单纯的注意力并没有创造出相应的市场利益。这一切都在说明着一个事实，随着市场的变化，营销传播仅仅满足于营造注意力还不够，一个品牌要想保持营销，就必须从单纯的信息传达层面上超越，实现与它现有或者潜在的关系方以及公众达成良好的沟通。也就是说，新型的营销传播既不是一个简单的信息传递问题，也不是一种单纯的顾客需求价值的满足问题，而是如何实现营销与传播完整地达成一致，并在一种互动过程中努力与顾客以及相关利益者构建稳定的关系，以此最终实现品牌价值。相对于传统营销传播而言，这种创新价值可以简单地概括为两个方面。

其一，通过强化顾客和关系利益者与品牌之间的关系提升品牌资产。传统营销传播的出发点无一例外的都是促销，不论是广告、公关，还是销售促进以及人员推销，或者其他的营销传播手段。这种营销传播的基点在于，把实现销售任务作为直接目标，因此，不论如何包装，都不能掩盖这种营销赤裸裸的交易追

① Peter Drucker. Management: Tasks, Responsibilities, Practices (New York: Harper and Row 1973), p. 63.

求。整合营销传播的观点认为,营销传播的目的是建立并提升品牌价值,并不是简单的交易追求。而建立并提升品牌价值的途径,就是达成与顾客和相关利益者的关系。为了达成这种关系,营销传播就意味着品牌与顾客及相关利益者之间的信息沟通和互动交流。因此,整合营销传播也就意味着顾客关系管理、一对一营销、整合营销、关系营销以及策略性的品牌信息传播等。这些营销传播模式虽然侧重有所不同,但归根结底却是出于同一目的:获得、保持或者提升顾客与公司或者品牌之间的关系。

其二,运用不同的接触方式实现与顾客和相关利益者的交流和沟通。传统营销传播虽然也认识到需求价值,提出了市场细分的概念,并且针对目标市场强调定位策略,但是它在设定营销传播模式时,无一例外的都是从营销者利益出发,站在营销者的角度对顾客或相关利益者进行单向信息诉求。这种营销传播不但无法实现信息的沟通交流,而且也无法保证信息传播的真正效益,这方面最有代表性的就是大众媒体广告的运用。随着营销传播中对品牌关系的考虑,以及对多种形态的传播接触方式的效果评价,在与顾客及关系利益者的沟通过程中,根据实际需要选择性地运用相应的接触方式,以保证最好的传播沟通效果,已经成为营销传播的新趋势。整合营销传播所追求的就是在与顾客和关系利益者的沟通过程中,不仅要保证所传递的信息清晰一致,而且要保证能够形成信息沟通和回馈。它对不同形态的接触方式加以综合管理,尽可能地使其发挥最大的传播作用。

二、品牌传播从形式整合走向本质整合

所谓整合的基本含义就是"完整"和"统一"、"协调",它意味着在实现营销传播的过程中,必须与消费者实现系统的、充分的接触与沟通。早期对整合营销传播的理解,主要是致力于各种促销形式的集合运用,以使传播影响力最大化。而广告和促销处在整合营销传播体系之中,其核心任务是组合成一个声音"Speak with one voice"。在IMC之前曾经风靡一时的企业形象识别(CIS)战略,在某种意义上也就是一个声音说话。显然,IMC还不止于此,舒尔茨认为:

> 整合营销传播是发展和实施针对现有和潜在客户的各种劝说性沟通计划的长期过程。整合营销传播的目的是对特定沟通受众的行为实际影响或直接作用。整合营销传播认为现有或潜在客户与产品或服务之间发生的一切有关品牌或公司的接触,都可能是将来信息的传递渠道。进一步说,整合营销传播运用与现有或潜在的客户有关并可能为其接受的一切沟通形式。总之,整合营销传播的过程是从现有或潜在客户出发,反过来选择和界定劝说性沟通计划所采用的形式和

方法①。

这是一种更成熟、更全面的整合营销传播观念，即把消费者视为现行关系中的伙伴，将其作为参照对象，并接受消费者与品牌保持联系的多种方法。在这里，整个营销过程中的每一个环节都在与消费者沟通，众所周知的广告、公关、促销和直效行销等，都是不同形式的沟通传播，商品设计、包装、店堂陈列、店中促销及零售店广告也是沟通传播，是整个流程中的一环，甚至当产品售出之后，售后服务也成为一种传播。广告和促销的任务有所转变，过去广告利用大众传媒实行单向诉求，促销重心放在激发和诱使上，现在却要求双向沟通。双向沟通意味着厂商和消费者在进行着某种资讯交换的活动，意味着在双方之间存在着源于资讯交换与分享共同价值的关系。

美国科罗拉多大学的汤姆·邓肯博士认为，随着顾客和关系利益人对公司重要性的日渐显著，一种以顾客为中心的组织结构比之于以公司为核心的组织结构更加富有成效。因此，整合营销传播也就意味着顾客关系管理、一对一营销、整合营销、关系营销以及策略性的品牌信息传播等。这些营销传播模式归根结底都出于同一目的：获得、保持或者提升顾客与公司或者品牌之间的关系：

> 简单地说，整合营销传播是一个运用品牌价值管理客户关系的过程。具体而言，整合营销传播是一个交叉作用过程，一方面通过战略性地传递信息、运用数据库操作和有目的地对话来影响顾客和关系利益人，与此同时也创造和培养可获利的关系②。

企业和顾客之间是相互依赖、相互满足的关系。对于受市场利益驱动的企业而言，压倒一切的目的就是培养愉快而忠诚的顾客，因为只有顾客（而非产品或其他）才是企业的命脉。这种认识促使企业纷纷从简单的交易型营销转向关系型营销——即在企业与顾客和其他利益相关者之间，建立、保持并巩固一种长远关系，进而实现信息及其他价值的相互交换。

案例 13-3

李宁品牌在终极追求中超越

2005年，在中国中央电视台举办的“CCTV我最喜爱的中国品牌”评选中，“李宁”成为唯一入选的运动品牌。李宁品牌的成长，印证了一个中国体育品牌从传播手段到核心价值整合的完整过程。“推动中国体育事业，让运动改变我

---

① 参见舒尔茨等.全球整合营销传播[M].北京：中国财政经济出版社，2004：65.

② Tom Duncan. IMC：Using Advertising and Promotion to Build Brands”，Copyright©2002 by the McGraw-Hill Companies，Inc，p. 8

们的生活”,这是李宁公司成立的初衷。李宁相信:人有无限潜能。运动让人更加自信,敢于表现,不断发掘潜能、超越自我。如果说,广告语在很大程度上代表了一个品牌的内涵,那么“一切皆有可能”就是李宁品牌在过去的15年不断积累和完善的结晶。多年来,李宁公司的广告语曾经不断变化:从最早的“中国新一代的希望”到“把精彩留给自己”到“我运动我存在”、“运动之美世界共享”、“出色,源自本色”,直到现在的“一切皆有可能”,李宁品牌在变化中逐步积淀出它独有的内涵。

“一切皆有可能”不是一个单纯的广告口号,它需要很多东西来支撑,同时也需要让更多消费者真正感受和体会其内涵,为此李宁选择了通过体育营销凸现品牌价值。体育营销是一项精心构建的系统工程,企业在赞助体育事业的时候,必须使体育文化、品牌文化与产品推广三者和谐统一,融入企业运作的各个环节中共同发展,从而形成一种独特的企业文化,达到企业与消费者的共鸣状态。而体育用品的核心消费群体是年轻一代,一个体育品牌只有得到年轻一代的认同,才可能真正实现它的价值,为此,李宁把品牌传播的焦点对准了大学生一族。“80后一代相对而言并不在乎做事的结果,他们更看重体验的过程。所以,我们的产品和品牌策略一方面强调过程的‘享受’,另一方面营造‘挑战’的平台,希望他们通过李宁的活动和产品,实现心中的英雄梦。”李宁公司品牌营销部经理这样概括李宁和80后的情感沟通。80后的消费者更在乎产品本身,对价格不是那么敏感,所以,除了提升产品的时尚外观和高科技含量之外,李宁更加注重产品的国际化风格,更加强调重量级代言人对品牌影响力的提升。

2004年10月,李宁公司作为唯一指定运动装备的赞助商,赞助大学生三对三篮球赛,其赛制和“一切皆有可能”的品牌定位十分贴切,在比赛中提出“不服就单挑”,比赛过程中先安排8分钟团队作战三对三打,剩下两分钟每队选出最强的人进行单挑,而且单挑环节是双倍记分的,就算团队赛比分落后,也有可能在一对一中扳回来。这一赛制将“一切皆有可能”演绎得淋漓尽致,此项赛事的“战火”燃遍北京、上海、广州、天津、哈尔滨、南京、杭州、成都和武汉9大城市,赛事转战120所高校,共有2 536支参赛队伍、万余名大学生进行了超过5 300场的较量,受到在校学生的热烈欢迎。这项活动不但提高了品牌的亲和力和认知度,而且增加了品牌与消费者面对面沟通的机会,比起简单运用“明星+广告”营销模式更加有利于建立品牌关系。

奥运会作为最大的国际体育盛会,一向是李宁公司展示形象的窗口。自从1992年巴塞罗那奥运会起,每届奥运会李宁公司都会赞助中国体育代表团。此后,李宁公司开始赞助国外代表队,启动品牌的国际化进程,如赞助法国体操队、捷克体操队、俄罗斯大学生代表队、西班牙女子篮球队。2004年6月,李宁公司与西班牙篮协签约，当年8月李宁篮球装备伴随着西班牙篮球队扬威雅典奥运会，这次成功使李宁及李宁篮球品类受到空前关注；一个月后，李宁公司趁势推出专业篮球鞋FreeJumper系列，成为国内第一个进军专业篮球市场的品牌。2005年初，李宁正式成为NBA合作伙伴，李宁公司以体育为载体，逐步扩大了自己在国际上的影响力。

真正使李宁品牌与巨人并肩的是2006年8月14日。这一天，赢得过4枚总冠军戒指的沙奎尔·奥尼尔和李宁公司签约。当体操王子李宁站在身高2米16的NBA明星奥尼尔面前时，他的高度正好到达奥尼尔的胸膛。签约这位NBA历史上最伟大的中锋之一，对李宁公司来说是品牌国际化的一次巨大胜利。大鲨鱼奥尼尔是美国名人堂中唯一一位NBA现役球员，幽默而霸道，是NBA塑造的完美“NBA式球星”。为了捉弄姚明，他花大力气学说中文“你好哥们儿”；为娱乐大众，他硬着头皮约会库尔尼科娃；在2006年的NBA总决赛前，他还叹息着说：“像我这样既伤感又性感的老家伙真是不多了。”正因为如此，“奥胖”在体育界和球迷心目中的影响力非常大，而这些又都在一定程度上契合李宁所倡导的“一切皆有可能”。也许是从乔丹与耐克的结缘中得到了信心，虽然34岁的奥尼尔面临退役，但是李宁公司相信球星的价值会得到延续，对此，欧美主要媒体也格外关注这个来自中国的体育品牌，纷纷对其发出采访请求。

这是一个品牌营销的时代，任何商品一旦失去了品牌支撑都将失去持久的生命力。“营销即传播，传播即营销”成为整合营销传播时代品牌营销的最简单注释。从整合营销传播的视野看，一个现代品牌的持续生命力主要来自于持续的创新与完善的营销。正如著名的星巴克CEO霍华德·舒尔茨所说的那样，以宝洁公司为代表的传统的品牌推广模式——即以大规模分销和铺天盖地的广告来占领市场，然后再集中全力从竞争对手中抢夺市场份额——正成为过时的模式。一个耗费巨资的广告计划并不是创立一个全国性品牌的先决条件，即它并不能说明一个公司有充足的财力就能创造名牌产品。作为体育用品市场的一个新兴品牌，李宁经过10多年的市场磨炼，在模仿和学习中一步步走向成熟，并逐步形成了属于自己的品牌价值和整合传播模式。

1. 通过品牌定位，构建品牌内涵

整合营销传播在构建品牌的过程中，同样也面临着品牌定位问题。品牌定位意味着对品牌内涵和品牌价值的确认，是实现整合传播的必然步骤。作为耐克品牌的模仿者，李宁品牌在起步阶段曾经试图在中国复制耐克，专业于体育品牌，这使其获得了前期的巨大成就。但是随着竞争的深入，李宁品牌面临着一个老化和缺少活力的威胁。盖洛普公司为李宁品牌所能做的消费者调查显示出一系列严峻问题：李宁品牌目标消费者不清，品牌面临被遗忘的危险，品牌的个性不鲜明。显然，李宁的品牌力在衰减，所以品牌重塑势在必行。公司的市场部、营销部以及营运支持部承担了这次品牌定位任务，在广告商的配合下，一个新的品牌理念得以确立：一切皆有可能。“一切皆有可能”意味着冲破极限，一切刚刚开始，一切都可以从无到有，它不仅体现了体育价值，而且体现了年轻乐观的人生追求。这一品牌定位虽然仍旧没有完全摆脱对耐克的模仿，但是它改变了以往的定位模糊，赋予李宁品牌清晰而又清新的价值内涵，同时也给李宁品牌创造了确切的传播可能。可以说，李宁品牌定位经过了一个S形的发展过程，这个过程恰好表现了一个品牌“兴起—低落—复兴”的过程。李宁品牌经过这个过程，实现了其品牌定位从模糊走向清晰。

2. 运用体育营销，传达品牌价值

整合营销传播需要选择最适合自己的营销传播手段，对此李宁品牌选择了体育营销。体育营销作为一种事件营销，超越了简单的广告传播模式，它集热点关注、公关宣传、人际传播等营销传播手段于一体，堪称是一项精心构建的系统工程。它需要将企业自身的特点与体育赛事有机结合，品牌定位、企业文化、管理风格等和体育赛事联系在一起是否贴切，能否真正体现品牌的价值都决定着体育营销的成败。而体育营销也不只是停留在单纯的体育赞助和“体育明星＋广告”的营销策略上，它还必须满足大众对品牌认知的渴望，有效地实现品牌传播的效果。从2004年以来，李宁公司正式调整运营策略，重新规划体育营销，以篮球作为主要载体在传播品牌价值方面奏响了一个个的精彩乐章。从大学生篮球赛到赞助西班牙队获得世锦赛冠军，从签约达蒙·琼斯到携手沙奎尔·奥尼尔，李宁在不断向世界展示自己品牌的同时，也不遗余力地对它所参与的事件推波助澜，这些似乎都在向世界宣告：只要你足够努力，一切皆有可能！

3. 营造品牌文化，保持品牌张力

对于现代营销而言，当产品质量不再成为技术瓶颈，售后服务也不再是消费障碍时，品牌自身所包含的文化内涵将决定它的市场命运。品牌不再仅仅是营销部门的工作，而是一个涉及公司上下各个部门的核心问题。品牌被看做是“公司DNA”，它决定公司的寿命、公司的品格以及公司未来的生长形态。在整合营销传播视野里，品牌关系并不仅仅是公司的外部形象，也是公司内部那种无形而又可感的文化。只有在企业和员工中建立一种清晰的、引以为自豪并自觉维护、全力改善的品牌文化，才有可能使之实现强有力的外部扩张。在遭遇成长的上限之后，李宁公司投入了更多的热情，激活业已老化的品牌，使品牌成为一种包含高度文化认知的价值承诺：李宁品牌所展示的绝不仅仅是体育用品，而且是一种生活品质和生活境界。“一切皆有可能”，虽然刚刚开始，但是它在一定意义上是一种人类奋发进取、超越现实、超越自我的追求象征，用体育精神对此加以阐释，正是一种理想与体验的完美结合。它不仅属于李宁公司和李宁品牌，也属于那些积极进取、寻求超越的人们，正是在这一点上李宁创新性地构建了品牌文化的张力。

案例来源：卫军英：《整合营销传播典例》，浙江大学出版社，2008年版。

[HS4][HT3MH][JZ]参考文献[HT]

[1]【美】唐·舒尔茨,海蒂·舒尔茨.唐·舒尔茨论品牌[M].北京:人民邮电出版社,2005.

[2]【美】菲利普·科特勒,凯文·莱恩·凯勒.营销管理(第12版)[M].上海:上海人民出版社,2006.

[3]【美】汤姆·邓肯.整合营销传播:利用广告和促销建树品牌[M].北京:中国财政经济出版社,2004.

[4] 冯丽云主编.品牌营销[M].北京:经济管理出版社,2006.

[5] 卫军英.整合营销传播典例[M].杭州:浙江大学出版社,2008.

[6]【美】大卫·奥格威.一个广告人的自白[M].北京:中国友谊出版公司,1997.

[7]【美】汤姆·邓肯,桑德拉·莫里亚蒂.品牌至尊[M].北京:华夏出版社,2000.

[8]【美】舒尔茨等.整合营销传播:创造企业价值的五大关键步骤[M].北京:中国财政经济出版社,2005.

[9]【美】大卫·艾克.品牌领导[M].北京:新华出版社,2001.

[10]【美】迈克尔·波特.竞争优势[M].北京:华夏出版社,1997.

[11]【美】大卫·艾克.品牌经营法则[M].呼和浩特:内蒙古人民出版社,1998.

[12] 陈放.品牌学[M].北京:时事出版社,2002.

[13]【美】林恩·阿普绍著.塑造品牌特征——市场竞争中通向成功的策略[M].北京:清华大学出版社,1999.

[14]【法】让·诺尔·卡菲勒.战略性品牌管理[M].北京:商务印书馆,2000.

[15] 宋永高.品牌战略和管理[M].杭州:浙江大学出版社,2003.

[16] 张红明.品牌人格化——品牌价值实证研究[M].武汉:华中科技大学出版社,2007.

[17] 曾朝晖.品牌15步法则[M].北京:中华工商联合出版社,2004.

[18]【美】艾伦·亚当森.品牌简单之道:最佳品牌如何保持其简单与成功[M].北京:中国人民大学出版社,2007.

[19] 王成荣.品牌价值论:科学评价与有效管理品牌的方法[M].北京:中国人民大学出版社,2008.

[20] 余明阳等.品牌学教程[M].上海:复旦大学出版社,2005.

[21] 何佳讯.品牌形象策划:透视品牌经营[M].上海:复旦大学出版社,2000.

[22]【法】让·诺尔·卡菲勒.战略性品牌管理[M].北京:商务印书馆,2000.

[23] 黄静主编. 品牌管理[M]. 武汉:武汉大学出版社,2005.
[24]【美】罗瑟・瑞夫斯. 实效的广告[M]. 呼和浩特:内蒙古出版社,1999.
[25] 卫军英. 现代广告策划[M]. 北京:首都经济贸易大学出版社,2006.
[26]【美】丽贝卡・桑德斯. 亚马逊网络书店传奇[M]. 北京:机械工业出版社,2000.
[27] 李光斗. 卓越品牌七项修炼[M]. 杭州:浙江人民出版社,2003.
[28]【美】加里・阿姆斯特朗,菲利普・科特勒. 科特勒的市场营销教程[M]. 北京:华夏出版社,2004.
[29]【美】艾尔・里斯,劳拉・里斯. 公关第一,广告第二[M]. 上海:上海人民出版社,2004.
[30]【美】乔治・E. 贝尔齐,麦克尔・A. 贝尔齐. 广告与促销:整合营销传播展望[M]. 大连:东北财经大学出版社,2000.
[31] 刘向晖. 网络营销导论[M]. 北京:清华大学出版社,2005.
[32] 黄琛. 趋向 Web3.0:网络营销的变革及可能[D]. 杭州:浙江大学,2009.
[33] 盛晓白. 网络经济通论[M]. 南京:东南大学出版社,2003.
[34] 姜旭平. 网络整合营销传播(第 2 版)[M]. 北京:清华大学出版社,2007.
[35]【美】Stephen P. Bradley and Richard L. Nolan. 感测与响应:网络营销战略革命[M]. 成栋,译. 北京:新华出版社,2000.
[36]【美】W. J. 马丁. 信息社会[M]. 武汉:武汉大学出版社,1992.
[37] 刘向晖. 网络营销导论[M]. 北京:清华大学出版社,2005.
[38]【英】大卫・菲利普斯. 网络公关[M]. 北京:北京大学出版社,2005.
[39] 卫军英. 广告经营与管理(第 2 版)[M]. 杭州:浙江大学出版社,2007.
[40] 卫军英. 关系创造价值[M]. 北京:中国传媒大学出版社,2006.
[41]【美】舒尔茨等. 全球整合营销传播[M]. 北京:中国财政经济出版社,2004.
[42] 卫军英. 整合营销传播:观念与方法[M]. 杭州:浙江大学出版社,2005.

相关网站:

中华网,百度百科,网易科技,品牌世家网,亿禧网,有效营销网,全球品牌网,商业评论中文网。